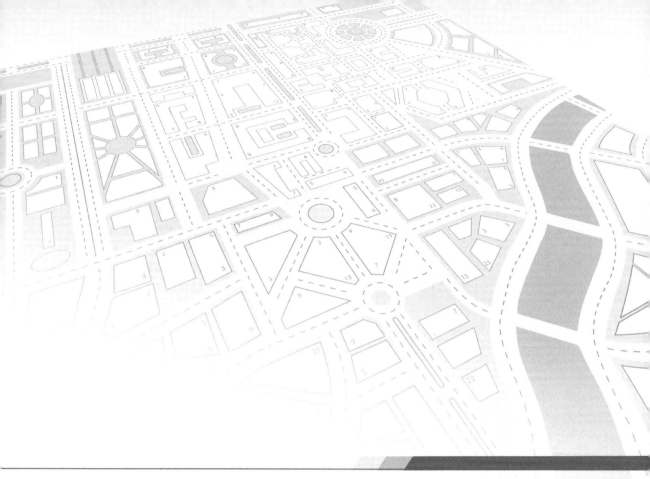

交通运输
与国土空间规划

主　编　李朝阳

副主编　袁胜强　张　毅　汪　涛

主　审　杨晓光

上海交通大学出版社

SHANGHAI JIAO TONG UNIVERSITY PRESS

内容简介

本教材主要介绍交通运输规划与国土空间规划的基本理论与实用方法,力求架构两者的衔接桥梁。本教材共 14 章,分别为绪论,交通运输与国土空间研究视角,交通运输基本知识,交通运输发展战略,交通运输系统规划与设计,城市的形成与发展,城市规划的产生、发展及主要理论,国土空间用地用海分类,国土空间规划调查与分析,国土空间总体规划,控制性详细规划,城市修建性详细规划,城市吸引源交通调查,建设项目交通影响评价。

本教材的内容从宏观层面涵盖了交通运输系统和国土空间系统,从中观、微观层面涵盖了交通运输设施的规划设计内容,教师可根据学时多少,选择重点进行讲授。

本教材可作为交通运输、城乡规划、交通工程、土木工程、道路工程、建筑学等专业和相关专业的教材及教学参考书,也可供上述专业的工程技术人员、管理人员阅读和参考。

图书在版编目(CIP)数据

交通运输与国土空间规划 / 李朝阳主编;袁胜强,张毅,汪涛副主编. -- 上海:上海交通大学出版社,2024.12. -- ISBN 978-7-313-31705-6

Ⅰ. U;F129.9

中国国家版本馆 CIP 数据核字第 2024JS1366 号

交通运输与国土空间规划

JIAOTONG YUNSHU YU GUOTU KONGJIAN GUIHUA

主　　编:李朝阳	副 主 编:袁胜强　张　毅　汪　涛
出版发行:上海交通大学出版社	地　　址:上海市番禺路 951 号
邮政编码:200030	电　　话:021-64071208
印　　制:上海新艺印刷有限公司	经　　销:全国新华书店
开　　本:787 mm×1092 mm　1/16	印　　张:24.5
字　　数:576 千字	
版　　次:2024 年 12 月第 1 版	印　　次:2024 年 12 月第 1 次印刷
书　　号:ISBN 978-7-313-31705-6	
定　　价:58.00 元	

前　言

交通运输是立国之基、强国之道,是国民经济发展的核心要素。加快建设交通强国,是建设现代化经济体系的先行领域,是全面建成社会主义现代化强国的重要支撑,是新时代做好交通工作的总抓手。

我国城市的道路交通、轨道交通、高铁火车站、长途汽车站等交通设施硬件已达到世界一流水平。我国的高速铁路、高速公路、轨道交通通车总里程、港口吞吐量已位居世界第一,民航旅客吞吐量位居世界第二。当前,我国正以国家发展规划为依据,发挥国土空间规划的指导和约束作用,统筹铁路、公路、水运、民航、管道、邮政等基础设施规划建设,以"多中心、网络化"为主形态,完善多层次网络布局,优化存量资源配置,扩大优质增量供给,实现立体互联,增强系统弹性,以建设现代化高质量综合立体交通网络。从而构建安全、便捷、高效、绿色、经济的现代化综合交通体系,打造一流设施、一流技术、一流管理、一流服务,建成人民满意、保障有力、世界前列的交通强国是到21世纪中叶我国交通运输行业努力的方向与目标。

我国交通运输和城乡建设的发展思路已由追求速度规模向更加注重质量效益转变,由各种交通方式相对独立发展向更加注重一体化融合发展转变,由依靠传统要素驱动向更加注重创新驱动转变。因此,如何改变交通发展观,如何树立正确的规划设计观,如何打造一体化交通体系,已成为谋求城市交通转型发展、创新发展、永续发展的前提条件。

本教材力求倡导交通运输设计研究的人文关怀情怀,交通预测研究的城乡规划视角,交通运输规划研究的家国情怀素养。本教材以综合立体交通、综合交通运输、国土空间资源环境约束为视角,围绕交通强国建设需求,重点介绍交通运输和国土空间两个领域的基本概念、基本理论、基本方法,关注综合立体交通规划设计的实战方法,力求实现理论学习与工程应用的有机结合、工程技术与人文社科的有机融合。

本教材共分14章,由上海交通大学李朝阳主编,同济大学杨晓光主审。参加编写的人员有上海市政工程设计研究总院(集团)有限公司袁胜强(副主编);上海交通大学张毅(副主编)、汪涛(副主编)、彭博哲子、罗梁瑛、涂健垚、何光曦、李潇、臧林林、吴佳妮、赵尹笙、米尔伟米力江·麦合木提、史雨菲、杨竞琪、李航修、邹子豪;同济大学汤宇卿、王梦雯、洪吉林;上海市城市规划设计研究院陆圆圆;南通市自然资源和规划局华智;上海市交通发展研究中心张临辉。其中,第1章由李朝阳、彭博哲子编写;第2章由李朝阳、罗梁瑛、史雨菲编写;第3章由张毅、李朝阳编写;第4章由汪涛、臧林林、邹子豪编写;第5章由袁胜强、李潇编写;第 6 章由张毅、李航修编写;第 7 章由张毅、吴佳妮编写;第 8 章由汤宇卿、王梦雯、洪吉林编写;第 9 章由张临辉、涂健垚、赵尹笙编写;第 10 章由陆圆圆、华智、彭博哲子、杨竞琪编写;第 11 章由华智、陆圆圆、罗梁瑛、史雨菲编写;第 12 章由张毅、米尔伖米力江·麦合木提编写;第 13 章由李朝阳、何光曦编写;第 14 章由张毅、李朝阳编写。

本教材在编写中得到主审杨晓光教授,上海同济城市规划设计研究院有限公司张乔副总工的大力支持、热心帮助和具体指导,在此表示衷心感谢。本教材参阅了大量国内外文献资料,未能一一列出,借此向这些文献资料的原作者表示衷心感谢。

由于作者水平有限,书中错误和不当之处在所难免,恳请读者批评指正。

编　者

目　　录

第1章 绪 论

1.1 交通运输与国土空间的作用

1.1.1 交通运输的作用

交通运输是指通过各种载运工具,使运输对象(人或物)实现地理(空间)位置移动。交通运输不仅可以促进不同区域间的人和物交流或交换,还对政治、经济、社会、环境的发展有着深远的影响,是整个国家和社会生存和发展的基础。

1. 交通运输对经济发展的影响

交通运输是物质生产得以进行的必要条件。生产所涉及的原料、半成品、燃料、成品等均需要通过运输与市场进行交换。社会分工越精细,生产组合越复杂,商品流通越发达,运输活动也就越频繁。在生产过程中投入的运输费用将成为产品成品的一部分,而在流通过程中的运输费用将追加至产品成品上,而成为商品价格组成的一部分。因此,运输成本将直接影响商品的成本和价格。

交通运输发展,可以给人和物的流动带来便利,使速度更快、效率更高,运输费用则降低。交通运输发展既能促进生产地区的分工,又能影响生产力的布局,还可以鼓励大规模生产,以提高社会整体的生产效率;同时,还能促进自然资源开发、发展欠发达地区的经济,也使得交通运输沿线的土地价值提高,有助于加速土地开发。便利的交通还可以调节不同地区出现市场供需不平衡,平抑各地区的物价。

综上所述,交通运输发展可以促进国民经济发展,而国民经济发展也需要交通运输业的支持和保障。交通运输业是国民经济的重要组成部分,两者必须协调发展,才能使国民经济得以持续、稳定地发展。

2. 交通运输对社会发展的影响

整个社会系统的效率取决于人、物、资源、信息和资金等流动的速度和质量。交通运输作为最重要的社会基础结构之一,承担着提高运载人流、物流、能源流和信息流机动性的关键角色。城市的发展和形态与交通运输发展密切相关。在早期,城市主要依赖水路运输,由此大部分城市沿海或江河形成和发展。随着铁路的出现和广泛应用,内陆城市得以蓬勃发展。此外,公路的发展也促进了城乡间物质文化交流,逐步缩小了城乡间的差异。航空的发展则进一步改变了人们的时空观念,推动了国家和地区之间的物质和文化交流。交通运输便利了生产和生活,还促进了超大城市、都市圈和城市群兴起,且大城市的生存和运转均依赖交通运输。城市轨道交通系统和城际高速公路的发展使许多人能够工作在市区、居住在郊区,进一步推动了中心城市向外扩散和延伸的趋势(见图 1-1)。

3. 交通运输对政治发展的影响

我国幅员辽阔、人口众多、民族差异显著。交通运输的发展提高了整个社会的机动

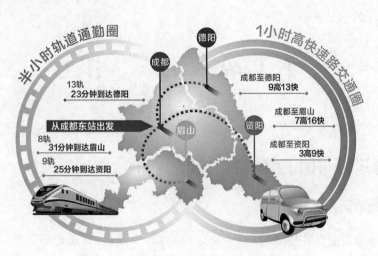

图 1 - 1　交通运输支撑成渝都市圈发展

性,促进了我国不同地区、民族和阶层人们之间的交流和了解。交通运输发展也改变了人们传统的时间和空间观念,影响着人们的生活方式。由于交通运输对经济发展、生产生活、收入水平等各个方面的影响显著,发展交通运输业在实现政府工作目标中始终占据重要的地位,并引起了公众广泛的关注。完善的交通运输系统还将各偏远地区与首都和发达地区紧密相连,提高了国家的统一性和政治稳定性。国家综合、稳定、充满韧性的交通运输系统可以提高战时作战兵力、武器装备和后勤保障的机动能力,是国防军工的关键组成部分。

4. 交通运输对环境发展的影响

虽然交通运输可以促进经济、社会和政治发展,但也会对环境带来一些负面影响。修建各类交通运输工程设施可能对植被造成破坏,造成水土流失甚至使周边生态环境恶化。因交通基础设施需要用部分耕地,而导致农业减产。为满足各类交通运输系统的日常运转,还需要消耗大量的石油、天然气和电等各类能源,对空气和水质造成污染。随着城镇化进程加快和小汽车保有量增加,各类消耗燃油的交通工具导致空气中二氧化碳在内的污染物质增加,加剧了温室效应。各类交通工具在行驶过程中产生的噪声也将影响周边居民的工作和生活。随着科学技术发展,需要采取各类措施缓和交通运输对环境的负面影响,构建绿色交通运输系统,努力实现"双碳"战略目标和社会可持续发展。

1.1.2　国土空间的作用

1. 土地使用的作用

土地作为一项重要资源,在社会经济体系中发挥关键的双重作用与价值。首先,土地具有显著的使用价值。各类城市建设工程均需要在土地上进行,土地可以用作居民日常活动的场所。此外,随着科学技术的发展,可以人为地对土地进行加工和地形地貌的塑造,增加其广度或深度以提高其使用价值。城市用地的使用类型、区位形状、地质条件、水准高程、周边设施等因素都可以影响土地的使用价值。其次,土地具有一定的交换价值。土地或土地某方面的权利可以作为商品在市场进行有偿转移或价值转化,通常包括土地价格、场地租金或费用等各类形式。根据土地所处的地理位置或自身属性,不同的土地有着不同的甚至显著的价值差异。自改革开放以来,我国土地从国有化向市场化转变,使土地的经济价值得以充分发挥。近年来,全国土地出让的收入约占全国地方财政收入的一半,土地的经济产出在城市发展中起着非常重要的作用。此外,土地使用规划图(见图1-2)规定了城市的用地功能布局,以及城市每块用地的用地性质,进而指导城市建设。

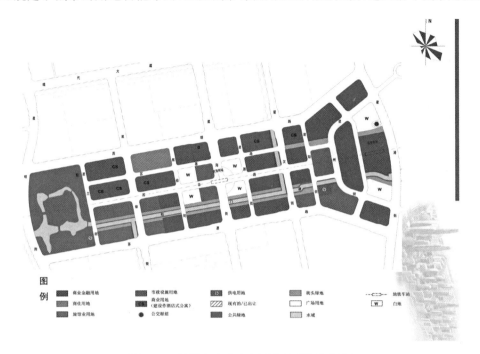

图 1-2　某城市中央商务区土地利用规划图

2. 城乡规划的作用

2019 年 5 月 23 日,自然资源部发布《中共中央国务院关于建立国土空间规划体系并监督实施的若干意见》,将主体功能区规划、土地利用规划、城乡规划等空间规划融合为统一的国土空间规划,实现"多规合一"。我国正式步入国土空间规划时代,1949 年至 2019年 5 月 23 日,城乡规划为我国城市发展发挥了非常重要的作用。

城乡规划是一项涉及政治、经济、文化和社会生活等多个领域的全局性、综合性、战略性工作,是城乡建设和发展的蓝图(见图1-3)。城乡规划不仅是政府指导和调控城乡建设和发展的基本依据和手段,还关系我国现代化建设全局的重要工作。

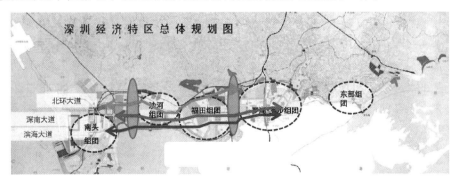

图 1-3　深圳经济特区总体规划图(1986—2020)

城乡规划的基本任务：根据一定时期经济社会发展的目标和要求,确定城市或乡村性质、规模和发展方向,统筹安排各类用地和空间资源,综合部署各项建设,以实现经济和社会的可持续发展。城乡规划是城乡建设和发展的龙头,是引导和管理城乡建设的重要依据。图1-4所示为某国家级工业园区中央商务区(CBD)20年前的规划鸟瞰图,现已基本建成。

图1-4　某工业园区CBD规划鸟瞰图

城乡规划被视为政府的重要职能之一。城乡规划体现了政府指导和管理城乡建设与发展的政策导向。城乡规划在优化城乡土地和空间资源配置、合理调整城乡布局、协调各项建设、完善城市功能、有效提供公共服务、整合不同利益主体的关系,从而实现城乡经济、社会的协调和可持续发展,维护城市整体和公共利益等方面发挥日益突出的作用。

随着我国城镇化进程加快,城乡区域之间的和谐关系不断地被打破,未来的城镇化进程必须走向理性、健康和可持续。未来中国的城镇化模式应该是多元化模式,城市和区域发展思路应当从传统的单个城市走向区域协调,从更大区域范围探索永续的城镇化发展道路。

3. 国土空间规划的作用

国土空间规划是国家空间发展的指南、可持续发展的空间蓝图,是各类开发保护建设活动的基本依据。强化国土空间规划对各专项规划的指导和约束作用,是党和国家做出的重大部署。

各级各类国土空间规划在支撑城镇化快速发展、促进国土空间合理利用和有效保护方面发挥了积极的作用。建立全国统一、责权清晰、科学高效的国土空间规划体系,可以部分解决现存的规划类型过多、内容重叠冲突、审批流程复杂、周期过长,地方规划朝令夕改等问题。整体谋划新时代国土空间开发保护格局,综合考虑人口分布、经济布局、国土利用、生态环境保护等因素,科学布局生产空间、生活空间、生态空间是加快形成绿色生产方式和生活方式、推进生态文明建设、建设美丽中国的关键举措,是坚持以人民为中心、实现高质量发展和高品质生活、建设美好家园的重要手段,是保障国家战略有效实施、促进国家治理体系和治理能力现代化、实现"两个一百年"奋斗目标和中华民族伟大复兴中国梦的必然要求。

1.2 基本概念

1.2.1 交通运输基本概念

1. 交通

交通是由人们的社会生产活动和社会生活活动而产生的。社会生产力越发展,社会物质生活和精神生活越丰富,交通系统就越发达。

广义的交通(communication)是指各种运输和邮电通信的总称,即人和物的转运输送,语言、文字、符号、图像的传递播送。

交通通常的含义是人和物的流动,包括航空、水运、铁路、轨道和道路的运输。

交通主要研究客、货运的"流"(flow)以及人流和车流的安全与畅通。在我国,公安交警部门主要负责人和车的流动与运输工具的停放安全、有序和畅通;而城建、市政、交通等多个部门共同负责道路和换乘设施的规划、建设和管理。

2. 运输

运输是指使用各种载运工具(如火车、汽车、船舶和飞机等),使运输对象(货物或乘客)实现地理位置上(空间)的位移,即在规定的时限内,利用相关设施,按照某种价格,使用某种交通工具,通过运营组织,将乘客和货物运送到指定的目的地。运输主要由交通部门管理。

运输主要研究客运、货运的"源"(origin-destination)、运输方式、运营组织和运输价格,包括由交通部门管辖的市际客、货运输和由多个部门管辖的市内客运和市内货运。

运输推进了不同的地区之间、城市的不同片区之间人和物的交流与交换,对国家强盛、经济发展、社会进步、人民生活方式改变和生活水平提高都起着重要的作用,从而成为社会赖以生存和发展的基础。运输对经济发展的各个方面都产生了积极的影响。

3. 城市

随着以农业与畜牧业分工为标志的第一次劳动大分工,逐渐产生了固定的居民点,即农村。随着商业与手工业从农业中分离,即第二次劳动大分工,逐渐产生了城市。可见,城市是以非农产业和非农业人口聚集为主要特征的居民点,包括按国家行政建制设立的市、镇。值得注意的是,城乡规划、建设与管理的本源是为人和生物(动物及植物)的生活服务。为人服务即以人为本,为生物服务即人地和谐、生态文明,这也是现代城乡交通的努力方向。

改革开放以来,伴随着工业化进程加速,我国城镇化取得了巨大的成就,城市数量和规模都有了明显增长。为更好地实施人口和城市分类管理,我国城市规模划分标准以城区常住人口为统计口径,将城市划分为五类七档。五类:小城市、中等城市、大城市、特大城市、超大城市;七档:Ⅰ型小城市、Ⅱ型小城市、中等城市、Ⅰ型大城市、Ⅱ型大城市、特大城市、超大城市(见表 1-1)。

表 1-1 我国城市规模划分标准

城市类型(五类)	城市等级(七档)	城区常住人口
小城市	Ⅰ型小城市	20 万～50 万人
	Ⅱ型小城市	20 万人以下
中等城市	—	50 万～100 万人
大城市	Ⅰ型大城市	300 万～500 万人
	Ⅱ型大城市	100 万～300 万人
特大城市	—	500 万～1 000 万人
超大城市	—	1 000 万人以上

4. 道路

道路是伴随交通而产生的。《尔雅》道:"道者蹈也,路者露也。"即道路是人们踩光了地上的野草,露出了土面而形成的。可见"路是人走出来的"。道路的形成一开始就是与一定目的的交通活动紧密联系在一起的。

道路(road)是指通行机动车(汽车、拖拉机、摩托车等)、非机动车(兽力车、人力车、自行车等)和行人的各种带状工程构筑物的统称,由路基、路面、桥梁、涵洞和各种排水与防护设施等组成。道路是一个通用名词,是指供各种车辆和行人等通行的工程设施。道路按使用特点可分为公路、城市道路、厂矿道路、林区道路及乡村道路等。

公路是指连接城市、乡村,主要供汽车行驶的、具备一定技术条件和设施的道路。厂矿道路是指主要供工厂、矿山运输车辆通行的道路。林区道路是指建在林区,主要供各种林业运输工具通行的道路。乡村道路是指建在乡村、农场,主要供行人及各种农业运输工具通行的道路。

5. 交通运输

交通运输是衔接生产和消费的一个重要环节,是保证人们在政治、经济、文化、军事等方面联系交往的重要手段,在现代社会的各个方面都起着重要的作用。交通运输业属于第三产业的流通部门。交通运输业的产品是旅客和货物的位移,并以运输的旅客人数(客运量)、货物吨数(货运量)、人公里数(客运周转量)、吨公里数(货运周转量)为计算单位。

交通为运输提供了向不同方向流动的可能性,从而实现载运工具的主动通行,充分体现了交错相通的含义;运输是通过自身组织,实现客和货等对象的被动位移,从而达到运输目的的具体服务。

交通运输学科是一门古老的学科,是随着交通运输业发展、交通运输技术不断进步而逐步发展的,是以交通运输业为研究对象与多种学科结合而发展的。

6. 城市交通

广义的城市交通(urban transportation)包括城市对外交通与城市内部交通。

狭义的城市交通包括市内客、货运交通(transport),主要是城市道路上的交通(traffic),

有些城市还有轨道交通和水运交通。狭义的城市交通也称为城市各种用地之间人和物的流动,这些流动都以一定的城市用地为出发点,以一定的城市用地为终点,经过一定的城市用地而进行。

城市交通是一个独具特色、组织庞大、复杂、严密而又精细,并由多种类型交通组合而成的交通系统。城市交通的运输方式有道路、铁路、水路、航空、管道运输与电梯传送带等,空间分布有城市对外交通和城市内部交通,运行组织形式有公共交通与个体交通,运输对象有客运交通与货运交通。

公共交通由常规公共交通、快速轨道交通和准公共交通3部分组成,个体交通则由个体机动交通、非机动车交通和步行交通3部分组成,如图1-5所示。

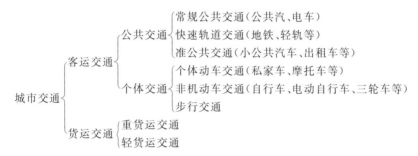

图 1-5　城市交通的分类

城市对外交通泛指城市与其他城市间的交通,及城市地域范围内的城区与周围城镇、乡村间的交通,其主要交通形式有航空、铁路、公路、水运等(图1-6)。城市中常设有相应的设施,如机场、铁路线路及站场、长途汽车站场、港口码头及引入城市的线路。城市对外交通与城市交通具有相互联系、相互转换的关系。

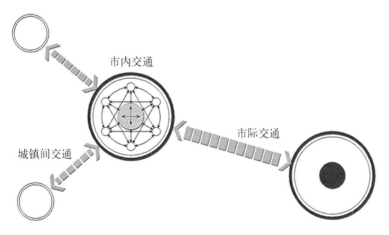

图 1-6　城市对外交通构成

7. 城市道路

城市道路是指在城市范围内,供车辆及行人通行的、具备一定技术条件和设施的道路。城市道路是担负城市交通的主要设施,是行人和车辆往来的专用地。在交通高度发达的城市,城市道路还包括高架路、人行过街天桥或地道和大型道路立交等设施。城市道路用地包括道路、交通广场、停车场以及加油站等设施的用地。

城市道路联系城市的各个组成部分（城市中心、城市的各种用地、对外交通设施），城市道路既是城市生产、生活的动脉，又是组织城市布局结构的骨架，还是安排绿化、排水及城市市政设施（地上、地下管线）的主要空间。

城市道路空间是城市基本空间环境的主要构成要素。城市道路空间的组织直接影响城市的空间形态和城市景观。城市道路既是城市街道景观的重要组成部分，又在一定程度上成为表现城市面貌和建筑风格的媒介。

1.2.2 国土空间基本概念

1. 国土空间

空间资源是空间环境中能够为人类开发利用、获得经济和其他效益的物质或非物质资源的总称，即承载"生产、生活、生态"的土地以及其上下空间各个层级内的资源。

国土空间是指国家主权与在主权权利管辖下的地域空间，包括陆地国土空间和海洋国土空间。国土空间规划是对国土空间的保护、开发、利用、修复做出的总体部署与统筹安排。国土空间保护是对承担生态安全、粮食安全、资源安全等国家安全的地域空间进行管护的活动。国土空间开发是指以城镇建设、农业生产和工业生产等为主的国土空间开发活动。国土空间利用是指根据国土空间特点开展的长期性或周期性使用和管理活动。国土空间用途管制是以总体规划、详细规划为依据，对陆海所有国土空间的保护、开发和利用活动，即按照规划确定区域、边界、用途和使用条件等，核发行政许可、进行行政审批等。

在国土空间中，生态空间是指以提供生态系统服务或生态产品为主的功能空间；农业空间是指以农业生产、农村生活为主的功能空间；城镇空间是指以承载城镇经济、社会、政治、文化、生态等要素为主的功能空间。

2. 规划范围

规划范围是指国土空间规划的空间范围，具有明显的地理边界。

在我国国土空间规划改革前，城乡规划采用的专业术语为城市规划区，也称为城乡规划区，简称为规划区。城市规划区是指我国城市编制城市总体规划或城乡总体规划所划定的地域范围，一般包括市区、郊区和城市发展需要控制的地区，亦可包括乡镇和村庄等需要控制的地区。随着城市规划相关法律体系的健全和完善，城市规划区的概念也在逐步调整。

规划范围在地理空间上具有多个层次。城市群是指依托发达的交通通信等基础设施网络所形成的空间组织紧凑、经济联系紧密的城市群体。都市圈是以中心城市为核心，与周边城镇在日常通勤和功能组织上存在密切联系的一体化地区，一般为一小时通勤圈，是区域产业、生态和设施等空间布局一体化发展的重要空间单元。城镇圈是以多个重点城镇为核心，空间功能和经济活动紧密关联、分工合作可形成小城镇整体竞争力的区域，一般为半小时通勤圈，是空间组织和资源配置的基本单元，体现了城乡融合和跨区域公共服务均等化。跨界地区处于多个行政区单元交界，需要不同行政主体统筹考虑功能、交通、环境、设施等方面的衔接，以实现高度同城化发展的重点地区。一小时交通圈以核心城市的城区边缘为起点，以高速公路、高速铁路与普通铁路、城际轨道、市郊铁路为主要交通方式的一小时交通可达所覆盖的区域范围。城区在市辖区和不设区的市、区、市政府驻地的建设连接至居民委员会所辖区域和其他区域，一般是指由已经开发建设、市政公用设施和公共服务设施基本具备的居（村）民委员会辖区构成的建成区。中心城区是市级总体规划关注的重点地区，是根据实际和本地规划管理需求等确定的，一般包括城市建成区及规划扩展区域，如核心区、组团、市级重要产业园区等；一般不包括外围独立发展、零星散布的县城及镇的建成区。

城乡生活圈按照以人为核心的城镇化要求，围绕全年龄段人口的居住、就业、游憩、出行、学习、康养等全面发展的生活需要，在一定空间范围内形成日常出行尺度的功能复合的城乡生活共同体。对应不同时空尺度，城乡生活圈可分为都市生活圈、城镇生活圈、社区生活圈等。其中，社区生活圈为完善城乡服务功能的基本单元。

社区是聚居在一定地域范围内的人们所组成的社会生活共同体，是社会治理的基本单元。社区生活圈是指在适宜日常步行的范围内，满足城乡居民全生命周期工作与生活等各类需求的基本单元，融合"宜业、宜居、宜游、宜养、宜学"多元功能，引领面向未来、健康低碳的美好生活方式。

3. 规划年限

规划年限是指国土空间规划的时间范围，具有明显的时间边界。从时间跨度划分，一般近期年限为基年后 3～5 年，远期年限为基年后 10～15 年，远景年限为基年后 30～50 年。

一般而言，规划编制的起始年称为基年。若规划编制多年，则规划编制起始年的调查数据需要更新，此时相关调查数据的最新年份为基年。

城市交通的规划年限一般与同市级国土空间总体规划的年限一致。对于城市交通的专项规划，如公共交通规划、停车规划等，规划年限一般应与城市交通规划年限一致。但对于轨道交通规划，应考虑未来 30～50 年的交通需求。

对于交通运输设施，具有设施的设计年限，即设施设计的使用寿命或者需求标准设计。不同类别的交通设施，设计年限是不一致的，应以相关规范要求为准。

例如，地铁的设计年限分为初期、近期和远期。初期：按照建成通车后第 3 年要求进行设计；近期：按第 10 年要求进行设计；远期：按第 25 年要求进行设计。地铁的主体结构工程的设计使用年限为 100 年。

以公路为例，高速公路和具有干线功能的一级公路的设计交通量应按 20 年预测，具有集散功能的一级公路以及二、三级公路的设计交通量应按 15 年预测，四级公路可根据实际情况确定。设计交通量预测的起算年应为该项目可行性研究报告中的计划通车年。

4. 土地使用

土地使用是指人类通过与土地结合获得物质产品和服务的经济活动过程，在这一过程中人类与土地进行物质、能量和价值、信息的交流、转换。土地使用和土地占有存在密切的联系，没有占有就无法使用，而占有的目的就是使用土地。

城乡用地是指市（县）域范围内的所有土地，包括建设用地与非建设用地。建设用地总面积是指市（县）域范围内的建设用地的总面积。城乡建设用地面积是指城市、建制镇、村庄范围内的建设用地的面积。人均城镇建设用地面积是指城市、建制镇范围内的建设用地面积与城镇常住人口规模的比值。

城乡建设用地一般可分为城镇集中建设区、城镇弹性发展区、特别用途区。城镇集中建设区是指根据规划的城镇建设用地规模,为满足城镇居民生产生活需要,划定在一定时期内允许开展城镇开发和集中建设的地域空间。

城镇弹性发展区是指为应对城镇发展的不确定性,在城镇集中建设区外划定的、在满足特定条件下方可进行城镇开发和集中建设的地域空间。在不突破规划的城镇建设用地规模的前提下,城镇建设用地布局可在城镇弹性发展范围内进行调整,同时相应核减城镇集中建设区的用地规模。

特别用途区是指为完善城镇功能,提升人居环境的品质,保持城镇开发边界的完整性,根据规划管理须划入开发边界内的重点地区,主要包括与城镇关联密切的生态涵养、休闲游憩、防护隔离、自然和历史文化保护等地域空间。特别用途区原则上禁止任何城镇集中建设行为,实施建设用地总量控制,原则上不得新增除市政基础设施、交通基础设施、生态修复工程、必要的配套及游憩设施外的其他城镇建设用地。

5. 城乡人口

人口是交通运输和国土空间需求的源头。人口规模必须与国土空间规划的空间范围和时间范围一致。

城市实际服务管理人口是指需要本市提供交通、市政、商业等城市基本服务以及行政管理的城市实有人口,除城市常住人口外,还包括出差、旅游、就医等短期停留人口。

人口规模分为现状人口规模与规划人口规模,人口规模应按常住人口统计。常住人口是指户籍人口数量与半年以上的暂住人口数量之和,并扣除外出半年以上的户籍人口,计量应以万人为单位,精确至小数点后两位。因此,常住人口规模为实际经常居住半年及以上的人口数量。常住人口城镇化率是指城镇常住人口占常住人口的比例。

1.3 交通运输系统及国土空间规划简介

1.3.1 交通运输系统简介

1. 交通运输系统的组成

交通运输系统主要由载运工具、站场、线路、控制与管理系统、设施管理系统 5 个基本部分组成。载运工具,如火车、汽车、船舶、飞机等,用以装载所运送的乘客和货物。站场,如火车站、汽车站、机场、港口等,作为运输的起点、中转点或终点,以供乘客和货物从载运工具上下和装卸。线路,如有形的铁路、道路、河道或无形的航路等,作为运输的通道,供载运工具由一个站场点驶行至另一个站场点。控制与管理系统为保证载运工具在线路上安全、有效率地运行而制订的规则及设置的各种监视、控制和管理装置和设施,如各种信号、标志、通信、导航以及规则等。设施管理系统为保证各项交通运输设施处于完好或良好的使用或服务状况而设置的设施状况监测和维护管理系统。

交通运输系统按载运工具和运输方式的不同,可分为以下 5 种基本类型:

(1)轨道交通:由内燃、电力或蒸汽机车牵引的列车在固定的轨道上行驶的系统,可分为城市间的铁路交通运输系统及区域内和城市内的有轨交通运输系统两种。

(2)道路交通:汽车在城市间的公路和城市内的道路上行驶的交通运输系统。

（3）水路交通：各种船舶在内河河道、沿海或远洋航线航行的交通运输系统。

（4）航空交通：飞机利用空中航路飞行的交通运输系统。

（5）管道交通：利用管道连续输送原材料的交通运输系统。

整个交通运输系统是上述 5 种交通运输类型共存的一个综合系统，发挥各自的特长和作用。

2. 交通运输系统的特点

各类交通运输系统具有不同的特点和性能。通常从可达性、机动性、效率和效益、服务水平和服务对象 4 个方面表征或评价交通运输系统的性能。各类交通运输系统具有不同的性能特点。

1）轨道交通

轨道交通运输由专用的列车车辆沿固定的线路行进，运输对象须在固定的站场进出线路系统，可达性受到较大的限制。为使列车能以一定的速度安全地在线路上行驶，要求路线布设的平面线半径不宜过小、纵向坡度不宜太大。因此，轨道交通运输受到地形和地质条件的较多限制，在地形复杂地区须投入更多的建设资金。轨道交通运输的特点包括客货装载量较大，机动性较高，其平均运行速度可达中速（50～100 km/h）至高速（>200 km/h）；线路、站场和控制管理设施的修建和维护费用较高；货运成本较低，但客运成本较高；系统的可靠性和安全性较高；能源消耗较低等。轨道交通运输的这些性能，使其在货运上适用中长距离的散装和大宗货物以及集装箱运输，而客运则适用中短距离的城市间交通运输及大城市近郊和市区内的有轨交通运输。

2）道路交通

道路交通运输是一种可以实现"门到门"运输的方式，即货物和乘客可以在起点被"装上"汽车后，迅速进入道路系统，而后直接被运送到终点，中途可以不用倒换装卸或换乘。道路网密度大时，道路交通运输具有较高的可达性。道路交通运输受地形限制的程度较轨道交通运输的低，其平均运行速度为中等（20～120 km/h），受交通拥堵的影响较大，车辆的装载容量小于其他方式。道路交通运输基础设施修建和维护的投资量较轨道交通运输的低，而其运输成本则较轨道和水路交通运输的要高，且能源消耗较大。道路交通运输的可靠性和安全性不如其他运输方式。因此，道路交通运输适宜于短途客、货运输、小批量商品或时间价值较高的货物的中途运输。

3）水路交通

水路交通运输受通航及海岸港口条件限制，可达性较为局限。船舶的装载量较大，但航行速度很低（15～40 km/h）。尽管水路交通运输的基础设施的修建费用较高，但由于运输能力大、能源消耗低，其综合运输成本较其他方式的都低。因此，水路交通运输适宜于大宗和散装货物以及集装箱运输。国际货运大多依靠远洋运输，但乘客运输由于远洋运输速度低仅限于短途和游览。

4）航空交通

航空交通运输的优点是快速（200～900 km/h）和舒适，其可达性受机场密度限制。飞机的载运量较汽车的高，基础设施的修建费用较高，能源消耗大，运输成本高。因此，航行运输适宜于中长距离的乘客运输和时间价值高的小宗货物运输，国际客运大多依靠空运。

5）管道交通

管道交通运输的可达性与轨道交通运输的相似,适用于长距离连续输送液体(石油)或气体(天然气)介质。其输送速度很低(16～30 km/h),但容量较高。管道交通运输的基础设施的修建费用较轨道和道路交通运输的小,设施所占用地少,运输成本低,不存在空驶问题,不受气候影响。

3. 交通运输系统的发展

纵观世界交通运输业的发展史,按不同交通运输方式在不同时期所起的作用,可以划分为 4 个阶段,分别为水运阶段,铁路阶段,公路、航空和管道交通运输阶段,综合交通运输阶段。

1）水运阶段

水路交通运输既是一种历史悠久的古老运输方式,又是一种现代化的运输方式。在铁路出现前,由于当时缺乏机械动力,水路交通在运输能力、运输成本和方便程度等各方面都优于以人力、畜力为动力的道路交通运输。早期工业发展主要依靠水路运输原料和产品。因此,工业布局直接受水运发展的影响。19 世纪上半叶,蒸汽机出现并应用于船舶,促进了水路交通的快速发展。水路交通运输是运输业早期发展阶段的主要运输方式。因此,工厂大多沿河布置,对英、美、西欧等国家的工业布局起到决定性作用。

2）铁路阶段

蒸汽机用于火车机车促进了铁路交通运输的发展。1825 年,英国修建了世界上第一条铁路并投入公共客货运输,标志着铁路时代的开始。由于铁路能够快速、大量地运送乘客和货物,几乎取代了水路交通运输中的内河运输,极大地加速了工农业发展。工业发达的欧美各国自 19 世纪后叶开始相继进入铁路建设的高潮,之后又扩展至亚洲、非洲、南美洲地区的国家。铁路交通运输在这个发展阶段处于主导地位,美、日、俄等国家的工业化都与铁路密不可分。

3）公路、航空和管道交通运输阶段

20 世纪 30—50 年代,公路、航空和管道交通运输相继发展,与铁路交通运输进行了激烈的竞争。由于汽车工业发展和公路网不断地扩大和完善,使公路运输机动灵活、迅速方便的优势逐渐显现。而航空技术的巨大进展,则使航空交通运输占有速度上的优势。管道交通虽运输的货物品类有限,但由于运输成本低、输送方便,也得以广泛使用。在工业发达的国家中,公路、航空和管道交通运输已逐渐取代部分铁路交通运输,在运输业中所起的作用日益显著。

4）综合交通运输阶段

20 世纪 50 年代以来,人们逐渐认识到在交通运输业的发展过程中,水运、铁路、公路、航空和管道 5 种运输方式是相互制约的。只有通过高水平的综合交通运输规划,协调各种运输方式之间的关系,才能构成一个现代化的综合交通运输体系。目前,我国形成了 5 种交通运输方式并存的局面,各种交通运输方式依靠自身的性能特点而占据一席之地,发挥着各自的作用。1949 年以来,我国铁路交通运输的比重逐年下降,公路交通运输的比重逐年上升,航空旅客运输迅速增长。公路和铁路是综合交通运输系统中的骨干。目前,铁路交通运输仍占主导地位,高铁系统发展促进了铁路交通客运的普及。随着国际贸易和远洋船队的迅速发展,国际水路交通运输的比重逐年增长,国内货运水路交通比重在货运量方面逐年下降。以航空交通运输的增长速度最快,特别是客运。随着居民收入提高、航空票价下降和服务水平提高,航空交通运输快速增长趋势还将继续。管道交通运输受益于我国石油和天然气工业的发展以及一带一路等国家战略,其比重呈缓慢上升趋势,近年来趋于稳定。

1.3.2 国土空间规划简介

国土空间规划是一种国家空间治理行为,也是国家现代化治理的必要手段。国土空间规划工作的主体是规划,工作的客体是各层级的国土空间。其中,"国土"是指规划范围,即国民生产生活的场所和环境,包括陆地、陆上水域、内水、领海、领空等。"空间"是指承载国民生产生活的土地以及其上下空间的各个层级,自上而下包括国、省、市、县、乡镇等。"规划"是指基于客观事实和发展规律,对未来进行合理、可持续发展的空间安排。

空间规划按照编制的规划成果类型划分,包括总体规划、专项规划和详细规划 3 类。其中,总体规划是指对一定空间层级的综合性规划,一般为开发、利用、修复、保护等全局性安排。专项规划是指针对特定发展和保护的专门规划,如交通、基础设施、水系等专项规划以及城市群、都市圈等区域专项规划。详细规划是指对具体地块的开发和用途等做出的详细规划。

国土空间规划既可以作为政府进行宏观调控的手段,又可以作为一种公共政策引导、协调诸多利益主体,是保障社会公共利益、维护公平的重要抓手。此外,国土空间规划作为空间总体协调架构的控制手段,可以对空间资源保护和利用进行优化配置,保证区域内发展的连续性、可持续性及稳定性。

目前,我国已实现国土空间规划系统性、整体性重构,总体上形成了全国统一、权责清晰、科学高效的国土空间规划体系,"多规合一"改革取得开创性、决定性成就,完成国土空间规划体系的顶层设计,确立了国土空间规划在国家空间治理体系中的基础性地位。

2022 年,党中央、国务院印发了首部全国国土空间规划纲要,全国省市县三级国土空间总体规划已经全部编制完成,形成了国土空间可持续发展的"中国方案"。目前"五级三类"国土空间规划基本形成(见图 1-7),为调整我国经济结构、规划产业发展、推进城镇化划定了不可逾越的红线。

未来,国家将重点从 5 个方面系统地谋划国土空间规划工作:一是落实国家重大战略,健全主体功能区制度,提升对区域重大战略的支撑和保障能力,系统谋划城乡空间布局,优化调整的制度设计,引导国土空间布局更加有序;二是进一步完善国土空间规划编制审批体系,完善总体规划的管理规则,创新详细的规划管理方式,加强村庄规划编制管理,健全专项规划目录清单管理制度和审核衔接机制,推动国土空间开发保护"一张蓝图"落地见效;三是全面加强国土空间规划实施监督,加快健全国土空间规划法律法规,切实履行规划实施管理职责,完善规划实施的政策手段,加强规划实施的督察执法,确保规划执行更加有力;四是加快推进国土空间治理数字化转型,建设全国国土空间规划实施监测网络,加强规划实施评估,促进空间治理更加有效;五是深化国土空间规划理论和技术创新,强化基础理论和重大科技攻关,强化规划科技创新人才和行政管理人才培养,推动从业队伍更加融合。

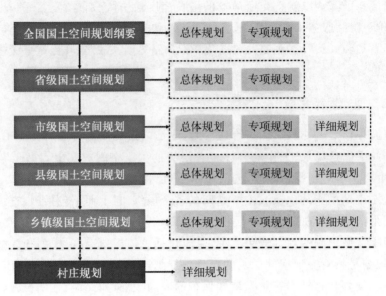

图 1-7 "五级三类"的国土空间规划体系

1.4 我国交通运输发展存在的问题及未来方向

1.4.1 存在问题

改革开放以来,我国城市交通发展关注的重点是道路交通,期望通过道路设施,尤其是高速公路、快速路、主干路的建设,以平衡道路交通供需关系。目前,城市交通发展面临的问题与挑战涉及国家安全、人民生命和人民健康。交通事故将比交通拥堵造成更严重的社会影响。此外,无形的交通污染容易被人忽视,使居民在无形中健康受到侵害。下列危机是城市交通发展首先需要考虑的问题。

1. 交通能耗威胁国家安全

从 1993 年开始,中国自产的石油已经不够用了,成为石油净进口国。1996 后,便成为继美国、日本之后的第三大石油进口国。到 2003 年,成为仅次于美国的第二大石油进口国。2013 年,中国超过美国成为世界第一大石油进口国。因此,能源问题直接威胁国家的安全,关系社会经济的健康发展。2017 年,交通占全国石油消费总量比例高达57.5%。要实现更加精准的控制化石能源消费,交通部门是重中之重。目前,中国原油进口量对外依存非常高,达到 70% 以上,战争时期对石油进口管制将极大地威胁国家安全。

2. 交通事故威胁人民生命

与世界发达国家相比,我国每万辆汽车交通事故死亡人数是发达国家的许多倍。《中国统计年鉴 2023》显示,2022 年全国共发生交通事故 256 409 起,死亡人数 60 676 人(相当于一场中等规模战争阵亡的人数),受伤人数 263 621 人,直接财产损失 123 925.519 9万元。全国平均每 8 分钟就有一人因交通事故而死亡,每天近 200 人因交通事故而死亡。每年因为交通事故而死亡的人数远超火灾,但道路交通事故并未引起像火灾事故般足够的重视。目前,交通死亡事故正向大学校园、居住小区等传统安宁区域蔓延,老人、儿童、大学生等弱势群体的交通安全值得关注。

3. 交通污染危害人民身心健康

在我国，机动车尾气已成为城市的第一大污染源。我国大城市 60% 的一氧化碳、50% 的氮氧化物、30% 的碳氢化合物污染源于机动车的尾气排放，其中"北上广"等大城市的一氧化碳和氮氧化物约占城市排放总量的 80%。汽车废气危害人体健康，对行人及道路两旁居住或工作的人们造成的危害尤为巨大。在中国 100 多亿吨的二氧化碳排放中，交通运输行业约占总排放量的 9%，大概 10 亿吨，是能源生产和工业之后的第三大排放源。根据《中国气候变化第二次两年更新报告》的数据，在 2019 年交通运输行业统计的相关排放量中，道路交通排放量占比高达 84.1%。作为制造业和生产大国以及全球领先的线上消费经济体，中国货运耗能占比高达 50%，远高于国际 37% 的平均值。

交通噪声对城市声环境污染的贡献率占 80%。噪声不仅会影响听力与语言交流，干扰休息和睡眠，还对人的心血管系统、神经系统、内分泌系统产生不利的影响。

交通振动主要指由于大货车、火车运行而使地面发生的振动，对人体造成危害，降低舒适性、增加疲劳感、降低工作效率、影响健康和身体素质等。

4. 交通堵塞影响城市运转效率

城镇化导致大量的农村人口进入城市，城市社会经济繁荣，城市范围扩大，交通设施条件改善，居民出行次数增多，通勤出行距离变长，出行强度不断增加。根据《2022 年度中国城市交通报告》，我国部分城市在通勤高峰时期车辆的实际行驶速度约为 30 km/h，平均单程通勤时间需要 35~40 min。在有信号灯的路口，每辆车每千米通行延误时间平均约为 40 s。此外，《2022 年度中国主要城市通勤监测报告》显示，国内 44 个主要城市有超过 1 400 万人正在经历单程 60 min 以上的通勤状况。在城镇化和机动化的双重作用下，交通堵塞成为我国城市的顽疾，尤以特大城市为甚。

1.4.2　现代交通运输发展方向

现代城市的特征是高效益和高效率。效益是指经济效益、社会效益、环境效益等，效率则指城市的运转，其中城市交通的运转效率则是重中之重。

现代城市交通的灵魂是速度。速度改变了人们的时间与空间观念。现代城市交通的发展是围绕着如何达到高效益和高效率而努力的，发展趋势如下。

1. 交通工具的高速、大型、远程化、复杂化

目前，高速铁路车速已达 350 km/h，磁悬浮列车可达 500 km/h。汽车运输也向高速（80~120 km/h）、重型（>8 t）、专用化发展，同时平均运距不断增长（200~400 km）。海轮大型化、装卸机械化、码头专业化。空运飞机已达超声速，商务载重达数十吨、客座 500 人、可远程不着陆飞行。

2. 居民出行方式的多样化、机动化、电动化

各类交通方式在城市中出现，交通方式种类趋多，各种方式相互竞争，交通流构成趋向混杂。小汽车得到普及，私家车已成为居民重要的交通工具，城市交通堵塞将日趋严重。电动小汽车、公交车的发展有助于缓解能源和污染问题。电动自行车、轨道交通的普及促进了慢行和公共交通的发展，有助于缓解交通拥堵的问题。共享单车、网约车、拼车等新兴交通方式出现也使得居民出行选择更加多样化。

3. 城市内外交通的一体化

为了加强交通运输的连贯性,减少内外交通的中转,提高"门到门"运输的服务水平,城市内外交通的界限将逐步消除。如铁路交通运输,有些城市已将国有铁路、市郊铁路与市区轻轨、地铁等线路连通;高速公路在不少城市已与市区的快速路网相衔接;水运方面,运河也已引进城市港区,成为港区的组成部分。

4. 快慢交通、客货交通的分离与分流

要提高城市交通的效率,需要减少交通对城市生活的干扰,创造更宜人的城市环境。现代城市趋向按不同功能的要求组织城市中各类交通,客运交通与货运交通分离或分流,使人流、非机动车流、机动车流等互不干扰,成为各自独立的系统。

5. 规划价值观与交通建设模式的变革

近年来,我国一直在强调城市发展新理念,即创新、协调、绿色、开放、共享。与此同时,我国城市建设也进入新模式:从增加城市空间、增加道路交通设施,到有序建设、适度开发、高效运行、和谐宜居。城市发展已进入精细化管理、精细化治理新阶段。在这个阶段,综合交通系统形成并优化、完善,绿色交通和集约化公共交通发展在城市交通发展中起着决定性作用。

6. 交通建设引导城市发展

改革开放至今,我国城建方针、城市发展驱动力、交通特征、交通发展策略等经历了从增量到存量的发展过程。我国城市交通建设在改革开放40年余中,以上海为例,1978—1991年,乘车难、出行难,城市不堪重负、艰难转型,主要解决的是基本需求问题;1991—2000年,基本问题解决后,整个城市向外发展,城市空间拓展,谋划交通骨架;2000—2010年,交通设施建成,形成新的骨架,支撑城市快速发展,2010年举办上海世博会,提升了城市的整体品质;2010—2020年,城市建设用地管理发生改变,城市现有人口增长趋势放缓,针对各种变化提出"管为本、重体系、补短板"的要求,即更多用管理手段以更好地提升城市整体的质量。

7. 路权的再配置

城市交通系统未来完善的主要趋势是进行路权再配置,把道路资源分给更多人。基本原则是完善道路网络功能,以"公交优先、慢行改善"为原则重新分配道路空间资源,以提升管理效能、优化交通结构为主,增加设施供应规模为辅;要求慢行设施总量只增不减,全面构建公交专用道系统;优化路网结构,完善进出中心城的通道,拓展主要客运走廊交通容量。

8. 城市交通规划的理念更新

未来城市交通发展理念变化将有4个基本特点。① 发展目标调整,更加关注环境与公平,以低碳目标倒逼交通转型。关注社会效益,优先公共交通,复兴步行与自行车。② 发展路径调整,强调智慧、睿智增长,城市更新与空间拓展围绕公交走廊带集聚式增长,推动公共服务本地化。③ 发展模式调整,要满足速度和容量的差异化服务需求。④ 发展需求控制,强调理性供给、需求受控,通过城市交通的运行管理达成供需基本平衡,重点是车辆拥有与使用的综合管理,而不是机动车通行空间的不断扩容。

9. 新技术对道路规划设计的影响

智能、互联、协同等一系列新的交通服务、城市交通管理技术,对整个城市道路交通带

来很大影响,主要包括以下 4 点。

（1）综合立体交通将会成为发展趋势。未来交通规划需要对地上地下空间进行周到的竖向设计,对轨道等基础设施预留充分的空间。绿色交通,行人与公交优先;低碳交通,极低排放车辆优先;立体交通,核心区人车分离;智慧交通,未来的交通出行逐渐转变为全息可定制交通。

（2）交通运行管理将由"路段管理"向"车道管理"变化。道路管理设施和技术大规模更新;基础设施的网联化、智能化发展必须与车辆自动驾驶技术研发和应用推广保持一致;未来交通规划须在路面留有可变空间,考虑车道可变范围内的最小公约数。

（3）自动驾驶车辆使道路通行能力大幅提升。自动驾驶技术从专用车道到逐渐全面应用,会使既有道路通行能力大幅度提升。随着车辆驾驶技术和车辆之间自动协调技术的发展,道路通行能力将会提升,停车空间会节省。自动驾驶车辆技术引发传统客运服务效率大幅提升,但新的客运服务与组织模式也会对交通设施的使用和管理带来挑战。

（4）5G、车联网等技术给交通管理提供了新手段。全息投影与导航可能会使将来在路口不仅有红绿灯,还有 3D 投影信号灯系统,将为"红灯停、绿灯行"的管控方式带来更多的手段。5G、网联化,使数据采集与发布更加实时、高效、便捷。实时交通数据,支撑交通管理提供更加精准、智能的服务。

1.5　本书的研究内容

本书的研究对象是交通运输和国土空间规划。交通运输既包括传统意义的道路交通,又包括符合可持续发展方向的轨道交通、慢行交通、公共交通等。国土空间规划包括国家、区域、省、市、乡镇等多个层面。在章节内容安排上,从交通运输层面、城市综合交通层面过渡到国土空间规划层面,论述应对交通发展危机、迎接交通挑战的概念、理念、技术与方法。本书读者面向交通运输、土木工程、城乡规划、建筑学的初学者,外专业转交通、规划行业的入门者,以及从事交通、规划领域的技术人员等。本书的教学目的旨在培养学生交通设计研究的人文关怀情怀、交通预测研究的城市规划视角以及交通规划研究的家国情怀素养。

本书共分 14 章(见图 1-8)。第 1 章重点阐述了交通运输和国土空间规划的基本概念以及本课程的研究对象与内容。第 2 章从多学科综合、城乡发展战略、发展问题导向等方面阐述了交通运输与国土空间研究视角。第 3 章讲授了运输对象、工具、需求、设施等交通运输基本知识。第 4 章介绍了我国交通运输发展战略通战略规划的相关内容。第 5 章主要介绍了交通运输系统规划与设计。第 6 章、第 7 章分别阐述了城市形成与发展和城市用地分类。第 8 章、第 9 章、第 10 章分别介绍了国土空间用地用海分类、国土空间规划调查与分析、国土空间总体规划的相关内容。第 11 章和第 12 章分别介绍了控制性详细规划和城市修建性详细规划的相关内容。第 13 章介绍了城市吸引源交通调查的主要工作。第 14 章介绍了建设项目交通影响评价报告的编制方法。

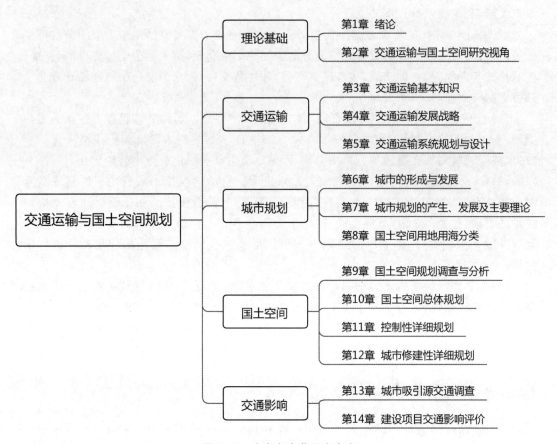

图 1-8　本书各章节研究内容

第2章 交通运输与国土空间研究视角

2.1 多学科的综合视角

2.1.1 城市社会学视角

1. 城市社会学

社会学是一门从某种特有的角度,或侧重对社会,或侧重对作为社会主体的人,或侧重对社会和人的关系,进行综合性研究的学科。社会学作为一门独立的学科,其真正的起源可以追溯到19世纪30年代。社会学一词最早由法国哲学家、社会学家孔德在1838年10月出版的《实证哲学教程》第4卷中正式提出。当时,欧洲一些国家的学者开始对社会问题进行系统的研究,并试图建立一门独立的学科以探讨社会的本质和规律。社会学从开始就受到自然科学和哲学的影响,孔德和斯宾塞是早期社会学的代表人物。在20世纪初,社会学在美国得到迅速发展。芝加哥学派和实用主义哲学对社会学发展产生了深远的影响。20世纪中叶以后,社会学的研究领域不断扩大,涉及社会分层、社会流动、社会不平等多个方面。同时,社会学的研究方法也不断地更新和完善,包括实证研究方法、定性研究方法、比较研究方法等。

城市社会学是社会学的一门重要的分支学科。城市社会学的起源和发展可以追溯到19世纪末、20世纪初,当时随着工业化和城市化的快速发展,城市社会面临许多问题和挑战,需要一门学科来研究和解决这些问题。早期的城市社会学研究主要集中在欧洲和美国,主要代表人物包括德国社会学家齐美尔、法国社会学家迪尔凯姆、美国社会学家帕克等。这些学者提出了许多有关城市社会结构、社会组织、城市问题等方面的理论和观点,为后来的城市社会学研究奠定了基础。20世纪中叶以后,随着城市化进程加速和全球化发展,城市社会学的研究领域不断扩大,涉及的问题也更加复杂和多样化。城市社会学开始关注全球化、信息化、文化多元化,研究城市社会的变迁和发展趋势。城市社会学于20世纪初传入中国,并在20世纪80年代以后得到快速发展。

2. 欧洲城市的发展历程

古希腊是欧洲文明的发祥地,在公元前5世纪,古希腊经历了奴隶制的民主政体,形成了一系列城邦国家。这个时期的城市以方格网络道路系统为骨架,广场是市民聚集的空间,围绕着广场建设的一系列公共建筑成为城市生活的核心。神庙、市政厅、露天剧院(见图2-1)和市场是市民生活的重要场所,也是城市空间组织的关键性节点。其中具有代表性的是雅典城的局部——米利都城。

古罗马是西方奴隶制发展的繁荣阶段。在这个时期,古罗马建设了许多著名的城市,如罗马、庞贝等。城市中心区是市民聚集和进行商业活动的场所,通常有一个主要的广场,称为市政广场或公民广场,周围不仅有神庙、市政厅、露天剧院和市场等公共建筑,还有大量的公共浴池、斗兽场和宫殿等供奴隶主享乐的设施。至罗马帝国时期,广场、铜像、凯旋门和纪功柱等宣扬帝国功绩的工具成为城市空间的核心和焦点。

随着罗马灭亡,欧洲进入中世纪时期,欧洲分裂成为许多小的封建领主王国,城市发展进入衰落状态。城市布局以教堂为中心,在教堂周围形成了由教会管理的市场。在教会控制的城市之外的大量农村地区,一些封建领主建设了围有高墙和深壕的城堡,作为防御工事,围绕着这些城堡也形成了一些城市。这个时期的城市基本上多为自发生长,所以街道狭窄且不规则是城市特点之一。

在文艺复兴和巴洛克时期,欧洲城市经历了巨大的变革。在文艺复兴时期,许多中世纪城市在人文主义思想的影响下进行了局部地区改建,形成了具有古典风格和构图严谨的广场和街道,如威尼斯的圣马可广场和梵蒂冈的圣彼得大教堂等。在巴洛克时期,欧洲城市出现了许多壮丽的宫殿花园。这些花园设计精美,采用了各种喷泉、雕塑和壁画等装饰材料,如凡尔赛的宫殿花园和佛罗伦萨的美第奇宫(见图2-2)等。在文艺复兴和巴洛克时期,欧洲城市还出现了以广场、铜像和纪功柱为核心的城市布局。这些广场和纪念物通常是城市的重要地标,用于纪念重大事件和人物。

从17世纪开始,新生的资本主义迫切需要强大的国家机器提供庇护,资产阶级与国王结成联盟,反对封建割据和教会势力,建立了一批中央集权的绝对君权国家,形成了现代国家的基础。在这个时期,城市的改建和扩建得到了重视,许多城市进行了规划和改造。例如,巴黎在19世纪进行了大规模的城市改造,建设了许多宽阔的大道和广场,如香榭丽舍大道、协和广场,形成了典型的巴黎风格的城市格局。

总之,欧洲在古代社会和政治体制下,城市的典型格局随着历史的发展而不断变化,但广场、街道、公共建筑和市场一直是城市生活的核心。这些城市格局的形成和发展反映了当时社会的政治、经济和文化状况,也为后来的城市建设提供了重要的借鉴和参考。

图2-1 古希腊剧院

图2-2 美第奇宫

3. 中国城市的发展历程

考古证实,我国古代最早的城市距今约有4 000年的历史。在悠长的历史发展进程中,积累了大量的城市规划和建设的经验,形成了独具特色的古代城市规划传统。中国城市发展历程可以分为古代城市、传统商业城市、近代工业城市、当代城市 4 个阶段。

　　在中国历史的早期,城市建设服务于王朝的对内统治与对外拓展疆域,由此决定了当时的城市选址。从夏商周到春秋战国,中国的城市主要以政治、军事和文化中心为主,城市的规模和数量都比较小,城市规划和建筑风格都受到传统文化和宗教信仰的影响。据《周礼·考工记》记述了周代王城建设的空间布局:"匠人营国,方九里,旁三门。国中九经九纬,经涂九轨。左祖右灶,前朝后市。市朝一夫。"说明我国古代城市规划思想在周代就基本成形,西周时期建设的洛邑确立了城市形制,基本具备了此后都城建设的特征(见图 2-3)。除此之外,春秋战国时期的"诸子百家"也留下了许多有关城市建设和规划的思想,丰富了中国城市规划的理论宝库,对后世的城市规划和建设产生了影响。例如,伍子胥

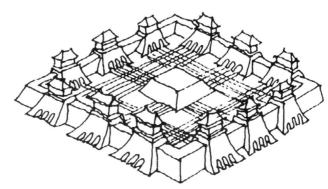

图 2-3　周王城复原想象图

为吴国规划都城阖闾城(今苏州)时,提出了"相天法地"的原则,即根据天象和地理条件进行城市选址和规划;《管子·乘马篇》强调城市选址应"高毋近旱,而水用足,低毋近水,而沟防省",在城市形制上应该"因天材,就地利"(见图 2-3)。

　　秦汉时期的城市规划和建设继承了春秋战国时期的思想,如"相天法地""因天材,就地利"等,强调城市选址和规划要与天地自然相适应。秦朝时期的城市布局以宫殿为中心,宫殿位于城市的中心位置,周围是官署、商业区和居民区。这种布局体现了皇帝至高无上的地位,并有利于加强中央集权。秦代的城市中出现了不少复道、甬道等多重的城市交通系统,纵横交错的道路网络促进了交通和通信的发展。王莽代汉取得政权后的国都洛邑的空间规划布局为长方形,宫殿分布在城市的南北中轴线上,与市民居住生活区在空间上相互分离,充分体现了《周礼》的城市规划思想。唐代的长安城是在隋朝大兴城的基础上修建的,是一个比较规整的长方形,沿中轴线严格地左右对称,呈棋盘状布局。长安城的道路系统非常完善,形成了纵横交错的道路网络,主要的南北向道路有朱雀门大街、承天门大街和安福门大街等,东西向道路有通化门大街、延兴门大街和启夏门大街等。宋代开封城的基本格局在五代后周时期改扩建东京(汴梁)时就基本奠定,居住模式也从里坊制转变为街巷制。公元 1267—1274 年,元朝在北京修建新的都城,命名为元大都,继承和发展了中国古代都城的传统形制,在很多方面都体现了《周礼·考工记》记载的王城空间布局制度。元大都是自长安城以后中国古代都城的又一典范,并经明清两代及以后的继续发展,成为至今存留的北京城。

　　1840 年鸦片战争爆发,随着帝国主义的侵略和外国资本的不断推进,中国的社会性质,政治经济、文化形态以及社会生活的方方面面都发生了翻天覆地的变化。从 19 世纪中叶开始,西方列强通过武力侵略和不平等条约,迫使中国开放通商口岸,城市化进程在这些地区率先启动,如上海、广州、天津等城市。随着西方列强的侵略,一些城市沦为殖民地或半殖民地,青岛、大连、哈尔滨等城市的发展受到西方城市规划思想的影响,形成了具

有现代特征的城市布局。在 20 世纪初到抗日战争全面爆发的 30 余年间,近代中国城市化发展较快,一批大城市兴起,小城镇也出现了较快的发展,但城市化的发展在区域上表现为极大的不平衡性。在抗日战争和解放战争时期,一些城市遭受了战争的破坏和损失,但也有一些城市在战争中得到了发展。比如,重庆在抗日战争时期成为国民政府的临时首都,得到了大量的投资和建设。

1949 年后,为了快速恢复国民经济,我国实施了优先发展重工业的战略。一批新兴工业城市如武汉、太原和洛阳等进行了扩建改造,大批农业劳动力转移到城市工业部门,城市数量和城镇人口持续增加。1978 年 12 月召开的中共十一届三中全会标志着我国进入了改革开放的新阶段,我国城市化进程得到了快速发展,乡镇企业崛起和小城镇快速发展推动了农村剩余劳动力向非农产业转移。同时,外资大量涌入和出口导向型经济发展也加速了沿海城市发展。20 世纪 90 年代以后,随着市场经济体制的建立和完善,我国城市化进程进一步加速。大城市和特大城市迅速崛起,形成了多个城市群和经济圈。同时,城市内部产业结构升级和空间结构调整也推动了城市化的进一步发展。随着中国经济进入新常态和全球化进程加速,我国城市化发展也面临着新的挑战和机遇。

4. 对于专业人员和决策者的要求

(1)关注社会公平和包容性:在城乡规划和城市管理中,应关注社会公平和包容性,确保不同的社会群体能够平等地分享城市资源和机会。

(2)推动公众参与和社区发展:应该鼓励公众参与城乡规划和城市管理,推动社区发展,提高城乡居民的社会参与度和社区凝聚力。

(3)加强城市治理和监管:应建立健全城乡治理和监管机制,确保城乡规划和管理的科学性和规范化,同时要注重保护城乡环境和生态。

(4)重视城市社会问题:应重视如人口老龄化、交通拥堵、贫困失业等城市社会问题,制定科学有效的政策和措施解决这些问题,提高城市居民的生活质量和幸福感。

2.1.2 城市地理学视角

1. 城市地理学

城市是一个大型的人口聚居地,可以定义为具有一定人口规模和行政界定的特殊聚落类型,其成员主要从事非农业任务。"城"指人口聚集,"市"指物品交换,城市人口密度和经济要素显著高于周围的农村地区。城市是人类文明的重要载体,是文化、科技、教育等方面的中心,城市通常拥有丰富的文化资源和教育资源,吸引了大量的人才到城市居住和生活。城市是政治和社会活动的中心,是各种政治和社会力量的交汇点,通常拥有完善的政治和社会组织,能够有效地管理和协调城市的各项事务。

城市按照我国的学科划分,其地理学属于人文地理学的分支,是地理学学科体系中的三级学科。城市地理学有两个突出的重点研究方向:① 从地理空间的视角研究区域城市系统的空间组织演化;② 针对城市个体本身,研究城市内部组成部分的空间组织演化。城市是人类社会活动的产物,具有鲜明的社会属性,城市的发展规律不仅受自然因素的影响,还受政治、经济、文化等多种社会因素的影响,所以城市地理学虽然属于自然科学,但具有明显的社会科学属性特征。

1949 年前,我国城市地理学发展缓慢,研究主要围绕近代中国城乡分布状况、基本特征展开,从属于聚落地理的范畴,真正的城市地理研究尚未展开。1949 年后,城市地理研究才慢慢起步。借力于城市规划工作的复兴,真正的现代中国城市地理研究于 20 世纪 70 年代中后期得到快速发展。进入 21 世纪以后,中国城市化加速发展,为中国城市地理学乃至世界城市地理学的发展提供了直接的营养,具有中国特色又基本与国际接轨的城市地理学学科体系基本建立。

2. 地理条件与城市发展

从城市地理学角度,城市发展主要受自然地理环境和经济区位的影响。

自然地理条件包括地形、气候、水文、土壤和植被等,通过影响人口分布、农业生产和交通联系等方面影响城市的形成和发展。首先,地形是影响城市发展的重要因素之一。因为平原地区地势平坦,土壤肥沃,便于农耕和交通联系,也有利于节省建筑投资,所以,中国平原地区的城市分布较为密集。例如,中国的三大平原——东北平原、华北平原和长江中下游平原都是城市密集分布的地区,三大平原面积占我国陆地面积的 8.85%,人口却占总人口的 53.82%。其次,气候也是影响城市发展的重要因素之一。在中国,大部分城市分布在气温和降水适中的中低纬度沿海地区。这些地区的气候条件适宜,有利于人类的居住和农业生产,因此城市发展较快。而中国西北的干旱、半干旱地区,由于降水量不足,不利于农业生产和人类居住,因此这些地区的城市发展相对较慢。此外,河流对城市发展也产生了重要的影响。河流不仅提供了生活和农业用水,拥有防御和灌溉的功能,还是重要的交通通道,促进了城市之间的贸易往来和文化交流。在中国南方地区,由于降水充沛,河流众多,沿河设城成为中国南方城市分布的一般规律。例如,长江沿岸分布着上海、南京、武汉、重庆等许多重要城市,珠江江口及其支流分布着广州、深圳、珠海等城市。

经济区位对城市发展的影响主要表现在以下几个方面:① 经济区位会影响城市在资源配置上的不平等。纵观全球,大多数经济发达的城市都位于沿海地区,这是由于其交通便利,物资和信息流通较快,往往能够吸引更多的投资和人才,从而拥有更丰富的资源配置。而内陆城市可能由于交通不便和资源相对匮乏,在资源配置上处于劣势。这种资源配置的不平衡会对城市的发展速度和竞争力产生影响。② 经济区位会影响城市的产业结构。例如,沿海城市往往以出口导向型产业和高新技术产业为主,而内陆城市则可能以重工业和资源型产业为主。产业结构不同对城市的经济增长方式、就业结构和城市风貌等方面都会产生影响。③ 经济区位会影响城市的规模和形态。一般沿海城市和中心城市的规模较大,因为这些地区拥有更广阔的经济腹地和市场空间。此外,经济区位还会影响城市的形态,沿海城市往往呈现带状或组团状的形态,而内陆城市则可能呈现集中式的形态。例如,我国沿海地区的环渤海经济区、长三角经济区和珠三角经济区,内陆地区的长江中游经济区、成渝经济区和东北经济区。

以长江三角地区为例,长三角产业带的发展可以追溯到 20 世纪 80 年代。当时中国开始实行改革开放政策,长三角地区凭借优越的地理位置和丰富的资源,逐渐成为吸引外资和民营企业的重要区域。在长三角产业带的发展过程中,上海、江苏和浙江三个省市都发挥了重要的作用。上海作为长三角地区的龙头城市,拥有完善的金融、贸易和制造业基础,是长三角产业带的核心。江苏和浙江省则以丰富的自然资源和人力资源,逐渐成为制造业和服务业的重要基地。长三角产业带的产业结构以制造业为主,但随着经济发展和产业结构调整,服务业和高新技术产业也逐渐成为重要的增长点。目前,长三角产业带包含了沿江产业带、沪宁产业带、环杭州湾产业带3条重要的产业带(见图2-4),沿江产业带主要侧重制造业的转型和升级,沪宁产业带以科创和高端制造业为主导,环杭州湾产业带则依托港口优势发展现代制造业和服务业。3个产业带的协调发展,有力地推动了长三角地区经济的持续增长。

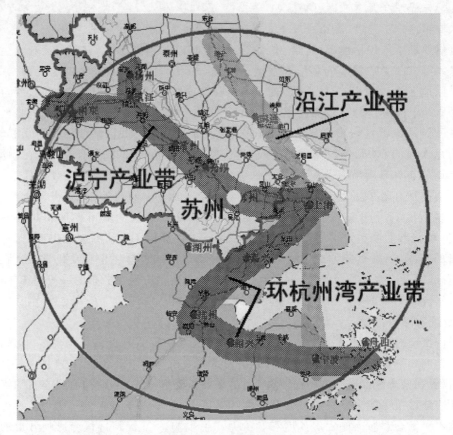

图 2-4 长三角产业带

3. 对于专业人员及决策者的要求

(1)关注城市群和功能布局:城市地理学强调城市空间结构和功能布局的重要性,应关注城市空间结构和功能布局的合理性和可持续性,提高城市运行效率和发展潜力。

(2)关注交通运输和可达性:城市地理学认为,城市交通和可达性是城市发展的关键因素之一,应该重视城市交通和可达性的建设,提高城市居民的出行和生活质量。

(3)关注地理区位和交通优势:使用区位图表示交通网络、交通枢纽、交通规划区域等在更大区域内的位置和分布情况。通过区位图了解交通研究对象所在区域的整体情况,从而更好地进行交通规划和优化。

(4)关注空间尺度和比例尺:在分析交通研究对象时,需要使用适当的比例尺表示交通网络的详细情况,如路网的密度、道路宽度、交叉口设计等。选择合适的比例尺,可以更好地表达交通网络的复杂性和特点。

2.1.3　城市经济学视角

1. 城市经济学

城市经济学是经济学科中一门以城市系统为对象、研究城市内外部的经济活动、揭示城市形成和发展及城市化过程中的经济规律的应用性学科。宏观城市经济学把城市当作一个整体来研究,以宏观经济学为理论基础,采用总量经济分析方法,探讨城市经济的增长与衰退、城市规模问题以及城市化问题。微观城市经济学以单个的经济单位为研究对象,以微观经济学为理论基础,主要研究城市土地利用、住宅、交通、就业、环境等问题。在对城市经济学进行研究时不仅要注意经济理论的假设前提是否成立,还要牢记结合地理空间属性这个特性。城市是一个复杂的系统,在探究城市问题时,城市经济学只是其中一个重要的方面。

2. 土地经济问题

土地是人类社会生存和发展的自然基础。对土地经济问题的研究可追溯到城市经济学的起源时期。土地是一种独特的自然资源,土地数量有限,且不可再生。土地利用方式一旦形成,就很难按市场要求进行变更。在一定的技术条件下,重复在一块土地上投资,报酬递减十分明显。区位作为决定经济活动的不同地理位置,是城市土地价格的决定因素,而城市发展、基础设施建设、人口增长等因素会引起土地价值发生变化。我们要特别关注土地级差对土地租金的影响。土地级差是指在同一地区内,不同土地用途或位置之间的价值差异(见图 2-5)。

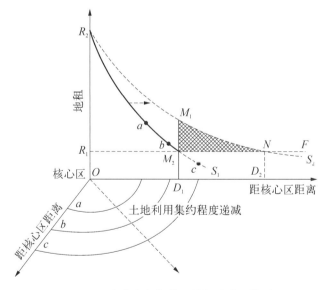

图 2-5　完全竞争条件下的级差地租模型

土地级差理论的应用范围涵盖了土地政策、城市规划、税收政策等多个领域,旨在实现社会经济的公平和可持续发展。

3. 外部性问题

外部性问题是城市经济学的一个重要研究议题。在城乡规划管理、城市土地开发以及城乡环境保护等方面的公共政策制定时,都会应用外部性的理论和分析方法。

城市的形成和发展在一定意义上是源于经济活动的聚集效益,即生产力和各项物质要素在空间上高度聚集,相互作用而产生经济效益。但由于集聚带来的高密度,每个经济单位在进行经济活动时都可能给其他经济单位或个人造成影响,当这种影响不能在其成本或收益中反映时,称为外部效应或外部性。

外部正效应是指个体的经济单位在进行经济活动时对其他经济单位或个人带来了好的影响或收益,但这种收益无法通过市场反应出来,即进行此项经济活动的单位无法得到任何报酬。

与外部正效应相关的一个概念是外部经济。外部经济是指多个企业或多种经济活动在空间集聚在一起所带来的成本下降或收益增加。例如,一个企业独立布局要修一条路,修路成本由其一家承担。若两家企业共同布局修路,则由两家分担修路的成本,每家付出的成本就降低了。因为外部经济相互影响的结果可以在成本或收益中反映出来,所以企业在决策过程中往往只追求获得外部经济效益而不考虑外部正效应。

外部负效应是指个人或部门在经济活动中造成损害性的外部影响。城市中的环境污染问题就是十分典型的外部负效应。在土地开发中,一些房地产开发商为了追求利润最大化,总是尽可能地提高建筑容积率。但过高的开发强度使周围房屋的日照和通风受到阻碍,不适当的建筑形体对周围的视觉协调性造成不良的影响等问题都不能通过市场得到调节。如此外部负效应降低了城市社会的总收益,使土地资源无法得到经济有效的配置和利用。

4. 对于专业人员及决策者的要求

在城乡规划和管理中,要分析研究城市中各种经济活动的得失,充分利用外部正效应,尽可能减小外部负效应的效果,以便求得最佳的城市整体效益。以下这些举措不仅有助于改善居民生活质量,还有助于保护城市的环境和资源。

(1)关注土地利用规划:进行合理的土地使用规划,确保土地用途符合城市发展的需求,避免不合理的土地使用导致资源浪费和环境破坏。

(2)关注自然环境保护:保护城市周围的自然环境,包括水资源、湿地和野生动植物栖息地,维护生态平衡。

(3)关注人民诉求:鼓励公众参与城市规划和环境决策,以反映居民的需求和担忧。

2.1.4　交通运输视角

1. 城市交通

在 16 世纪前,城市交通的发展主要为城市道路网的修建和完善,交通方式主要是步行、骑马和马车出行。进入 16 世纪中期,罗马时代建立了地区性的车辆出租系统,公共交通开始出现。1819 年,巴黎出现了公共马车(见图 2-6),这是现代意义上的城市大容量公共交通的开始。

随后,轨道马车、蒸汽机车、火车等交通工具也逐渐在城市中得到应用和发展。随着汽车工业的快速发展,私人汽车逐渐成为城市交通的重要组成部分。进入 21 世纪后,随着城市化速度加快和人们出行需求的增加,许多城市开始大力发展公共交通,如地铁、轻轨等,以提高交通效率、缓解交通拥堵问题。同时,智能化交通管理系统、共享单车等新的

图 2-6　巴黎的公共马车

交通方式和技术手段也不断涌现,城市交通得到快速发展。

道路交通是城市交通的重要组成部分。城市道路是城市范围内的、供车辆和行人通行的、具备一定技术条件和设施的道路。城市道路是城市组织生产、安排活动、搞活经济、物质流通所必需的要素,是连接城市各个功能分区和对外交通的纽带。城市道路用地包括道路、交通广场、停车场以及加油站等设施。目前,我国城市道路根据其在道路系统中的地位、交通功能以及对沿线建筑物的服务功能等因素,分为 4 类 10 级,具体包括快速路、主干路、次干路和支路 4 个等级。

城市轨道交通是一种利用轨道列车运输人员的方式,包括地铁、轻轨和磁悬浮列车等,具有运量大、效率高、相对污染小和成本较低等特点。1949 年以后,我国城市轨道交通建设得到了很大的发展,经历了从无到有的过程。1965 年,北京地铁一期工程开始建设,标志着我国的城市轨道交通建设开始。随后,上海、广州等城市也开始兴建地铁,我国地铁项目修建目的从战备转化为交通。截至 2020 年底,我国内地累计有 40 个城市开通了城轨交通运营,运营线路达到 7 978.19 km。其中,地铁运营线路 6 280.8 km,占比78.7%;其他制式城轨交通运营线路 1 697.3 km,占比 21.3%。

2. 我国城市交通问题

由于交通需求增加速度超过交通供给,再加上规划和管理不合理等原因,我国城市尤其大中城市交通问题尚待解决,交通问题主要表现在交通拥堵、交通污染、交通安全 3 个方面。

交通供给增长速度低于交通需求,交通拥堵现象严重。随着城市化进程加速,机动化出行需求增长迅速,但城市交通基础设施增长不足,无法满足需求。同时,我国公共交通分担率过低,大城市公共交通系统承载人口出行量占比不足 20%,严重落后于发达国家大城市的平均水平 60%。职住分离、潮汐交通等导致交通出行量集中在某些路段和时间段,造成道路拥堵(见图 2-7)。然而,欧洲国家和日本通过完善的公共交通网络,实施交通管理措施等手段,其市中心道路在出行高峰时段并未出现严重拥堵现象(见图 2-8)。

图 2-7 我国某城市市中心出行高峰时段　　　　图 2-8 欧洲某国家市中心出行高峰时段

人们在享受机动车带来便利和效益的同时,也在承受机动车尾气对环境的污染和对人体健康的危害。机动车尾气排放的污染物,除了一氧化碳(CO)、碳氢化合物(HC)、氮氧化合物(NO_x)、颗粒物(PM)等常规污染物之外,还含有大量移动的空气毒气(MSATs)的污染物,如苯、甲醛、乙醛等。据报道,交通排放的一氧化碳浓度每增加 1 mg,居民心血管疾病的死亡率将增加 1.12%,冠心病死亡率将增加 1.75%。距离主干路 50 m 之内的居民患痴呆的概率高达 7%,距离 50~100 m 的患病概率则为 4%,而距离 101~200 m 的患病概率为 2%。随着机动车持续高位增长,我国越来越多的城市空气质量正由传统的煤烟型污染转化成燃煤、汽车尾气与二次污染物相互叠加的复合型污染,严重影响了城市居民的生活和身心健康。

我国城市交通安全形势严峻,交通事故频发。全国每年发生超 20 万起的交通事故,交通事故是导致中国人死亡的第六大原因,给人民群众的生命财产和安全带来了严重的威胁。据国家统计局历年的统计结果显示,2021 年因火灾死亡人数是 1 987 人,因交通事故死亡的人数为 6.22 万人,是火灾的 31 倍。遗憾的是,火灾事件屡见报道,而交通事故并未引起人们应有的关注。

3. 对于专业人员及决策者的要求

(1)关注综合交通枢纽:应结合高铁沿线地区的产业和资源优势,制定高铁经济发展战略,吸引更多的投资和人才,发展相关产业,以促进城市经济快速发展。应注重周边生活配套设施的建设,如住宅、商业、文化等设施,以提供更加便利的生活条件。

(2)关注交通环境:在城市道路的建设和运营中,应更加注重环保和噪声控制,采用环保材料和技术,减少对环境的影响。

(3)关注交通安全:应研究宽容性交通设施设计,加强交通安全宣传,切实减小交通事故次数和影响程度。

(4)关注交通拥堵:应加强交通系统管理和交通需求管理,充分考虑城市道路运输能力的需求和供给平衡,既要满足日益增长的客运和货运需求,又要避免运能过剩造成资源浪费。

2.1.5 城市建筑视角

1. 城市建筑

城市建筑是城市面貌的重要构成部分,包括城市中的各种建筑物和设施。这些建筑物和设施不仅需要满足人们的生活需求,还要符合城市的文化和环境要求。

城市建筑的功能性是城市建筑最基本的要求。城市建筑必须满足城市的某种使用目的和功能需求。例如,公共建筑需要满足人们的使用需求,包括图书馆、博物馆、电影院等;工业建筑需要满足工业生产的需求,包括厂房、仓库、办公楼等;商业建筑需要满足商业经营活动的要求,包括商场、餐厅、咖啡馆等。

在城市建筑设计中,建筑结构的安全性是必须考虑的重要因素。城市建筑的安全性是指城市建筑在正常使用情况下,不会因为可能出现的各种荷载、变形而导致其结构被破坏。在设计阶段,需要根据建筑的使用要求和所处的环境条件,选择合理的结构形式和材料。在施工阶段,需要严格按照设计要求进行施工,确保施工质量符合规范和标准。

除功能性和安全性以外,美观性和文化性也是城市建筑的重要部分。城市建筑的美观性是指建筑的设计、外观、色彩、材料、装饰等方面所具有的审美特点,以及与周围环境的协调统一。城市建筑的美观性需要与实用性相结合,不仅要让人感受到美,还要符合城乡规划的需要。城市建筑的文化性则是指建筑中所蕴含的历史、文化、社会和地域性等元素。城市建筑是城市文化的重要组成部分,反映了当时城市的思想、观念、艺术和科技水平。因此,在城市建筑的设计和建设中,需要注重保护和传承历史文化遗产,尊重当地的文化传统和风俗习惯,同时也要体现当代文化的创新和发展。

2. 建筑美学

在古代,我国建筑美学的发展就已经达到当时世界的顶尖水平。古代的建筑师们在设计建筑时,不仅注重其结构的合理性和稳定性,还对其美观性和文化性给予了很大的关注。

我国古代建筑的设计注重顺序感和条理性,强调整体布局的统一和有序。以故宫为例,首先,故宫整体的建筑布局是以主轴线为中心,从南向北,包括午门、太和门、前三殿、后三殿等一系列的建筑群,这些建筑群串联在一起,形成了一条南北向的中轴线。其次,故宫的建筑布局严格遵循左右对称的原则。再次,我国古代建筑通过各种装饰手法来使建筑更加美观,同时体现了传统文化。这些装饰既有美学价值,又有文化意义。例如,龙凤图案的彩绘和雕刻体现了中国古代的龙文化,寓意着皇权和神灵的保佑;花卉和瑞兽的图案表达了人们对自然界的崇拜和对美好生活的向往;砖雕展示了中国古代的民间艺术风格和文化内涵(见图 2-9)。这些装饰艺术形式与建筑本身融为一体,形成了中国古代建筑独特的艺术风格和文化价值。

与古代建筑相比,我国现代建筑受到西方建筑的影响,在美学方面存在一些不足。首先,一些现代建筑追求新奇独特的形式,而忽略建筑本身应该具有的形式美。例如,一些现代建筑的外形过于复杂,让人难以感知其美感;另一些建筑则过于追求高度和跨度,而忽略建筑的细部和结构的合理性和美观性。其次,一些现代建筑过于追求明亮的色彩和强烈的对比,忽略了色彩和材料的搭配和舒适性。最后,现代建筑在文化内涵方面也存在一些缺失。古代建筑有着深厚的文化内涵和历史积淀,而现代建筑则相对缺乏文化性和历史性。一些现代建筑没有充分考虑当地的文化传统和历史背景,忽略建筑与周围环境的融合和协调。例如,我国一些公共建筑缺乏中国元素,反而东南亚一些国家的公共建筑运用了中国结、灯笼等中国传统元素(见图 2-10)。

(a)   (b)

图 2-9　中国古建砖雕和木雕示意

(a)   (b)

图 2-10　东南亚国家建筑的中国传统元素

3. 交通设施中的建筑设计

交通设施是城市基础设施之一,其建筑设计需要考虑功能性、结构性、美学等因素,以提高使用体验、增强城市形象、提高交通效率。因此,在交通设施的建筑设计中,应该注重建筑因素,将建筑与周围环境相协调,创造出更加优美、实用、舒适的交通设施。

交通设施的建筑设计强调流线顺畅和交通可达性。流线是指人们在交通空间中移动的路径,包括交通设施中的进出口、通道、休息区、购票处、登机口等。流线的顺畅程度和交通可达性会影响人们到达目的地的时间和便捷性。可以通过明确的指示牌和标识、合理安排空间、考虑不同的交通衔接方式等,提高人们的使用体验和出行效率。

交通设施的设计还需要合理利用空间,使空间更加舒适和实用。交通设施通常是在有限的空间内为大量的人群提供服务。因此,空间的利用和设计对提高人们的出行体验和效率非常重要。比如,地铁站设计需要合理利用高度和垂直空间,并考虑光、通风等因素,不仅可以使室内更加通透明亮,还可以减少人工照明和机械通风的使用,从而降低能源消耗和碳排放。

交通设施设计还需要合理运用色彩,使建筑更加生动、醒目、具有吸引力的同时,还可以起到标志引导的作用。比如,地铁站标志使用明亮的灯光和鲜艳的色彩,能够让人们更加容易找到地铁站的位置,不同的线路使用各自统一的颜色,使人们能够快速确认目的地和相应路线。

4. 对于专业人员及决策者的要求

(1)关注城市窗口:交通设施是城市建筑的重要组成部分,决策者应该注重交通设施设计中的功能性、结构性、美观性的结合。

(2)关注空间融合:在城乡规划和设计中,应将交通运输与城市空间布局和建筑规划相结合,实现交通与城市功能的有机融合。

(3)关注交通美学:在城市交通规划和设计时,注重与建筑艺术的结合。例如,设计富有艺术感的交通设施和建筑物,如地铁站、桥梁、天桥等(见图 2-11),以提高城市的审美价值和文化内涵。

图 2-11　天津市中石油立交桥

(4)关注文化传承:城市建筑也是文化传承的重要载体,决策者应该注重保护历史建筑和文化遗产,并尽可能地将这些元素融入城乡规划和建筑设计中。

2.1.6 工程管线视角

1. 工程管线

城市工程管线种类多而复杂(见图 2-12)。城市工程管线综合规划中常见的工程管线主要有 6 种：给水管道、排水(雨水、污水等)沟管、电力线路、电信线路、热力管道、燃气管道等。城市开发中常提到的"七通一平"中"七通"即指上述 6 种管道再加上道路贯通。"七通"的顺利实现是城市工程管线综合工作的目标之一。

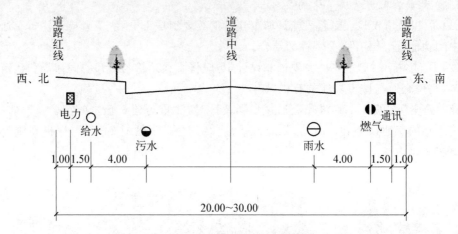

图 2-12 管线综合横断面图

(1) 给水管道：包括工业给水、生活给水、消防给水等管道。输送方式为压力输送。给水管道易弯曲，一般采用深埋的方式铺设，属于地埋管线。

(2) 排水沟管：包括工业污水(废水)、生活污水、雨水、降低地下水等管道和明沟。输送方式为重力自流输送。排水沟管不易弯曲，一般采用深埋的方式铺设，属于地埋管线。

(3) 电力线路：包括高压输电、高低压配电、生产用电、电车用电等线路。采用架空或浅埋的方式铺设。电力管道不易弯曲，电力电缆易弯曲。

(4) 电信线路：包括市内电话、长途电话、电报、有线广播、有线电视等线路。采用架空或浅埋的方式铺设。电信管道不易弯曲，电信电缆易弯曲。

(5) 热力管道：包括蒸汽、热水等管道，一般采用浅埋的方式铺设，属于地埋管线。

(6) 可燃或助燃气体管道：包括天然气、煤气、乙炔气、氧气等管道，一般采用深埋的方式铺设，属于地埋管线。

2. 城市工程管线综合布置原则

(1) 城市管线位置采用统一坐标和标高系统，局部区域可自定坐标系统，但界线和进出口应与城市主干管线的坐标一致。若存在多个坐标系统，需要换算统一。

(2) 管线综合布置应与总平面、竖向设计和绿化统一进行，协调各管线间、管线与建筑物、构筑物及绿化带的关系。

(3) 管线敷设方式需要考虑介质性质、地形、安全、施工和检修等多种因素，经过技术经济比较后择优选择。

（4）毒性、可燃、易燃、易爆管线严禁穿越与其无关的建筑物、构筑物、生产装置及贮罐区。

（5）管线带应与道路或建筑红线平行，同一管线不宜从道路一侧转到另一侧。

（6）节约用地，合理共架共沟，避免管线间相互影响。

（7）尽量减少管线与铁路、道路及其他干管的交叉，交叉角度不宜小于45°。

（8）在山区敷设管线要利用地形，避免山洪等不良地质的影响。

（9）规划区分期建设时，管线布置应全面规划，近期集中，近远期结合。

（10）干管应布置在用户较多的一侧或将管线分类布置在道路两侧。

（11）充分利用现状管线，改建、扩建工程不得妨碍现有管线的正常使用。

（12）管线间距应符合规范规定，当受限时可适当调整规划道路断面或宽度等。

（13）车行道下的综合管沟覆土深度需要根据施工和停车荷载要求等确定，支管下的综合管沟埋设深度可较浅。

（14）电信线路与供电线路通常不合杆架设，在特殊情况下，采取相应措施后方可合杆架设。

（15）管线布置须满足技术、卫生、安全和国防有关规定。

3. 专业人员及决策者的要求

每条城市道路下都有涉及工程管线的问题，如何使管线在空间安排和建造时间上很好地配合，避免道路反复开挖是值得关注的问题。

（1）关注资料收集。系统搜集城乡规划区域各类管线的现状资料、规划设计资料，并加以整合、分析、研究，全面解决规划设计中的各类管线碰撞矛盾。

（2）关注建设统筹。从城乡当前建设发展要求出发，统筹各类管线的建设时序，避免道路反复开挖，管线重复建设，解决管线种类之间、管线局部与整体之间的矛盾。

2.1.7　城市生态环境视角

1. 城市生态系统

城市生态系统是一种特殊的人工生态系统，是由城市人类与周围生物和非生物环境相互作用而形成的、具有一定功能的网络结构。

城市生态系统主要由3个子系统（见图2-13）构成：① 自然生态系统。以生物结构和物理结构为主线，包括城市居民赖以生存的基本物质环境，如阳光、空气、淡水、土地、动物、植物、微生物等。② 经济生态系统。以资源（包括能源、物资、信息等）为核心，由工业、农业、建筑、交通、贸易、金融、信息、科教等系统所组成，涵盖生产、分配、流通和消费的各个环节。③ 社会生态系统。以人口为中心，涉及城市居民的社会、经济及文化活动各个方面，主要表现为人与人之间、个人与集体之间以及集体与集体之间的各种关系。这3个系统之间通过高度密集的物质流、能量流和信息流相互联系，人类的管理和决策在其中起决定性的调控作用。

城市生态系统有以下特点：① 城市是以人为主体的生态系统。城市中人口密集，可供自然界生物生存的绿地面积很小，绿色植物和动物在城市生态系统中仅作为环境的一部分。② 城市是具有人工化环境的生态系统。其具有高度的人工痕迹，城市中的自然，如山体、河流、湖泊和沼泽等受到人类建设活动的影响严重，形态和功能都发生了巨大的

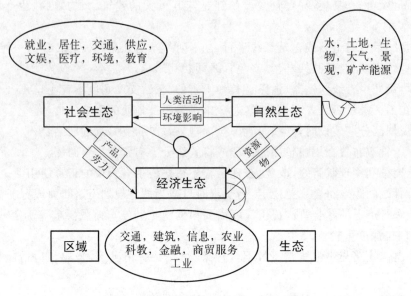

图 2-13　城市生态系统的 3 个子系统

变化。③ 城市是一个流量大、容量大、密度高、运转快的开放系统。城市是一个需要输入大量的粮食、水、燃料、原料,同时又需要输出大量的产品和废物的开放系统,其物质和能量的"输入—转化—输出"运转效率很高。④ 城市是一个依赖性很强、独创性很差的生态系统。城市生态系统的自然调节和保持平衡功能很差,需要人为不断地干预以保持平衡。⑤ 城市生态系统对资源的需求和利用程度较高。其需要高效利用各种资源,包括能源、水资源、土地资源等。

　　2. 交通与城市环境问题

　　城市环境是指影响城市人类活动的各种自然的或人工的外部条件。狭义的城市环境主要是指物理环境,包括地形、地质、土壤、水文、气候、植被、动物、微生物等自然环境,房屋、道路、管线、基础设施、不同类型的土地利用,废气、废水、废渣、噪声等人工环境。广义的城市环境除了物理环境外,还包括人口分布及动态、服务设施、娱乐设施、社会生活等社会环境,资源、市场条件、就业、收入水平、经济基础、技术条件等经济环境,风景、风貌、建筑特色、文物古迹等美学环境。

　　交通对城市环境的影响主要体现在大气污染、噪声污染和生态环境破坏等方面。首先是大气污染。城市中的大气污染主要由工业生产、交通运输和能源消耗等活动产生,交通污染物是大气污染中最主要的污染来源。世界卫生组织的统计显示,机动车排放的污染物在城市大气污染中的占比已高达 60%。就我国而言,2021 年全国机动车 4 项污染物(CO、HC、NO$_x$、PM)年排放总量达到 1 557.7 万吨。与工业排放不同的是,机动车排放属于近地排放,对长期暴露在交通环境或居住在交通密集区域的人群健康影响尤为突出。其次是噪声污染。城市道路交通噪声通常是指汽车在城市道路上行驶过程中超过该国家标准而产生的噪声。交通噪声是现代城市中重要的公害之一,交通噪声日益成为城市的主要噪声,约占城市噪声源的 40%。最后是城市生态破坏。城市生态环境破坏主要是指自然生态系统破坏和生物多样性减少。交通建设需要占用大量的土地,城市道路用地面积占城市建设用地面积的 8%~15%,对规划人口在 200 万人以上的大城市,这个比例可达 15%~20%。大量征用土地会破坏野生动物栖息地、植物群落等,导致生物多样性损失,使城市生态系统变得更加单一。

3. 专业人员及决策者的要求

(1) 关注交通运输的绿色低碳。鼓励科研机构和企业加强绿色科技创新,研发更高效、更环保的交通技术和设施,推动城市交通向低碳、智能化方向发展。

(2) 关注交通运输的永续发展。注重城市的可持续发展,推广绿色建筑和可再生能源的使用,完善交通系统,鼓励绿色出行。

(3) 关注交通运输的集约用地。合理利用土地资源,防止过度开发和城镇化,进行合理的功能分区和土地利用规划,使得土地资源得到高效、可持续的利用。

2.1.8　城市防灾视角

1. 城市防灾减灾

城市是人类居住和物质财富最为集中的地区。人们对物质基础设施的依赖越来越大,一旦城市遭受灾害,生命线工程被破坏,整个或局部城市就会瘫痪。我国是一个灾害多发地区。一些城市由于建设中缺乏防灾系统,在灾害发生时受到的损失巨大。如 2008 年的汶川地震,严重破坏地区约 50 万平方千米,受灾总人口达 4 625.6 万人,所造成的经济损失更是难以估量。因此,城市安全问题是人们必须关注的重要问题。

城市防灾减灾主要是针对城市可能面临的自然灾害、人为灾害及诱发的次生灾害,制订综合防灾对策,并对灾害发生后各项救灾、减灾措施进行全面规划,做出统筹安排。

2. 城市消防规划

城市消防规划是城乡规划的一个组成部分,涵盖了城市的消防安全布局,包括消防站、消防用水、消防通信、消防车通道、消防装备等内容。实际上,城市消防规划是一项关于城市消防建设的综合性技术工作,具有很强的方针性和政策性。制订消防规划时,需要收集有关资料,如易燃、易爆物品的生产和储备,建筑物的耐火等级、消防设施的现状、燃气管道的现状等。

消防单位分为总队、支队、中队 3 级,中队为基层单位。消防站分为一级(配消防车 3 辆,建筑用地约 3 000 m²)、二级(配消防车 4 辆,建筑用地约 2 500 m²)和三级(配消防车 5 辆,建筑用地约 3 500 m²),责任区面积 4~7 km²,1.5 万~4 万人口设一处消防站。沿河、沿海城市应设水上消防站。消防站宜布置在责任区中心、交通便利处,与医院、幼儿园等保持一定距离。消防站应在接警后 5 min 到达目的地。消防栓应沿道路设置,在供水规划时一并考虑。建筑物的消防间距有专门规定,多层防火间距大于 6 m,高层建筑主体须有防火面,防火面一侧的裙房高度不大于 5 m。

3. 城市防洪规划

多数城市因水源和交通需要傍水而建,但也因此而面临洪水威胁。防洪规划在城乡规划中至关重要,包括确定防洪标准、工程措施和排涝设施。城市防洪标准应根据城市的重要性和洪水风险设定。主要城镇、工业中心和大城市应按 100 年一遇的洪水标准设计,并校核 200 年一遇的特大洪水。一般城镇可按 20~50 年一遇洪水频率考虑。

防洪措施主要有以蓄为主和以排为主两种。上游城市多采用以蓄为主的防洪措施,如水土保持、植树造林(见图2-14)和小型水利工程等;下游城市则多采用以排为主的防洪措施,如堤防建设(见图2-15)和河道整治等。针对不同的情况,可采取相应的防洪对策。例如,平原地区,当河流穿过城市时,应建防洪堤;山区因地面坡度大,山洪出山沟口多,可采用排洪沟截洪;当城市上游有大中型水库时,应提高水库设计标准;在盆地和低洼地,暴雨易引发内涝,应在城区外围建防洪堤和排水泵站。城市防洪设施主要有排洪沟、截洪沟、防洪堤和排涝设施等。排洪沟的作用是将山洪导入较大的河流,需要对原有冲沟进行整治;截洪沟则应根据城市排水量和地形来布置;防洪堤可防止洪水侵蚀,并起到护岸的作用;排涝设施则用于排出积水。

图2-14 植树造林　　　　　　　　　图2-15 修建堤坝

4. 城市抗震规划

地震是自然灾害,具有突发性、破坏力大,且次生灾害多。地震难以做到准确预测和预报,更难以做到预防。为减少地震后的生命和财产损失,需要制订抗震减灾规划。

1) 城市抗震减灾规划

城市建筑应采取减轻震灾规划,侧重震后救灾和疏散工作,主要包括以下内容。

(1) 避震疏散规划,包括疏散通道和疏散场地的安排。

(2) 城市生命系统防护,包括交通、通信、给水、燃气、消防和医疗系统等。

(3) 震前准备及震后抢险救灾指挥系统的布局。

(4) 防止次生灾害产生。

2) 城市抗震减灾对策

(1) 在城市布局时就应考虑抗震因素,用地应避开滑坡、塌陷、断裂带地区,避开软土及液化土层地带。

(2) 城市布局采用组团式,组织楔形绿地插入城中(见图2-16),可以提供避震疏散之用。

(3) 安排疏散路线及疏散空间,居住区可就近疏散至公园、运动场地等处。

(4) 疏散通道要有足够的宽度,即使两旁建筑物倒塌,也不至于阻断通行。

5. 城市防疫规划

预防瘟疫需要多方面的策略。

首先,城市应开展健康教育和宣传,提高居民对瘟疫的认识和意识。同时要向市民传达有关疫情预防、早期识别和寻求医疗帮助的信息。要关注水源的洁净和卫生设施的建

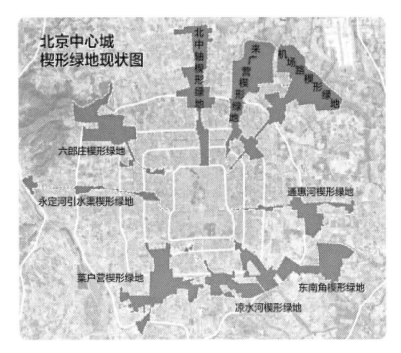

图 2-16　北京中心城楔形绿地现状

设,提供清洁的饮用水并确保污水处理系统正常运行,以减少传染病的传播。公共卫生设施需要保持清洁,包括厕所、洗手设施和垃圾处理。

其次,建设健全的医疗卫生体系至关重要。包括医院、诊所和急救服务,以及储备足够的医疗用品、药物和疫苗以便在需要时快速响应。要建立早期监测和警报系统,以迅速检测并报告任何潜在的疫情。要善于利用流行病学调查跟踪疾病的传播和变化。

再次,不能忽视隔离措施在防疫工作中的作用。在瘟疫爆发时,及时隔离感染者,减少传播风险。设立隔离设施,以隔离疑似病例并提供适当的医疗护理。同时推广瘟疫相关的疫苗接种计划,提高人群免疫力。确保药物和治疗方法的有效性和供给。

最后,国际合作也十分关键。要加强与其他城市、国家和国际组织的合作。参与全球疫情监测和防控体系,以获得及时的预警和支持。制订城市防疫应急计划,包括应对不同规模和类型的瘟疫策略。定期进行疫情应急演练,以确保城市机构和人员在紧急情况下能够迅速响应。

6.专业人员及决策者的要求

广大人民必须时刻牢记城市防灾的重要性。城市人口不断增加,面临自然和人为的健康和灾害威胁,如气候变化、洪水、疫情、火灾等。

关注交通运输系统的韧性。未来的城乡规划,尤其是交通运输系统应考虑各类风险和脆弱性,加强城市生命线系统建设,确保交通系统在各类灾害情况下的民生畅通。

关注交通运输系统的联防联动。灾害对城市的破坏是巨大的,必须提高公众意识,建立紧急响应机制,推动科技创新以对灾害的预警和应急处理,尤其是广大人民对灾害的提前预知,确保城市的韧性和居民生命财产安全。

2.2 城乡发展战略视角

2.2.1 城乡发展战略概念

战略原指战争全局的筹划和指导,依据敌我双方各种因素,从全局出发,规定军事力量的准备和运用。后来战略一词的应用扩展到其他领域,是指全局性、长期性、稳定性的谋划。城市由多种用地构成,城市管理者和规划者需权衡、协调各局部以达到全局的目标,如城市可持续经济增长、提高市民生活质量、改善环保状况等。国土空间规划是城市发展的战略安排。城乡发展战略旨在促进城市和农村地区的均衡发展,包括改善基础设施、社会服务、经济机会和生活质量等政策和措施,目标是确保各地区平等发展,缩小城乡差距,提高农村地区的生活水平,促进城市可持续增长。城乡发展战略具体内容因地域和时间而异。

2.2.2 城市发展战略背景

1. 国土规划

国土规划一词有时是泛指国家土地的规划行为,包括土地利用、开发、保护的统筹安排。日本早于 1950 年就制定了《国土综合开发法》,对土地利用进行调整和限制,实施对闲置不用的土地的管理措施,还制定了《国土形成规划法》。荷兰较早开始编制国土规划,将国土规划解释为对地区开发的指导,以促进形成一种最适于全国的社会战略形式。一直以来,我国国土规划工作断断续续地进行,其中包括土地、水、矿产等资源的开发利用以及工业、农业等布局和地区组合与发展等内容。

2. 土地利用总体规划

我国自 1986 年《土地管理法》颁布后,开始系统地开展土地规划工作。1991 年起,发布相关法规和规定,要求严格控制占用耕地,提高土地利用率,县乡级划定土地用途分区按 9 类用地划界,确立控制指标并分解到土地空间。土地利用总体规划是国土规划的重要组成部分,与城乡规划密切相关。城镇建设用地不得突破土地利用总体规划。

3. 区域规划

区域规划是根据国家或地区的国民经济与社会发展的长期计划,对一定地区范围进行综合分析评价,做出对社会、经济发展建设的综合安排。包括资源开发利用、工业和城镇居民点布局、交通和能源等设施的安排,以形成区域的有机整体,为生产、生活提供良好的环境,有利于区域可持续发展。区域规划是国民经济和社会发展计划的深化,是城乡规划和专业工程规划的技术经济依据。我国区域规划的产生和发展与具体建设项目的安排落实密切相关,虽然随着我国市场经济的建立,区域规划在落实建设项目方面的内容有所淡化,但仍然要对交通、能源等做出布局规划。目前,区域规划的编制和审批缺乏规范的模式和法律地位,需要进一步完善。例如,珠江三角洲的繁荣发展,实质就是区域规划,是根据实际的需要确立规划的内容。这些规划的内容都与国土空间规划密切关联,是城市各项建设事业的重要依据。

4. 城镇体系规划

区域规划是国民经济社会发展计划的深化,是空间布局和物质基础的落实,其涉及面广,是一项综合性工作。城镇体系规划与国土空间规划密切相关。城镇体系具有整体性、层次性、关联性、动态性和开放性的特征。我们要研究其内在规律,通过科学的规划以更好地组织成系统。城镇体系规划目标包括完善区域发展环境、引导区域城镇发展、维护公平竞争、引导投资活动符合国家产业政策、建立合理的产业结构等。规划内容概括为"一化二系三结构"。一化为预测各发展阶段区域城镇化水平;二系为规划交通、通信、供水、供电以及社会公共服务设施系统和区域生态环境系统;三结构为研究各城镇的人口规模、各城镇在体系中的职能分工和城镇布局的空间结构等。编制城镇体系规划需要解决许多问题,如市场经济条件下城镇化和城镇发展的机制、生产要素受市场支配而自由流动等。

城镇体系规划作为国土空间规划的一部分,当国土空间规划被批准后就具有法律意义。

2.2.3 国民经济和社会发展规划与国土空间规划纲要

1. 城市经济、社会发展规划

城市经济、社会发展规划包括城市基本状况、地位、优势、潜力和制约因素的分析,确立发展目标,制定规划及实施对策。以上海为例,确立上海为国际经济、金融、贸易中心的战略地位,建立"三个中心"的产业体系,优先发展第三产业,调整第二产业,发展六大支柱产业(电子信息、生命健康、汽车、高端装备、先进材料、时尚消费品),建设各类市场,调整城市布局,加快基础设施建设,构建现代化大都市圈。

2. 国土空间规划纲要

国土空间规划应将城市经济、社会发展规划的战略目标在物质空间上具体化。为更好地衔接,应先制定城市规划纲要。城市规划纲要的任务是研究确立总体规划的重大原则,结合城市经济、社会发展确定城市规划纲要。主要包括以下内容:

(1) 论证城市国民经济发展条件,原则性确定城市发展目标。

(2) 论证城市在区域中的地位。

(3) 原则性确定城市性质、规模、总体布局。

(4) 研究确定城市能源、交通等基础设施。

(5) 实施城市规划的重要措施。

国土空间规划是重要的战略性规划,需综合多种研究成果。在规划纲要阶段,应对多个战略方案进行分析,提出空间布局结构和时序关系的战略部署,并以文字和示意性图纸表达。

2.2.4 城市环境与可持续发展

1. 可持续发展的概念及其战略意义

可持续发展的概念是指"既满足当代人的要求,又不损害子孙后代满足其需求能力的发展"。它包括生态、社会、经济 3 个方面的可持续性。其核心是发展,不能为了短期利益而牺牲长远利益。例如,为了扩大耕地面积而破坏森林,导致水土流失等环境问题。城市作为人类活动和经济集中的地方,其可持续发展对实现人类可持续发展至关重要。因此,城乡规划需要全面、综合权衡,落实可持续发展的战略方针。

2. 生态城市、园林城市

1987 年,雅尼茨基提出理想城市模型,旨在建立社会、经济、自然协调发展,物质、能量、信息高效利用,生态良性循环的人类聚居地。简而言之,即高效、和谐的人类栖息地。

城市生态系统是指以人为中心的自然、经济和社会的复合人工生态系统。我国古老的风水学的实质正是人与自然和谐。在我国一些历史悠久的城市中,城市与大自然融合,于是人们形象地提出城市园林化。例如,常熟市的"十里青山半入城",济南的"一城山色半城荷"。虽生态、园林等概念有局限性,但在合理利用自然资源、定位产业结构、设计空间布局、关注城市环境、城市设计以及确立经济技术指标等方面须贯彻其积极的本质精神,即在城乡规划中注重人与自然融合。

3. 城市环境容量、合理规模和门槛理论

城市发展需要考虑环境容量,即城市人口增加不能超过环境的承受力,否则会导致环境恶化。城市环境容量是相对量和绝对量在一定的历史条件下的平衡稳定值。研究城市容量需要考虑城市可用地、可用水资源的有限量等,否则城市容量只能是一个概念和思辨。城市合理规模与国家生产力发展水平和科学技术水平密切相关,规模太小或太大都会产生问题。与城市合理规模相关的门槛理论指出城市发展和城市建设投资之间不是线性函数关系,而是跳跃式的,在城市规模和城建投资中存在一个突变点。门槛理论对城市发展具有启发性。随着信息时代的到来,人们的生活和工作环境都发生了变化,城乡规划正面临着新的课题。

2.2.5 远景规划

1. 远景规划的概念

城市发展呈现阶段性。西方发达国家在 20 世纪 70 年代城市化水平达 70% 后进入成熟期,我国如今也进入了快速增长期。远景规划是对扩展阶段城市的空间结构安排,与"三步走"战略①设想相符,需要考虑资源、环境等面,以指导国土空间规划。

2. 远景规划的原则和内容

(1)原则:城市发展动力在于经济和社会的发展。因此,首先要研究城市经济和社会发展。远景规划旨在为经济和社会发展提供城市载体,落实于城市空间和物质形态。然而,由于受历史条件限制,对未来数十年的预见难免存在偏差。

(2)规划原则:远景规划需要研究经济和社会发展,并具体化时空,但并不能替代城市的经济和社会发展规划。远景规划主要在于空间结构性布局,指导国土空间规划,但并不能替代传统的城乡规划。为保持相对稳定,远景规划的结构安排应留有足够的灵活性,战术处理宜粗不宜细。

(3)规划内容:远景规划包括区域范围的人口、资源、经济、社会、环境分析,预见城市可能的规模;不同发展阶段的方向、空间结构、整体控制、政策措施及法律保障体系;总体

---

① 中国的"三步走"战略是邓小平在 20 世纪 80 年代提出的,旨在通过三个阶段逐步实现经济现代化。第一步(1981 年—20 世纪末),解决人民温饱问题,并实现国内生产总值(GDP)翻一番;第二步(20 世纪末—21 世纪初),实现小康社会,国内生产总值再翻一番,使人民生活达到"小康"水平;第三步(21 世纪中叶),实现基本现代化,达到中等发达国家的水平,使国家富强、民主、文明、和谐。随着时代变迁,中国又提出"新三步走"战略,以适应全球化和现代化新形势。第一步(2020—2035 年),基本实现社会主义现代化,使中国的综合国力和人民生活水平达到中等发达国家水平;第二步(2035—2049 年),在中华人民共和国成立 100 周年时,全面建成社会主义现代化强国;第三步(2050 年以后),在全面建成社会主义现代化强国的基础上,进一步推进全球治理体系改革,提升中国在国际上的地位和影响力,实现中华民族伟大复兴。这两套战略体现了中国不同时期的发展思路和路径,从解决温饱到实现现代化,再到高质量发展、国际影响力提升,展现了中国发展的历程与愿景。

的重大基础设施和大类土地使用的纲要性规划。

2.3 发展问题导向视角

2.3.1 系统论

1. 系统论的概念

系统论是一门研究系统(研究对象)的结构、特点、行为、动态、原则、规律以及系统间联系的学科,其目的在于对其功能进行数学描述。该学科的基本思想是将研究和处理的对象视为一个整体系统来对待,主要任务是以系统为对象,从整体出发来研究系统整体和组成系统整体各要素的相互关系,本质上是说明其结构、功能、行为和动态,从而把握系统整体,达到最优的目标。

一般系统论是研究系统的分类、系统的构成要素及相互间关系、系统的特性和规律等理论。该理论认为,一个系统是由许多相互关联、相互作用的要素组成的整体,每个要素都有其特定的功能,系统本身具有整体功能,且几个系统可联合成更大的系统,系统是按复杂程度的层次排列组织而成的。较简单、低层次的系统称为次系统,较复杂、高层次的系统称为超系统。

2. 城市系统论

城市系统论是以系统论思想和方法为基础,结合城乡规划、城乡治理、城乡发展等方面的理论和实践,研究城乡发展、规划、管理的规律和策略,以实现城乡整体优化和可持续发展的一门学科。

城市系统论的主要研究对象是城市,包括城市内部各种要素、城市之间的相互关系、城市与更大范围区域之间的关系等。它强调城市发展的整体性、系统性、动态性和可持续性,关注城市内部各要素之间的相互作用和城市与外部环境之间的相互影响。

从系统的角度和方法看待城市,将城市视为一个复杂的系统,其中包含许多相互关联的要素和子系统。这些要素和子系统之间的相互作用和关系,决定了城市的整体运行和发展。城市作为一个系统,主要包含地理环境、社会经济、政治制度、文化传统、城乡规划5个要素和子系统。这些要素和子系统之间的相互作用和关系非常复杂。例如,城市的地理环境限制了城市交通的密度和走向,而交通又反过来影响城市的地理环境;城市的交通状况影响人们的出行和生活质量,进而影响城市的社会和经济发展;城市的规划和治理将影响城市的发展方向和整体形象,进而影响城市的可持续发展。

3. 城市群、都市圈交通问题

在城市定位和战略制定的过程中,需要考虑城市的发展条件、市场需求和竞争环境等多方面因素,以确保城市功能定位符合实际情况并具有可操作性。如果城市功能定位考虑不周或目标趋同,可能会导致城市发展出现问题,引发一系列问题,其中包括交通问题。例如,近几年引起人们关注的城市群、都市圈交通问题。

都市圈是以超大城市或辐射带动功能强的大城市为中心,以1小时通勤圈为基本范围的城镇化空间形态。如上海都市圈(见图2-17)、南京都市圈、广州都市圈等。

城市群和都市圈的发展加大了城市交通和城际交通的流量和复杂性。首先,城际、城

图 2‑17　上海大都市圈范围示意

市交通与区际交通多种交通流混杂,相互之间的衔接换乘换装流程复杂,人员出行与货物流动相互干扰。其次,城市群和都市圈的发展也使交通需求管理变得更为复杂。在城市范围内,需要着重考虑城市交通的需求管理,而在城市群范围内,则需要着重考虑城际交通的需求管理。此外,城市群和都市圈的交通问题还涉及交通供需平衡、交通基础设施的建设和运营管理、公共交通发展、智能交通系统的建设等多个方面。

2.3.2　经济周期

经济周期又称为商业周期或景气循环,是指经济活动沿着经济发展的总体趋势所经历的有规律的扩张和收缩。它表现为国民总产出、总收入和总就业的波动,以及国民收入或总体经济活动的扩张与紧缩的交替或周期性波动变化。经济周期通常分为繁荣、衰退、萧条和复苏4个阶段,这4个阶段可呈现为衰退、谷底、扩张和顶峰(见图2‑18)。

从经济增长速度上讲,我国的经济增长速度已经开始放缓(见图2‑19)。然而,这并不一定是一件坏事。从经济周期理论的角度可认为,我国经济上升至工业化的中后期阶段,增长速度回落是一种正常现象。这种现象并不意味着我国的经济发展出现了问题,而是表明我国开始注重经济发展的质量,而非简单的速度。

在交通方面,我国的交通发展状况也呈现类似周期性变化。在繁荣时期,人们的出行

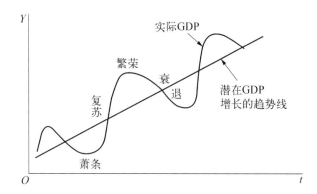

图 2 - 18　经济周期曲线

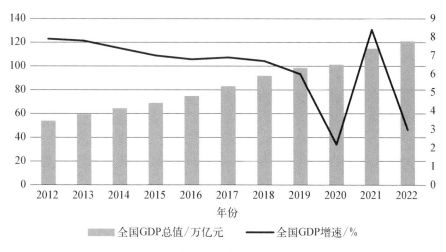

图 2 - 19　我国近 10 年 GDP 总值和增速

和物流运输需求增加,此时投资者和政策制定者往往会大力投资交通基础设施,以应对增长的需求。然而,当经济进入衰退期时,交通基础设施的建设和投资可能也会相应减少,可能会导致交通行业发展放缓,一些在建项目可能会面临建设进度缓慢或者停工的情况。同时,由于经济衰退导致人们对出行需求和物流运输需求减少,也对交通行业带来负面影响。不过,经济周期波动是循环往复的,当经济进入复苏期时,交通基础设施的建设和投资会重新增加。随着经济的迅速增长,交通基础设施的建设和投资也会随之增加。这就是经济周期理论所预测的一种现象。

2.3.3　信息技术:智慧交通

1. 定制巴士

定制巴士是一种"门到门""点到点""随客而行"的道路客运服务,主要解决传统客运不便利、不高效、服务质量不高的问题。定制巴士的主要特点是由定点变成"点到点、门到门",由定线变成"随客而行",由定时变成"随客时间"或多个时间供乘客选择。市场上的城际用车、城际约租、定制包车、城际约车等基本都属于这种类型。

近年来,我国定制巴士行业得到快速发展,市场份额逐渐扩大。许多巡回演出、会议、旅游等团队都选择使用网络定制巴士,而非标准化业务也快速增长。定制巴士行业的发展潜力巨大,目前在北京、上海、深圳、天津、成都、石家庄、德州、天津、沈阳、保定、贵阳等城市都在正常运行,并且这两年也有不少公司开始争相做定制公交项目。

然而,我国定制巴士行业的发展仍然存在一些挑战。首先,定制巴士的价格相对较高,可能会限制市场需求。其次,一些人对定制巴士的认知度和接受度还有待提高,需要加强市场推广和宣传。此外,定制巴士公司的管理和服务质量也需要不断提高,以满足日益增长的乘客需求和期望。

2. 共享拼车

共享拼车是一种新型的出行方式,让两人或更多人共享交通工具,分担移动途中的费用,节省出行成本及节约能源。拼车服务通常以 App 形式提供,让司机或乘客通过预约应用程序进行安排,并共同出行到某地,以节省出行成本。

目前,中国的共享拼车主要以汽车共享为主,形成了用户端、云端服务器、出行工具三者间的应用闭环。同时,各种新基建、无人驾驶等技术的不断发展也为共享拼车行业提供了新的机遇和技术支持。我国共享拼车发展中的问题主要在于行业整体盈利能力有待提高,另外监管政策不明确、法律法规缺失也为共享拼车的发展带来了一些不确定性因素和风险。

3. 智慧慢行

城市智慧慢行系统是城市交通建设的重要部分,通过智能化技术手段,为行人、自行车等慢行出行方式提供更加安全、便捷、舒适的出行体验,如智慧斑马线、智慧步道、智能停车系统等。

智慧斑马线主要通过引入传感器、LED 显示器、AI 等技术,在传统斑马线的基础上增加预警功能,提醒司机礼让行人,为行人提供更加安全、舒适的过街体验。例如,在杭州的余杭塘路过街路口就设置了新型智慧斑马线(见图 2-20),当允许行人通行时,监测指示

图 2-20　新型智慧斑马线

杆会亮起绿灯,并以语音提醒通行;当禁止行人通行时,监测指示杆会亮起红灯,同时会有语音警示禁行。这样的设计能够实时提供过街提示和安全信息,使行人在过街过程中能够更加放心和舒适。

智慧步道则通过在步道沿途设置各类传感器、摄像头等设备,收集行人的行为数据并进行分析,以实现对行人的运动状态、健康状况等方面的监测和管理。这些数据可用于城市管理,如对行人通行量进行统计和分析,为城市交通管理提供参考。

4. 智慧物流

智慧物流是指通过智能软硬件、物联网、大数据等智慧化技术手段,实现物流各环节精细化、动态化、可视化管理,提高物流系统智能化分析决策和自动化操作的执行能力,提升物流运作效率的现代化物流模式(见图 2 - 21)。

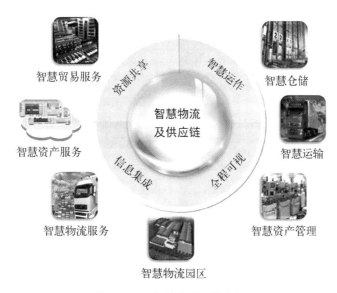

图 2 - 21　智慧物流及供应链

我国政府高度重视智慧物流业的发展,《中华人民共和国国民经济和社会发展第十四个五年规划和 2035 年远景目标纲要》提出,要大力发展智慧物流,推广智能仓储、智能配送等应用,推动形成安全、高效、绿色的现代物流体系。依托政府的支持和物流行业的快速发展,我国智慧物流市场规模呈现高速增长态势。据中商产业研究院数据显示,2023年,中国智慧物流行业市场规模约为 7 903 亿元,较上年增长 12.98%。

智慧物流行业发展向自动化和智能化靠拢。例如,智能仓储系统可以通过自动化设备和物联网技术实现货物快速分拣和精准配送;智能配送系统可以通过大数据分析和人工智能技术优化配送路线,以提高配送效率;智能包装系统通过可追溯技术实现商品信息精准记录和跟踪等。

2.3.4　知识经济

联合国经济合作与发展组织(OECD)于 1996 年发表的《以知识为基础的经济》首先使用了"知识经济"这一概念。根据这一报告,知识经济是指建立在知识和信息的生产、分配和使用基础上的经济。通常认为,知识经济的主要特征:以信息技术和网络建设为核心,以人力资本和技术创新为动力,以高新技术产业为支柱,以强大的科学研究为后盾。

支持和主导信息社会和知识经济发展的重要方面在于创新,而科学技术和产业的创新则是决定社会整体创新的一个关键性方面。就此而论,当代城市都在积极地营造有利于科技创新的环境,而建设高科技园区是促进高科技产业发展进而实现城市创新的关键性举措。

我国高科技园区发展呈现持续增长的趋势,国家高新区的数量和入园企业数量都在不断地增长。到 2019 年,我国国家高新区数量维持在 169 个,入园企业数量达到 14.11 万个;2012—2021 年,国家高新区园区生产总值从 5.4 万亿元增长至 15.3 万亿元,增长了 2.8 倍。而发达国家,于 2016 年,美国的国家高新区数量达到了 398 个,德国达到 106 个,日本达到 104 个。

我国高新区在发展过程中出现的问题主要有 5 个方面:① 自主创新能力亟待进一步提升。尽管高新区的科学技术水平普遍较高,但仍有部分园区或企业缺乏原创性、引领性的科技成果,影响了其产业的竞争力。② 产业优势和特色不突出。部分高新区的主导产业不明确,产业优势不明显,缺乏特色,对产业链供应链安全支撑不够。③ 发展质量不平衡。我国高新区发展存在东、中、西部区域发展不平衡现象,东部地区发展水平明显高于中西部地区,在一定程度上影响了国家区域重大战略和区域协调发展战略的实施效果。④ 国际化程度有待提高。我国高新区的开放合作深度和广度还不够,与国际接轨的环境亟待改善,国际化程度有待提高。⑤ 制度环境和创新创业生态有待优化。部分高新区缺乏符合自身发展的条件和阶段的体制机制,专业化服务能力不强,与新产业、新业态、新场景发展相适应的制度创新亟须加强。

2.3.5 城乡协调发展问题

改革开放以来,随着我国城乡政策的日益推进,城乡关系变化显著,总体呈现由城乡分割到逐步融合的趋势,城乡经济联系趋于密切。然而,由于历史发展的原因,城乡之间依然存在差距。

首先,经济收入差距过大。人均可支配收入方面,2022 年,全国居民人均可支配收入 36 883 元,比上年名义增长 5.0%,扣除价格因素,实际增长 2.9%;城镇居民人均可支配收入 49 283 元,名义增长 9%,实际增长 1.9%;农村居民人均可支配收入 20 133 元,名义增长 6.3%,实际增长 4.2%。从中位数看,2022 年,全国居民人均可支配收入中位数 31 370 元,增长 4.7%;城镇居民人均可支配收入中位数 45 123 元,增长 3.7%;农村居民人均可支配收入中位数 17 734 元,增长 4.9%(见表 2-1)。值得注意的是,相当一部分农村居民在城市务工,他们的收入拉高了农村居民可支配收入。

表 2-1 城乡居民人均可支配收入

年 份	全国居民人均可支配收入/万元	城镇居民人均可支配收入/万元	农村居民人均可支配收入/万元	城乡收入占比/%
2018	2.82	3.93	1.46	2.69
2019	3.07	4.24	1.60	2.65

（续表）

年　份	全国居民人均可支配收入/万元	城镇居民人均可支配收入/万元	农村居民人均可支配收入/万元	城乡收入占比/%
2020	3.22	4.38	1.71	2.56
2021	3.51	4.74	1.89	2.51
2022	3.69	4.93	2.01	2.45

其次,基础设施和公共服务存在差距。改革开放以来,我国不断加大公共财政对农村地区的支持力度。然而,由于农村自然条件较差、建设的规划性落后、居民整体素质不够高等原因,城乡在通信、医疗、教育等方面仍存在差距。比如,医疗资源方面,近年来乡村医疗院数和床位数都有所上涨,但乡村医生和卫生员的数目却有所下降。2020 年我国乡村医生和卫生员数为 79.55 万人,其中乡村医生 74.67 万人,较 2019 年减少 4.54 万人;卫生员 4.52 万人,较 2019 年减少 0.50 万人。

最后,消费支出和结构差距过大。2022 年,全国居民人均消费支出 24 538 元,比上年名义增长 1.8%;城镇居民人均消费支出 30 391 元,名义增长 0.3%;农村居民人均消费支出 16 632 元,名义增长 4.5%。由于收入、消费观念、消费环境等原因,农村居民更倾向于在生活服务和发展方面消费。2022 年,城镇居民的恩格尔系数为 29.5%,而农村居民的恩格尔系数为 33%,略高于城镇居民。城镇居民与农村居民消费支出与可支配收入之比分别为 61.7%、82.6%,说明农村居民在储蓄方面更困难。

2.3.6　人口老龄化问题

截至 2021 年底,中国 65 岁及以上人口已达 2.55 亿人,占总人口的 18.1%。其中,80 岁及以上的高龄人口已超过 3 000 万人,预计到 2035 年将达到 5 000 万人。这意味着中国已经进入老龄化社会,而且老龄化速度迅猛,这对经济社会发展和国家的安全、稳定带来一系列挑战和问题:① 养老问题逐渐突出。由于我国现行的养老保障体系尚不完善,许多家庭面临养老经济压力过大的问题。我国由于过去严格的计划生育政策,使得"421"家庭模式(见图 2 - 22)成为当前我国社会的典型形式,劳动年龄人口既要抚育儿女,又要照顾老人,无形中增加了家庭负担。② 影响社会的生产结构。人口老龄化加剧,使得我国青壮年人口减少,势必会降低我国的劳动力数量,使得新一代的劳动力资源不能得到完整的补充。同时,由于老年人口在物质和精神文化需求方面的特殊性,地区经济发展必须考虑老龄产业,满足老年人的需求,这必将改变我国产业结构。③ 对储蓄、投资、消费、产业结

图 2 - 22　"421"家庭模式

构、劳动力市场的调整等也产生了极大的影响,从而影响地区经济增长和劳动生产率。由于低收入和低物欲,老年人的消费水平显著低于其他消费群体,对消费品的选择,他们更倾向选择营养品和衣服鞋袜等生活必需品。

国家公布的城镇登记失业率,是指城镇登记失业人数占城镇从业人员总数与实有城镇登记失业人数之和的比重。我国此指标近年来保持在 3.6%～4.2%(见图 2-23)。我国的失业率存在区域差异。从区域类型来看,农村地区失业率低于城镇地区;从地域来看,以中部地区的失业率最高,东部居中,西部地区最低。我国失业率还存在群体差异。从性别来看,无论是农村地区还是城镇地区,女性的失业率都远高于男性;从失业时长来看,长期失业者比例较高,失业时间在 3 年以上人员比例达到 32.47%;从家庭收入来看,失业人口主要集中在家庭年人均收入 1 万元及以下的家庭,其中负债家庭比例达到38.77%。虽然改革开放以来我国在就业方面已经取得了一定成就,但是就业压力大、失业问题突出依旧是许多城市不可忽视的问题。

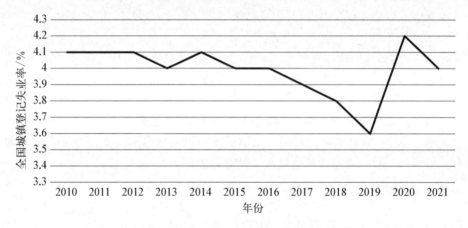

图 2-23　2010—2021 年全国城镇登记失业率

思 考 题

1. 交通运输系统规划、设计、建设和管理,为什么要具备多学科研究视角?

2. 简述新型城镇化、大湾区规划、长三角一体化等国家战略。

3. 随着我国城市和乡村人口老龄化,交通运输应如何应对?

4. 公交服务水平跟不上,是我国城市人多还是设计不当所致?

5. 城市交通系统如何实现韧性?

第3章　交通运输基本知识

3.1　交通运输系统

3.1.1　城市间交通运输系统

城市间交通运输系统主要由下列 5 个基本部分组成。

（1）载运工具：火车、汽车、船舶、飞机、管道等，用以装载所运送的旅客和货物。

（2）站场：如火车站、汽车站、机场、港口等，作为运输的起点、中转点或终点，以供旅客和货物从载运工具上下和装卸。

（3）线路：如有形的铁路、道路、河道、管道或无形的航路等，作为运输的通道，供载运工具由一个站场点驶行到另一个站场点。

（4）交通控制和管理系统：为保证载运工具在线路和站场上安全、效率地运行而设置的各种监视、控制和管理装置和设施，如各种信号、标志、通信、导（助）航以及规则等。

（5）设施管理系统：为保证各项交通运输设施处于完好或良好的使用或服务状况而设置的设施状况，用于监测和维护（维修）管理系统。

城市间交通运输系统按载运工具和运输方式的不同可分为下述 5 种基本类型。

（1）轨道交通运输：列车在导轨上行驶的交通运输系统，可分为城市间的铁路运输系统和城市内的城市轨道交通运输系统两类。

（2）道路交通运输：包括汽车在城市间的公路和城市内的街道上行驶的交通运输系统。

（3）水路交通运输：各种船舶在内河河道、沿海或远洋航线上航行的交通运输系统。

（4）航空交通运输：飞机在空中航线上飞行的交通运输系统。

（5）管道交通运输：利用管道连续输送原材料的交通运输系统。

整个城市间交通运输系统是一个上述 5 种类型交通运输工具和运输方式并存的综合系统，它们发挥各自的特长和作用。

3.1.2　城市交通运输系统

城市交通运输系统具有与城市间交通运输系统不同的特点。城市交通运输系统包括城市对外交通运输和市域内交通运输两部分。

1. 城市对外交通运输

城市对外交通运输是指本城市与其他城市间的货物和旅客交通运输，可分为过境（或中转）的交通运输和出入城市的交通运输两种类型。过境或中转交通运输与城市区域内和交通运输网络中的地位和作用有关，而与城市本身的生产和生活关系较小。对于这类交通运输,其运行线路应布置在城市的外围,以避免对市区交通和环境造成不利的影响,而各项交通设施的容量(规模)应将过境或中转交通量考虑在其中,其站场的布设应考虑各种交通运输方式之间的衔接与换乘的便利性。

出入城市的交通运输与城市的政治、经济和文化地位以及对外辐射的活力和影响范围有密切关系。为谋求城市发展和满足城市对外交流的需要,城市需建立各种交通方式(铁路、公路、航空和水路)的对外运输通道(线路)和出入通道的站场(火车站、机场、港口、长途汽车站等)。这些站场通常大多建设在市区的外围或郊区,以减少市区土地的占用。为了方便出入城市,须合理布设各种站场,并在市域内交通运输系统中提供各种连接这些站场的便捷的交通运输线路。城市对外交通运输系统由以下 3 部分组成:

(1) 线路:与其他城市连接的铁路、公路、空路和水路。

(2) 站场:火车站、客运枢纽(长途汽车站)、货运枢纽(物流中心)、机场、码头。

(3) 与市内道路网和公共交通网的衔接。

城市对外交通运输系统的布局、规模与城市的性质、地理位置、规模等条件有关。

2. 市域内交通运输

市域内交通运输是指城市范围内的交通运输,由以下 4 部分组成。

(1) 城市道路系统:城市道路的用地面积一般应占城市建设用地面积的 8%~15%,而规划人口在 200 万以上的大城市,城市道路建设用地的面积宜提高至 15%~20%。城市人口人均占有道路用地面积宜为 7~15 m²。城市道路依据在路网内的作用、功能要求和交通量状况等,可分为快速路、主干路、次干和支路 4 级。

(2) 公共交通系统:包括由各种公共交通方式(公共汽车、电车、轨道交通、出租车、渡轮等)组成的交通线路网、公共交通车站(汽车站、轨道交通站、渡轮码头等)、换乘枢纽、站场设施(停车场、修理厂、调度中心)等。为了减轻城市交通压力,城市应制定优先发展公共交通的政策和措施,鼓励和吸引居民采用公共交通方式出行。

(3) 货运系统:包括货运道路(货运专用车道)、货运枢纽(物流中心)和货运车辆场站等。

(4) 城市道路交通控制与管理设施系统:包括交通信号设备(信号灯、交通检测和监测器、信号控制系统)、交通标志和标线、交通隔离设施、公共停车场等。

3.1.3 城市公交客运能力

城市公交客运能力包括常规公交客运能力、轨道交通客运能力和出租车(网约车)客运能力。本节重点介绍常规公交客运能力,我国城市应研究如何复兴常规公交。

1. 基本概念

常规公交的客运能力是指单位时间内在固定线路上营运的公交车辆运载乘客的能力,也就是应具备的公共车辆数或客位数,包括车辆(或客位)为营运而行驶所产生的车公里(或客位公里)[①]。

(1) 车辆数,即公交企业经上级主管部门核准、用于营运业务的全部车辆数,也称

---

① 车公里(或客位公里)为行业用语的固定搭配,后同。

为保管车数,包括车况完好的、在修的、长期停驶的以及拟报废尚未经上级主管部门批准的车辆,但不包括企业非营运车辆(如教练车、架线车、工程救济车等)和借入的客运车辆。

(2)客位数,即营运车辆的最大客位(定员)总数,也就是车辆设置的固定座位数(不包括司售人员座位)和有效站立面积内的站立人数的总和。

(3)行驶里程,即营运车辆在全部工作车日中所行驶的里程总和,包括营业里程(在线路上的行驶里程)和空驶里程(进出场的行驶里程)。但不包括为修理而进出保养场、修理厂以及试车的里程。

(4)客位公里,即营运车辆的最大客位数与营业里程的乘积。

2.分类

客运能力从公交营运过程的不同角度可分为 4 类。

(1)中途站营运能力:每小时载客总数或每小时上车乘客总数,前者是指上车与原在车上的乘客总数,后者仅指上车乘客数。由于乘车高峰时,中途站常因乘客数大于客运能力而有相当数量的乘客留站候车,因而中途站的客运能力是最重要、最直接的指标。

(2)断面客运能力:两个或若干个车站之间的区段断面的每小时载客总数。它比第一类指标更准确,能深刻而实际地反映客运过程的全貌。在乘客平均乘距发生明显变化时,这项指标的作用会更加明显。

(3)起讫站(集散点)客运能力:起讫站(集散点)每小时上车乘客总数。一般起讫站比中途站客运能力大。因营运调度的发车形式很多,可以连续或跳跃式地越过若干中途站。集散点则是若干起讫点的汇合。

(4)线网系统客运能力:有两种表示方法,一是每小时载客总数,二是每小时客位公里。作为一个完整体系的公共交通线网,要求线网全局的客运能力最高,因此这项指标十分重要。

3.1.4　城市货运量度指标

城市货运通常用货运量、货物周转量和货运密度进行量度。

(1)货运量是指在一定时期内,各种运输工具实际运送的货物数量。它是反映运输业为国民经济和人民生活服务的数量指标,也是编制和检查运输生产计划、研究运输发展规模和速度的重要指标。货运量按吨计算,货物不论运输距离长短、货物类别,均按实际重量统计。

(2)货物周转量是指在一定时期内,由各种运输工具运送的货物数量与其相应运输距离的乘积之总和。它是反映运输业生产总成果的重要指标,也是编制和检查运输生产计划,以及计算运输效率、劳动生产率和核算运输单位成本的主要基础资料。计算货物周转量通常按发出站与到达站之间的最短距离,也就是计费距离计算。计算式为

$$货物周转量 = \sum 货物运输量 \times 运输距离 \qquad (3-1)$$

(3)货运密度是指在一定时期内某种运输方式在营运线路的某一区段平均每千米线路通过的货物运输周转量。计算式为

$$货运密度 = \frac{货物周转量}{营业线路长度} \tag{3-2}$$

货运密度是反映交通运输线路上货物运输繁忙程度的指标,是平衡运输线路运输能力和通过能力,规划线路建设及改造、配备技术设备,研究运输网布局的重要依据。

3.2 载运工具

3.2.1 轨道载运工具

1. 高速磁浮列车

高速磁浮列车是采用长定子直线同步电机磁力驱动的高速列车,运行速度一般在 300 km/h 以上。2006 年开通的上海市磁悬浮快速列车示范运营线全长 30 km,设计最高速度为 500 km/h,实际最高运行速度为 430 km/h。

2. 高速铁路列车

高速铁路列车一般是指最高运行速度超过 200 km/h 的轮轨接触式客运列车。高速铁路列车由高功率铁路机车牵引若干拖车,或由高速动车组与车辆一起组成。这种列车的最高速度可达到 250~350 km/h,平均运行速度可达到 160~250 km/h。

3. 普通铁路列车

普通铁路列车由机车牵引若干辆挂车组成,为速度低于 200 km/h 的旅客列车或 100 km/h 的货物列车。旅客列车挂有 12~18 节车辆,分别为软卧车、硬卧车、软座车、硬座车、餐车、行李车和邮政车,每辆车的定员为 32~120 人。

4. 市郊铁路

市郊铁路是连接城市市区与郊区,以及连接城市周围几十千米甚至更大范围的卫星城镇或都市圈的铁路。市郊铁路的乘客平均乘距长(美国平均 35 km)、站距长(一般 3~5 km)、运营速度高、可靠性强。市郊铁路运营速度为 30~75 km/h,最大速度可超过 100 km/h。市郊铁路大多是既有国有铁路改造的,建设成本较低。

5. 地铁

地铁是最早出现的城市轨道交通方式。地铁列车编组一般为偶数,4~10 辆,大多城市的地铁列车编组为 6~8 辆,最小运营间隔为 1.5~2 min。地铁列车平均运营速度为 30~40 km/h,单向客运能力为 3 万~6 万人次/小时。

6. 轻轨

轻轨是以电力牵引的中容量轨道交通系统。轻轨列车编组一般在 4 辆以下,适合中等规模的城市,或者作为地铁系统的"喂给"线(见图 3-1)。与地铁相比,轻轨站距较小,一般小于 1 km,运营速度为 20~40 km/h,单向客运能力为 1 万~3 万人次/小时。

7. 单轨

单轨是车辆或列车在单一轨道梁上运行的城市客运交通系统。从构造形式上,可分为跨骑式单轨与悬挂式单轨两种(见图 3-2 和图 3-3)。跨骑式单轨是列车跨坐在轨道梁上运行的形式,悬挂式单轨则是列车悬挂在轨道梁下运行的形式。单轨单向客运能力为 0.5 万~2 万人次/小时,运营速度为 30~40 km/h。

(a)　　　　　　　　　　　　　　　　(b)

图 3 - 1　香港的轻轨车辆(a)与轻轨线路图(b)

图 3 - 2　跨骑式单轨　　　　　　　　图 3 - 3　悬挂式单轨

8. 导轨

导轨是无人驾驶的全自动轨道交通,在专门制作的全封闭高架的混凝土通道内行驶,导向轨设置在走行轨的两侧或中部;自动化导向交通采用较小的车型,由单节或多节组成列车,以较高的发车频率运行;行车计划灵活,能适应客流变化。导轨单向客运能力为 0.5 万～2 万人次/小时,运营速度为 30～35 km/h。图 3 - 4 所示为新加坡的导轨。

9. 有轨电车

有轨电车是电力驱动的车辆,行驶在敷设于市区街道中轨道上的轨道交通系统。有轨电车不仅需要电力架空线,还需要固定的轨道。有轨电车由单节或两节车厢组成的短车组,运营速度为 15～20 km/h,在欧洲和北美中小城市得到大量使用。

3.2.2　道路载运工具

1. 道路载运工具的分类

行驶在道路上的车辆种类很多,分类标准、方法也多种多样。在规划、设计和管理实

图 3-4 新加坡的导轨

践中,一般将车辆划分为机动车和非机动车两大类。

1) 机动车辆的分类

各种牌号、型号的载客或载货的车辆可归纳为几种"设计车辆",以便根据设计车辆的外廓尺寸、载重量、运行特性等特征作为道路设计的依据。机动车种类繁多,机动车设计车辆通常分为 3 类。

(1) 小型汽车:包括小客车、三轮摩托车、轻型越野车及 2.5 t 以下的客、货运汽车。

(2) 普通汽车:包括单节式公共汽车、无轨电车和载重汽车,不包括拖车、半拖挂车。

(3) 铰接车:包括铰接式公共汽车、电车、拖车和半拖挂式载重汽车等。

在以上设计车辆分类基础上,有些规范把设计车辆细分为 5 类,即增加微型汽车和中型汽车类。其中,微型汽车包括微型客货车和机动三轮车,中型汽车包括中型客车、旅游车和装载 4 t 以下的货运汽车。

汽车统计分类标准从 2005 年开始发生变化,并与国际接轨,取消"小轿车"这一说法。把汽车划分为乘用车和商用车两大类。

(1) 乘用车:是指车辆座位少于 9 座(含驾驶员位),以载客为主要目的的车辆,具体分为 4 类。第一类是基本乘用车;第二类是多功能乘用车,即常说的 MPV(multi-purpose vehicle),集轿车、厢式货车、旅行车等功能于一体的车;第三类是运动型乘用车,也就是 SUV(sports utility vehicle);第四类是除了以上三类以外的所有乘用车品种。

(2) 商用车:是指 9 座以上的车辆,分为 5 类,分别为客车、载货车、半挂车、客车非完整车辆及载货车非完整车辆。

2) 非机动车辆的分类

非机动车包括自行车、三轮车、板车、残疾人专用车、助动车、电动自行车以及兽力车等。目前,在我国平原地区的城市中,自行车仍是居民普遍采用的交通工具,自行车具有机动灵活、维修简单、节约燃料消耗、无废气、无噪声等特点。我国自行车有多种类型,包括普通型自行车、轻便型自行车、载重型自行车、赛车型自行车、小轮型自行车等。

随着生活水平提高,市民采用助动车与电动自行车出行的数量不断增加,而三轮车、板车、兽力车等由于行驶时占用道路面积大,不利于城市交通,并且有碍于城市观瞻,逐渐被一些大城市所取消。

2. 机动车的主要技术参数

机动车的主要技术参数包括尺寸参数、质量参数和性能参数。

1）尺寸参数

机动车设计车辆的长、宽、高等尺寸是停车场（库）设计的基础，也是道路设计中为车辆行驶留有相应空间的依据。汽车的主要尺寸有外廓尺寸、轴距、轮距、前悬、后悬等（见图 3-5）。

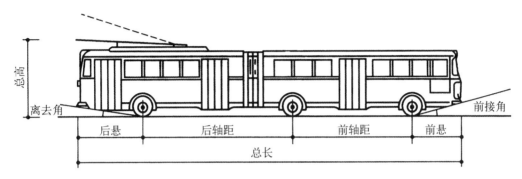

图 3-5　铰接无轨电车外廓各部分的名称

外廓尺寸是车辆外廓的长、宽、高，它影响道路建设的净空和车内容量。总长是指车辆前保险杠至后保险杠的距离，总宽是指车厢宽度（不包括后视镜），总高是指车厢顶或装载至地面的高度。

轴距是汽车前、后轮轴之间的距离。它对汽车的整备质量、总长、最小转弯直径、纵向通过半径以及汽车的轴荷分配、制动性、操纵稳定性等都有影响。

轮距是汽车横向两轮间的距离。它能使车内宽度、车辆最小转弯半径等发生变化。

前悬、后悬分别是汽车前、后轴中心到汽车最前端和最后端之间的距离。它们对汽车的通过性、撞车的安全性、驾驶员的视野等有着决定性的作用。

我国《城市道路设计规范》规定的机动车设计车辆的外轮廓尺寸详见表 3-1。

表 3-1　机动车设计车辆外轮廓尺寸　　　　　　　　　单位：m

车 辆 类 型	项　　　目					
	总长	总宽	总高	前悬	轴距	后悬
小型汽车	5	1.8	1.6	1.0	2.7	1.3
普通汽车	12	2.5	4.0	1.5	6.5	4.0
铰接车	18	2.5	4.0	1.7	5.8 及 6.7	3.8

2）质量参数

汽车的质量参数包括汽车的整车装备质量、载客量或装载质量、自身质量利用系数和轴荷分配。

（1）整车装备质量：即车辆的自重，通常又称为空车重量，是指车上带有的全部装备（包括随车工具、备胎等），并加满燃料和水，但没有装货和载人时的整车质量。它对汽车的成本和使用经济性均有影响。

(2)载客量:是指客车的座位数。装载质量是指汽车在硬质良好路面上行驶时所允许的额定装载量。载客量或装载质量影响道路的运营效益,也与行车安全有着密切的关系。

(3)自身质量利用系数:是指汽车装载质量与整车整备质量的比值。该系数反映了汽车的设计水平和工艺水平,它的值越大,说明该汽车的结构和制造工艺越先进。

(4)轴荷分配:是指汽车在空载或满载的静止状态下,各车轴对支承平面的垂直载荷,也可以用占空载或满载总质量的百分比来表示。轴荷分配对轮胎寿命和汽车的使用性能均有影响。

3)性能参数

汽车的性能参数包括动力性、燃油经济性、最小转弯半径、通过性、操纵稳定性、制动性和舒适性等。除汽车的动力性、制动性与驾驶员的驾车特性息息相关外,其他参数更多是受汽车设计和制造的控制。汽车的最小转弯半径是指汽车前外轮中心的转弯半径,它由汽车本身的构造及性能决定。

3. 非机动车

目前,我国城市道路上行驶的非机动车主要为电动自行车和自行车,此外还有少量人力三轮车、板车和兽力车等。非机动车的外廓尺寸亦为车辆的长、宽、高(见表3-2)。

(1)总长:电动自行车和自行车为前轮前缘至后轮后缘的距离,三轮车为前缘至车厢后缘的距离,板车和兽力车均为车把前端至车厢后缘的距离。

(2)总宽:电动自行车和自行车为车把宽度,其余车种均为车厢宽度。

(3)总高:电动自行车和自行车为骑车人骑在车上时,头顶至地面的高度,其余车种均为车顶至地面的高度。

表 3-2　非机动车设计外轮廓尺寸　　　　　　　　　　　单位:m

设 计 车 型	总　　长	总　　宽	总　　高
自行车	1.90	0.60	2.50
电动自行车	2.00	0.80	2.50
三轮车	3.40	1.25	2.50
板车	3.70	1.50	2.50
兽力车	4.20	1.70	2.50

3.2.3 水上载运工具

水上的主要载运工具是各种船舶。现代船舶以柴油机为主要动力装置,带动螺旋桨推进器产生推动力,使船舶行进。通常在船舶尾部设置舵装置以控制方向,在其首部两侧设锚、锚链等装置以帮助船舶停泊。船舶按载运对象的不同,可分为货船、客船和客货船三大类。货船可进一步分为油船和干货船两类。前者运送液体货物;后者运送固体货物,又可细分为杂货船、散货船、专用货船(集装箱船、滚装船和载驳船等)等。

1. 油船

载运散装液货(包括原油、成品油和各种液化气体等)的专用船舶。油船运输的特点是批量大、运距长。油船是大型船舶,最大的油船可装载 600 000 t。油船的平均航速为 13～16 kn。油船装卸是通过船上接卸口与岸上的输油管或软管接通后用油泵进行的。因而,船舶停泊时间较短(一般很少超过 2 天)。

2. 杂货船

杂货船是载运各种桶装、箱装、包装或成捆件的货船。其载质量一般在 20 000 t 以下,平均航速为 12～18 kn。货物通过船上或岸上的吊杆装卸。现代化的杂货船,其自动化装备的程度很高,平均航速可超过 20 kn。

3. 散装船

散装船是载运各种不加包装的块状、粉状或粒状干货货船。散货船的船型较大,货舱的容积大,货舱口也较大,方便装卸。沿海和近海运输的散装船,其载质量大多在 30 000 t 以下;远洋运输的散装船则多为 30 000～60 000 t,最大的可超过 100 000 t。散装船的平均航速为 12～16 kn。

4. 集装箱船

集装箱船是专门运载集装箱的货船。集装箱船装卸速度较快,船舶停港的时间较相同载质量的杂货船要短得多。集装箱船平均航行速度为 22～26 kn。因而其航行周转的周期较其他船舶要短。集装箱船的运载能力,除了以载重吨表示外,还有用集装箱的载箱数量(以 20 英尺集装箱为标准箱,简称 TEU;英尺:ft,1 ft＝0.304 8 m)表示。集装箱船载箱数可达 5 000 TEU 以上,船长达 175 m 以上。

5. 滚装船

滚装船是由牵引车或者有轮的设备(如叉车等),利用本身的动力,通过船尾或船首的跳板直接进出货舱装卸载货的挂车等。船舱内有多层甲板,以斜坡车道或升降平台相连;或者部分甲板供放置集装箱用(又称为半集装箱船)。滚装船特别适用于海上短程横渡运输,以减少海关的延误。

6. 载驳船

载运驳船的船舶称为载驳船。货物(或集装箱)装在驳船上,后者再置放在载驳船的甲板上。到达目的港后,由载驳船上的装卸设备卸下驳船,再由推船将驳船送到各个内河港口。载驳船的主要优点是可以利用船上的设备装卸货物,而不需要等待码头空出泊位;还可不通过转驳而直接到达内河港口,其载运能力与集装箱船相近。

7. 客船和客货船

载运旅客的船为客船。我国沿海和长江中下游输送旅客的船舶大多利用下层船舱装载货物,因而称为客货船。目前沿海航行的典型客货船,载质量 7 500 t(载客量 900 人,载货量 2 000 t),航速 18.1 kn。长江中下游客货船的载质量约为 3 500 t(载客量 1 200 人,载货量 450 t),航速 15 kn。

8. 内河货船

内河航道由于水浅、宽度有限、弯曲,都采用吨位小、吃水浅的船舶,并普遍采用由若干艘驳船编组成船队,用推船顶推或拖船拖曳的方式航行。拖驳船队运输比机动货船运输的运量大、投资小、成本低,适用于大宗货物和批量小货种多的货物运输。驳船本身无动力装置,按船型可分为普通驳和分节驳两种。分节驳船体的首尾两端或一端呈箱形。前者称为全分节驳适用于大宗货物运输。后者称为半分节驳,它的另一端为斜削流线型,适用于多货种小批量货物运输。分节驳结构简单、造价低、航行阻力小,其载质量可达3 000 t。分节驳船(包括全分节或半分节)编成各种队列,由机动推船顶推行进。推船采用柴油发动机,其功率可达数千马力,因而驳船数可多达40艘,总载质量可高达70 000 t,平均航速约8 kn。

3.2.4 空中载运工具

飞机是航空运输的主要载运工具,自20世纪初出现后技术发展迅速。民用飞机按运输类型的不同,可分为运输飞机和通用航空飞机。

(1) 运输飞机:由航空公司定期航班或非定期航班使用的各种飞机。

(2) 通用航空飞机:为工农业生产飞行、商业飞行、教学飞行等服务的各种飞机。

运输机按航程距离可分为远程飞机、中程飞机、近程飞机和短途飞机。

(1) 远程飞机:航程约在8 000 km以上,主要用于洲际飞行;由于航程远,需要耗费大量的燃料,其机体尺寸和质量都很大(最大起飞质量在150 t以上,最重的可达350 t),所需跑道的长度也很长。

(2) 中程飞机:航程在3 000~5 000 km,适用于洲内和主要航线上飞行,最大起飞质量在100 t以上。

(3) 近程飞机:航程约在3 000 km以下,适用于国内主要航线上飞行,其最大起飞质量在40 t以上。

(4) 短途飞机:航程约在1 000 m以下,主要用于地方支线和通勤运输的飞行,其最大起飞质量在40 t以下。

运输机可按其发动机和所产生推力的类型不同而分为活塞式、涡轮螺旋桨式、涡轮喷气式和涡轮风扇喷气式。

(1) 活塞式:以汽油发动机为动力,带动螺旋桨旋转以产生推动力的飞机;大部分通用航空飞机采用这种类型。

(2) 涡轮螺旋桨式:以燃气涡轮发动机为动力,带动螺旋桨旋转以产生动力的飞机;部分短程支线和通勤运输飞机,以及少数双发动机通用航空飞机采用这种类型。

(3) 涡轮喷气式:由燃气涡轮发动机向后喷射出高速气流以产生推动力的飞机;早期生产的喷气式运输机采用这种形式,但后来被摒弃不用而代之以涡轮风扇喷气式。

(4) 涡轮风扇喷气式:在涡轮喷气发动机的前部(或后部)加上一个风扇的飞机。目前除短程飞机外,几乎所有运输飞机均采用涡轮风扇喷气式。

3.2.5 城市公共交通载运工具

城市公共交通系统包括轨道交通、常规公共交通、辅助公共交通和特殊公共交通。城市轨道交通载运工具前文已介绍,本节主要介绍后三类。

1. 常规公共交通

常规公共交通是世界各地使用最广泛的公共交通方式,在城市客运交通中居主体地位。其主要特点是运量适中(一条线路的单向客运能力为 8 000～12 000 人次/小时)、速度较慢(理想条件下可达 25 km/h,一般条件下约为 15 km/h)。常规公共交通根据动力和车辆类型,一般分为公共汽车、无轨电车及有轨电车三种。其中公共汽车包括铰接式、单机、小型巴士等。公共汽车以油电混合、气电混合、纯电动等新能源或燃油为动力。无轨电车的动力来自电力,需要电力架空线。有轨电车不仅需要电力架空线,还需要固定的轨道。

在我国,以车身长度 7～10 m 的 640 型单节公共汽车为标准车。内地公共汽车多为单层的标准车;香港公共汽车有三类,服务于不同的客流强度。香港双层公交车的额定载客数一般为 120～140 人。其中上层座位 53～59 个,下层座位 27～42 个,下层站位 38～44 个。香港单层公交车的额定载客数超过 60 人,小公共汽车为 16 座。有轨电车与普通地面公共交通不同之处是有轨电车行驶于专门的轨道上,其轨道线路可以与城市道路结合,也可以分离。图 3-6～图 3-11 所示分别为中国香港和俄罗斯的常规公交车辆。

图 3-6　中国香港的双层公交车

图 3-7　中国香港的小公共汽车

图 3-8　俄罗斯的铰接公交车

图 3-9　俄罗斯的单层公交车

2. 辅助公共交通

辅助公共交通包括出租汽车、校车、定制巴士、共享单车、网约车等各种公交载体,是常规公共交通和快速轨道交通的补充。

3. 特殊公共交通

特殊公共交通包括轮渡、水运交通和索道缆车等各种交通方式,在特殊条件下采用。香港的轮渡天星小轮(见图 3-12)和山顶缆车(见图 3-13)已成为重要的旅游景点。

图 3-10 俄罗斯的有轨电车

图 3-11 俄罗斯的无轨电车

图 3-12 中国香港的轮渡天星小轮

图 3-13 中国香港的山顶缆车

3.3 交通流

3.3.1 概述

在交通设施上通行的车辆和行人都具有气体和液体般的流动特点,如流量、速度和密度等性质。因此,通常将在道路上通行的车流和人流统称为交通流。

1. 交通流的分类

交通流按主体的不同,可分为车流、人流以及混合交通流;按输送的对象,可分为客流和货流;按交通设施对交通流的影响,可分为连续流和间断流;按交汇流向,可分为交叉、合流、分流和交织流;按内部的运行条件及对驾驶员和乘客产生的感受可分为自由流、稳定流、不稳定流和强制流。

2. 交通流的参数

交通流运行状态的定性和定量特征称为交通流特性。用以描述和反映交通流特性的一些物理量称为交通流参数。通常描述交通流特性有三大参数:交通量(流量)、速度和密度。另外,用通行能力来评价道路的服务水平。

1) 交通量、速度和密度

交通量(Q)是指单位时间内通过道路某一地点或某一断面的车辆数量或行人数量,前者称为车流量,后者称为人流量。交通量按车辆类型可分为机动车交通量和非机动车交通量。在分析计算交通量时,如对交通体不加具体说明,一般是指机动车的流量。

速度(v)是指车辆或行人在单位时间内行驶或通过的距离。

密度(K)是指在某一瞬时内一条车道单位道路面积上或单位长度上分布的车辆或行人数量。

2) 道路通行能力

道路通行能力是指在正常的气候和交通条件下,道路上某一路段或交叉口单位时间内通过某一断面的最大车辆数或行人数,以 veh/h、p/h 或 veh/d 表示。车辆中有混合交通时,则采用等效通行能力的当量汽车单位(pcu/h 或 pcu/d)表示。

道路通行能力与交通量概念不同,交通量是指某时段内实际通过的车辆或行人数。一般交通量小于道路通行能力。道路通行能力是指一定条件下通过车辆的极限值,在不同的道路条件和交通条件下,有不同的通行能力。通常在交通拥挤经常受阻的路段上,应力求改善道路或交通条件,以提高通行能力。

城市道路的通行能力可分为理论通行能力(基本通行能力)、可能通行能力和设计通行能力。

(1) 理论通行能力:是指道路组成部分在道路、交通、控制和气候环境均处于理想条件下,该组成部分一条车道或一车行道的均匀段上,或某一横断面上,单位时间内通过的车辆或行人的最大数量,也称为基本通行能力。

(2) 可能通行能力:是指一已知道路的一组成部分在实际或预测的道路、交通、控制和气候环境条件下,该组成部分的一条车道或一车行道对上述诸条件有代表性的均匀段上,或某一横断面上,无论服务水平如何,单位时间内所能通过的车辆或行人的最大数量。

(3) 设计通行能力:是指一设计中的道路的组成部分在预测的道路、交通、控制和气候环境条件下,该组成部分的一条车道或一车行道对上述诸条件有代表性的均匀段或某一横断面上,在所选用的设计服务水平下,单位时间内能通过车辆或行人的最大数量。

通行能力按研究对象不同可分为路段通行能力、交叉口通行能力。研究中路段设计通行能力存在两种情况:不受交叉口影响的机动车道设计通行能力、受平面交叉口影响的机动车道设计通行能力。另外人行道和非机动车道的通行能力也是道路设计的重要依据之一。

3) 服务水平

饱和度为交通量与通行能力的比值,是衡量道路服务水平的重要指标。服务水平是交通流中车辆运行的驾驶员、乘客或行人感受的质量量度,即道路在某种交通条件下所提供运行服务的质量水平。服务水平一般由下列要素反映:速度、行程时间、驾驶自由度、交通间断、舒适度、方便性和安全性等。道路的服务水平主要以道路的运行速度和饱和度来综合反映道路的服务质量,用以区别道路上出现的各种不同的车流状态。

在设计车速确定的前提下,服务水平的高低主要与路段上的交通量大小有关。在达到基本通行能力(或可能通行能力)之前,交通量越大,交通流密度也越大;车速越低,运行质量也越低,即服务水平也就越低。达到基本通行能力(或可能通行能力)之后,交通量不可能再增加,而运行质量越低则交通量也越低,但是交通流密度仍越来越大,直至车速及交通量均下降至零为止。

3.3.2 行人交通流的特征

1. 人行交通的基本参数

人行交通的基本参数主要包括行人静态空间、步频、步幅、步速等。

(1)行人静态空间,是指行人身体在静止状态下所占用的空间范围。一般设计中,常以男性的椭圆形为标准,即将成年男子身体所占投影面积模拟成一个短轴为 0.46 m、长轴为 0.61 m 的身体椭圆形,面积为 0.21 m²,将其视为静态状态下行人需要占据的最小平面空间。当行人携带行李物品时,其所占用的空间相应增大。满足行人通行的道路最小净空高度为 2.5 m。

(2)步频,是指行人在单位时间内行走时跨步的次数(或双脚先后依次着地次数),常用单位为步数/min。行人每分钟行走步数变化在 80~150 次,常用值为 120 次。

(3)步幅,又称为步长,是指行人行走时每跨出一步的长度,单位为 cm 或 m。我国男性步幅平均为 66.6 cm,女性步幅平均值为 60.6 cm,两者平均步幅为 63.6 cm。

(4)步速,为行人在单位时间内所行进的距离,一般采用 m/s、m/min 或 km/h 表示。设计时一般采用 1~1.2 m/s 的步速。

2. 行人动态空间需求

行人的运动空间需求可分为步幅区域、放置(双脚)区域、感应区域以及行人视觉区域、避让与反应区等。合理的行人密度是确定步行空间面积的主要依据,一般选取 1.4~3.7 m²/人的空间值作为确定服务水平界限的临界点。

3. 行人交通速度、密度与流量的关系

行人交通流的速度表示每分钟行走的距离,速度是衡量服务水平的一个重要指标。行人占有空间值的倒数就是行人密度,表示每平方米的行人数量。随着行人密度增加,每人占有的空间减少,行人个体的机动性下降,速度随之下降。道路上行人的速度、密度与流量存在以下关系:

$$Q = K \cdot v \qquad (3-3)$$

式中,Q 为行人流量,即单位时间内单位人行道宽度内通过的行人数量(人/min·m^{-1});v 为行人速度,即每分钟步行距离(m/min);K 为行人密度,即单位面积行人数量(人/m²)。

图 3-14 表明行人最大通行能力在很小的范围内下降,即在人流密度达 1.3~2.2 人/m² 时,行人占用空间在 0.46~0.8 m²/人时的通行能力可达最大。图 3-15 所示为行人速度与流量之间的关系,它表明当人行道上有少量行人时,空间较大,行人可选择较高的步行速度。当流量 Q 增加时,由于行人间隔较近,速度下降。当达到拥挤临界状态时,行走困难,流量和速度均下降。

4. 行人交通流特征

行人交通具有随机性、波动性、群体性等特征。行人具有随机到达特征,大多数不规则的人行交通流总会出现短时间的波动现象。行人成团地在一起行走,成为人群,此时,

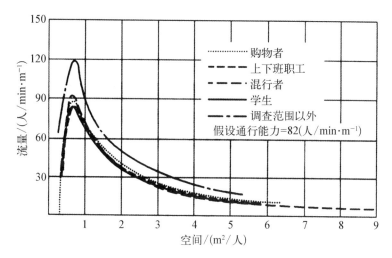

图 3-14 行人流量与行人空间的关系

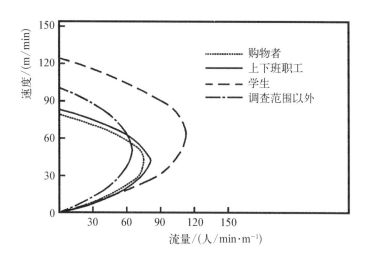

图 3-15 行人速度与流量的关系

行走速度快的行人不得不跟随人群慢走，行走速度慢的行人也会跟着人群快走。

5.步行交通服务水平

美国研究人员将步行交通的服务水平分为 6 级。

A 级：自由状态。可自由选择步行速度。不同方向的行走没有避让的要求，可达最大流量的 20% 以下。人均步行面积 $\geq 3.5\ \mathrm{m^2/}$ 人，流量 <20 人 $(\mathrm{m \cdot min^{-1}})$。

B 级：半自由状态。可以达到正常的步行速度。不同方向行走开始受到干扰，可达最大流量的 33% 左右。人均步行面积 $= 2.5 \sim 3.5\ \mathrm{m^2/}$ 人，流量 $= 20 \sim 30$ 人 $(\mathrm{m \cdot min^{-1}})$。可作为一般街道的标准。

C 级：制约状态。步行者尚可自行选择速度。交叉行走的冲突率高，超越行走须做急剧回避动作，可达最大流量的 $50\% \sim 70\%$。人均步行面积 $= 1.5 \sim 2.5\ \mathrm{m^2/}$ 人，流量 $= 30 \sim 45$ 人 $(\mathrm{m \cdot min^{-1}})$。可作为商业街、大型公共设施集散场地的标准。

D 级：聚集状态。步行速度须不断调整。步行时相互之间易产生碰触，可达最大流量的 65%~80%。人均步行面积=1.0~1.5 m²/人,流量=45~60 人(m·min⁻¹)。

E 级:拥挤状态。速度低,步行者只能随人群速度行走,相互碰触不可避免,不能超越旁人。在拥挤状态下可以达到最大流量。人均步行面积=0.5~1.0 m²/人,流量=60~80 人(m·min⁻¹)。

F 级:阻滞状态。步行速度极度受到限制,不能超越旁人、逆行或横穿,频繁碰触,时走时停,直至完全阻塞。人均步行面积<0.5 m²/人,流量≤80 人(m·min⁻¹)。

3.3.3 自行车交通流的特征

1. 概述

自行车为人力驱动,其交通特征与机动车具有较大的差异,具有摇摆性、成群性、单行性、灵活性等特点。

自行车转向灵活、反应敏捷,正常行驶时,横向摆动 0.4 m 宽,但在行进中常因超车、让车或加速而偏离原自行车道线,甚至有时突然偏离或冲出原自行车道线。

自行车交通流在路段上不严格保持有规则的纵向行列,而是成群行进。一方面,道路交叉口信号灯控制是形成这种现象的原因之一;另一方面,由于骑车人喜欢成群结队。这是自行车交通流与机动车交通流显著不同的一个特点。与成群性相反,有些骑车人不愿意在陌生人群中骑行,也不愿紧紧尾随他人之后,往往冲到前面个人单行,或滞后一段单行。

由于自行车机动灵活,方便走近路,又易于转向、加速或减速,因而骑车速度和自行车流向具有突然变化的特征,还存在"你追我赶"的现象。

自行车行驶时绝大多数车辆是互相错位的。左右两车靠得近时,前后两车的间距就大;左右两车离得远时,前后两车靠得就近,万一发生刹车,后车仍能插入前面的两车之间,还有左右摆动把手的余地而不致撞车。自行车车流密度与车速有密切关系。例如,自行车在平段行驶时,车流密度正常;到了上坡段,车速变慢,车流变密,每车占用的活动面积变小;下坡时,车速加快,车流变稀,每车占用的活动面积变大,而这时所通过的自行车数并没有变化。又如,进入道路交叉口的自行车受到红灯阻拦,车流也会变密;离开道路交叉口后又会变稀。

2. 自行车道路的服务水平

自行车道路的服务水平按照自行车的行驶状态分为 4 个等级,一般在规划时应考虑采取"优"级服务水平(自由状态),每辆自行车占用的道路面积为 10~12 m²(见表 3-3)。

表 3-3 自行车道路服务水平

服务水平	行驶状态	行驶速度/(km/h)	车均占用道路面积/(m²/车)	饱 和 度		交 通 状 况
				路段	交叉口	
优	自由状态	>15	>10	<0.5	<0.4	车速任意,横向空间不受限制,自由舒适

（续表）

服务水平	行驶状态	行驶速度/(km/h)	车均占用道路面积/(m²/车)	饱　和　度		交　通　状　况
				路段	交叉口	
良	稳定状态	11～14	6～8	0.5～0.69	0.4～0.5	车速与横向空间略受限制,行人能穿越
中	非稳定状态	6～10	4.5～6	0.7～0.9	0.6～0.8	车流密,行人不易穿越,骑车受约束,但能忍受
差	强制状态	<6	<4.5	>0.9	>0.8	拥挤或阻塞,行人不能穿越

3.3.4　机动车交通流的特征

1. 车流量

车流量是指在单位时间段内,通过道路某一断面或某一条车道的车辆数,且常指来往两个方向的车辆数。

为计算交通量,应将各种车辆在一定的道路条件下的时间和空间占有率进行换算,从而得出各种车辆间的换算系数,将各种车辆换算为单一车种,称为当量交通量(pcu/单位时间)。国外多以小型车为标准换算车辆。我国《城市道路工程设计规范》规定的当量小汽车换算系数如表 3-4 所示。

表 3-4　当量小汽车换算系数

车　　种	小汽车	大型客车	大型货车	铰接车
换算系数	1.0	2.0	2.5	3

由于交通量时刻在变化,对不同计量的时间,有不同的表达方式,一般取时段内的平均交通量(pcu/单位时间)作为该时间段的代表交通量。

$$平均交通量 = \frac{1}{n}\sum_{i=1}^{n}Q_i \tag{3-4}$$

式中,Q_i 为各规定时间段(分钟、小时、日)内交通量的总和;n 为统计时间内(小时、日、年)的规定时间段的个数。

根据统计时间段类型不同,可分为日交通量、小时交通量和时段交通量(不足 1 小时的统计时间)。

1) 平均日交通量

平均日交通量依统计时间不同可分为年平均日、月平均日和周平均日交通量。年平均日交通量(pcu/d)在城市道路设计中是一项极其重要的控制性指标,用作道路交通设施规划、设计、管理等的依据,是确定车行道宽度、人行道宽度和道路横断面的主要依据。

$$年平均日交通量 = \frac{1}{365}\sum_{i=1}^{365} Q_i \qquad (3-5)$$

2) 小时交通量

将观测统计交通量的时间间隔缩短,能更加具体地反映观测断面的交通量变化情况。因此,常用以下概念:小时交通量、高峰小时交通量、设计交通量。

(1) 小时交通量是指一小时内通过观测点的车辆数。

(2) 高峰小时交通量是指一天内的车流高峰期间连续 60 min 的最大交通量。城市道路上的交通量有明显的高峰现象。在一天中,工作日上下班前后有早高峰和晚高峰,通常以早高峰为最大,时间最集中;晚高峰次之,但持续时间长;中午的峰值较小。

根据国内一些城市的交通调查,高峰小时中最大连续 15 min 的交通量约占高峰小时交通量的 1/3。一天中高峰小时的交通量约占全天交通量的 1/6。其具体数值应通过交通调查得到。

设计交通量是指作为道路规划和设计依据的交通量,一般取一年的第 30 小时交通量作为设计交通量。即将一年中 8 760 个小时的交通量按大小次序排列,从大到小序号第 30 位的小时交通量。

3) 时段交通量

对不足 1 小时的时间间隔内观测到的交通量换算为 1 小时的车辆数称为当量小时流率(pcu/h),或简称为流率。计算式为

$$流率 = n\ 分钟内观测到的车辆数 \times \frac{60}{n} \qquad (3-6)$$

式中,n 为观测时间,一般取用 5 min 或 15 min。

2. 行车速度

车速是泛指各种车辆的速度,是单位时间(t)内行驶的距离(S)。按 S 和 t 的取值不同,可定义为各种不同的车速。

(1) 地点车速:是指车辆通过某一地点时的瞬时车速,用作道路设计和交通管制的规划资料。

(2) 行驶车速:是指车辆驶过某一区间距离与所需时间(不包括停车时间)之比,用于评价该路段的线形顺适性和通行能力分析,也可用于道路使用者的成本效益分析。

(3) 行程车速:又称为区间车速,是指车辆行驶路程与通过该路程所需的总时间(包括停车时间)之比。行程车速是一项综合性指标,用以评价道路的通畅程度,估计行车延误情况。要提高运输效率,归根结底是要提高车辆的行程车速。

(4) 运行车速:是指中等技术水平的驾驶员在良好的气候条件、实际道路状况和交通条件下所能保持的安全车速,用于评价道路通行能力和车辆运行状况。

(5) 临界车速:是指道路达到理论通行能力时的车速,对于选择道路等级具有重要的作用。

(6) 计算行车速度:是道路几何设计所依据的车速,也称为设计车速。它是指在气候良好、交通密度低的条件下,一般驾驶员在路段上能保持安全、舒适行驶的最大速度。

以上几种车速的作用是不同的。计算行车速度是道路几何设计的计算依据而制订的车速。行驶车速是车辆在道路上实际行驶的车速。计算行车速度既是道路规划设计中的一项重要控制指标,又是车辆运营效率的一项主要评价指标,对于运输经济、安全、迅捷、舒适具有重要意义。了解和掌握各类道路上行车速度及变化规律,是正确进行道路网规划、设计和车辆运营、管理的基础。

我国《城市道路工程设计规范》对机动车计算行车速度规定如表 3-5 所示。快速路和主干路的辅路设计速度宜为主路的 0.4～0.6 倍。在立体交叉范围内,主路设计速度应与路段一致,匝道及集散车道设计速度宜为主路的 0.4～0.7 倍。平面交叉口内的设计速度宜为路段的 0.5～0.7 倍。

表 3-5　城市道路计算行车速度　　　　　　　　　　　　　单位:km/h

道路类别	快速路			主干路			次干路			支路		
计算行车速度	100	80	60	60	50	30	50	40	30	40	30	20

（7）交通条件对车速的影响。

① 交通量:交通量越大,车流密度越大,则车速越低。当其他条件相同且不超过临界密度时,交通量与平均速度呈线性关系。

② 交通组成:具有混合交通的道路比汽车专用路的平均车速低得多。将机动车与非机动车分隔行驶,可提高车速,如城市三幅路断面比单幅路断面车速高。

③ 交通管理:加强交通管理,科学组织交通运行,使车辆各行其道,能显著提高平均速度。如渠化交通、路口实行信号控制、组织单行线交通,特别是立交、信号线控和区域面控,是减少交通阻塞、提高行程车速的有效措施。

3. 车流密度

车流密度是指在某一瞬时内一条车道的单位长度上分布的车辆数。它表示车辆分布的密集程度,其单位为 pcu/km,于是有

$$K = \frac{N}{L} \tag{3-7}$$

式中,K 为车流密度(pcu/km);N 为单车道路段内的车辆数(pcu);L 为路段长度(km)。

道路上车头间隔也反映了车流密度。车头间隔常用车头间距与车头时距两种方式表示。

1）车头间距

在同向行驶的车流中,前后相邻两辆车的车头之间的距离称为车头间距,用 h_s (m/pcu)表示,如图 3-16 所示。

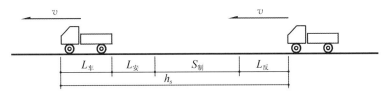

图 3-16　车头间距示意

车头间距的计算公式为

$$h_s = L_{车} + \frac{v}{3.6}t + S_{制} + L_{安} \tag{3-8}$$

式中，$L_{车}$ 为车身长度（m）；v 为行车速度（km/h）；t 为司机反应时间（s），驾驶人员发现前方问题后到采取措施的反应时间内行驶的距离，一般取 1.2 s；$S_{制}$ 为后车正常制动刹车与前车紧急刹车的制动距离之差值（m）；$L_{安}$ 为安全距离（m），车辆距前车的最小距离，一般取 5 m。

其中 $S_{制}$ 的计算公式为

$$S_{制} = \frac{K_2 - K_1}{2g(\varphi + f \pm i)} \times \left(\frac{v}{3.6}\right)^2 \tag{3-9}$$

式中，K_1 为前车刹车安全系数；K_2 为后车刹车安全系数；φ 为附着系数，一般取 0.3；f 为滚动阻力系数，可取 0.02；i 为道路坡度，上坡取正号，下坡取负号。

制动距离的大小与制动效率和行车速度有关，制动力与轮胎与道路表面之间的道路阻力系数、路面的附着系数有关。在不同季节、不同气候条件、不同粗糙程度的路面上行车时，路面的附着系数不同，可从相应规范中查询。

观测路段上所有车辆的车头间距平均值，称为平均车头间距，用 $\bar{h}_s$（m/pcu）表示。平均车头间距 $\bar{h}_s$（m/pcu）与密度 K（pcu/km）之间的关系为

$$\bar{h}_s = 1\,000/K \tag{3-10}$$

2）车头时距

在同向行驶的车流中，前后相邻两辆车驶过道路某一断面的时间间隔称为车头时距（$\bar{h}_t$），车头时距可通过车头间距 h_s 除以行驶速度 v 求得。观测道路上所有车辆的车头时距的平均值为平均车头时距，用 $\bar{h}_t$（s/pcu）表示。

平均车头时距 $\bar{h}_t$（s/pcu）与交通量之间的关系为

$$\bar{h}_t = 3\,600/Q \tag{3-11}$$

车头时距、车头间距与速度的关系为

$$\bar{h}_s = \frac{v}{3.6}h_t \tag{3-12}$$

3）车流量、行车速度和车流密度之间的关系

在一条车道上，车流量（Q）、行车速度（v）、车流密度（K）存在以下关系：

$$Q = Kv \tag{3-13}$$

式中，Q 为平均流量（pcu/h）；v 为平均车速（km/h）；K 为平均车流密度（pcu/km）。

1963 年，美国学者 B. D. Greenshields 提出了速度-密度线性关系模型，从而可推导出速度、密度与流量的关系为

$$Q = K_j\left(v - \frac{v^2}{v_f}\right) \tag{3-14}$$

式中,v_f 为畅行速度;K_j 为阻塞密度。

　　式(3-14)为一元二次方程,可用一条抛物线表示。图 3-17 中斜率为车流密度 K。速度、密度、流量的曲线形状与实测结果十分相似。开始时车流密度稀少,通过的车流量也很小;车流量随着车流密度的提高而增加,车速稍有下降,车流为自由流;随着车流密度增加,车流量进一步增大,车流在道路上处于稳定流状态;当车流密度再提高时,同向车流在车道上连续行驶时,车和车之间相互影响,当车流密度增加到一定程度时,车速就出现不稳定状态,这些车辆在道路上行驶时,时快时慢,但这时通过的车流量最多;当车流密度继续增大时,车速和车流量随之降低,车流进入强制流状态,后车的行动受到前车的制约,并且受制约的状况要向后传递,后车动作要比前车的动作延迟一点时间。当车流密度很大时,车辆间的空档已经很小,若驾驶稍有不慎,就会发生车辆追尾事故。当密度继续增大到阻塞密度 K 时,速度趋近于零,交通流量也趋近于零,此时道路上的车流被完全阻塞。

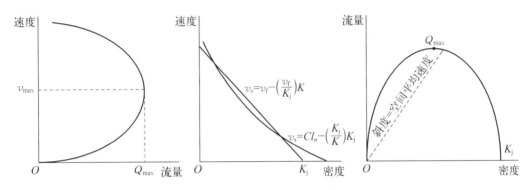

图 3-17　速度、密度与流量的关系

　　车流在城市道路上的行驶特征可归纳为连续流和间断流。连续流一般出现在无平面交叉口的城市道路上。在城市快速路上,车辆可以不间断地连续行驶,它在道路上的分布是随机的、离散型的。在车流密度不大时,后面的快车要超越前面比它慢的车,可以自由地变换车道超车,然后交汇到前面的车流中去。到了立体交叉口,或路侧出入的匝道口,也很容易分流、合流,自由出入。间断流一般出现在有平面交叉口的城市道路上。在城市主干路上,若纵横两个方向行驶的车辆都较快又多,这时就要用信号灯管理交通,借着红绿灯的不同相位,将纵横两个方向的车流在时空上错开通过。这时道路网上各个流向的车流就被切成一段一段,间断式地向前行驶。

　　4. 服务水平

　　服务水平是道路提供给司机的车流通行条件,用以区别不同的车流状态。美国等国家把服务水平分为 6 级。A 级代表服务水平最佳,F 级最差。道路路段服务水平划分如表 3-6 所示。

表 3-6　路段服务水平等级表

服务水平	A	B	C	D	E	F
交通饱和度	≤0.27	0.27~0.57	0.57~0.7	0.7~0.85	0.85~1.0	>1

A 级：自由状态的车流。行驶通畅，车速基本不受限制，路上没有或少有耽搁，车速高，流量低，车流密度低。

B 级：稳定状态的车流。车速开始受到交通条件限制，但司机还可以自由选择合理的车速和行驶车道。这一级的低限（最低车速、最大流量）常作为郊区公路设计的服务流量标准。

C 级：稳定状态的车流。多数司机在车速、交换车道或超车方面的选择自由受到限制，但仍可以达到相当满意的运行车速。这一级常作为城市道路设计的服务流量标准。

D 级：车流趋向不稳定。流量稍有变动或车流偶尔受阻，运行车速已有相当水平下降。司机操纵的自由、舒适和方便性受到很大制约。这一级服务水平短时间内尚可忍受。

E 级：不稳定状态的车流，车辆时停时开，车速很少超过 50 km/h，流量接近或达到道路本身的容量。

F 级：阻滞状态的车流。车流流动已属勉强，车速低，流量小于道路容量，出现车辆排队现象以至于完全阻塞。

3.3.5 公共交通流的特征

1. 公交车辆运行特征

公共交通车辆按固定的线路行驶，沿途设停靠站点，其速度变化受到站距限制，与道路上其他车辆的行驶特征不同。

公交车辆在两个停靠站之间的典型运行情况，可分为启动加速、加速行驶、等速行驶、淌车、制动 5 个过程，如图 3-18 所示。

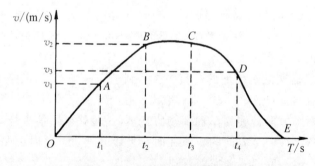

图 3-18 公交车典型运行情况

从图 3-18 可知：车辆在两站之间以 v_2 高速行驶只有一小部分时间，其余部分的速度比较低，平均行驶速度要比最高速度低许多。图中尚未考虑道路交叉口红灯及其他交通干扰车速的情况。如果车辆的加速性能差，站距短，道路交通情况复杂，则公交车辆的平均行驶速度就很小。

2. 公交车的速度

1）行驶速度

由于一条公交线路所经过的道路和街道情况比较复杂，站距也不等，各站间的行驶速度会有较大差别。所以，通常用的平均行驶速度 $v_行$ 是按整条线路计的。

$$v_{行} = \frac{l_{线}}{\sum t_{行}} \tag{3-15}$$

式中，$l_{线}$ 为线路长度；$t_{线}$ 为车辆在线路两站间行驶的时间；$\sum t_{行}$ 为车辆在线路各站间行驶时间之和。

2）运送速度

运送速度是指公交车辆运送乘客的速度，是衡量乘客在旅途消耗时间多少的一个重要指标。车辆沿途停靠的总时间决定于停站次数、每次停站上下车的人数和每人所花的时间，停站时间通常占车辆全线行驶和停靠时间总和的 $25\%\sim30\%$。停站时间的大小不仅影响运送的速度，还影响停靠站和线路的通行能力。

$$v_{送} = \frac{l_{线}}{\sum t_{行} + \sum t_{停}} \tag{3-16}$$

式中，$l_{线}$ 为线路长度；$\sum t_{行}$ 为车辆在线路各站间行驶时间之和；$\sum t_{停}$ 为车辆在线路各站上停靠时间之和。

3）运营速度

运营速度是指公交车辆在线路上来回周转的速度，是衡量整个客运企业或某条线路上车辆运营情况好坏的指标。

$$v_{营} = \frac{2l_{线}}{\sum t_{行} + \sum t_{停} + \sum t_{首末停}} \tag{3-17}$$

式中，$\sum t_{首末停}$ 为车辆在线路两端首末站上停歇的时间，其余符号同前；式中的分母表示车辆在线路上一个来回的周转时间。

3.4　道路工程

3.4.1　概述

路基和路面是供汽车行驶的主要道路工程结构物。路基是在地面上按路线的平面位置和纵坡要求开挖或堆填成一定断面形状的土质或石质结构物，它是道路这一线形建筑物的主体，又是路面的基础。路面是由各种不同的材料，按一定的厚度和宽度分层铺筑在路基顶面上的结构物，以供汽车直接在其表面上行驶。

路基和路面共同承受着行车和自然的作用，它们的质量直接影响道路的使用品质，为了满足行车对道路提出通畅、迅速、安全、舒适、经济等方面的要求，就必须对路基和路面的强度、稳定性等提出一定的要求。

3.4.2　路基与路面的作用及基本要求

1. 路基的基本要求

路基是道路的基本结构物，它一方面要保证汽车行驶的通畅与安全，另一方面要支持路面承受行车荷载作用,因此对路基提出下面两项基本要求。

(1) 路基结构物的整体必须具有足够的稳定性。在各种不利因素作用下,如自然因素(地质、水文、气候等)和荷载(自重及行车荷载),不会产生破坏而导致交通阻塞和行车事故,这是保证行车的首要条件。

(2) 直接位于路面下的那部分路基(有时称作土基),必须具有足够的强度、抗变形能力(刚度)和水温稳定性。

2.路面的基本要求

1) 强度、刚度和稳定性

路面应有足够的强度和刚度,以承受行车荷载的作用,而不产生招致路面破坏的形变和磨损。同时,这种强度和刚度又应有足够的稳定性,在不利的自然因素(水、温度等)作用下,其变化幅度减少到最低限度。

2) 平整度

路面表面应平整,以减小车轮对路面的冲击力,保证行车的平稳、舒适和达到要求的速度,不致产生行车颠簸和震动、速度下降、运输成本提高以及路面破坏加剧。

3) 抗滑性

路的表面要有一定的粗糙度,以免车轮与路面间的摩擦系数过小,而在气候条件不利(雨、雪天)时产生车轮打滑,迫使车速降低,燃料消耗增加,甚至在车辆转弯或制动时发生滑溜事故。

4) 扬尘少

应使路面在汽车通行时扬尘较少,扬尘对行车视距、汽车零件、乘客舒适以及环境卫生都会带来不良的影响,也不利于国防和沿线农作物生长。

5) 耐久性

路面要承受行车荷载和气候因素的多次重复作用,因此而逐渐出现疲劳破坏和塑性变形累积,路面材料还因老化衰变而破坏,这些都导致养护工作量增大、路面寿命缩短。所以,路面必须经久耐用,具有较高的抗疲劳、抗老化及抗变形累积的能力。

6) 噪声低

当道路上有机动车辆行驶时,车辆发动机的轰鸣声、排气、轮胎与路面摩擦及喇叭声等形成噪声,使人感到厌烦,影响沿线人们的生产和生活。因此,路面应尽可能平整、无缝,以减小噪声。

此外,路面的颜色也应注意与交通要求、街道两侧建筑物的色调相协调配合。例如,淡色的水泥混凝土路面,对光线的反射能力强,有利于夜间行车,而不利于白天的行车视线;黑色的沥青路面则与之恰恰相反,一般高速、快速交通干道为了识别车行道,诱导驾驶人员视线保障交通安全,往往车道采用淡色,两侧路缘带采用白色,中间分车带采用黑色或其他醒目的色调。若车行道系采用黑色路面,则路缘带宜用白色,分车带宜用淡色。

3.4.3　路面的组成

铺筑在路基顶面上的路面结构,一般由面层、基层、垫层组成(见图 3-19)。

1) 面层

面层是直接承受车辆的荷载和自然因素的破坏作用,并把荷载向下扩散的结构层,需要采用高强、耐磨、整体性好、抗自然因素破坏(日晒、老化、水蚀、冰冻)的材料铺筑,又可在承重面层上设一层磨耗层。

2)基层

基层是路面的主要承重层,需要有一定的强度、刚度和稳定性,视需要可由若干层材料组成。

3)垫层

为了改善路面的工作状况,常在路基和基层之间设置透水性强、稳定性好的垫层。其作用:一是在水文条件不好的情况下(地下水位高),可提高路面的水稳定性;二是可提高北方地区路面的抗冻性,防止路面冻胀翻浆。

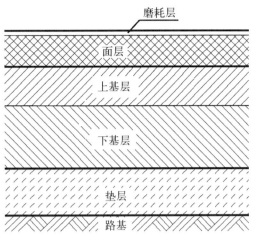

图 3 – 19 城市道路路面结构

3.4.4 路面的分类

路面是用各种材料按不同配制方法和施工方法修筑而成,在力学性质上也各有异同。路面根据不同的实用目的可做以下分类。

1. 按材料和施工方法分类

路面按材料和施工方法分,可分为 5 类。

(1)碎(砾)石类:用碎(砾)石按嵌挤原理或最佳级配原理配料铺压而成的路面。

(2)结合料稳定类:掺加各种结合料,使各种土、碎(砾)石混合料或工业废渣的工程性质改善,成为具有较高强度和稳定性的材料,经铺压而成的路面。

(3)沥青类:在矿质材料中,以各种方式掺入沥青材料修筑而成的路面。

(4)水泥混凝土类:以水泥与水合成水泥浆为结合料,碎(砾)石为骨料、砂为填充料,经拌和、摊铺、振捣和养生而成的路面。通常用作面层,也可作基层。

(5)块料类:用整齐、半整齐块石或预制水泥混凝土块铺砌,并用砂嵌缝后碾压而成的路面,用作面层。

2. 路面等级划分

通常路面可按面层的使用品质、材料组成和结构强度不同,分成 4 个等级。

(1)高级路面:包括由水泥混凝土、沥青混凝土、整齐块石、条石、顶制水泥混凝土联锁块等面层所组成的路面。这类路面的特点是结构强度高,使用寿命长,适应较大的交通量,平整无尘,能保证高速行车。它的养护费用少,运输成本低,但基建投资大,需要质量高的材料来修筑。一般用于高速公路、一、二级公路以及城市道路中的快速路、主干路和次干路。

(2)次高级路面:包括由热拌沥青碎石混合料、沥青贯入式、乳化沥青碎(砾)石混合料、沥青碎(砾)石表面处治和半整齐块石等面层所组成的路面。与高级路面相比,它的强度稍差,使用寿命略短,所适应的交通量也小些,行车速度较低。它的造价虽较高级路面低些,但要求定期维修的期限也短,养护费用和运输成本也稍高。适用于二、三级公路及城市道路中的次干路、支路和街坊道路。

（3）中级路面：包括水结、泥结和级配碎（砾）石、不整齐石块等面层组成的路面。它的强度低、使用期限短、平整度差、易扬尘，仅能适应较小的交通量，行车速度也低，它需要经常维修或补充材料，才能延长使用期限，它的造价虽低，但养护工作量较大，运输成本较高，一般用于三、四级公路。

（4）低级路面：包括用各种粒料或当地材料改善的土所筑成的路面，如炉渣土、砾石土和砂砾土等。它的强度低、水稳性和平整度都差、易扬尘，只能保证低速行车，所适应的交通量也很小，在雨季常不能通车。它的造价虽低，但要求经常养护修理，而且运输成本很高。一般用于四级公路。

3.4.5　广场、非机动车道及人行道铺装

1. 广场的铺装

1）广场内车道及场面的铺装

广场内的车道和场面，要通行车辆，应铺设较好的铺装层，沥青铺装、水泥铺装及块料铺装均可采用。

（1）沥青铺装：通常采用沥青混凝土、沥青碎石等沥青类面层铺装。对于汽车保养场等专用性停车场，因滴漏的机油易腐蚀沥青面层，故这类广场不宜采用沥青类面层铺装。

（2）水泥铺装：主要是指现浇水泥混凝土面层铺装。此种铺装为永久性结构，不怕机油腐蚀，适用于各种广场、停车场的车道及场面铺装。

应结合广场形状进行水泥混凝土板块划分，良好的分块可产生一定的艺术效果。若用彩色混凝土，更能增加广场场面的图案色彩。在有纵横向交通的广场上，宜采用正方形板块，接缝宜布置成两个方向均能传递荷载的形式；当设传力杆时，一个方向的接缝采用普通传力杆，另一个方向的接缝采用滑动传力杆。由于混凝土面层不易翻修，故修筑时应一次埋设或预留地下管线。

（3）块料铺装：是指用水泥混凝土预制联锁块、条石、弹石、机砖、缸砖等块料铺筑面层的铺装。下设砂石类或水泥、石灰稳定类基层。这类铺装施工方便、工期短、翻修容易，便于今后埋设管线。

条石铺装经久耐用、抗腐蚀，一般铺筑在与古建筑配合的地坪或政治性广场上。弹石铺装是用六面大致相等的小方石铺砌而成，并可采取嵌花式铺砌，形式美观，通常山区停车场、大坡度车道上采用。机砖、缸砖铺装一般为缺石料地区，在交通量和车辆荷载不大的情况下采用。水泥混凝土联锁块的嵌锁性能较好，有一定的承载能力，能适应一定的交通量，适用于各类广场、堆场。块料铺装的铺砌形式有横向排列、人字形排列、斜向排列等。

2）广场人流活动场地

广场上人流活动部分，主要以人群活动为主，也偶尔停放小汽车，所以也应进行铺装，其铺装结构特性与人行道相近。面层一般可采用预制混凝土块、细粒式沥青混凝土，也可采用机砖和缸砖等；基层可采用石灰土、砂砾等（见图3-20）。

2. 人行道的铺装

城市道路设有供行人步行用的人行道。人行道铺装应平整、抗滑、耐磨和美观，其厚度应保证施工最小厚度的要求。面层可采用细粒式沥青混凝土、沥青石屑、水泥混凝土、

图 3 - 20　广场的铺装

各种规格的预制混凝土方砖和预制混凝土联锁块等;基层应有适当强度,并采用水稳性好的材料,如石灰土、砂砾等(见图 3 - 21)。彩色的预制混凝土联锁块铺装,能拼铺出各种彩色图案,可美化市容,已被城建部门广为采用。车辆出入口处的人行道铺装结构和厚度,应据车辆荷载情况而定。

图 3 - 21　步行道的铺装

3. 非机动车道的铺装

非机动车道主要供自行车、客货三轮车、兽力车等行驶,由于荷载较轻,宜采用简单路面结构,尽量采用地方材料(尤其是基层)。面层一般可采用沥青混凝土、沥青碎石、沥青石屑等,基层可采用石灰稳定类、工业废渣类、天然砂砾等。

由于沿路两侧单位出入的机动车,有时需要在非机动车道上顺向行驶一段距离再进入机动车道,所以在确定非机动车道的铺装(或称为路面)时,应考虑少量机动车辆行驶的要求。

思　考　题

1. 城市间交通运输系统包含哪几种基本类型?

2. 城市货运量度指标包含哪几项？分别如何定义和计算？

3. 请简述高速铁路列车和普通铁路列车的区别。

4. 道路几何设计的计算依据哪一种车速确定？这种车速如何定义，有哪些特征？

5. 路面结构一般由哪些部分组成？各组成分别具有什么作用？

第4章 交通运输发展战略

4.1 概述

本章在概述交通运输发展战略的内涵、作用和特点的基础上，聚焦国家战略层面的交通强国建设纲要和综合立体交通网规划纲要，追溯城市交通政策的演变轨迹，分析典型的交通发展战略类型，并探讨国内外城市交通战略的实践。从国家战略到城市政策，从理论框架到实践案例，揭示交通运输发展战略的价值和趋势。

交通运输发展战略是交通运输事业发展的纲领，是对交通运输系统规模、交通运输方式结构、交通运输服务水准、管理体制、投资与价格、环境等一系列重大问题进行宏观性、全局性、前瞻性的判断和决策。交通发展战略的核心内容和框架结构如图 4-1 所示。

图 4-1 交通发展战略的核心内容和框架结构

交通发展战略的内涵包括基础、依据、目的、主要工作和主要内容（见表 4-1）。

表 4-1 交通发展战略的内涵

宏 观 政 策	重 要 措 施
制定基础	对交通发展历程和现状进行总结分析 对未来发展趋势做出总体预测和判断
制定依据	总体依据：交通运输的总体规划 涉及经济、政治、文化、教育、气候和环境等方面，与国家、地区/区域以及城市的综合环境有着密切联系
制定目的	综合考虑所在区域发展的社会经济、区域环境、政治环境等因素，确定未来交通发展的重点和方向
主要工作	宏观把握国家、地区/区域以及城市交通发展的方向 关注国家、地区/区域以及城市交通发展大局 制定科学合理的交通政策和规划措施
主要内容	核心内容：构筑一体化综合交通体系 重点关注：交通发展方向、交通模式、交通政策以及对重大交通设施的总体部署等

4.1.1 作用

交通运输发展战略的作用是合理确定交通运输的发展方向,指导远期规划和近期建设。城市交通发展战略作为宏观层次的前位研究,应抓住影响全局的重大问题和关键环节,对城市发展和交通状况进行分析和评判,提出长远的发展目标和战略(见图 4-2)。城市交通发展方向包括发展态势、发展原则和发展目标 3 个方面,如图 4-3 所示。

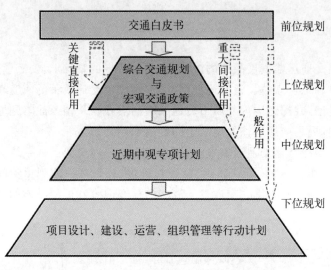

图 4-2　城市交通发展战略的重大作用

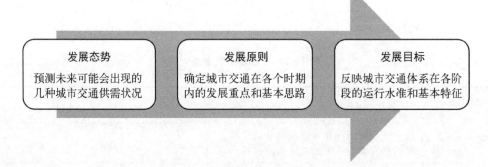

图 4-3　城市交通发展方向

4.1.2 特点

交通运输发展战略的前瞻性和全局性。体现在对未来交通运输发展趋势和整体格局的深入分析和规划基础上,能够提前预见其发展方向,并将各项政策和措施统一起来,确保整体发展符合长远利益。

交通运输发展战略的权威性和指导性。体现在该战略由政府主导制定,具有法律法规支持和强制执行力,能够对相关部门和机构进行有效指导,可推动交通运输系统有序发展。

交通运输发展战略的政策性和长远性。体现在该战略制定和实施过程中,结合了国家和地方经济社会发展的总体大局和战略定位,制定相应的政策和规划,同时其本身就是一系列政策的集合。城市交通发展战略着眼于长远整体发展,规划期限通常为 20~30 年。

交通运输发展战略的可持续性和弹性体。在注重保护环境、节约资源、促进可持续发展的同时,面对外部变化能够快速调整和应对,确保交通运输系统的可持续发展和稳定运行,具有一定的灵活性和适应性。城市交通可持续发展,要处理好土地使用、交通供给和需求管理三者之间的相互关系(见图 4-4)。

图 4-4　城市交通可持续发展战略

4.1.3　意义

制定交通运输发展战略具有重要的意义,主要体现在以下几个方面。

(1)引领未来发展。可以为交通运输行业的未来发展指明方向,明确发展目标和重点领域,促进行业高质量发展。同时,交通运输发展战略具有明确的针对性,所解决的问题不仅是交通运输发展历程中当前面临的,还有许多是未来可能发生的重大问题。

(2)优化资源配置。交通运输发展战略综合性强,覆盖了交通运输的方方面面,涉及道路、轨道、车辆、人流和货流等多个方面以及与交通有关的各项设施。战略的制定可以帮助合理规划交通基础设施建设和资源配置,提高资源利用效率,降低成本,增强产出质量。

(3)促进经济增长。交通运输是经济的重要支撑,通过制定科学可行的发展战略,可以促进交通运输业的繁荣和发展,推动整个经济体系的增长。

(4)改善交通服务质量。制定交通运输发展战略能够综合各部门的意见和建议,充分体现各方诉求,化解矛盾,达成共识,从而有助于提升交通服务水平,改善公众出行体验,满足人们出行需求。

(5)保障国家安全。良好的交通运输发展战略能够保障国家安全和利益,提高应对各种突发事件或挑战的能力。

总之,制定交通运输发展战略有助于推动交通运输行业发展,提升经济社会发展水平,为国家长远发展奠定坚实的基础。

4.2　国家交通运输发展战略

4.2.1　交通强国建设纲要

2019 年 9 月,中共中央、国务院印发《交通强国建设纲要》。建设交通强国是建设现代化经济体系的先行领域,是全面建成社会主义现代化强国的重要支撑。

1. 指导思想

以习近平新时代中国特色社会主义思想为指导,深入贯彻党的十九大精神,紧紧围绕统筹推进"五位一体"总体布局和协调推进"四个全面"战略布局。

坚持稳中求进工作总基调,坚持新发展理念,坚持推动高质量发展,坚持以供给侧结构性改革为主线,坚持以人民为中心的发展思想,牢牢把握交通"先行官"的定位,适度超前,进一步解放思想、开拓进取,推动交通发展由追求速度规模向更加注重质量效益转变,由各种交通方式相对独立发展向更加注重一体化融合发展转变,由依靠传统要素驱动向更加注重创新驱动转变,构建安全、便捷、高效、绿色、经济的现代化综合交通体系,打造一流设施、一流技术、一流管理、一流服务,建成人民满意、保障有力、世界前列的交通强国,为全面建成社会主义现代化强国、实现中华民族伟大复兴中国梦提供坚强支撑(见图4-5)。

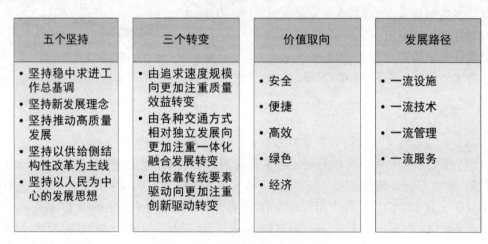

图4-5 交通强国建设指导思想

2. 发展目标

到2020年,完成决胜全面建成小康社会交通建设任务和"十三五"现代综合交通运输体系发展规划各项任务,为交通强国建设奠定坚实基础。

从2021年到21世纪中叶,分两个阶段推进交通强国建设。

到2035年,基本建成交通强国。现代化综合交通体系基本形成,人民满意度明显提高,支撑国家现代化建设能力显著增强;拥有发达的快速网、完善的干线网、广泛的基础网,城乡区域交通协调发展达到新高度;基本形成"全国123出行交通圈"(都市区1小时通勤、城市群2小时通达、全国主要城市3小时覆盖)和"全球123快货物流圈"(国内1天送达,周边国家2天送达,全球主要城市3天送达),旅客联程运输便捷顺畅,货物多式联运高效经济;智能、平安、绿色、共享交通发展水平明显提高,城市交通拥堵基本缓解,无障碍出行服务体系基本完善;交通科技创新体系基本建成,交通关键装备先进安全,人才队伍精良,市场环境优良;基本实现交通治理体系和治理能力现代化;交通国际竞争力和影响力显著提升。

到21世纪中叶,全面建成人民满意、保障有力、世界前列的交通强国。基础设施规模质量、技术装备、科技创新能力、智能化与绿色化水平位居世界前列,交通安全水平、治理能力、文明程度、国际竞争力及影响力达到国际先进水平,全面服务和保障社会主义现代化强国建设,人民享有美好的交通服务。

3. 核心内容

作为指导中国交通领域未来发展的重要文件《交通强国建设纲要》旨在通过完善基础设施建设、升级交通装备、改善运输服务、引领科技创新、提升安全保障、推进绿色发展、加强开放合作、建设人才队伍、完善治理体系和加强保障措施 10 个方面的工作,实现交通领域现代化,促进经济社会全面发展,为建设交通强国奠定坚实的基础。交通强国建设核心内容如表 4-2 所示。

表 4-2　交通强国建设核心内容

一、基础设施布局完善、立体互联	(1) 建设现代化高质量综合立体交通网络 (2) 构建便捷顺畅的城市(群)交通网 (3) 形成广覆盖的农村交通基础设施网 (4) 构筑多层级、一体化的综合交通枢纽体系	六、绿色发展节约集约、低碳环保	(1) 绿色发展节约集约、低碳环保 (2) 强化节能减排和污染防治 (3) 强化交通生态环境保护修复
二、交通装备先进适用、完备可控	(1) 加强新型载运工具研发 (2) 加强特种装备研发 (3) 推进装备技术升级	七、开放合作面向全球、互利共赢	(1) 构建互联互通、面向全球的交通网络 (2) 加大对外开放力度 (3) 深化交通国际合作
三、运输服务便捷舒适、经济高效	(1) 推进出行服务快速化、便捷化 (2) 打造绿色高效的现代物流系统 (3) 加速新业态新模式发展	八、人才队伍精良专业、创新奉献	(1) 培育高水平交通科技人才 (2) 打造素质优良的交通劳动者大军 (3) 建设高素质专业化交通干部队伍
四、科技创新富有活力、智慧引领	(1) 强化前沿关键科技研发 (2) 大力发展智慧交通 (3) 完善科技创新机制	九、完善治理体系,提升治理能力	(1) 深化行业改革 (2) 优化营商环境 (3) 扩大社会参与 (4) 培育交通文明
五、安全保障完善可靠、反应快速	(1) 提升本质安全水平 (2) 完善交通安全生产体系 (3) 强化交通应急救援能力	十、保障措施	(1) 加强党的领导 (2) 加强资金保障 (3) 加强实施管理

4. 交通强国建设五年行动计划

2023 年 3 月,交通运输部、国家铁路局、中国民用航空局、国家邮政局、中国国家铁路集团有限公司五部门联合印发《加快建设交通强国五年行动计划(2023—2027 年)》,将切实做好未来 5 年加快建设交通强国作为工作的重点,以更好地服务于保障全面建设社会主义现代化国家开局起步。

行动计划以习近平新时代中国特色社会主义思想为指导,坚持人民至上、服务保障、高质量发展、改革开放的基本原则,围绕现代化综合交通基础设施建设行动、运输服务质量提升行动、交通运输服务乡村振兴和区域协调发展行动、交通运输科技创新驱动行动、交通运输绿色低碳转型行动、交通运输安全生产强化行动、交通运输开放合作提升行动、交通运输人才队伍建设活动、交通运输深化改革提升管理能力行动、加强党的建设十个方面进行规划,按照任务式、条目式、清单式体例,提出了一系列具体化举措、标志性成果、可量化目标,将党中央关于交通运输的重要部署落实到各项行动任务之中,需要准确把握、深入落实。

4.2.2 国家综合立体交通网规划纲要

为加快建设交通强国,构建现代化高质量国家综合立体交通网,支撑现代化经济体系和社会主义现代化强国建设,2021 年 2 月,中共中央、国务院印发《国家综合立体交通网规划纲要》。规划期为 2021—2035 年,远景展望到 21 世纪中叶。

1. 指导思想

以习近平新时代中国特色社会主义思想为指导,深入贯彻党的十九大和十九届二中、三中、四中、五中全会精神,统筹推进"五位一体"总体布局,协调推进"四个全面"战略布局,坚持稳中求进的工作总基调,立足新发展阶段,贯彻新发展理念,构建新发展格局,以推动高质量发展为主题,以深化供给侧结构性改革为主线,以改革创新为根本动力,以满足人民日益增长的美好生活需要为根本目的,统筹发展和安全,充分发挥中央和地方两个积极性,更加注重质量效益、一体化融合、创新驱动,打造一流设施、技术、管理、服务,构建便捷顺畅、经济高效、绿色集约、智能先进、安全可靠的现代化高质量国家综合立体交通网,加快建设交通强国,为全面建设社会主义现代化国家当好先行。

2. 工作原则

服务大局、服务人民,立足国情、改革开放,优化结构、统筹融合,创新智慧、安全绿色。

3. 发展目标

到 2035 年,基本建成便捷顺畅、经济高效、绿色集约、智能先进、安全可靠的现代化高质量国家综合立体交通网,实现国际国内互联互通、全国主要城市立体畅达、县级节点有效覆盖,有力支撑"全国 123 出行交通圈"和"全球 123 快货物流圈"。交通基础设施质量、智能化与绿色化水平居世界前列。交通运输全面适应人民日益增长的美好生活需要,有力保障国家安全,支撑我国基本实现社会主义现代化(见表 4-3)。

表 4-3　国家综合立体交通网 2035 年主要指标

序号	指　　标		目 标 值
1	便捷顺畅	享受 1 小时内快速交通服务的人口占比	80% 以上
2		中心城区至综合客运枢纽半小时可达率	90% 以上
3	经济高效	多式联运换装 1 小时完成率	90% 以上
4		国家综合立体交通网主骨架能力利用率	60%～85%

（续表）

序号	指标		目标值
5	绿色集约	主要通道新增交通基础设施多方式国土空间综合利用率提高比例	80%
6		交通基础设施绿色化建设比例	95%
7	智能先进	交通基础设施数字化率	90%
8	安全可靠	重点区域多路径连接比率	95%以上
9		国家综合立体交通网安全设施完好率	95%以上

4. 核心内容

《国家综合立体交通网规划》旨在构建现代化高质量国家综合立体交通网,围绕优化国家综合立体交通布局、推进综合交通统筹融合发展、推进综合交通高质量发展三大核心内容展开,面对立体交通网及其主骨架、交通枢纽系统、运输网络等不同交通设施开展针对性举措,积极推进交通运输的统筹融合发展、区域协调发展,以及全方位的高质量发展,并施以加强党的领导、组织协调、资源支撑、资金保障和实施管理等保障措施,为现代化经济体系和社会主义现代化强国建设提供有力支撑。国家综合立体交通网规划核心内容如表 4-4 所示。

表 4-4 国家综合立体交通网规划核心内容

一、优化国家综合立体交通布局	（1）构建完善的国家综合立体交通网 （2）加快建设高效率国家综合立体交通网主骨架 （3）建设多层级一体化国家综合交通枢纽系统 （4）完善面向全球的运输网络
二、推进综合交通统筹融合发展	（1）推进各种运输方式统筹融合发展 （2）推进交通基础设施网与运输服务网、信息网、能源网融合发展 （3）推进区域交通运输协调发展 （4）推进交通与相关产业融合发展
三、推进综合交通高质量发展	（1）推进安全发展 （2）推进智慧发展 （3）推进绿色发展和人文建设 （4）提升治理能力
四、保障措施	加强党的领导、组织协调、资源支撑、资金保障、实施管理

4.3 城市交通政策演变

城市交通政策是在城市交通发展战略指导下,由政府部门制定的用以指导、约束和协调城市交通行为的总则。城市交通政策的制定既要服从于城市的交通发展战略,又是一定的政治、社会、经济、环境产物。在不同的背景条件下,会产生不同的政策需求。城市交通政策具有 4 个鲜明的特征,如图 4-6 所示。

权威性	综合性	实践性	理论性
• 由政府部门制定 • 具有严肃性和指导性 • 体现不容置疑的权威性	• 兼顾城市交通的各个方面 • 是综合各方面因素所制定的最优化决策	• 用以解决实际的交通问题并促进城市的运行 • 必须付诸行动,加以落实	• 经由科学严谨的论证 • 建立在扎实的理论基础之上,体现出先进的理念

图 4-6 城市交通政策的主要特征

西方发达国家城市交通发展经历了马车时代、铁道时代、汽车时代、后小汽车时代等4 个发展阶段,城市交通政策也由单纯道路交通工程建设转变为交通系统管理、交通需求管理,最大限度地挖掘既有设施的潜力。

1. 美国

美国的交通模式以小汽车相对自由发展为主,其交通发展和政策演变主要经历了 6 个阶段,如表 4-5 所示。

表 4-5　美国交通发展和政策演变

发 展 阶 段	发 展 特 征
19 世纪末到 20 世纪初	公共汽车逐渐取代有轨电车,占据客运交通的主导地位
第二次世界大战以后	小汽车的迅猛增长导致了公共汽车的全面萧条,小汽车成为客运交通的主体
20 世纪 60 年代	政府颁布了"公共交通法",引导大城市由小汽车交通向大容量快速轨道交通转化
20 世纪 80 年代	制定了环境保护法,要求发展公共交通代替小汽车出行 交通需求管理得到重视,给予使用道路交通设施高效的用户(HOV)优先权;部分城市开辟了公交专用道,新建了轻轨,提出面向公共交通的土地开发模式(TOD)
20 世纪 90 年代	在智能交通系统(ITS)方面的研究取得了较大的进步
进入 21 世纪	大力推进智能交通系统的建设,积极发展城市公交专用道和大站快车设置,提出交通规划中的远期规划和近期实施规划并重

2. 西欧诸国

小汽车问世前,西欧诸国有轨电车和自行车使用较普及。小汽车问世后,虽然市区交通压力骤增,但由于注重道路交通设施建设和管理并重,重视公共交通发展,西欧诸国形成了不同于美国的城市交通发展过程。

20 世纪 50 年代初,人们热衷于拥有小汽车,西欧诸国的城市交通由自行车、摩托车向小汽车迅速转化。法国曾提出"要使每个职工拥有一辆小汽车"的口号,导致严重的交通堵塞。其后,法国政府开始制定优先发展公共交通的政策,并决定大量投资建设轨道交通系统。联邦德国在 1963 年对全国 20 多个城市的有轨交通系统进行全面改造,并于 20世纪 70 年代后开始大规模修建地铁。

3. 日本

日本明治维新以后,受西方文化的影响,一下子从轿子和步行时代进入火车和汽车时代,城市不断膨胀,市内客货运量和运距不断增加,远远超过了原来落后的城市道路和铁路的承受能力,造成交通拥堵、事故频发。面对严峻的局面,日本首先考虑规划建设轨道交通系统,再综合布置高速道路及他交通方式,依靠交通干线把大城市及影响地区组成为一种多中心的结构体系。

4. 苏联

苏联交通政策的演变过程与城市的发展和经济体制的改变相关,具有较强的可操作性,主要可归纳为 5 个发展阶段,如表 4 - 6 所示。

表 4 - 6　苏联交通发展和政策演变

发 展 阶 段	发 展 特 征
20 世纪 50 年代	客运交通以公共交通为主,货运交通以铁路为主,积极发展有轨、无轨电车,适当发展出租车,不发展私人汽车
20 世纪 60 年代	经济体制发生变革,私人小汽车得到发展
20 世纪 70 年代	市内交通紧张,提出大力发展城市公共交通,辅以出租车服务
20 世纪 80 年代	城市公共交通加速发展,公共交通服务水平不断上升
苏联解体后	大城市公共交通仍然保持主导地位并维持低票价制度,轨道交通运转速度加快,小汽车开始普及发展

4.4　典型的交通发展战略类型

交通发展战略分为 5 种典型类型,分别为综合交通动态协同战略、公共交通持续优胜战略、机动交通畅达并重战略、交通发展先导战略和可持续城市移动性战略。

4.4.1　综合交通动态协同战略

1. 内涵

综合交通是指城市内部的公共交通、货运交通、道路交通、慢行交通以及城市对外交通等各类交通的总和。

综合交通动态协同战略以可持续为最高准则,全面整合各种城市交通系统,协调交通与经济社会、生态环境、城市空间等因素间的复杂关系,最大限度发挥城市综合交通的整体效应。

2. 实施途径

综合交通动态协同战略的关键是实施四大政策,从体制、机制、政策和运行等动态协调并整合规划、建设、运营、管理和服务各个环节,以提高既有交通资源的使用效率(见表4-7)。

表 4-7 动态协调整合的四大宏观政策

宏 观 政 策	重 要 措 施
交通设施整合	平衡道路与轨道设施;协调静态、动态交通 建设交通换乘枢纽;协调交通管理设施;整合交通信息系统
运行方式衔接	加强轨道与小汽车衔接;优化调整公共交通线网 加强步行交通换乘衔接;整合公共交通票制;优惠公共交通票价
交通管理协调	推进交通规划工作;协调交通与土地规划 统一交通管理体制;交通投资市场化;完善交通收费与价格
交通与社会、经济、 环境协调	机动车尾气污染控制;交通噪声控制;交通设施与周边建筑协调

3. 典型代表:伦敦整体交通战略

1) 城市概况

伦敦位于英国东南地区的泰晤士河畔,是英国首都,也是英国政治、经济、文化中心和交通枢纽。大伦敦(Greater London)由伦敦市(city of London)和其他 32 个行政区共同组成。根据 2016 年人口普查,大伦敦人口超过 878 万。

2) 交通特征

1997—1999 年,大伦敦地区居民小客车出行占 2/3。内伦敦居民出行中有 53% 使用小汽车,而外伦敦则为 72%。

据 1999 年调查,中央伦敦 79% 居民上班出行采用公共交通,而外伦敦仅 19%。中央伦敦上班的平均出行时间为 56 min。中央伦敦高峰与非高峰时段车速相近,约 16.3 km/h;外伦敦高峰时段平均车速约 29.3 km/h,非高峰时段约 37.4 km/h。

截至 2000 年,大伦敦约有 680 万个停车位,包括私人居住停车位、占路停车位、私人非居住停车位、路外公共停车位。在外伦敦,85% 停车位是私人居住停车或仅在白天使用的占路停车,而中央伦敦这些类型停车仅占一半。

2000 年,公共汽车客运周转量达 4 400 亿人千米,到达地铁站的平均时间为 3.21 min。

3) 交通战略

伦敦交通战略目标是将伦敦建设成为一个繁荣、以人为本、交通可达、公平、绿色的城市,其具体含义如下。

(1) 繁荣的城市(a prosperous city):经济繁荣,财富共享。

(2) 以人为本的城市(a city for people)：一个安全、适宜居住的城市，一个有吸引力的街道，货物易达、人人都感觉是安全的城市。

(3) 交通可达的城市(an accessible city)：快速、高效、舒适的交通方式，居民通过这种易达的、乘得起的交通方式实现上下班、上学等各种出行目的。

(4) 公平的城市(a fair city)：有容忍性，消除各种形式的种族歧视，建立和睦的邻里及社区。

(5) 绿色的城市(a green city)：有效利用自然资源及能量，尊重自然界及野生动植物。

4) 战略措施

伦敦交通发展的十大战略措施。

(1) 减少交通拥挤。

(2) 克服地铁投资滞后，以提高交通体系容量、减少拥挤、提高运营可靠性和发车频率。

(3) 改善放射状的出行条件，提供穿越伦敦的公共汽车服务，包括增加公共汽车运能、改善可靠性及提高服务频率。

(4) 更好地整合国家铁路与伦敦其他交通系统，以使通勤便利、减少拥挤、提高安全性，形成一个高效的、覆盖全伦敦的轨道交通系统。

(5) 通过一些重要的穿越伦敦的铁路连接，提高伦敦交通系统的整体容量，包括改善至国际机场连接、改善内伦敦环状铁路连接以及新的跨泰晤士河的东伦敦通道。

(6) 改善小汽车使用者出行时间的可靠性，这将对小汽车使用为主导的外伦敦有益，同时通过增加出行选择以减少对小汽车的依赖。

(7) 支持地方性的交通措施，包括改善至城镇中心及新发展地区的连接、步行及自行车计划、学生上学的安全线路、道路安全改善、路桥的良好养护、街道整体的和谐性。

(8) 使伦敦货物配送和服务更加可靠、高效，减少对环境的负面影响。

(9) 提高伦敦交通系统的可达性，以使每个人(包括残疾人)都能享受在首都居住、工作及旅游参观的交通便利，以提高社会的包容性。

(10) 提出新的整合措施以提供一体化、简便和适应大众购买力的公共交通票价；改善重要的换乘点，提高所有出行方式之间换乘的安全性。保证出租车及私人租用车辆完全与伦敦交通系统一体化，提供更好的信息及候车环境。

4.4.2 公共交通持续优胜战略

1. 内涵

公共交通持续优胜战略是根据城市布局特点与市民出行要求，在不同的地带和人群中，通过与其他交通方式竞争，确保公共交通的乘客量与周转量在全部交通方式中达到高效合理的水平。

2. 实施途径

实现公共交通持续优胜战略的关键是实施公交优先政策(见表 4-8)。公交优先政策是从城市可持续发展的要求出发，按照交通设施资源分配和使用的公平、高效原则，在规划、投资、建设、运营和服务等各个环节，为公共交通发展提供优先条件。

表 4 - 8　五大公交优先宏观政策

宏　观　政　策	重　要　措　施	保　障　条　件
优先建成轨道系统	科学规划轨道交通线网;通过多渠道投融资以保证建设资金 建设轨道交通枢纽和"B+R(自行车换乘轨道交通停车场)";确保站点与枢纽用地;实施地面公共交通与轨道交通"一票制"的票制体系	设施用地优先 投资安排优先
推行快速公交系统	建设高档次快速公交,确保专用路权;信号优先控制;选择大型化、优质化公交车辆;实现公交车站轨道化;加快扩大公交专用道	路权分配优先
改善地面公交服务	调整、优化公交线网;确保各类公交用地 确保公交通行的道路条件;改善和升级换代公交设备 保证公交发展资金来源;争取稳定的财政补贴 合理调整公交票价	设施用地优先 财税扶持优先
提高出租车服务质量	加强出租车行业管理;实现出租车调度信息化	——
整合公共交通体系	注重公交内部多种方式协调,整合公交各管理部门	落实公交用地 确保持续投入

3. 典型代表:香港公共交通主导战略

1) 城市概况

香港位于中国南部沿海地区,是世界著名的金融中心和国际航运中心之一。香港历来重视综合交通规划编制工作,为制定每一阶段的交通政策和近期建设计划提供依据。香港基本概况如表 4 - 9 所示。

表 4 - 9　香港基本概况

类　　别	2018 年	2022 年
土地面积	1 081.8 km²	1 081.8 km²
人口	744.98 万人	733.32 万人
从业人员	397.90 万人	370.69 万人
全职学生	114.16 万人	140 万人
道路系统	2 123 km	2 239 km
道路网密度	1.96 km/km²	2 km/km²
地铁系统	230.9 km	245.3 km

　　2) 交通特征

香港的公共交通占绝对主导，在小汽车与公共交通的出行量中，公共交通占 89%。香港的公共交通以地面公交为主，占 56%，其中包括学生巴士等特殊用途的公交车在内的公交车出行量占 72%。上班出行中，轨道交通占 30%，而私家车仅占 7%。75% 的公共交通乘客到达公交车站的步行时间在 5 min 以内，平均步行时间为 4 min。90% 的乘客在各种交通工具之间的转乘时间小于 5 min，不同交通方式之间转乘时间平均为 3 min。

　　3) 交通战略

香港通过综合交通规划研究，动态协调各种交通模式，优先发展轨道交通并扩展轨道网络，成功地抑制了小汽车数量增长，以适应高密度的城市用地布局，保持城市的生机和活力。

在第三次整体运输研究的基础上，香港政府公布了长远交通策略，其中针对未来香港的持续发展制定了 5 项指导原则：妥善地融合运输与城市规划；更充分地运用铁路，让铁路成为客运系统的骨干；更完善地整合公共交通服务和设施；更广泛地运用新科技管理交通；更环保的运输措施。

面对未来人口增长以及居民对出行的要求，土地开发与运输规划必须更加紧密结合，两者必须在规划的初期即一并考虑，以求降低运输需求，从而减低对昂贵又影响环境的运输基础设施的依赖。具体的做法：尽量沿着铁路沿线人口密集的地区发展交通基础设施，方便居住在这些地区的人们出行；增设各类步行设施，减少人车冲突，增进交通安全及减少空气污染；在规划新的土地使用时，优先考虑步行、自行车等交通方式，以降低对汽车的依赖。

4.4.3　机动交通畅达并重战略

　　1. 内涵

机动交通畅达并重战略体现的是"畅通"与"易达"并重的原则，即充分运用交通规划、交通工程、智能交通、交通经济等多种理论与技术，确保尽可能多的机动车在可承受的服务状态中，实现机动车辆内人与物的空间移动。

　　2. 实施途径

实现机动交通畅达并重战略的关键是实施平衡交通供需政策（见表 4 - 10）。平衡交通供需政策需要从源头上对交通需求加以引导和控制，通过适当的超前交通设施建设，实施各类交通管理措施，以平衡不断增长的交通需求和有限的供应能力。

表 4 - 10　六大平衡供需宏观政策

宏 观 政 策	重 要 措 施
建设快速路系统	建设高速公路网、环射状快速路网
完善道路网络功能结构	完善主次干路建设；加强集散道路的建设；优化路网节点功能
建设停车系统	适度扩大停车位总规模；高标准配建居住区停车位 内外有别配建商办类车位；超前建设公共停车场库 路内车位昼夜灵活管理；停车收费区域差别化

（续表）

宏 观 政 策	重 要 措 施
推行交通需求管理	实施中心区拥挤收费；实施停车需求管理；实施车辆使用控制
推行交通系统管理	实施机非分流；实施人车分流；实施客货分流 实现交通组织智能化；实现交通管理信息化
推行交通安全管理	加强交通法制教育；强化安全管理制度；加强交通污染控制

3. 典型代表：洛杉矶交通拥堵管理战略

1）城市概况

洛杉矶属于典型的弱中心、低密度、散状式、出行以小汽车为主的大都市。至 2016 年，洛杉矶市域人口达到 1 331 万，其中 90％集中在城市化地区。

洛杉矶市区拥有世界上规模最大的城市道路系统，城市道路总长 10 240 km，其中高速公路为 256 km。洛杉矶公共交通包括地铁（metro）、通勤铁路（metrolink）、快速公交和普通公交线网。

2）交通特征

洛杉矶大都市的工作出行方式中，公共交通占 7.7％，班车和小汽车合乘（也称为拼车、顺风车）占 19.3％，其他非工作出行中，选择公共交通方式仅为 2％～3％。洛杉矶中心城出行中公共交通不到 10％，85％为客车，而独自驾车出行者占了 70％，反映了洛杉矶是一个典型的小汽车大都市。

洛杉矶中心城居民通勤出行平均距离为 23 km，通勤出行时间约为 30 min。洛杉矶中心城居民平均出行时间约 30 min，75％居民出行时间少于 35 min。

洛杉矶以早、晚高峰时段交通最为拥挤。早高峰时段有 40％的干道交叉口服务水平为 E 级和 F 级，晚高峰时段则有一半的道路交叉口服务水平为 E 级和 F 级。

3）交通战略

（1）对道路运行系统实施交通管理。考虑到建设成本、土地使用限制、环境影响等因素，洛杉矶通过实施高载客汽车（high occupancy vehicle，HOV）专用道以提高道路运行效率，充分利用现有道路容量；实施小汽车合乘（carpool）大大地缓解了道路交通拥堵的状况，使道路得到更加充分的利用。

（2）扩展快速公交。洛杉矶道路拥挤管理的目的是充分利用现有的公共汽车及轨道交通服务，将其作为替代小汽车的一种出行方式，从而减轻道路系统的交通拥堵，改善整个地区的交通状况。洛杉矶向广大乘客提供了一个综合性的公共交通系统，包括定线公共汽车、通勤铁路（metrolink）、城市轨道（metro）、地铁化快速公交（metro transitway）。

（3）交通需求管理。洛杉矶通过制定交通需求管理政策与计划以提高人们对大容量交通的使用，包括小汽车合乘、班车、公共交通、自行车、改善居住与就业平衡、灵活的上班时间及停车管理等。

（4）土地使用计划交通影响分析。土地使用计划交通影响分析主要分析土地使用决策对市域范围内的区域性交通系统的影响，并对减少这些影响的成本进行评估。土地使用计划交通影响分析规定并指明了地方政府对新的土地开发所带来的交通影响应当承担责任,并将其作为计划的一部分。土地使用计划交通影响分析是一个信息共享的过程,在这个过程中寻求改善公共部门、私人部门及普通公众之间关于新的土地开发带来的交通影响和信息交流。它将为交通对环境的影响提供持续的区域检测方法,同时帮助地方部门决定何时有必要采取减少土地开发对交通的影响,以采取一种比较合适的战略措施。

4.4.4　交通发展先导战略

1. 内涵

交通发展先导战略坚持城市交通基础设施适度超前、优先发展,充分发挥交通建设对城市改造与拓展的引导和支持作用。

2. 实施途径

交通引导开发政策是保持交通与土地使用之间的互动关系,以交通发展引导城市空间布局调整,在交通规划、投资、建设等各个环节实施引导城市开发的政策(见表 4 - 11)。

表 4 - 11　四大交通引导开发的宏观政策

宏 观 政 策	重 要 措 施
集中发展轨道系统	建设轨道交通有效吸引客流,以轨道交通引导空间发展 提高轨道交通运营服务质量,实现票价、换乘等便利优惠措施
优先建成枢纽设施	优先确保交通枢纽用地,建设功能完善的综合交通枢纽 集中开发,形成综合功能区
注重复合型走廊建设	建设高速公路通道、轨道交通通道、快速公交通道
确保持续的交通投入	建立完善的投资体系,保持长期、稳定的交通投资 形成市场化、多元化投资渠道,优先确保交通设施用地

3. 典型代表:库里蒂巴快速公交先导战略

1) 城市概况

库里蒂巴位于巴西南部,是巴拉那州(Parana)的首府,大西洋西岸沿海城市之一。库里蒂巴是巴西的国际商业与投资中心,也是巴拉那州的商业和教育中心。

库里蒂巴是巴西除首都巴西利亚之外人均小汽车保有量最高的城市,平均 2.6 人拥有一辆小汽车。然而,库里蒂巴公共交通具有极大的诱惑力,许多人拥有小汽车却纷纷改乘安全、快捷、便宜的公共汽车出行。库里蒂巴的公共汽车是巴西最密集、繁忙的交通系统,在繁忙的上下班时间,人们只需等 45 s 就可以乘上公共汽车,市内 75% 上班族都选择乘坐公共交通。

2) 交通战略

库里蒂巴是世界著名的以公共交通引导城市发展的城市,其交通发展先导战略体现在以公交专用道为中心轴线的"三元"道路系统规划设计理念和以快速公交(BRT)为核心的一体化公共交通系统设计。该战略促成了城市轴向组团化的用地布局,优化了城市空间密度,防止了摊大饼式的发展,使其成为生态型的宜居城市,库里蒂巴也因此被誉为世界的"环保之都"。

3) 规划措施

库里蒂巴采取了许多规划和措施以提高效率,增加交通系统的容量,提高系统的寿命,充分利用基础设施。

(1) 专用道:一条宽 7 m 的车道专门用于快速线路的运营。快速线路位于中心区的轴线上,这些车道通过物理隔离以防止其他车辆进入。

(2) 快速线(red bus):第一条线路位于城市的南北轴线,使用载客 110 人的专门的公共汽车,在专用的车道上运行,无交通冲突,商业运营速度达 20 km/h。快速线平均站距 500 m,平均间隔 4 km,可与其他线路换乘。

(3) 驳运线(orange bus):使用传统的公共汽车运营的短线路,将邻近地区与一体化交通系统的终点站连接。

(4) 区际线(green bus):环线线路,连接外围地区,不需要穿越市中心区的双向线路。

(5) 一体化与单一票价:实行单一票价反映了交通系统整体的成本,以短线弥补长线,同时单一票价有利于实现不同运营公司间票价的一体化。

(6) 网络与一体化枢纽:第一条区际线路实施后,不同公司线路相互衔接与网络运营的概念得以强化。1980—1982 年,沿公交专用道线路建成了 15 个一体化枢纽站,实现快速线、驳运线和区际线间的票价整合。

(7) 单位千米运营报酬:1986 年,运营公司收入由原来的按乘客量计算转变为按每千米计算。市政府制定了详细的措施及审核制度,确定了运营公司的权利与义务、运营失误及处罚,以寻求提高服务质量、减少污染。

(8) 管道型车站(tube station)及直达线路(direct lines/speedy line/silver bus):管道型车站通过抬高站台,增设雨棚,以增加上车安全保障。1991 年,实施直达线路连接枢纽站,平均站距为 3.2 km,商业运营速度 32 km/h,大大节省了出行时间。

(9) 双铰接公共汽车("路面地铁",bi-articulated bus,surface metro):这种公共交通容量大,每辆车能运送 270 人,在专用道上运行,通过管道车站上下车。

4.4.5 可持续城市移动性战略

1. 内涵

可持续城市移动性规划(sustainable urban mobility plan,SUMP)是一项由多学科团队共同编制、充分考虑人们出行和设施服务可达性、倡导多种交通方式协调发展以满足城市及其周边地区居民和企业的交通需求的城市交通战略规划。其目的是确保交通可达性、提高安全性、减少空气和噪声污染、温室气体排放和能源消耗、提高人员和货物运输效率和成本效益、提高城市环境吸引力和质量。

2. 实施途径

可持续城市移动性规划相较于传统的规划有很大的不同(见表 4 - 12)。

表 4 - 12　可持续城市移动性规划与传统规划的区别

项　　目	传统交通规划	可持续城市移动性规划
规划关注点	交通(traffic)	人们的出行(people)
规划目标	交通设施通行能力与交通流移动速度	可达性与生活品质,同时注重可持续性、经济活力、社会公平、公众健康和环境质量
规划思想	分方式的独立系统	不同的交通方式协同发展,并向更清洁、更可持续的交通方式演变
规划编制	交通工程师编制的精英规划	多学科背景构成的规划团队与相关利益团体共同编制的透明、参与式规划
规划效果评估与调整	有限的效果评估	定期的规划效果评估与监督,适时启动规划完善程序

3. 典型代表：伦敦市长交通战略

《2018 版伦敦市长交通战略》(下简称《战略》)秉承了"以人为本"的交通规划理念,倡导街道与空间活力的营造,居民出行方式向绿色化转变,并给予交通弱势群体以极大的关注。《战略》呈现了"公平、绿色、健康与活力"的发展思想,是伦敦市对过去城市空间布局和街道设计的深刻反思,体现了新时期交通规划思路的重大转变。

1) 愿景

《战略》通过降低城市居民对私家车的依赖,引导交通出行模式向更加健康、更有效率的绿色出行方式转变,最终将伦敦打造成一个"街道有活力、交通有效率、空间有魅力"的宜居城市,实现 2041 年城市绿色出行比例(步行、自行车和公共交通)达到 80% 的目标。

《战略》从多个维度对伦敦市交通发展的战略目标进行分解,并设立阶段性目标逐步推进,如表 4 - 13 所示。

表 4 - 13　伦敦市交通发展的战略目标分解

任 务 目 标	指　　标	目标及实现时间节点
交通结构调整	出行分担率	小汽车分担率从 37% 降到 20%(2041)
		绿色交通分担率达到 80%(2041)
健康道路打造	活力出行	每天至少 20 min(2041)
	交通事故伤亡	公交车交通事故零伤亡(2030)
		交通事故零伤亡(2041)
	中心城区交通量	降低早高峰货运量 10%(2026)
		降低总体交通量 10%~15%(2041)

（续表）

任务目标	指 标	目标及实现时间节点
健康道路打造	交通排放	新增出租车零排放（2018）
		新增租赁车零排放（2023）
		新增公交车零排放（2025）
		新增车辆零排放（2030）
		新增其他车辆零排放（2040）
		交通系统零排放（2050）
公共交通建设	铁路工程	启用 Crossrail2（2030 年早期）
		持续推进伦敦城郊地铁建设
	公共交通系统	提高公交系统可达性，公交接驳时间减半（2041）
城市发展	居住	新增超 100 万套住房（2041）
	就业	创造 130 万个就业机会（2041）
	土地	实现土地高密度开发、混合利用

2）战略

《战略》围绕"健康街道战略"理念，提出了伦敦市未来交通发展的三大核心策略，即健康街道与健康市民、优质公共交通体验、新住所和就业。

策略一：健康街道与健康市民

《战略》认为，可达包容的交通系统和健康宜人的街道设计是伦敦市"健康街道、健康居民"策略实现的基本要求，尤其强调塑造活力、安全与绿色的街道。

在活力方面，城市街道与空间的设计应兼顾活力与安全，让街道慢行环境更加诱惑与迷人，培养居民对慢行的依赖。伦敦将通过健康街道与空间的设计与落地，打造宜人的慢行空间，实现"每个市民每天至少 20 min 的活力出行"目标。

在安全方面，伦敦将通过交通安全体系的打造，提高居民出行的安全性。通过车辆限速、街道改善等手段，营造安全交通体系，于 2041 年实现交通系统零死亡、零重伤的战略目标，如表 4-14 所示。

在绿色方面，《战略》围绕超低排放区（ultra low emission zone）建设，提出了一系列雄心勃勃的任务目标，并就不同的交通方式和时间节点，对任务目标进行了阶段性分解，建设城市绿色低碳交通体系，计划于 2050 年实现伦敦市交通系统零排放的战略目标。

策略二：优质的公共交通体验

《战略》提出了公共交通服务品质提升的四大策略措施，包括车辆站点无阶梯式设计、公共交通系统零障碍搭乘改造在内的一系列精细化的品质提升方案。具体措施：① 以安

表 4-14　伦敦市安全交通体系

任 务 指 标	指 标 内 容
安全行驶速度	车辆限速
安全道路设计	所有交通设施道路改善安全状况,尤其关注交通繁忙路段、环状交叉路段
安全车辆	安全系数更高的车辆设计标准
安全行为	规范道路使用者的行为安全,尤其是以大型车辆为代表的机动车司机
事故后处理	事故后的抢救迅速响应,完善事故追责体系,加强事故过程和原因分析

全性和价格可负担性为前提,以乘客服务水平提升为宗旨,打造便捷、易用的公共交通系统;② 围绕公共交通的可及性与可达性,持续提升残疾人和老年人的出行体验,保障其自由、独立地享用公共交通服务;③ 持续推进公交车道路网络建设,形成便捷、可靠、可达性强的公交车网络;④ 持续提升铁路系统出行的可靠性、舒适性以及服务效率,并逐步扩大其行程覆盖范围。

策略三：新住所和就业

2041 年,伦敦市的人口数量和出行需求将分别增长 22% 和 24%,达到 1 080 万人口和日均 3 300 万人次的出行量。面对持续增长的交通压力以及住房与工作需求,伦敦将坚持高密度利用、混合开发的城市规划理念,持续扩建公共交通系统,以实现伦敦欠发达地区就业和居住供给能力的逐步提升。

市政府计划每年建设 65 000 套可负担住房、创造共计 130 万个工作机会、建设与居住就业相匹配的交通系统。具体体现：居民愿意在街道空间驻足交流,自行车可自由穿梭与停放;城市公共交通、建筑空间和公共场所更加的实用和易用;新建住房能容纳足量的居民,并与活力空间相邻或接壤;慢行空间随处可见、物流畅通、绿色出行。

4.5　国内外城市交通战略的实践

4.5.1　案例

纽约、东京、新加坡等世界级城市的发展历程各异。相对来讲,纽约由于免受第二次世界大战破坏,城市发展成熟较早,都市圈的形成和成熟也领先于其他城市。东京的城市发展基本以第二次世界大战结束后的重建为起点,20 世纪 40—50 年代进入大都市快速发展阶段,并约在 20 世纪 80 年代形成繁荣的大都市圈。新加坡则属于相对新兴城市,约在 20 世纪 60 年代开始经济腾飞,城市快速发展,并在 20 世纪 90 年代达到发达国家水平,成为国际大都市。

1. 纽约

纽约的交通发展战略：强调可持续性、社会公平、绿色发展的交通基础设施改造和升级。

2011 年完成的纽约 2030 交通发展战略规划《纽约规划——更强大、更公正的纽约》,

其核心理念为通过基础设施建设和环境提升,促进城市的可持续发展和提高城市居民的生活品质。为了保持其在全球城市中地位的持续繁荣发展,规划认为,在未来 10～20 年城市的主要挑战主要包括人口持续扩张、基础设施的更新与维护、保持经济竞争力、交通运输等 10 个重要领域,以实现全球城市发展的总目标。该规划提出发达的交通运输系统是纽约与周边区域、与世界紧密联系的前提保障,是为城市带来持续繁荣的基础。

该规划提出将提供更多有利于可持续发展的交通选择方案,并确保交通运输网络的可靠性与质量(见表 4-15)。这一交通发展目标包括三大战略:改善并拓展可持续性交通基础设施和交通选择方案,减少道路、桥梁及机场的拥堵,维护并改善道路与公共交通系统的基础设施。交通战略方向包括公共交通网络、步行系统、自行车交通网络、货运交通的绿色环保发展、水运交通和铁路交通的发展、航空运输、道路等基础设施等,措施的重心在于加强公共交通与步行和自行车交通服务,减少道路拥堵和汽车尾气排放以实现绿色发展,并有效地对交通基础设施老化开展重建计划。

表 4-15　纽约城市交通战略要点

三大战略	① 改善并拓展可持续交通基础设施和交通选择方案 ② 减少道路、桥梁及机场的拥堵 ③ 维护并改善道路与公共交通系统的基础设施			
方　向	措　　施	考 核 指 标	现　状	2030 年目标
支持 MTA 全额资助资金计划	① 期待政府的各个层面支持现代化和扩建纽约的交通系统 ② 在主要地铁线路缓解交通拥堵 ③ 在整个城市完善和扩大公交	可持续交通方式分担率(以曼哈顿 CBD 通勤交通计)	73.5%	明显上升
		整个进入曼哈顿核心区轨道交通容量(早上 8～9 点)	627 890人次	2040 年增加 20%
		公共交通客运增长率与小汽车交通增长率之差	-2.8%	达到正值
公交网络的扩展计划	① 为应对日益增多的由西哈得孙河的乘客制定区域交通战略 ② 研究未通地铁区域新线路和已有地铁区域的改进方案 ③ 扩大和完善史泰登岛范围内服务	公共交通总营运里程/万英里(英里; mi;1 mi=1.609 34 km)	94.59万英里	上升
扩大城市的自行车网络	① 继续扩大城市的自行车道网络,特别是社区有限的自行车基础设施 ② 增加自行车在桥梁的通达性 ③ 开展自行车共享计划	纽约市季节性通勤自行车指数	437*	2020 年达到 844*

（续表）

方　向	措　施	考核指标	现　状	2030 年目标
残疾人无障碍城市交通网络的扩展	① 增加残疾人无障碍出行网络 ② 改善残疾人转乘巴士服务 ③ 提供便利、可靠的残疾人交通转乘模式			
使货车使用更绿色、更高效,在可能的情况下,发展铁路和水路货运	① 鼓励水路和铁路货运,如纽约地区项目中的过海铁路隧道和布鲁克林海运码头 ② 减少货运卡车必须进入最后一英里"市场"的影响 ③ 扩展肯尼迪国际机场的货运	铁路货运量份额	2.3% （2007 年）	增加 5 个百分点 （2040 年）
发展港口网络		水路货运量份额	5%（2007 年）	增加 3 个百分点 （2040 年）
扩大机场容量	加强纽约与新泽西港口事务管理局纽约州和联邦政府的工作联系,扩大飞行能力,提高该地区的机场设施和航站楼建设,尤其是拉瓜迪亚和肯尼迪机场			
整个地区的 3 个主要机场间提供可靠、便捷、中转服务	与港口管理局 MTA 和纽约州制定在较长时期内,拉瓜迪亚机场过境选项的计划			
加强城市道路、高架、高速	交通桥和公路建设部恢复/重建计划;街道改造和重铺路面计划	处于良好维护状态的桥梁比例	41%	100%
		处于良好维护状态的道路比例	72%	100%
		处于良好维护状态的公交车站设施比例	72%	100%

* 此数据是一指数,无单位;是美国交通部开发的一项指标,用以估算自行车骑行水平,英文是 NYC In-Season Commuter Cycling Index

　　纽约的 2050 战略规划 *One NYC 2050* 中,提出低碳交通出行方式指标要从 2017 年的 68% 提升到 2050 年 80% 的预期目标,并提出交通策略：高效的出行,提供可负担、可靠安全和可持续的交通方式,让纽约市民摆脱对小汽车的依赖,交通系统和步行性也将成为其经济竞争力和生活质量的核心。具体措施：使纽约市大都会交通运输网络更现代化,确保纽约市的街道的安全和通畅,减少街道拥堵和尾气排放,加强地区之间与整个社会的联系。

2. 东京

东京交通发展战略：以世界"第一城市"为目标的对外和对内交通网络建设。

东京城市群是日本三大城市群之首，也是世界上人口最多、经济实力最强的区域之一。东京大都市区包括东京都和横滨市。轨道交通是东京城市群的主导交通方式。东京拥有两个国际机场，年客运量超过 1.1 亿人次。东京港是日本第 3 大港，距最大港口横滨港约 10 n mile(海里)，构成了东京大都市区港口群。

2014 年底完成的东京 2020 长期展望规划《创造未来：东京长期展望》提出，将东京打造成"世界第一城市"的宏伟目标。在交通领域，该规划提出两大战略目标：一是在符合"世界第一城市"定位的要求下，对外将建设一个密集的海、陆、空交通网络；二是对内建设一个无缝、舒适的公交网络。具体措施：东京重视基础设施改造更新，包括道路、港口、机场、地铁和自行车共享系统等，旨在建设世界交通最便利的城市(见表 4-16)。

表 4-16 东京城市交通战略要点

战略	措施	目标
建设一个密集的海、陆、空交通网	大都市区范围，建设和完善 3 个圈层城市快速路环线	交通拥堵将得到改善，人和货物得到自由的流动。同时保障在各种灾害中的交通安全
	提高市中心和海滨区域的交通设施通达性	确保了 2020 年奥运会的交通通畅，在奥运场馆区域确保运动员、机构、游客的顺畅出行
	机场和港口的建设：提高港口吞吐量以及周边道路对物流的保障；加强发挥机场在大东京范围的功能	国际乘客量的大幅提高和东京国家战略特区的设立将提升机场地位，机场起降航班从 2014 年的 447 000 架次增加到 2020 年的 490 000 架次；集装箱吞吐量 2025 年将达到 610 万 TEU
建设无缝、舒适的公交	建设符合全球城市定位的公交网络	建设安全、舒适的公共空间(老年人、残疾人、儿童)、电网地下改造、人行道无障碍建设、水上交通网络建立和赛后景观线路利用
	建设与城市发展一致的一体化交通网络	在商业、商务、文化、观光区域的交通一体化升级改造，包括各种公共交通方式的无缝中转，机场的通达性和无障碍的环境。对 78 个日均客流量超过 10 万人次的 JR(日本国铁)和地铁站台门的无障碍改造
	安全的自行车道建设	自行车道建设(2020 年达到 264 km)/自行车共享系统建设
	建设多语言标牌的交通设施	通过各种科技手段(如电子标牌)设置多语言设施

3. 新加坡

新加坡的交通发展战略：全面构建智能城市交通系统。

新加坡非常注重交通规划的系统性和整体性，其发达的对内和对外交通成为世界城市交通发展的典范。高效的地铁和公交网络构成了新加坡城市交通的主体。在对外交通发展上,新加坡成为世界最领先的国际航空枢纽和国际航运枢纽。面对 21 世纪全球城市在交通领域新的挑战,新加坡注重科技在交通领域的应用,大力发展智能交通。新加坡的智能交通系统(ITS)在提高乘客出行体验方面起了非常重要的作用。城市交通面临一系列的新挑战,如汽车保有量持续增长、城市土地资源稀缺,以及日益更新的社会环境、经济环境和新技术的发展。不断创新也给新加坡在交通技术应用和交通问题解决方案方面带来新的突破和新的发展机遇。

《智慧通行 2030:新加坡智能交通系统战略规划(*Smart Mobility 2030: ITS Strategic Plan for Singapore*)》由新加坡陆路交通管理局(LTA)和新加坡智能交通协会(ITSS)联合发布。该战略规则融合了新加坡行政部门和产业界的各种观点和思想,成为新加坡面向 2030 绿色交通更全面和更可持续发展的基石。智能交通系统战略规划提出了 2030 年智能交通发展的愿景目标和三大战略,这对智能交通系统(ITS)的具体操作实施具有重要的意义。同时该战略规划还以系统、协调的方式对未来城市出行的重要领域进行了分析,以应对即将到来的挑战(见表 4 - 17)。

表 4 - 17　新加坡智能交通战略要点

一个愿景		构建一个相互沟通、相互联系的城市交通系统 这个愿景的目的是把新加坡塑造成一个高度融合、更加生动和更加包容的社会,让人们能在其中享受更高品质的生活
三大战略		实现创新和可持续的智能交通解决方案
		开发和采用智能交通战略规划标准
		各系统之间建立密切的合作关系和伙伴关系
四大主要领域	信息化	高质量的交通信息系统以满足多元化需求
	互动性	通过智能化互动,加强出行者智能交通体验
	辅助性	致力于一个安全的道路系统
	绿色流动性	致力于一个可持续发展和环境友好的智能交通系统

4.5.2　我国城市交通战略案例

1. 北京

《北京市“十四五”时期交通发展建设规划》,是依据《京津冀协同发展规划纲要》《北京城市总体规划(2016 年—2035 年)》《交通强国建设纲要》《国家综合立体交通网规划纲要》等制定的。

1) 基本原则

以人民为中心、服务大局、高质量发展、一体化融合发展、创新驱动、综合治理、全底线。这些原则共同构成一个全面、协调、可持续的交通运输发展框架。

2) 主要目标

远景目标是到 2035 年,基本建成综合、绿色、安全、智能的立体化现代化城市交通系统,打造一流设施、一流技术、一流管理、一流服务,建设人民满意、保障有力的首善交通。

"十四五"时期发展目标:初步构建起综合、绿色、安全、智能的立体化现代化城市交通系统,交通发展迈上新台阶。

围绕"国际连接高标准、区域协同高效率、服务首都高水平、行业发展高质量、综合治理高效能"等5个方面共设置22项规划指标,其中3项约束性指标,19项预期性指标(见表4-18)。

表4-18 "十四五"时期北京交通发展指标表

领域	序号	指标	现状值(2020年)	规划值(2025年)	类型
国际连接高标准	1	航空旅客吞吐量/万人次	5 060	14 000	预期性
	2	中转旅客占比/%	4	14	预期性
区域协同高效率	3	中心城区到毗邻城市时间/h	1.5	1	预期性
	4	主要枢纽到津冀主要城市时间/h	2.5	2	预期性
	5	全国铁路客运枢纽数量/个	6	8	预期性
	6	轨道交通(含市郊铁路)里程/km	1 091.7	1 600	预期性
	7	市郊铁路与城轨交汇点设置换乘站占比/%	25	40	预期性
	8	市郊铁路与城轨换乘站付费区换乘占比/%	0	50	预期性
服务首都高水平	9	中心城区绿色出行比例/%	73.1	76.5	约束性
	10	中心城区公共交通占机动化出行比例/%	49.5	62.3	预期性
	11	道路交通指数	5.48	5.48	约束性
	12	中心城区集中建设区道路网密度增加值/(km/km²)	—	>0.4	预期性
	13	45 min 通勤出行比例/%	54	60	预期性
	14	轨道交通站点500 m范围人口和岗位覆盖率/%	24.9	34	预期性
	15	轨道车站周边换乘距离小于50米的公交站点占比/%	—	90	预期性
行业发展高质量	16	交通行业能源消费总量控制目标/万吨标煤	221	≤350	预期性

（续表）

领　域	序号	指　　标	现状值 （2020 年）	规划值 （2025 年）	类　型
行业发展 高质量	17	交通行业营运车辆碳排放总量下降率 （比 2019 年，%）	—	10	预期性
	18	交通行业营运车辆中新能源车 占比/%	18	50	预期性
	19	MaaS 平台"门到门"一体化出行服务 占比/%	18	30	预期性
综合治理 高效能	20	小客车车均出行强度降幅（与 2015 年 相比，%）	7.1	16	预期性
	21	小客车保有量/万辆	527.3	580	预期性
	22	道路交通事故死亡人数下降率/%	—	≥9	约束性

2. 上海

《上海市交通发展白皮书（2022 版）》中，明确了未来 10 年上海交通发展的目标、战略和行动是上海推进交通工作的"行动指南"和促进交通领域社会共治的"倡议书"。

1）愿景目标

构筑"人本、高效、智慧、绿色、韧性"的国际大都市的高质量一体化交通。

（1）"人本"。以人为本、交通为民的理念更加凸显。交通出行更加便利，出行选择更加丰富，全龄友好性显著提升，交通环境能更好地适应创新型社会和高品质健康生活需求，交通秩序和安全显著改善。中心城平均通勤时间控制在 45 min 以内，形成"30 - 45 - 60"新城出行圈（30 min 内部通勤并联系周边中心镇，45 min 到达近沪城市、中心城和相邻新城，60 min 衔接国际枢纽），引导职住平衡，降低极端通勤的人口比例，道路交通事故万车死亡率持续下降。

（2）"高效"。建成融入国家交通网络主骨架、支撑长三角区域交通一体化、与本市国土空间布局相协调、多种方式融合发展的综合交通体系，有力支撑"全国 123"出行交通圈（都市区 1 个小时通勤、城市群 2 个小时通达、全国主要城市 3 个小时覆盖）和"全球 123快货物流圈"（国内 1 天送达，周边国家 2 天送达，全球主要城市 3 天送达），实现长三角主要城市 2 h 可达，上海大都市圈主要城市 1.5 h 可达。

（3）"智慧"。基本建成交通基础设施智能化、交通工具自动化、交通服务管家化、交通治理孪生化的智慧交通体系。基本实现关键交通基础设施全要素、全周期数字化，交通枢纽与通道全面智慧化，全面实现出行"一票制"，即货运"一单制""付费一码通"，智能网联服务场景融入市民生活。

（4）"绿色"。绿色出行体系更加健全，中心城绿色交通出行比例不低于 75%。货运结构更加优化。新能源、清洁能源应用比例显著提升，交通生态环境影响根本好转，氮氧化合物（NO_x）污染物排放减少 30%，力争实现交通碳排放量（不含航空、水运）达到峰值，确保航空和水运碳排放量增长保持在合理的区间。

（5）"韧性"。动态适应自然灾害、气候变化、公共卫生事件等外部扰动对交通系统的影响，打造更具弹性和适应性的基础设施和运输服务体系，应急处置和快速恢复能力显著提升，保障交通正常运行和国际国内物流供应链畅通。

2）战略取向

坚持综合交通统筹融合发展。践行国土空间规划新理念，强化交通空间与生产、生活、生态空间统筹，促进交通与城市融合发展，均衡交通需求分布。推进多种交通方式融合发展、交通基础设施复合化，提高资源利用效率。推进交通与互联网、旅游等产业融合发展，拓展交通服务的外延与内涵。强化交通与城市协同治理、与区域联动发展。

坚持公共交通和慢行交通优先发展。在用地、投资、建设、运行、服务等方面，充分体现公共交通和慢行交通优先。大力支持轨道交通、中运量公交和高品质公交专用道建设，保障公交、慢行路权优先，合理布局非机动车停放空间。强化小客车需求调控，综合施策以降低小客车出行依赖，保障道路交通服务水平总体受控。把握新城建设和城市更新契机，优化交通设施配置，提升服务体验，让绿色交通出行成为新时尚。

坚持迭代升级引领高质量发展。转变发展理念，强化科技赋能、绿色发展、安全发展，推动交通领域质量变革、效率变革、动力变革。增强现代治理思维，更加突出区域差别化、全生命周期管理理念，更加强调法治、数治多手段综合治理，更加注重多元主体参与交通治理，全面提升交通治理效能。

3. 广州

《广州市交通运输"十四五"规划》中提出，将推进交通运输行业碳达峰，助力国家中心城市和综合性门户城市建设上新水平，大力推动形成广州、佛山（广佛）全域同城化、广州与清远（广清）一体化及广州与东莞（穗莞）联动发展的格局，支持横琴、前海两个合作区建设，支撑粤港澳大湾区建成国际一流湾区和世界级城市群。

1）总体目标

广州是省会城市、国家中心城市、综合性门户城市、国际商贸中心、综合交通枢纽，是贯通国内国际市场的重要桥梁，在全国现代流通体系中举足轻重。在"十四五"期间，广州将打造成国内大循环中心节点城市和国内国际双循环战略链接城市，国家中心城市和综合性门户城市建设上新水平，国际商贸中心、综合交通枢纽、科技教育文化医疗中心功能大幅增强，省会城市、产业发展、科技创新和宜居环境功能全面强化，城市发展能级和核心竞争力显著提升，粤港澳大湾区区域发展核心引擎作用充分彰显，枢纽之城、实力之城、创新之城、智慧之城、机遇之城、品质之城更加令人向往。

至2025年，广州的综合交通枢纽功能大幅增强。高标准建成畅通全市、贯通全省、联通全国、融通全球的现代化交通网络，推进数字港与空港、海港、铁路港联动赋能，基本建成全球重要的交通枢纽和国际物流中心，形成安全、便捷、高效、绿色、优质的现代化综合交通运输体系，实现"人便其行，物畅其流"。

至2035年，广州将成为具有全球影响力的综合交通枢纽。城市枢纽功能更加强大，世界级空港、海港、铁路枢纽地位更加稳固，集聚辐射能力更强，城市国际化程度更高，形成更高水平对外开放新格局，中国"南大门"的地位进一步巩固强化。高效连接全球、便捷辐射全国、快速直连湾区的综合立体交通网络全面完善，交通治理能力和现代化水平全面提升，率先实现现代化综合交通体系在碳达峰、碳中和方面的引领性作用，打造"行在广州"的品牌,全面实现"人享其行、物优其流"。

2) 主要指标

围绕提升交通枢纽能级、构建现代化综合交通运输体系两大类,共设置 19 项规划指标,如表 4-19 所示。

表 4-19　广州市交通运输"十四五"规划指标体系表

序号	类	别	指 标	2019 年	2020 年	2025 年	2035 年
1	提升交通枢纽能级	航空枢纽	旅客吞吐量/(万人次/年)	7 339	4 377	10 000	13 000
2			货邮吞吐量/万吨	192	176	350	450
3		航运枢纽	货物吞吐量/亿吨	6.3	6.4	6.8	7.5
4			集装箱吞吐量/万标箱	2 324	2 350	2 800	3 000
5		铁路枢纽	旅客发送量/亿人次	1.45	0.87	1.6	——
6			货物运输量/万吨	2 105	1 793	3 000	
7		道路网络	道路通车里程/km	14 028	14 163	14 700	
8			高速公路(含收费快速路)通车里程/km	1 056	1 126	1 300	1 500
9			五年累计新建改造"四好农村路"里程/km		542	300	——
10	构建现代化综合交通运输体系	安全	交通事故万车年死亡率/人	2.5	2.2	<2	——
11		便捷	城市轨道交通通车里程/km	523	553	≥900	2 000
12			中心城区轨道交通站点 800 m 半径人口覆盖率/%	44.1	44.2	≥65	
13			全市停车泊位总量/万个	277.2	293.2	≥370	——
14		高效	中心城区晚高峰道路运行速度/(km/h)	26.3	27.1	≥25	
15			工作日平均单程通勤时间/min	38.4	38.1	≤40	
16		绿色	中心城区公共交通占机动化出行比例/%	61.2	50.6	≥60	
17			中心城区公共交通+出租车占机动化出行比例/%	75.5	67.0	≥70	
18			中心城区绿色交通分担率/%	78.5	76.6	≥80	
19		优质	公共交通出行满意度/%	85.1	84.2	≥85	——

4. 苏州

1) 编制背景

苏州市是长三角都市圈的地理中心城市和交通枢纽城市,也是国家级历史文化名城和世界级旅游城市。随着苏州市城镇化和机动化进程的加快,城市交通问题逐渐突出,城市内部与外部的发展需求都使城市交通倍感压力。目标明确、涵盖面广、可操作性强的《苏州市城市交通白皮书》(以下简称《白皮书》)既是政府推进城市交通发展的政策纲领,又是政府指导各部门工作的行动准则,还是政府对广大市民的郑重承诺。

《白皮书》在综合各部门意见和研究成果的基础上,引进国内外先进理念,提出了城市交通发展的战略、目标、政策和任务,用以指导苏州市城市交通的新发展。《白皮书》是一份集长远规划、近期计划、政策措施于一体的综合性文件。《白皮书》编制的基准年为2007年,近期为2010年,远期为2020年,其中行动计划主要是指"十一五"期间实施的重大举措。

2) 城市交通发展目标

苏州市城市交通发展的总目标:建设一个满足苏州特大城市发展要求的、符合现代城市交通发展方向的"新苏州和谐交通体系",适应不断增长的交通需求,支撑城市发展目标实现。"新苏州和谐交通体系"的内涵如图4-7所示。"新苏州和谐交通体系"的特征、服务目标及具体任务如表4-20所示。

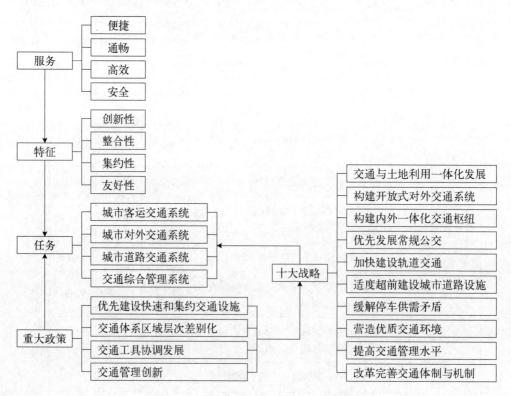

图 4-7 "新苏州和谐交通体系"的内涵

表 4 - 20　"新苏州和谐交通体系"的特征、服务目标及具体任务

类　别	主要内容	具　体　内　容
特征	创新性	在延续苏州历史文化特色的基础上,倡导城市交通发展的理念、技术、体制和制度创新
	整合性	在交通规划、建设、运营、管理和服务全面整合的基础上,实现交通设施、交通体系、交通体制一体化
	集约性	鼓励高效率、低能耗、低污染的交通方式,节约城市土地资源,充分发挥既有交通设施潜力
	友好性	创造优质交通空间,倡导文明交通、法制交通、人文交通、绿色交通
服务目标	便捷	提供多种选择的交通服务,市民平等共享有限的交通资源
	通畅	通过技术创新提高城市交通规划、建设与管理水平,让出行成为享受
	高效	倡导交通一体化、交通集约化,鼓励绿色出行方式,最大限度地减少资源消耗和环境影响,提高运输效率,缩短市民出行时间
	安全	减少交通事故,保障市民出行安全
具体任务		建成结构合理、功能完善的城市客运交通系统
		建成与区域交通有机衔接、协调发展的对外交通系统
		建成功能明确、层次分明的城市道路网络系统
		建成现代化、高效率的交通综合管理和控制系统

3) 四大基本城市交通政策

(1) 优先建设快速和集约交通设施。通过快速交通体系建设和综合交通体系均衡发展,全面促进苏州市融入上海都市圈和苏锡常都市圈。优先建设以高速公路、高速铁路为主的对外高速交通体系,优先建设以快速路和轨道交通为主的城市快速交通体系,尽快启动快速、大容量、低能耗的轨道交通设施建设。优先发展常规公交,在政策、体制、资金、建设、管理、经营、服务等环节为常规公交发展提供优先条件。通过积极引导,树立公交在城市客运体系中的主体地位,减少市民的小汽车使用。

(2) 交通体系区域、层次差别化。针对长三角、市域、市区、中心城区、古城区不同层面的道路资源特点和交通发展要求,因地制宜地采用分区域、分层次的差别化政策(见表 4 - 21)。

(3) 交通工具协调发展。建立符合城市社会空间结构特色、公共交通与个体交通(步行、自行车、小汽车等)一体化、多元化协调发展的城市客运交通体系,建成立体化、多样化的换乘系统。小汽车不是交通现代化的标志,通过交通区域差别化政策,合理引导小汽车使用,以满足市民个性化出行的需求。自行车是绿色交通工具,充分发挥自行车在古城内和短距离出行中的优势,鼓励使用自行车,严格限制发展摩托车。

表 4-21　苏州市交通体系区域、层次差别化

区　　域	内　　容
长三角	打破地区、体制以及行业界限,使苏州交通全面融入长三角交通体系
市域	倡导节能环保的交通模式,强化区域中轴和通道建设,强化市域城镇内部网络化交流
市区	大力构筑多样化的交通系统,引导城市空间拓展,优化完善路网布局,更好地为旅游业服务
郊区	使小汽车得到适当使用
中心城区	以集约化交通为主,重点发展以轨道交通为骨干的多元化、多模式的公共交通体系
古城区	疏导穿越古城交通,倡导公交优先,限制机动车停车泊位供应,限制小汽车使用

（4）交通管理创新。大力发展交通系统管理,保障交通安全,缓解交通堵塞,充分发挥既有交通设施的潜力。必须将交通需求管理作为解决城市交通问题的一项长期战略,以减少对交通基础设施和能源的需求,保障城市交通系统的运行效率和服务水平。树立保护环境、节约能源的观念,通过技术创新及法规建设减少机动车的单位排放量,减小机动化带来的污染及对能源的消耗。建立交通影响分析机制,保障城市交通与土地使用协调发展。加快交通信息系统、智能交通系统的规划和建设,倡导交通管理创新。

4）十大战略

（1）交通与土地使用一体化发展。形成完善的城市功能分区,强化城市副中心功能,构筑多中心城市结构,减轻古城交通压力;整合城市空间结构,合理调整城市居住人口和工作岗位的分布,减少潮汐交通、无效交通和远距离交通,有效控制交通需求;通过轨道交通和城市骨架道路建设引导城市土地开发,调整轨道交通沿线土地使用。

（2）构建密切联系国内外、全面融入长三角的对外交通系统。加快建设国家高速铁路和城际铁路,加快镇南铁路建设;加快完善高等级公路网,建成区域通勤交通网络;加快骨干航道建设,完善机场、港口集疏运系统。

（3）构建内外一体化的交通枢纽体系。加快建设各类客货运枢纽,通过枢纽锚固城市用地结构,构筑完善的城市交通与对外交通衔接体系和城市交通的换乘体系。

（4）优先发展常规公交。完善公交线网,保障公交车辆供给和公交场站用地,提高常规公交服务水平。

（5）加快建设轨道交通。加快建设轨道交通一号线,力争开工建设轨道交通二号线。

（6）适度超前建设城市道路设施。继续推进道路系统建设,完善路网布局,加密支路网络。

（7）缓解停车供需矛盾。增加停车泊位供应,提高路内停车收费标准,建立信息化与智能化的停车运行管理系统,提高停车泊位使用效率。

（8）营造优质交通环境。加强行人过街设施、机动车与非机动车（机非）分流系统建设,明确道路空间资源分配政策;加强汽车尾气、噪声污染整治。

（9）提高交通管理水平。大力实施"科技兴交""建管并重"战略，加快开发和应用适应苏州市情的智能交通运输系统；加强交通系统信息化建设，提高交通设施使用效能。

（10）改革完善交通体制与机制。健全交通行政管理体制，建立交通决策领导机构；开拓投融资渠道，保持投资力度，优化投资结构。

思　考　题

1. 简述交通发展战略的 5 种模式。

2. 简述交通强国建设的核心内容。

3. 简述东京、纽约、新加坡交通发展战略的主要内容，以及它们的相同点和不同点。

4. 借鉴国内外交通发展战略的经验，如何破解我国城市交通发展存在的问题？

5. 我国交通运输如何走向绿色、低碳、智慧的发展轨道？

第5章　交通运输系统规划与设计

5.1　概论

5.1.1　规划目的、要求与任务

1. 规划目的与要求

交通运输系统规划是交通运输系统建设与管理科学化的重要环节,是国土空间规划的重要组成部分。交通运输系统规划属于长期发展布局规划,是制定交通运输系统建设中长期规划、编制五年建设计划、选择建设项目的重要依据,是确保交通运输系统建设合理布局、有序协调发展,防止建设决策、建设布局随意性、盲目性的重要手段。

交通运输系统规划必须坚决贯彻党和国家确定的战略方针和目标,充分体现国民经济"持续、稳定、协调发展"的方针,使交通运输系统发展布局服从社会经济发展的总战略、总目标,服从生产力分布的大格局,正确处理地区间、各种运输方式间交通网络的衔接,使交通运输系统规划支撑社会经济发展。同时,必须坚持实事求是、讲究科学、讲究效益,从国情、本地区特点出发,既要有长远战略眼光,又要从实际出发做好统筹安排。要严格执行国家颁布的有关法律、法规和规章制度,严格执行交通运输系统工程建设的技术规范和技术标准。

2. 规划任务

通过交通调查、工程勘测、定性分析和定量分析,在分析评价现有交通运输系统状况及综合运输状况,揭示其内在矛盾的基础上,根据客流与货流分布特点、发展态势及交通量、运输量的生成变化特征,科学地预测发展需求,提出规划期交通运输系统发展的总目标和大布局;划分不同的交通运输方式,不同路线的性质、功能及技术等级,拟定主要路线的走向和主要控制点,列出分期实施的建设序列,提出确保实现规划目标的政策与措施。

5.1.2　规划分类与主要内容

1. 分类

交通运输系统规划根据涉及的范围,可划分为国家级交通运输规划、区域运输系统规划与城市交通系统规划。

1）国家级交通规划是指对全国的五大运输方式公路、铁路、航空、水路、管道编制发展规划,有时还涉及国际运输通道规划。

2）区域运输系统规划

区域运输系统规划是指对大区域、省域、市域或县域的运输规划。

3）城市交通系统规划

城市交通系统规划即城市综合交通规划。城市综合交通规划可分为全市性交通规划

和地区性交通规划。

2. 主要规划内容

无论是区域运输系统规划还是城市交通系统规划,规划的主体内容一般包括以下几个方面:

(1) 现状调查与资料收集。

(2) 特征分析与问题诊断。

(3) 交通运输发展战略。

(4) 交通需求预测。

(5) 规划方案设计与方案优化。

(6) 规划方案综合评价。

(7) 规划方案分期实施计划。

(8) 规划方案实施的保障措施。

5.1.3　规划总则

交通运输规划的编制工作是一项相当复杂的系统工程。在规划编制工作开始前,必须对整个规划过程进行总体设计。总体设计,即总则工作,具体包括落实任务,建立组织机构,确定规划的指导思想、目标及原则,确定规划的期限、范围及主要指标,提出规划成果的预期要求等。

1. 落实规划任务及建立组织机构

交通运输系统规划一般分多个层次,层次按国家、省(自治区、直辖市)、地(市)、县行政区划,由各级交通运输的主管部门负责组织规划的编制。

一般来说,国家级运输网络的规划由国务院下属有关部门(如交通部、铁道部、民航局等)负责组织编制,省级运输网络的规划由各省(自治区、直辖市)政府有关部门(如交通厅、铁路局等)负责组织编制,县级运输网规划由地(市)交通运输部门负责组织编制。部门专用运输网络的规划(如农场、牧场、林场、矿山、油田的局部公路网、铁路网、管道网、航线,国防、边防公路,旅游公路等)由专用部门负责组织编制,并纳入各地区的规划中。

编制不同层次的交通运输网络规划时,下一层次的交通运输网应服从上一层次的交通运输网布局;跨行政区规划交通运输网络,须在上一级交通运输主管部门指导、协调下进行,避免交通运输网络规划出现不协调现象(如断头路)。

城市综合交通规划和城市交通系统的各项规划,应根据城市发展需要而定。城市综合交通规划是我国城市国土空间规划的组成部分。

一般我国城市把交通系统规划作为国土空间规划中的一个专项规划来进行,但大多数城市根据城市交通发展的需要而进行交通规划,并包含多项城市交通专项规划。城市交通系统规划工作一般由城市自然资源和规划管理部门负责组织编制。

在进行各类交通运输系统规划时,各级交通运输部门(或规划部门)应设置交通规划专门机构,以确保规划质量和规划工作不间断地深入开展。规划技术力量不足的交通运输管理部门(或规划部门)也可将规划编制工作委托给持有规划资质的交通运输规划设计单位或大专院校进行。

由于交通运输系统规划涉及范围广、技术要求高、社会影响大,在规划编制过程中一般都要成立 3 个机构,分别为规划领导小组、规划办公室、规划编制课题组。

2. 确定规划指导思想和规划原则

1) 规划指导思想

交通运输系统规划的指导思想因规划层次不同、规划区域不同而不同,没有统一的标准,应结合当地实际情况制订。如绍兴市在进行市域(5 个县)范围的综合交通网络规划时,其规划指导思想为:"以服从于国家及浙江省综合运输主干线规划布局为前提,以绍兴市社会经济发展战略及国土规划为依据,以系统工程方法及综合运输规划方法为理论指导,以充分发挥绍兴市公路、水路、铁路的综合运输优势为目标,立足于绍兴市的社会经济特色及交通运输特点,将绍兴市综合运输系统作为一个与社会、经济密切相关的有机整体,对其进行全面、综合、系统的研究,并制订科学的规划,为绍兴市公路交通系统的近期建设及远期发展提供科学依据,为加速绍兴市社会经济发展服务"。

2) 规划原则

交通运输系统规划也因规划层次、规划区域的不同而不同。一般在进行交通运输系统规划时,必须遵循以下原则。

(1) 服务社会经济发展。交通运输系统发展布局必须服从于社会经济发展的总战略、总目标,服从于生产力分布的大格局。交通运输系统建设必须与所在区域的社会经济发展各阶段目标相协调,并为当地社会经济发展服务。

(2) 综合立体交通协调发展。在进行某一种交通运输方式网络的规划时,必须综合考虑所在区域的铁路、公路、水路、航空、管道五大运输方式的优势与特点,综合规划各类交通枢纽,宜陆则陆、宜水则水,形成优势互补、协调发展的综合立体运输网络。

(3) 局部必须服从于整体。某一层次的交通运输系统规划必须服从上一层次交通运输系统总体布局的要求,如省域公路网规划必须以国家干线网规划为前提,市域公路网规划必须以国家干线网、省域干线网规划为前提。

(4) 近期与远期相结合。交通运输系统建设是一个长期发展的过程,一个合理的交通运输系统建设规划应包括远期发展战略规划、中期建设规划、近期项目建设计划 3 个层次,并满足"近期宜细、中期有准备、远期有设想"的要求。交通运输系统建设的长期性决定了交通运输系统规划必须具有"规划滚动"的可操作性,规划的滚动以规划的近远期相结合为前提。

(5) 需要和可能相结合。交通运输系统建设规划既要考虑社会经济的发展对交通运输的要求,建设尽可能与社会经济发展相协调的综合运输网络,以促进社会经济的发展,又要充分考虑人力、物力、财力等建设条件的可能性,实事求是地进行交通运输网络的规划、布局及实施安排。

(6) 理论与实践相结合。交通运输系统规划是一个相当复杂的系统工程问题,必须利用系统工程的理论方法对交通运输系统从相互协调关系上进行分析、预测、规划及评价,才能获得总体效益最佳的交通运输系统规划布局及建设方案。但交通运输系统规划若脱离了工程实际,就会变成"纸上谈兵",失去实际意义。

3. 规划范围及年限

1) 规划年限

交通运输系统规划一般分近期、远期、远景 3 个阶段,近期以距基准年 3～5 年为宜,远期以距基准年 15～20 年为宜,远景以距基准年 20～50 年为宜。

2)影响范围

交通运输系统规划的影响范围分直接规划区和间接影响区。直接规划区为规划网络的所在行政区划,间接影响区为与规划区相邻区域及与规划区有交通往来的区域。

在区域运输系统规划的交通调查、交通发展预测及综合评价中,分析模型的建立均以"交通小区"为基本分析单元,因此交通小区的划分非常重要。一般来说,整个规划范围内以 100～500 个交通小区(含间接影响区)最为适宜,既能满足交通分析的精度要求,分析工作量又不至于过大。

3)规划范围与分区

(1)国家级线网规划。

① 直接规划区:以地区行政区划为单位,一个地区为一个交通小区,全国约 400 个地区,即约 400 个交通小区;

② 间接影响区:以周边国家为单位,一个国家为一个交通小区。

(2)省域级线网规划。

① 直接规划区:以县为单位,大中城市内以区为单位,一个县(区)为一个交通小区;

② 间接影响区:周边省份以省区为交通小区,非周边省份以大片区为一个交通小区。

(3)市域级线网规划。

① 直接规划区:以乡镇为单位,城市内以街道为单位,一个乡镇(街道)为一个交通小区;

② 间接影响区:周边以县为单位,非周边以地区、省区、大片区为单位。

(4)县域级线网规划。

① 直接规划区:以主要经济区(重要矿场、开发区、工厂、一个村或几个村)为单位、城市区以街道为单位划分交通小区;

② 间接影响区:周边县以乡镇为单位,非周边以县为单位。

(5)城市交通规划与设计。

进行城市交通系统规划时,一般按交通小区面积 1～2 km^2 或 1 万～2 万人口进行分区。

5.2　公路交通系统规划

公路网络规划是公路发展的长期战略布局,是编制公路建设中长期规划、编制 5 年建设计划、选择建设项目的重要依据,也是确保公路建设合理布局、有序协调发展,防止建设决策、建设布局随意性、盲目性的有效手段。

受篇幅限制,本书重点介绍五大运输方式中的公路交通系统规划,铁路、水路、航空等其他交通系统规划可参照公路交通系统规划方法进行。

5.2.1　公路交通系统规划

1. 规划任务

公路网络规划是公路发展的一项重要基础工作,对确保公路建设的科学性、合理性具有重要的意义。公路网络规划的主要任务是全面了解现有公路状况、综合运输状况和客货流分布特点、发展态势等,揭示公路发展中存在的问题和矛盾;科学预测未来公路发展需求,提出规划期公路发展的总目标和大布局;划分不同路线的性质、功能及技术等级,拟定主要路线的走向和主要控制点,列出分期实施的建设序列。

2. 规划总则

公路网络规划按行政区划分为国家、省、地(市)、县 4 个层次,由各级交通主管部门负责组织编制。国家层面:由交通部负责组织编制国家高速网和普通国道网规划;省(自治区、直辖市)层面:由各省(自治区、直辖市)交通厅(局)负责组织编制高速公路网和普通国省道网;地(市)层面:由地(市)交通部门负责组织编制县道网规划;县层面:由县交通部门负责组织编制乡道网规划;部门专用公路规划(如农场、牧场、林场、矿山、油田的局部路网,国防、边防公路,旅游公路等),由专用部门负责组织编制,并纳入各地区的规划中。其他详见本书 5.1.3 节。

3. 交通调查与分析

交通调查与分析的具体调查方法和内容详见本书第 9 章。

1) 社会经济调查

(1) 土地使用调查:现状土地开发状况、规划土地开发、发展趋势等。

(2) 社会经济调查:人口总量、分布、构成、增长状况等,国民经济、国民收入、各行业产值、投资状况等,产业结构与布局,客货运输运输量、各运输方式的比重,交通工具拥有量及构成等。

(3) 自然环境调查:气候、地形、地质、自然资源、旅游资源等。

2) 公路网 OD 调查

(1) 机动车出行起讫点(OD)调查:出行分布,包括统计各交通区之间,机动车所载旅客、各种货物以及各种机动车的出行 OD 量等;平均载客(货)量,即统计计算各种机动车平均载客(货)量;出行时间与出行距离,包括统计机动车各交通区之间的平均出行时间及出行距离等。

(2) 交通枢纽客流 OD 调查:各种运输方式旅客的出行 OD 量、各种运输方式旅客在各交通区之间的平均出行时间及出行距离等。

(3) 交通枢纽货流 OD 调查:各种运输方式各类货物的出行 OD 量、各种运输方式货物出行在各交通区之间的平均时间及平均距离等。

将上述统计所得机动车出行所载旅客或货物出行 OD 量、交通枢纽旅客或货物出行 OD 量汇总,便可得出包括研究区域内、研究区域对外、过境的全部客流或货流 OD 量。

3) 公路网络交通与交通设施调查

(1) 公路网络交通调查:区域公路网络各道路路段和交叉口的交通量、车速、延误。公路网各主要停车场的停车,以及公路网络交通事故发生情况。

(2) 公路网交通设施调查:

① 区域公路网调查:公路网络总体布局(包括停车场、加油站、收费站、服务区的位置),各路段状况,各交叉口的形式,各停车场、加油站、服务区的规模;

② 相邻其他区域公路网络调查:现状及规划的布局、各条公路的等级等;

③ 铁路、航空、水运等设施调查:规划区域内及区域对外铁路、水运、航空等交通设施

的状况。

4. 公路交通需求发展预测

公路交通需求发展预测是对规划期内的公路运输发展做出的科学估计。一般来说，公路交通需求发展预测分"社会经济发展预测""交通需求发展预测""公路建设资金预测"三大部分。交通需求发展预测是交通规划的核心，可分为综合交通运输发展预测、公路交通发展预测、公路交通分布预测和公路交通量分配预测。交通需求发展预测主要采用"四阶段模式"，即交通生成、分布、方式划分和分配。其中，交通方式划分可在交通分布之前进行，交通分配预测通常在路网方案分析时进行。

5. 公路网络布局方案

公路网络规划的核心是公路网络布局方案，主要确定公路网规模及公路网布局。公路网规模需综合考虑区位条件、经济发展水平、综合交通需求、综合运输条件、人口分布和主要节点分布等因素，以预测公路交通 OD 量为依据，采用定量和定性方法，论证公路路网规模。公路网布局需根据规划目标，综合考虑相关影响因素，在现有公路网基础上，通过定性和定量分析，拟定公路网路线规划方案；路线方案包括规划路线的名称、起讫点、主要控制点、里程、技术标准和主要功能作用。

6. 公路网络建设实施方案

公路网络建设实施方案是将已确定的公路建设布局方案运算用地规模和建设资金需求，确定各个建设项目按不同的五年计划安排实施顺序，以达到在规划期内总体建设效益最大化的目的。

1) 建设项目划分

(1) 项目划分：在适应性决策中，通过交通分配选择 V/C 值大于 V/C 允许值的路段，还应将所选出的路段的集合划分为若干个项目。

(2) 项目分类：公路网建设项目一般可按其作用不同分为维护性项目、提高性项目、发展性项目、特殊性项目，同类项目分别评价之后，再做不同类项目之间的比较。

2) 公路网建设项目优先排序

公路网建设项目的排序是将规划方案中确定的各个建设项目安排实施顺序，以使得规划期内的总建设效益最大化。这可以帮助决策者确定最佳的投资方向和最佳的项目建设时机。项目排序应是一个动态的过程，采用的排序方法必须符合项目建设的实际意义和满足决策的需要。

7. 公路网络规划的体检及持续性规划

1) 公路网络规划体检

通过年度跟踪调查不断为数据库提供补充资料，掌握规划的实施情况，及时发现变化因素，评价实施效果，确定调整范围。调查方式主要通过原编制规划时索取或交换资料的渠道，建立经常联系或定期索取的关系，以索取国民经济、运输结构、运输服务设施、运输需求等统计资料，干线公路定点交通量观测资料及主要行业的规划调整资料等。

2) 持续性规划原则

公路网络规划的主要依据是预测公路客货运输量及路段交通量。当其变化较大时，公路网络规划应随之进行调整。公路网络规划方案滚动调整的重点是调整公路网络结构方案、某些路段标准以及项目修建顺序。

国家建设重点转移和投资方向转移,将导致经济发展速度和生产力布局发生变化,原来规划的公路网络结构已不能满足运输需求变化时,应根据影响范围,对规划做全网或区域性网络的调整。经济发展速度变化,影响运输需求量的速度发生变化。这时公路网络结构基本不变,主要对施工期进行调整。由于工业、能源等行业规划调整,导致大型厂矿、电站的建设规模发生重大变化或新建项目的选址变更,只对受其影响的路线进行检验,根据检验结果做相应调整。由于铁路、水运等运输行业规划调整,使得原规划的某些公路建设失去意义。为突出某些公路建设的重要性及迫切性,可对有关路线进行检验,根据检验结果,取消或推迟建设效益较小的公路,新增或提前建设效益较大的公路。

由于在公路网络规划的编制过程中,遵循了"近期宜细、中期有准备、远期可粗有设想"的要求,近期实施计划编制比较详细,一般会列出实施的时间计划;中期只列出建设项目及优先排序没有实施计划;而远期相对较粗,只提出布局规划。随着时间的推移,近期项目逐步实施,而原来的中期逐渐变成近期,远期变成中期。因此,也应定期对公路网规划进行滚动。一般省域级公路网规划每 3~5 年做一次大的调整(滚动),市域级、县域级公路网规划每 5 年做一次大的滚动。

3)持续性规划方法

进行公路网络规划调整或滚动时,应按公路网络编制方法和调整依据重新计算编制全套公路网络规划的图表和投资估算表。基本上是将本节介绍的规划工作重复一遍,即资料收集,包括数据库资料的使用,修正原来的预测模型,预测客货运输量,进行各种运输方式的运量分配,预测公路交通量及建设资金,对原规划方案及实施计划进行检验,根据需要增加新的建设项目,取消原规划中不必要的项目,然后对新的规划方案进行综合评价,并确定实施措施。

8. 效益分析及综合评价

公路网络规划方案的效益分析是指通过一系列的准则、标准和指标来衡量拟定的公路网络方案,并对各种定性、定量指标加以综合,得出量化结果,为方案比选提供科学的依据。

1)公路网络规划方案效益评价分类

公路网络方案效益评价根据评价的时间,可分为事前评价和事后评价。一般所说的评价是指事前评价。公路网络方案评价分为单一目标评价(经济效益评价)和多目标评价(综合评价)。

2)公路网络规划方案经济效益评价

公路网络方案效益评价一般采用国民经济评价方法,以直接费用和效益为评价指标,采用项目有无方案比较方法,统一年限和价格,采用预测的交通需求 OD 量进行网络分析。

方案实施后,交通量可能会发生转移和诱增。在评价中,应考虑预测交通量需求,即预测未来的 OD 出行量,以反映方案满足公路网交通需求的程度。

3)公路网络规划方案的综合评价

公路网络规划方案的综合评价应包括路网技术、直接经济效益、经济社会影响、环境影响、土地利用影响 5 个方面。

(1)路网技术评价是从路网规模、密度、技术等级、节点连通情况、路网覆盖程度、主要节点间通达时间、运行速度、交通拥挤度等方面,评价路网服务能力和质量的改善情况;评价规划路网与其他路网、运输枢纽衔接情况,以及与其他运输方式协调情况。

（2）直接经济效益评价包括规划实施后在公路收费、节约运输时间、降低运输成本、减少交通事故损失和节约燃油消耗等方面的效益。

（3）经济社会影响评价是指从资源开发、产业布局、城镇发展，以及人民生活水平提高、就业、扶贫、教育、国家安全等方面，评价对经济和社会的影响。

（4）环境影响评价是指分析规划的实施对环境的影响，提出预防或减缓不良环境影响的对策。

（5）土地利用影响评价是指分析规划与土地利用总体规划的协调性，提出减少耕地占用和节约集约用地的措施。

5.2.2　公路交通系统工程设计

公路是城市与其他城市及市域内乡镇联系的道路。为充分发挥公路交通运输在城市对外交通中的作用，在国土空间规划中，应结合城镇体系总体布局和区域规划，合理地确定公路的技术等选线、站场布局及用地规模等，正确处理公路与城乡发展的关系。

1. 概述

1）公路的分类分级

（1）公路分类。根据公路的性质和作用，以及其在国家公路网中的地位，公路可分为国道（国家级干线公路）、省道（省级干线公路）、县道（县级干线公路）、乡道（乡级公路）以及专用公路。一般将国道和省道称为干线，县道和乡道称为支线。

① 国道是指具有全国性政治、经济意义的主要干线公路，包括重要的国际公路、国防公路、连接首都与各省、自治区、直辖市首府的公路，连接各大经济中心、交通枢纽、商品生产基地和战略要地的公路。

② 省道是指具有全省（自治区、直辖市）政治、经济意义的主要干线公路，连接首府与省内各地市县、交通枢纽和重要生产基地的公路。

③ 县道是指具有全县（县级市）政治、经济意义，连接县城和县内主要乡（镇）、主要商品生产和集散地的公路，以及不属于国道、省道的县际间公路。

④ 乡道是指主要为乡（镇）村经济、文化、行政服务的公路，以及不属于县道以上公路的乡与乡之间及乡与外部联络的公路。

⑤ 专用公路是指专供或主要供厂矿、林区、农场、油田、旅游区、军事要地等与外部联系的公路。

（2）公路分级。根据公路的使用任务、功能及适应的交通量水平，公路可划分为高速公路、一级公路、二级公路、三级公路和四级公路等 5 个等级。

① 高速公路：为专供汽车分向、分车道行驶并应全部控制出入的多车道公路。四车道高速公路一般能适应将各种汽车折合成小客车的远景设计限年平均昼夜交通量 15 000～35 000 辆；六车道高速公路一般能适应将各种汽车折合成小客车的远景设计年限年平均昼夜交通量 45 000～80 000 辆；八车道高速公路一般能适应将各种汽车折合成小客车的远景设计年限年平均昼夜交通量 60 000～100 000 辆。

② 一级公路：为供汽车分向、分车道行驶，并可根据需要控制出入的多车道公路。四车道一级公路应能适应将各种汽车折合成小客车的年平均日交通量 15 000～30 000 辆；六车道一级公路应能适应 25 000～55 000 辆。

③ 二级公路：为供汽车行驶的双车道公路。双车道二级公路应能适应将各种汽车折合成小客车的年平均日交通量 5 000～15 000 辆。

④ 三级公路：为供汽车行驶、非汽车交通混合行驶的双车道公路。双车道三级公路应能适应将各种汽车折合成小客车的年平均日交通量 2 000～6 000 辆。

⑤ 四级公路：供汽车行驶、非汽车交通混合行驶的双车道或单车道公路。双车道四级公路应能适应将各种汽车折合成小客车的年平均日交通量 2 000 辆以下，单车道四级公路应能适应 400 辆以下。

高速公路为汽车专用路，是国家级和省级的干线公路；一、二级公路常用作联系高速公路和中等以上城市的干线公路；三级公路常用作联系县和城镇的集散公路；四级公路常用作沟通乡、村的支线公路。

公路等级的选用应根据公路功能、路网规划及交通量，并充分考虑项目所在地区的综合运输体系、远期发展等，经论证后确定，并应遵循以下原则：

① 主要干线公路应选用高速公路；

② 次要干线公路应选用二级及二级以上公路；

③ 主要集散公路宜选用一、二级公路；

④ 次要集散公路宜选用二、三级公路；

⑤ 支线公路宜选用三、四级公路。

另外，一条公路可分段选用不同的公路等级或同一公路等级不同设计速度、路基宽度，但不同公路等级、设计速度、路基宽度间的衔接应协调，过渡应顺适。

2）公路设计的相关技术标准

（1）车道宽度。车道是指专为纵向排列、安全顺适地通行车辆为目的而设置的公路带状部分。所谓车道宽度，是为了交通安全和行车顺适，根据汽车大小、车速高低而确定的各种车辆行驶时所需的宽度。表 5-1 所示为公路设计的车道宽度应符合的规定。

表 5-1　公路车道宽度

设计车速/(km/h)	120	100	80	60	40	30	20
车道宽度/m	3.75	3.75	3.75	3.50	3.50	3.25	3.00

注：① 八车道及以上公路在内侧车道（内侧 1、2 车道）仅限小客车通行时，其车道宽度可采用 3.5 m。
　　② 以通行中、小型客运车辆为主且设计速度为 80 km/h 及以上的公路，经论证车道宽度可采用 3.5 m。

高速公路、一级公路各路段的车道数根据预测的设计交通量、设计速度、服务水平等确定。当车道数为四车道以上时，应按双数、两侧对称增加。二级、三级公路应为双车道公路。二级公路混合交通量大，非汽车交通对汽车运行影响较大时，可划线分快、慢车道（慢车道可利用硬路肩及土路肩的宽度），但这种公路仍属双车道范畴。

（2）路基横断面。高速公路、一级公路的路基标准横断面分为整体式和分离式两类。整体式路基的标准横断面应由车道、中间带（中央分隔带、左侧路缘带）、路肩（右侧硬路肩、土路肩）等部分组成。分离式路基的标准横断面应由车道、路肩（右侧硬路肩、左侧硬路肩、土路肩）等部分组成。二级公路路基的标准横断面应由车道、路肩（硬路肩、土路肩）等部分组成。三级公路、四级公路路基的标准横断面应由车道、路肩等部分组成。

公路路基横断面形式应根据公路功能、技术等级、交通量和地形等条件确定。图 5-1 所示为各级公路一般路基横断面的形式,并应符合下列规定:

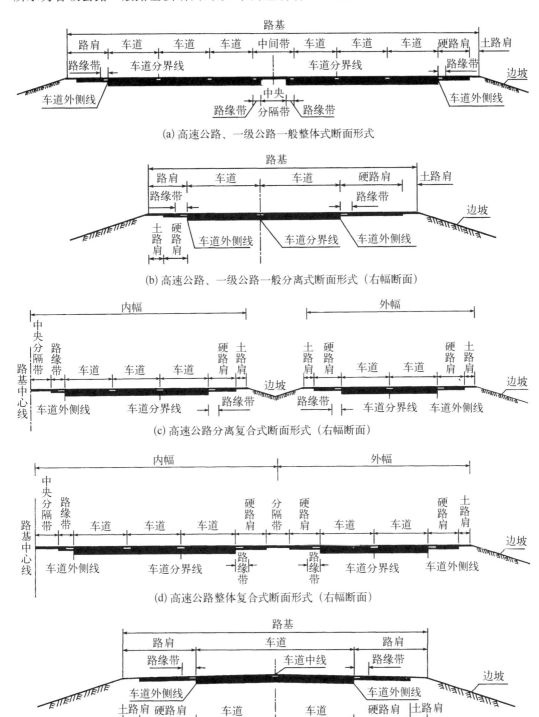

(a) 高速公路、一级公路一般整体式断面形式

(b) 高速公路、一级公路一般分离式断面形式（右幅断面）

(c) 高速公路分离复合式断面形式（右幅断面）

(d) 高速公路整体复合式断面形式（右幅断面）

(e) 二级公路、三级公路、四级公路一般路基断面形式

图 5-1　各级公路一般路基标准横断面形式

① 高速公路、一级公路应根据需要采用整体式或分离式路基横断面形式；

② 双向十车道及以上车道数的高速公路可采用复合式横断面形式；

③ 二级公路、三级公路、四级公路应采用整体式路基横断面形式。

（3）路基宽度。各级公路路基宽度为车道宽度与路肩宽度之和，当设中间带时，应计入这些部分的宽度。

高速公路、一级公路整体式路基断面必须设置中间带，中间带由两条左侧路缘带和中央分隔带组成，左侧路缘带宽度不应小于表 5-2 中的规定。

表 5-2　左侧路缘带宽度

设计速度/(km/h)		120	100	80	60
左侧路缘带宽度/m	一般值	0.75	0.75	0.5	0.5
	最小值	0.5	0.5	0.5	0.5

表 5-3 所示为各级公路右侧路肩宽度应符合的规定，高速公路、一级公路应在右侧硬路肩宽度内设右侧路缘带，其宽度为 0.50 m。

表 5-3　右侧路肩宽度

公路等级		高速公路			一级公路（干线功能）	
设计速度/(km/h)		120	100	80	100	80
右侧硬路肩宽度/m	一般值	3.00 (2.50)	3.00 (2.50)	3.00 (2.50)	3.00 (2.50)	3.00 (2.50)
	最小值	1.50	1.50	1.50	1.50	1.50
土路肩宽度/m	一般值	0.75	0.75	0.75	0.75	0.75
	最小值	0.75	0.75	0.75	0.75	0.75
公路等级		一级公路（集散功能）和二级公路		三级公路、四级公路		
设计速度/(km/h)		80	60	40	30	20
右侧硬路肩宽度/m	一般值	1.50	0.75	—		—
	最小值	0.75	0.25			
土路肩宽度/m	一般值	0.75	0.75	0.75	0.50	0.25（双车道）0.50（单车道）
	最小值	0.50	0.50			

注：① 在正常情况下，应采用"一般值"；在设爬坡车道、变速车道及超车道路段，受地形、地物等条件限制路段及多车道公路特大桥，可论证采用"最小值"。

② 高速公路和作为干线的一级公路以通行小客车为主时，右侧硬路肩宽度可采用括号内数值。

③ 高速公路局部设计速度采用 60 km/h 的路段，右侧硬路肩宽度不应小于 1.5 m。

　　高速公路、一级公路的分离式路基,应设置左侧路肩,其宽度规定如表5-4所示。左侧硬路肩内含左侧路缘带,左侧路缘带宽度为 0.50 m。高速公路整体式路基双向八车道及以上路段,宜设置左侧硬路肩,其宽度应不小于 2.5 m。高速公路分离式路基单幅同向四车道及以上的路段,左侧硬路肩宽度不宜小于 2.5 m。

表 5-4　高速公路、一级公路分离式路基的左侧路肩宽度

设计速度/(km/h)	120	100	80	60
左侧硬路肩宽度/m	1.25	1.00	0.75	0.75
左侧土路肩宽度/m	0.75	0.75	0.75	0.50

　　高速公路和作为干线的一级公路的右侧硬路肩宽度小于 2.50 m 时,应设紧急停车带。紧急停车带宽度应不小于 3.50 m,有效长度不应小于 40 m,间距不宜大于 500 m,并应在其前后设置不短于 70 m 的过渡段。高速公路、一级公路的特大桥、特长隧道,根据需要可设置紧急停车带,其间距不宜大于 750 m。二级公路根据需要可设置紧急停车带,其间距宜按实际情况确定。

　　(4)视距。表 5-5 所示为高速公路、一级公路的停车视距应符合的规定,表 5-6 所示为二、三、四级公路的停车视距、会车视距与超车视距应符合的规定。

表 5-5　高速公路、一级公路停车视距

设计速度/(km/h)	120	100	80	60
停车视距/m	210	160	110	75

表 5-6　二、三、四级公路停车视距、会车视距与超车视距

设计车速/(km/h)		80	60	40	30	20
停车视距/m		110	75	40	30	20
会车视距/m		220	150	80	60	40
超车视距/m	一般值	550	350	200	150	100
	极限值	350	250	150	100	70

　　(5)圆曲线最小半径。公路的圆曲线最小半径是以汽车在曲线部分能安全而又顺适地行驶所需要的条件而确定的。圆曲线最小半径的实质是汽车行驶在公路曲线部分时,所产生的离心力等横向力不超过轮胎与路面的摩阻力所允许的界限。表 5-7 所示为圆曲线最小半径应符合的规定。

（6）最大纵坡。最大纵坡是公路纵断面设计的重要控制指标，直接影响到路线的长短、使用质量、运输成本和工程造价。表5-8所示为公路最大纵坡应符合的规定。

表5-7　公路的圆曲线最小半径

设计速度/(km/h)		120	100	80	60	40	30	20
圆曲线最小半径一般值/m		1 000	700	400	200	100	65	30
最大超高	4%	810	500	300	150	65	40	20
	6%	710	440	270	135	60	35	15
	8%	650	400	250	125	60	30	15
	10%	570	360	220	115	—	—	—
不设超高最小半径/m	路拱≤2.0%	5 500	4 000	2 500	1 500	600	350	150
	路拱>2.0%	7 500	5 250	3 350	1 900	800	450	200

表5-8　公路最大纵坡

设计速度/(km/h)	120	100	80	60	40	30	20
最大纵坡/%	3	4	5	6	7	8	9

设计速度分别为120 km/h、100 km/h、80 km/h的高速公路受地形条件或其他特殊情况限制时，经技术经济论证，最大纵坡值可增加1%。在公路改建中，设计速度分别为40 km/h、30 km/h、20 km/h的，且利用原有公路的路段，经技术经济论证，最大纵坡值可增加1%。四级公路位于海拔2 000 m以上或积雪冰冻地区的路段，最大纵坡不应大于8%。

（7）路基设计洪水频率。公路，尤其是高等级公路，是国家在紧急情况下的生命线系统组成部分，路基设计洪水频率应符合的规定如表5-9所示。

表5-9　路基设计洪水频率

公路等级	高速公路	一级公路	二级公路	三级公路	四级公路
设计洪水频率	1/100	1/100	1/50	1/25	按具体情况确定

3）公路用地

我国相关法律规定：县级以上地方人民政府应当确定公路两侧边沟（截水沟、坡脚护坡道，下同）外缘起不少于1 m的公路用地。在大中型公路桥梁和渡口周围200 m，公路隧道上方和洞口外100 m范围内，以及在公路两侧一定距离内，不得挖砂、采石、取土、倾倒废弃物，不得进行爆破作业及其他危及公路、公路桥梁、公路隧道、公路渡口安全的活动。

　　4）公路路线编号规则

　　公路路线编号由一位公路管理等级的字母代码和三位路线顺序号构成。公路路线编号区间：国道为 G101 至 G199、G201 至 G299、G301 至 G399；省道为 S101 至 S199、S201 至 S299、S301 至 S399；县、乡专用公路及其他公路为 X/Y/Z/Q001 至 X/Y/Z/Q999。

　　国道按首都放射、北南纵线、东西横线分别顺序编号。以首都北京为中心的放射线由一位标识码 1 和两位路线顺序号构成；南北向的纵线由一位标识码 2 和两位路线顺序号构成；东西向横线由一位标识码 3 和两位路线序号构成。

　　省道在各省、自治区、直辖市界内按省会（首府）放射线、北南纵线、东西横线分别顺序编号。编号规则参照国道顺序编号，即以省会（首府）为中心的放射线由一位标识码 1 和两位路线顺序号构成；北南纵线由一位标识码 2 和两位路线顺序号构成；东西横线由一位标识码 3 和两位路线序号构成。

　　县、乡、专用公路及其他公路以各省、自治区、直辖市公路管理区域为基础分别顺序编制。

　　2. 公路网络在城镇体系中的布置

　　公路网络是指一定区域内根据交通的需要，由各级公路组成的相互联络、交织成网状分布的公路系统。

　　1）公路网络布置原则

　　公路网络布置应根据区域内城镇的分布和交通流量、流向，结合地形、地质、河流、综合运输布局、区域周围地区公路网状况等进行规划。公路网络布置应遵循以下原则。

　　（1）公路网络的布局、主要线路的走向、公路的等级应和城镇的规模、等级、职能和空间结构形成的交通流量流向一致，使公路发挥最佳的运输效益。

　　（2）地形、地质、河流会影响公路的造价，也会影响公路的运输效益。应尽量选择地形、地质状况较好的线位，并尽量减少与河流，特别是与大江河交叉。

　　（3）区域运输体系由公路网、铁路网、航道网、航空网等各种运输方式组成，各种运输方式之间应相互协调、相互配合，发挥各种运输方式的长处。同时，公路与铁路等在线路布置上也应尽量减少相互干扰，避免过多的交叉。

　　（4）公路网络要与区域外部的公路网络衔接，使之能协调一致，避免出现断头路及设计车速变化急剧。

　　（5）公路网布局规划应划分层次，由上而下进行，局部服从整体。省道网应以国道网为基础，地方道路网应服从国道网、省道网的需要，三者协调，逐步完善。

　　2）公路网络布局典型模式

　　城镇体系中的公路网络布局图式是以区域内产生交通量的城镇或独立大型工矿企业点为节点，节点间的公路为边线，由节点和表示边线基本走向的线条组成的图形。从功能上分析，公路网络布局图式一般由辐射公路、环形公路、绕行公路、并行公路及联络公路组成。

　　辐射公路是指在公路网络中，自某一中心向外呈辐射状伸展的公路。环形公路是指在公路网络中，围绕某一中心呈环状的公路。绕行公路是指为使行驶车辆避开城镇或交通障碍路段而修建的分流公路。并行公路是指在公路网络中，与某条公路呈平行状伸展的公路，又称为并行线。联络公路是指在公路网络中，联系两条主要公路间的连线公路，又称联络线。

　　一般在平原和微丘地区，公路网络模式中的三角形（星形）、棋盘形（方格形）和放射形

（射线形）较为普遍；而重丘和山区，由于受到山脉和河川的限制，公路网络模式往往形成并列形、树权形或条形。当区域内的主要运输点偏于区域边缘时，有可能产生扇形或树权形；条形有可能在狭长地带的区域公路网络中出现。各种公路网络模式往往相互组合而形成混合型路网。

3. 公路网络在城市中的布置

在城市范围内的公路，有的是城市道路的组成部分，有的则是城市道路的延续。在进行国土空间规划时，应结合城市的总体布局合理地选定公路线路走向和站场的位置。

1）公路与城市的连接

在进行国土空间规划时，公路与城市的关系有以下 3 种情况。

（1）以城市为目的地和出发地的到达、离开交通，要求线路直通市区，并与城市干路直接衔接。

（2）同城市关系不大的过境交通，或者是通过城市但可不进入市区，或者上下少量客人、装卸少量货物，只是暂时停留（或过夜）的车辆，一般尽量由城市边缘绕行通过。

（3）联系市郊各区的交通一般采用环城干路解决，根据城市规模可设立一至多条环线。

采用何种方式布置，要根据公路等级、城市性质和规模、过境及入境流量等因素来决定。公路与城市连接的基本方式如图 5-2 所示。

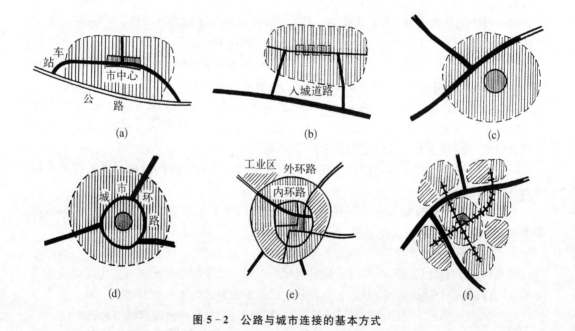

图 5-2　公路与城市连接的基本方式

2）高速公路与城市的连接

高速公路与城市道路的衔接及其在城市范围内的布置，应遵循"近城不进城，进城不扰民"的原则。高速公路的定线布置应根据城市的性质和规模、行驶中车流与城市的关系，即与城市衔接的方式（见图 5-3）可分为环形绕行式（a）、切线绕行式（b）、分离式（c）和穿越式（d）4 种方式。

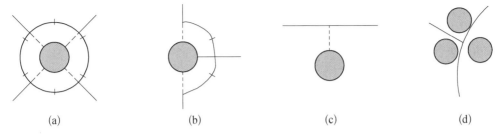

图 5-3　高速公路

（1）环形绕行式。该形式适用于主枢纽型的大城市。当有多条高速公路进入城市时，采用环线可拦截、疏解过境交通，如上海、广州、济南等。

（2）切线绕行式。当有两三条高速公路进入城市时，采用该形式可减轻过境交通对城市的干扰，如无锡。

（3）分离式。在高速公路上行驶的多数车流如果与城市无关，则最好远离城市布线，用联络线接入城市，如昆山、镇江。

（4）穿越式。高速公路从城市组团间穿过，高速公路全封闭，采用高架、地下或高填土方式穿过城市，过境交通与城市交通基本无干扰，如常州、苏州。

此外，还应特别注意高速公路与其他道路和其他设施的关系，合理选择高速公路的出入口及专用连接线。高速公路上的出入口需要严格控制，两个出入口间距一般不小于 15 km。

4. 公路运输场站在城市中的布置

公路运输场站根据使用功能，一般分为客运站、货运站、技术站、公路过境车辆服务站。在公路运输场站中，与城市布局联系较密切的是客运站和货运站。根据客货流量的大小和实际运营的需要，客、货运站可以分别设置，也可以合并共设。

公路客运和货运站需要与城市公共交通枢纽站、铁路火车站、机场等进行一体化设计，以打造城市综合交通枢纽，支撑城市综合立体交通体系的建设。

1）公路客运站

（1）客运站级别划分为枢纽站、口岸站、停靠站和港湾站。

① 枢纽站：可为两种及两种以上交通方式提供旅客运输服务，且旅客在站内能实现自由换乘的车站；

② 口岸站：位于边境口岸城镇的车站；

③ 停靠站：为方便城市旅客乘车，在市（城）区设立具有候车设施和停车位，用于长途客运班车停靠、上下旅客的车站；

④ 港湾站：道路旁具有候车标志、辅道和停车位的旅客上落点。

（2）客运站规模。车站占地面积按每 100 人次日发量指标进行核定，且不低于表 5-10 所列指标的计算值。规模较小的四级车站和五级车站占地面积不应小于 2 000 m²。

表 5-10　公路客运站占地面积指标　　　　　　　单位：平方米/百人次

车站等级	一级车站	二级车站	三、四、五级车站
占地面积	360	400	500

车站规模指标包括设计年度平均日旅客发送量、旅客最高聚集人数、发车班次、发车位数等。其中,设计年度为车站建成投产使用后的第 10 年,旅客最高聚集人数为设计年度中旅客发送量偏高期间内、每天最大同时在站人数的平均值。客运站的规模要适中。若规模过小,时隔不久,就将不适应城市发展要求。若规模过大,离城市中心太远,也会带来诸多问题。例如:客流车流高度集中,对城市交通造成很大影响;站务管理复杂,服务质量下降;非高峰时利用率很低;建设征地拆迁困难等。

在客运站建筑设计时,通常以设计年度日发量及旅客最高聚集人数为主要依据。当日发量超过 25 000 人次时,宜按客流方向和城镇交通分区,分别设置汽车客运站,以缓解汽车客运的压力。

(3) 客运站在城市中的布置。公路客运站在城市中具有重要的作用,站址应纳入城市国土空间规划,合理布局,同时还应符合下列原则:

① 便于旅客集散和换乘,尽可能地节省旅客出行时间和费用,减少在市内换乘次数;

② 与公路、城市道路、城市公交系统和其他运输方式的站场衔接良好,确保车辆流向合理,出入方便;

③ 具备必要的工程、地质条件,方便与城市的公用工程网系(道路网、电力网、给排水网、排污网、通信网等)的连接;

④ 具备足够的场地、能满足车站建设需要,并有发展余地。

图 5-4 所示为苏州市区客运交通枢纽布局方案。苏州市汽车站布局主要有两种情况:① 汽车站与高速铁路、城际铁路火车站有机整合;② 汽车站依托快速路设置。

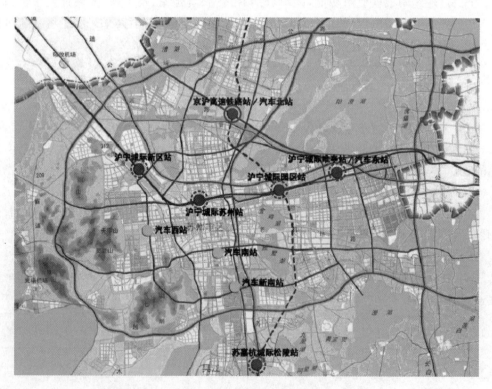

图 5-4 苏州市区客运交通枢纽规划方案

2）公路货运站

（1）公路货运站的分类。公路货运站可分为 4 类：综合型公路货运站、运输型公路货运站、仓储型公路货运站、信息型公路货运站。

① 综合型公路货运站：体现运输和仓储等物流多环节服务的功能，同时符合以下要求：（a）从事物流多环节服务业务，可以为客户提供运输、货运代理、仓储、配送、流通加工、包装、信息等多种服务，且具备一定规模；（b）按照业务要求，自由或租用必要的装卸设备、仓储设施及设备；（c）配置专门的机构和人员，建立完备的客户服务体系，能及时、有效地提供服务；（d）具备网络化信息服务功能，应用信息系统可对服务全过程状态查询和监控。

② 运输型公路货运站：体现以运输服务为主的中转服务功能，同时符合以下要求：（a）以从事道路货物运输业为主，包括公路干线运输和城市配送，并具备一定规模；（b）可以提供"门到站""站到门""站到站"的运输服务；（c）具有一定数量的装卸设备和一定规模的场站设施。

③ 仓储型公路货运站：体现以道路运输为主的仓储服务功能，同时符合以下要求：（a）以从事货物仓储业务为主，可以为客户提供货物储存、保管等服务，并具备一定规模；（b）具有一定规模和数量的仓储设施及设备。

④ 信息型公路货运站：具有如下特征：（a）以从事货物信息服务业务为主，可以为客户提供货源信息、车辆运力信息、货流信息及配载信息等服务，并具备一定规模；（b）具有网络化的信息平台，或为客户提供虚拟交易的信息平台；（c）具有必要的货运信息交易场所和一定规模的停车场所；（d）具备网络化信息服务功能，应用信息系统可对交易过程进行状态查询、监控。

（2）公路货运站在城市中的布置原则如下。

① 货运站选址要符合城市或城镇总体布局规划，既要最大限度满足货流和货主的需要，又应尽量减少车流噪声及废气对城市的干扰和影响，货运站用地应避免与学校、医院、住宅区过近。

② 货运站应与公路网、城市道路网和综合运输网合理衔接。货运站一般应设在城市公路出入口及城市对外交通干线、铁路货运站、货运码头附近。以中转货物为主的货运站，既要靠近城市的工业区和仓库区，又要尽可能与铁路车站、水运码头有便捷的联系，以便组织联合运输。主要为城市生产、生活服务的货运站及专业零担站，宜布置在市中心区边缘。

③ 货运站应靠近较大货源集散点，并适应服务区域内的货运需求。

④ 货运站应尽量利用现有场站设施，并留有发展余地。

⑤ 货运站应具备良好的给排水、电力、道路、通信等条件。

依托公路的物流中心是现代物流中心的一种，是传统公路货运站在规模上扩大、功能上提升和管理上优化而形成的道路货运节点和枢纽，是现代物流体系中不可或缺的物流组织管理节点。它最大限度优化了从制造者到消费者的运输和运输流动信息的分配，将运输、仓储、装卸、加工、整理、配送、信息等方面有机结合，形成完整的供应链，为用户提供多功能、一体化的综合性服务。近年来，我国不少城市依托高速公路、国省道等建设了物流中心（园区）。

（3）公路货运站的选址步骤如下：

① 收集城镇、公路网络、国土等有关规划和运输的统计数据，以及气象、水文、地质等资料；

② 确定公路货运站的服务范围和功能；

③ 测算公路货运站处理能力和占地面积；

④ 根据站址选择原则，提出若干货运站站址备选方案；

⑤ 对备选站址进行现场勘查；

⑥ 经方案比选优化，确定公路货运站站址。

3）技术站

技术站主要包括停车场、保养场、汽修厂和加油站等。技术站或汽车保养修理厂的用地规模，取决于保养检修汽车的技术等级和汽车数量。职工生活区最好通过市场化安置，若远离市区无法安置，则按该站场的职工总数和有关用地指标进行计算。根据城市的具体情况也可以少设或不设置职工生活区。技术站一般用地要求较大，并且对居住区有一定干扰。因此，在特大城市和大城市中，一般将其设置在市区外围公路线的附近。

在中小城市，因城市规模较小、车辆较少，在考虑公路站场布置时，可以将技术站、客运站和货运站合并组织在一起。

5.3　铁路交通系统

铁路是城市对外交通的重要方式，也是陆路运输中的骨干，在城市发展进程中起着重要的作用。铁路网络主要由铁路线路和各类型的车站组成。铁路交通系统的规划方法和步骤可参见 5.2.1 节，下面主要讲述城市内的铁路线路和车站的规划设计。

5.3.1　铁路线路的分类、分级

1. 分类

铁路线路一般可分为干线、支线和专用线三类。

（1）干线：是组成全国铁路网的线路，具有全国性的意义，如京广线、陇海线等。

（2）支线：一般是地方性质的，如胶济铁路上的张（店）博（山）线。

（3）专用线：是通向工矿企业、仓库、码头、机场等专用的铁路线。

铁路线路按性质分为正线、站线、段管线、岔线及特别用途线等。正线是指连接车站并贯穿或直股伸入车站的线路。站线是指到发线、编组线、牵出线、货物线及站内指定用途的其他线。段管线是指机务、车辆、工务、电务等段内的线路。岔线是指在区间或车站内接轨，通向路内外单位的专用线，并在该线内未设车站。特别用途线是指安全线和避难线等。

铁路线路按照用途分为高速铁路、城际铁路、客货共线铁路、重载铁路。

（1）高速铁路：设计速度 250 km/h（含预留）及以上、运行动车组列车、初期运营速度不小于 200 km/h 的客运专线铁路。高速铁路主要服务于中长距离客流和通过本地区的长途客流，即大城市之间点到点的客流。

（2）城际铁路：专门服务于相邻城市间或城市群，设计速度 200 km/h 及以下的快速、

便捷、高密度客运专线铁路。城际铁路主要服务于沿线各个城市、主要中心城镇之间的客流,以及城市组团、次中心城镇之间的客流,兼顾少量中长途跨线客流。

（3）客货共线铁路：旅客列车与货物列车共线运营、旅客列车设计速度 200 km/h 及以下的铁路。

（4）重载铁路：满足列车牵引质量 8 000 t 及以上、轴重为 27 t 及以上、在至少 50 km 线路区段上年货运量大于 4 000 万吨三项条件中两项的铁路。

世界上首条出现的高速铁路是日本的新干线,于 1964 年正式营运。行驶在东京—名古屋—京都—大阪的东海道新干线,营运速度超过 200 km/h。我国京沪高速铁路的路段设计速度为 350 km/h,具有高速度、高密度、高可靠性三大特点。其最小行车间隔可达 3 min,列车定员可达 1 600～1 800 人/列,理论上每小时最大输运能力可达 2×32 000～2×36 000 人,能够实现大量、快速和高密度运输。

2. 分级

客货共线铁路的年客货运量为重车方向的货运量与由客车对数折算的货运量之和,1 对/天旅客列车按 1.0 Mt 年货运量折算。客货共线铁路分为 4 级,其划分应符合下列规定。

Ⅰ级铁路：铁路网中起骨干作用的铁路,或近期年客货运量大于或等于 20 Mt 者。

Ⅱ级铁路：铁路网中起联络、辅助作用的铁路,或近期年客货运量小于 20 Mt 且大于或等于 10 Mt 者。

Ⅲ级铁路：为某一地区或企业服务的铁路,近期年客货运量小于 10 Mt 且大于或等于 5 Mt 者。

Ⅳ级铁路：为某一地区或企业服务的铁路,近期年客货运量小于 5 Mt 者。

路段旅客列车设计行车速度是指用于确定各设计路段内与行车速度有关的建筑物和设备标准的旅客列车设计行车速度,简称为路段设计速度。Ⅰ级铁路的路段设计速度分别为 160 km/h、140 km/h、120 km/h,Ⅱ级铁路的路段设计速度分别为 120 km/h、100 km/h、80 km/h。

5.3.2　铁路线路的一般技术要求

1. 轨距

轨距是指一条线路两钢轨轨头内侧顶部下 16 mm 处之间的距离（见图 5－5）。线路按轨距的大小不同分为标准轨、窄轨、宽轨三类。为了运行便利,一个国家的铁路系统应

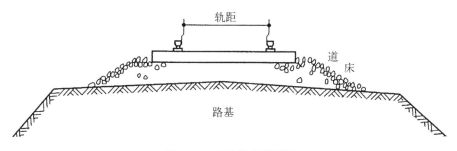

图 5－5　铁路线路横断面

采用统一的轨距。我国基本上采用标准轨距,标准轨距为 1 435 mm。临时性铁路有的采用窄轨,我国窄轨的轨距主要有 1 067 mm、1 000 mm、762 mm 和 600 mm 几种。国外有用宽轨的,轨距为 1 524 mm。

2. 限界

1) 标准轨距铁路机车车辆限界

机车车辆限界是一个与线路中心线垂直的极限横断面轮廓。机车车辆停放在水平直线上,除电力机车升起的集电弓外,其他任何部分应容纳在限界轮廓之内,不得超越。

2) 标准轨距铁路建筑限界

建筑限界是一个与线路中心线垂直的极限横断面轮廓。在此轮廓内,除机车车辆和与机车车辆有相互作用的设备外,其他设备或建筑物均不得侵入,如图 5-6 所示。

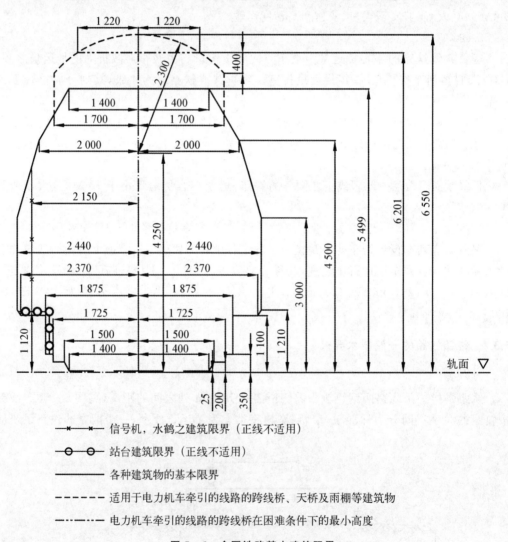

—×—×— 信号机,水鹤之建筑限界(正线不适用)

—○—○— 站台建筑限界(正线不适用)

———— 各种建筑物的基本限界

– – – – 适用于电力机车牵引的线路的跨线桥、天桥及雨棚等建筑物

—·—·— 电力机车牵引的线路的跨线桥在困难条件下的最小高度

图 5-6 全国铁路基本建筑限界

3. 路基与正线的用地宽度与高度

路基是支撑铁路路线的上部建筑(钢轨、轨枕和道床)的基础。因线路与地面标高差

距,路基的横断面有路堤、半路堤等类型。路基面宽度与铁路的等级、断面的类型、土质、水文、气候等因素有关。一般单线铁路(黏土性土质的)路基面宽 6～7 m,如系双线,则需要再加 4 m。

在洪水等灾害情况下,铁路是国家的生命线系统和紧急救援系统的组成部分。铁路路基的最小高度至少应抵御百年一遇洪水。

正线用地宽度一般可参考图 5-7 进行推算。在易遭受雪埋或砂埋的地带,铁路线路用地宽度应考虑栽种防护林的宽度或进一步固定沙丘所需要的用地宽度要求。

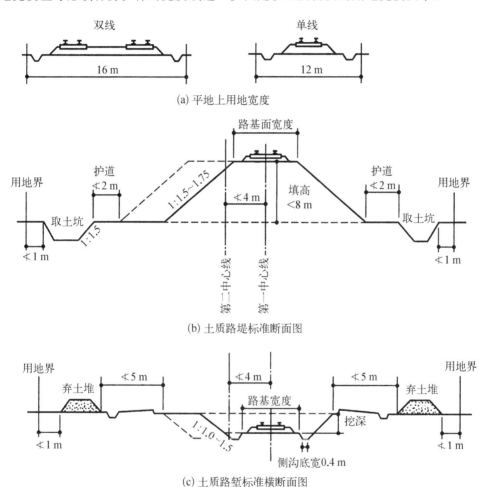

(a) 平地上用地宽度

(b) 土质路堤标准断面图

(c) 土质路堑标准横断面图

图 5-7　区间正线用地宽度

4. 线间距

线间距是指两条铁路中心线之间的距离。线间距一方面需要满足建筑界限的要求,另一方面需要满足在两线间装设行车设备(如信号、照明等)的要求,以保证行车和工作人员进行工作的便利与安全。图 5-8 所示为一般区间直线地段线路间距的尺寸。站内线间距较大,一般到发线间距为 5 m 左右,具体距离还须根据不同站线的性质而定。

5. 线路技术标准

铁路线路平面是由直线和圆曲线(缓和曲线)构成的。线路纵断面是由平道、坡道与连

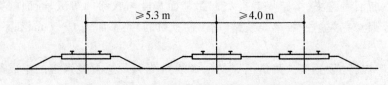

图 5 - 8　区间复线、三线(直线段)的线间距

接两相邻的坡道的竖曲线组成。其主要技术标准包括平曲线半径、限制坡度、竖曲线半径等。

1) 平曲线半径

线路平面的平曲线半径应结合工程条件、路段设计速度以及减少维修等因素,因地制宜确定。从有利于行车速度和平稳度考虑,平曲线半径越大越好,一般应按"由大到小"的原则,尽量采用较大的半径(一般在 1 000 m 以上,最大值不应大于 12 000 m),只有在特别困难的条件下才允许采用最小平曲线半径。表 5 - 11～表 5 - 13 所示分别为高速铁路、城际铁路、其他铁路的最小平曲线半径要求。

表 5 - 11　高速铁路最小平曲线半径

设计速度/(km/h)			350	300	250
工程条件	有砟轨道	一般	7 000	5 000	3 500
		困难	6 000	4 500	3 000
	无砟轨道	一般	7 000	5 000	3 200
		困难	5 500	4 000	2 800

注：① 困难最小值应进行技术经济比选后采用;
　　② 车站两端减、加速地段的最小曲线半径应结合行车速度曲线合理选用。

表 5 - 12　城际铁路最小平曲线半径

设计速度/(km/h)		200	160	120
工程条件	一般	2 200	1 500	900
	困难	2 000	1 300	800

注：车站两端减、加速地段的最小曲线半径应根据公式计算确定。

表 5 - 13　客货共线铁路、重载铁路平面最小平曲线半径

路段设计速度/(km/h)		200	160	120	100	80
工程条件	一般	3 500	2 000	1 200	800	600
	困难	2 800	1 600	800	600	500

注：车站两端减、加速地段,最小曲线半径应结合客车开行方案和工程条件,根据客、货列车行车速度和速差计算确定。

重载铁路平面最小曲线半径不应小于 800 m,在困难条件下不应小于 600 m;在特殊困难条件下,经技术、经济比较后确定。

2)限制坡度

设计线(或区段)的限制坡度应根据铁路等级、地形条件、牵引种类和运输要求比选确定,并应考虑与邻接铁路的牵引质量相协调。高速铁路、城际铁路的区间正线最大坡度应根据地形条件、设计速度、运输需求和工程投资比选确定。其最大坡度不宜大于 20‰,在困难条件下不应大于 30‰。高速铁路正线宜设计为较长的坡段。其最小坡段长度一般条件下不应小于 900 m,且不宜连续使用;在困难条件下不应小于 600 m,且不应连续使用。列车全部停站的车站两端坡段长度不应小于 400 m。城际铁路最小坡段长度在一般条件下不应小于 400 m;在困难条件下不应小于 200 m,且不宜连续使用。

我国的客货共线铁路、重载铁路限制坡度不应大于表 5-14 规定的数值。

表 5-14　客货共线铁路、重载铁路限制坡度最大值　　　　单位:‰

铁路等级		Ⅰ级			Ⅱ级		
地形地别		平原	丘陵	山区	平原	丘陵	山区
牵引种类	电力	6.0	12.0	15.0	6.0	15.0	20.0
	内燃	6.0	9.0	12.0	6.0	9.0	15.0

重载铁路的限制坡度应根据地形条件、牵引种类、机车类型、前因质量和运输需求比选确定。轻重车方向货流显著不平衡,远期也不致发生巨大变化,且分方向采用不同限制坡度有显著经济价值时,可分方向选择限制坡度。

5.3.3　铁路站场的布置与用地规模要求

1. 车站类型及其布置形式

铁路车站因其工作性质不同,可分为会让站、越行站、中间站、区段站、编组站、客运站、货运站、工业站、港湾站等。铁路车站布置的基本形式有横列式、纵列式及半纵列式。

1)会让站、越行站

会让站、越行站是指为满足区间通过能力,必要时可兼办少量旅客乘降的车站。在单线上称为会让站,在双线上称为越行站。会让站、越行站布置应采用横列式,在特别困难条件下,可采用其他形式。

2)中间站

中间站是指办理列车通过、交会、越行和客货运业务的车站。中间站应采用横列式,在特别困难的条件下,单线铁路可采用其他形式。中间站的货场位置应结合主要货源、货流方向、环境保护、国土空间规划及地形、地质条件等选定。

3)区段站

除了办理中间站的业务外,还要进行更换机车、乘务组以及机车的整备、修理、检查和车辆的修理等。区段站应采用横列式或纵列式,有充分依据时,可采用客、货纵列式或一级三场形式。图 5-9 所示为区段站布置形式。

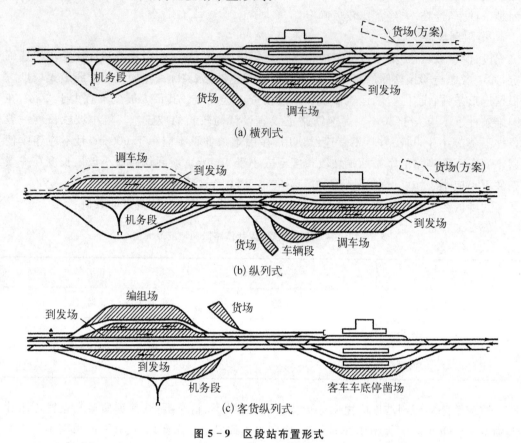

图 5-9　区段站布置形式

4）编组站

编组站是指在枢纽内，办理大量货物列车解编作业的车站。编组站分为路网性编组站、区域性编组站和地方性编组站。路网性编组站应设计为大型编组站，区域性编组站宜设计为大、中型编组站，地方性编组站应设计为中、小型编组站。设计时应根据引入线路数量、作业量及其性质、工程条件和国土空间规划等要求，通过全面比较，选择合理的形式，并根据需要预留发展余地。

5）客运站及客车整备所

客运站是指主要办理客运业务的车站。客运站是由站房、站前广场以及站场客运设备等三部分组成。

客运站可布置为通过式、尽端式和混合式 3 种形式（见图 5-10）。通过式客运站是指有两个方向的正线贯穿车站且到发线为贯通线的客运站。尽端式客运站是指设在正线终端的客运站。在通过式客运站的一侧设置部分尽端式线的客运站称为混合式客运站。

客运站宜采用通过式。以始发、终到列车为主的客运站，可采用通过式和混合式。全部办理始发、终到列车并位于正线终端的客运站也可采用尽端式。

终到列车多的客运站一般都应设置客车整备所，以供车辆的洗刷、清扫、消毒、技术检查、装备、列车改编及转向、餐车供应、备用车停留等使用。

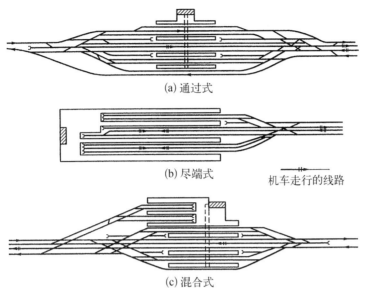

(a) 通过式

(b) 尽端式

机车走行的线路

(c) 混合式

图 5-10 客运站布置形式

6）货运站

货运站是指主要办理货运业务的车站。货运站的布置形式可分为通过式和尽端式两种。通过式货运站可设于干线上成为中间站，也可设于其他线路上。尽端式货运站是在城市内为了运输的需要，将车站伸入市区或工业区而设于线路的终端，但车场的布置形式，可设计成贯通式。

7）工业站、港湾站

工业站和港湾站是指主要为厂、矿企业或港口外部运输服务的车站，前者称为工业站，后者称为港湾站。

有大量装卸作业的工矿企业、工业区或港口，根据需要可设置主要为其服务的铁路工业站或港湾站。服务于同一企业或工业区的工业站数量，应根据企业性质、生产规模、生产流程、企业或工业区布局、原材料来源、产品流向和企业或工业区所在位置与铁路的相互关系等因素确定。

8）口岸站

口岸站是指国家指定对外往来的门户地点设置的车站，是一种特殊的国际客货运输结点车站。口岸站应根据进出口客货运量，结合地形、地质、规划等进行总平面布置。口岸站布置应符合下列规定：① 满足需求能力和快速通关要求；② 按照一次规划、分期实施的原则，预留进一步发展的条件；③ 车站作业流线满足整列换装的要求；④ 换装功能区明晰；⑤ 减少进路交叉和作业干扰，避免不同轨距间作业的交叉；⑥ 缩短列车、机车的走行距离；⑦ 采用现代化技术装备；⑧ 具备发展为（国际）物流中心的条件。

9）集运站、疏运站

集运站和疏运站是指主要办理大宗货物装车和车列集结、分解作业的车站。集运站、疏运站的分布，应根据铁路技术政策、路网规划、货运布局、地区或企业规划等因素综合确定。一个地区的集运站、疏运站应集中设置。集运站、疏运站的选址应结合城市、厂（矿）

区、港口规划,经铁路运输的货物流向及交接形式,设在接轨站、码头前沿、厂(矿)区附近或工业区内;当采用公路或传输皮带等倒运货物时,应经经济技术比选后选择站址。距矿区或货物消耗地较近,地形条件适宜时,宜与接轨站共站设置。

2. 站场的用地规模

站场的用地规模取决于客、货运量的大小以及站场布置的形式,并适当预留发展用地。站场用地的长度主要根据站线数量及有效长度确定。

站场的宽度根据各类车站的作业要求、站线数量、站屋、站台以及其他设备的多少确定。在国土空间规划中,对各类站场的用地规模应与铁路有关部门共同研究确定。目前,我国投入运营的动车组,1 个编组 8 节车厢,编组长度约 200 m;两个编组长度约 400 m。沪宁城际铁路的站台净长度 450 m,总长度约 470 m,每个站台宽度为 12 m。

5.3.4 铁路在城市中的布置

1. 铁路设备的分类

第一类:直接与城市工业生产与居民生活有密切联系的铁路设备,如客运站、货运站、专用线。这类铁路设备与铁路建筑可根据其性质设在市区或市中心地区的边缘,或设在城市市区外围而有城市干路相联结的地区。为工业区和仓库区服务的工业站和地区站则应设在该有关地区附近,一般在城市外围。

第二类:与城市生产与生活没有直接关系的铁路设备,如编组站、机车车辆修理厂、机务段、消毒站、供直通列车通过用的迂回线、环线及其他线路、铁路仓库和其他的铁路设备等。这类铁路技术设备在满足铁路技术要求的前提下应尽可能不设在市区范围内,有些设备(如编组站)希望能离开城市相当距离。

2. 铁路线路的布置

铁路线路的布置必须综合考虑铁路的技术标准、运输经济、城市布局、自然条件、农田水利、航道、国防等各方面的要求,因地制宜地制订具体方案。

1) 满足铁路线路的运营技术要求

铁路线路除了应按照级别满足其定线技术要求外,还应做到运行距离短、运输成本低、建筑里程少和工程造价省。

2) 减少铁路线路与城市的相互干扰

在国土空间规划方面,为了合理布置铁路线路,减少铁路对城市的干扰,一般应采取以下几方面措施。

(1) 铁路线路应考虑国土空间规划的功能分区,布置在各分区的边缘,使其不妨碍各分区内部的活动。当铁路穿越市区时,可在铁路两侧地区内各配置独立完善的生活福利和文化设施,以尽量减少跨越铁路的频繁交通。

(2) 通过城市的铁路线两侧应植树绿化,既可以保证行车的安全,又可以减少铁路的噪声、废气污染对城市的干扰,以改善城市小气候与城市面貌。

(3) 妥善处理铁路线路与城市道路的矛盾。尽量减少铁路线路与城市道路交叉,在进行国土空间规划与铁路选线时,要综合考虑铁路与城市道路网的关系,使它们密切配合。铁路与城市道路交叉有平面交叉与立体交叉两种方式,从便利交通与保证安全的角度,以立体交叉为好,但立体交叉的建造费用较高。因此,当铁路与城市道路交叉不可避免时,应合理地选择交叉形式。

（4）减少过境列车车流对城市的干扰。主要是对货物运输量的分流,一般采取保留原有的铁路正线而在穿越市区正线的外围（一般在市区边缘或远离市区）修建迂回线、联络线的办法,以便使与城市无关的直通货流经城市外侧通过。

（5）改造市区原有的铁路线路。对城市有严重干扰而又无法利用的铁路线路,必须根据具体情况进行适当的改造。如将对市区严重干扰的线路拆除、外迁或将通过线路、环线改造为尽端线路伸入市区等。

（6）将通过市中心区的铁路线路（包括客运站）建于地下或与城市轨道网相结合。这是一种完全避免干扰又方便使用的较理想的方式,也有利于备战,但工程艰巨,投资很大。

（7）跨越大江、大河的桥梁应考虑铁路、公路、轨道交通等多种交通方式的集成。一方面,可减少工程造价;另一方面,复合通道可减小快速交通对城市的切割。

3. 铁路客运站的布置

1）铁路客运站的位置和数量

铁路客运站的服务对象是旅客。为方便旅客,位置要适中,靠近市中心。在中、小城市可以位于市区边缘,大城市则必须深入城市位于市中心区边缘。一般认为,铁路客运站距市中心的距离以 2～3 km 为宜,如图 5-11 所示。

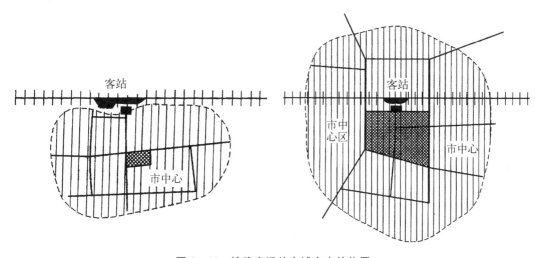

图 5-11　铁路客运站在城市中的位置

对于传统意义的火车站,我国绝大多数中小城市只设一个铁路客运站,管理使用均比较方便。但对于大城市、特大城市以及超大城市,由于用地范围大、旅客多,如果只设一个铁路客运站,容易导致旅客过于集中,对市内交通造成较大影响。另外,在受到自然地形（如山、河）等因素影响时,如果城市布局分散或呈狭长带形,只设一个铁路客运站也不便于整个城市使用。因此,这些城市的铁路客运站宜分设两个或两个以上,或者以一个铁路客运站为主,再增加其他辅助车站（如中间站或货运站兼办客运）,如图 5-12 所示。

随着客运市场竞争加剧和人民生活水平提高,乘客对铁路的速度、舒适度等要求提高,我国铁路客货运业务发生了较大的变化。为适应客运快速化、公交化的要求,高速铁路、城际铁路开工建设或投入运营,既有铁路不断提速,铁路大大缩短了城市间的时间距

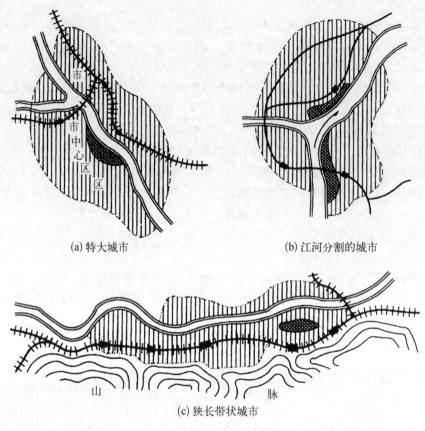

(a) 特大城市 　　　　　　　　　　　(b) 江河分割的城市

(c) 狭长带状城市

图 5 - 12　铁路客运站的数量

离,铁路客运站在人们心目中的形象逐渐改变,铁路客运站越来越接近人们的生活,成为一个城市重要的对外交通枢纽,成为带动城市经济增长的发动机。在建设城际铁路、高速铁路的地区,铁路客运站数量变化的最大特点是普通铁路的中间站、过境站升级,并且新建了铁路客运站。人们对铁路客运站的认识不再是"谈虎色变",而且围绕铁路客运站进行高强度用地综合开发,铁路客运站建设走向了良性发展的轨道。在实践中,土地利用强度以车站及其毗邻用地为最高,即在车站周围形成峰值,从车站向外围递减,可将车站地区土地利用强度分为两个层次:以车站为圆心的 200 m 范围,高强度开发为主要特征;200 m 以外至 500 m 范围,适合中、低强度开发,如图 5 - 13 和图 5 - 14 所示。

　　沪宁城际铁路起自上海,经昆山、苏州、无锡、常州、丹阳、镇江至南京,线路基本并行现有沪宁铁路北侧,正线全长 300 km,共设 31 个站点,设计时速为 200～250 km,在江苏境内共设 25 个站点,其中 17 个车站作为一期工程率先建设,其他车站暂时为规划或预留车站。而沪宁城际铁路投入运营前,现有沪宁铁路运行客车主要停靠上海、昆山、苏州、无锡、常州、丹阳、镇江、南京等几个大站。如图 5 - 15 所示。

　　2) 铁路客运站与市内交通的关系

　　铁路客运站是对外交通与市内交通的衔接点。对旅客来说,到达旅行最终目的地还需要借助市内交通。铁路客运站必须与交通性干路和(或)轨道交通紧密衔接,直接通达市中心以及其他联运点(车站、码头等)。但是,也应避免交通性干路与车站站前广场互相

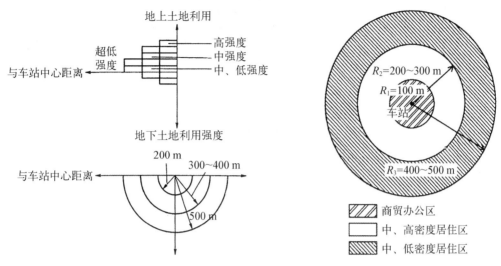

图 5-13　车站地区土地利用强度分布　　　　图 5-14　车站地区用地功能分布

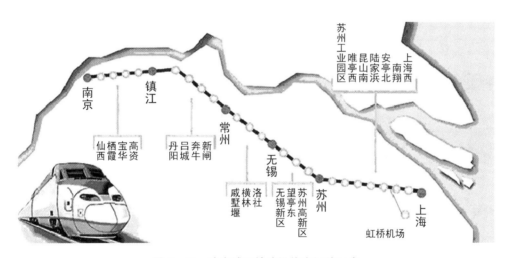

图 5-15　沪宁城际铁路沿线客运站示意

干扰。为了方便旅客、避免干扰,上海、北京等许多城市将轨道交通直接引进铁路客运站;国外一些城市将国有铁路、市郊铁路、轨道交通、公交枢纽、汽车站以及相关服务设施集中布置在一幢大楼里,构成交通综合体(见图 5-16)。

　　3) 提高铁路运输效能

　　在城市布局时,要考虑主要铁路干线的旅客列车到发与通过的便捷性。为了提高铁路客运站的通过能力,适应旅客量增长的需要,近年来兴建与改建的一些重点铁路客运站也都趋向采用通过式车站。这样的铁路客运站不深入城市,在城市的市区边缘切线通过,否则容易造成铁路干线对城市分割而产生严重的干扰(见图 5-17)。对于大城市,因通过式铁路客运站深入市区而将市区分割时,应考虑铁路客运站面对两个方向,即双向都可进出,如上海新客站。这种车站布置方式又称为跨线式,大连火车站、苏州火车站的改造也利用了这一方式,如图 5-18 所示。

图 5-16　铁路客运站综合枢纽示意

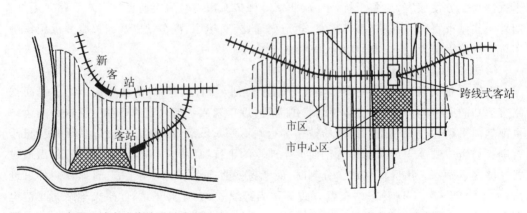

图 5-17　布置于城市边缘的通过式客运站　　　　图 5-18　跨线式客运站布置

138

4）体现城市面貌

铁路客运站作为城市的大门,反映了城市的面貌,但绝不是单纯依靠车站站屋本身所能达到的。它必须与铁路客运站周围的建筑与自然环境有机结合,形成既反映现代化建设,又体现地方文化特色的城市景观。近年来,我国不少城市新建、改建的一些铁路客运站在这方面取得了较好的效果。国外有些城市将铁路客运站与城市公共建筑的功能结合在一起,建成一座集交通、休闲、商务等服务于一体的站域融合式建筑,布置紧凑、使用便利,同时在建筑形式上也别具一格,成为一个出入城市的明显标志。

4.铁路货运站的布置

铁路货运站应按其性质分别设于其服务的地区内。以到发为主的综合性货运站(特别是零担货场),一般应深入市区,接近货源和消费地区;以某几种大宗货物为主的专业性货运站,应接近其供应的工业区、仓库区等大宗货物集散点;在市区外围为本市服务的中转货物装卸站则应设在郊区;接近编组站和水陆联运码头危险品(易爆、易燃、有毒)及有碍卫生(如牲畜货场)的货运站应设在市郊,并有一定的安全隔离地带,还应与其主要使用单位、贮存仓库在城市同一侧。

铁路货运站应与城市道路系统紧密配合,应有城市货运干路联系。铁路货运站的引入线应与城市干路平行,并尽量采用尽端式布置,以避免与城市交通互相干扰。铁路货运站应与市内运输系统紧密配合,在其附近应有相应的市内交通运输站场、设备与停车场。铁路货运站与编组站之间应有便捷的联系,以缩短地方车流的运行里程,节省运费并加速车辆周转。

5.4　水运交通系统规划

水运交通系统是指以水路为主要运输方式的交通运输系统,包括航道、港口、船舶及相关设施。航道网、港口及船舶运输组织系统是水运交通系统的 3 个基本组成。

水运运输主要包括内河运输和海洋运输两部分。内河运输是指使用船舶通过国内江湖河川等天然或人工水道,运送货物和旅客的一种运输方式。海洋运输是国际物流中最主要的运输方式。它是指使用船舶通过海上航道在不同国家和地区的港口之间运送货物的一种方式,国际贸易总运量中的 2/3 以上都是利用海上运输。因水运具有运费低廉、投资少等优点,对城市的交通运输、经济发展具有重要的作用。国内外多数经济发达的国际性、区域性城市均有水路运输条件。

港口是交通运输枢纽、水陆联运的咽喉,是水陆运输工具的衔接点和货物、旅客的集散地。在世界经济一体化发展的新形势下,港口正以水陆联运枢纽功能为主体,向兼有产业、商务、贸易的国际贸易综合运输中心和国际贸易的后勤基地发展。港口建设投资大、周期长、关联问题多,港口规划应是国家和地区国民经济发展规划的重要组成部分,做好不同阶段的港口发展规划和港口布置,是进行港口及对外交通系统建设的一项重要工作。水运交通系统的规划方法和步骤参见 5.2.1 节,下面主要讲述水运交通设施的规划设计。

5.4.1　港口的类型和组成

1.港口的分类

1）按功能和用途分类

（1）商港：是指以一般商船和货物运输为服务对象的港口,也称为贸易港。一般均兼运各种各类货物,设有不同货种的作业区,如上海港、香港港、青岛港、大连港等。

(2)渔港:是指为渔船停泊、捕捞、鱼货保鲜、冷藏加工、修补渔网、中转外调鱼货和渔船获得生产、生活补给品的基地。渔获物易腐烂变质,一经卸船必须迅速处理。港内的冷藏、加工设施设置使渔港具有生产、贸易和分运的功能。

(3)工业港:是指供大型企业输入原材料及输出成品而设置的港口,我国称为业主码头。通常是为沿海沿江的大企业所设置,港区与厂区靠近。

(4)军港:是指为舰艇停泊并取得舰艇所需战术技术补给的港口。其港口选址、总图布置、陆域设施等与上述港口有较大的差别。

(5)旅游港:近年来,作为海滨休憩活动的海上游艇数量不断增多,为游艇停泊和上岸保管而设计的港池、码头及陆域设施已成为一种形式的港口,常称为游艇基地。

2)按地理位置分类

(1)海港:位于有掩护的海湾内或位于开敞的海岸上。

(2)河口港:位于河流入海口或河流下游潮区界内的港口,可同时停泊海船和河船。由于河口港与腹地联系方便,有河流水路优越的集疏运条件,对风浪又有较好的掩护条件。因此,历史悠久的著名大港多属于河口港。

(3)河港:位于河流沿岸,多以内贸为主,停泊河船。我国武汉、重庆、安庆、九江等都是长江沿线的主要河港。湖南湘江的长沙港,江西赣江的南昌港,江苏的盐城港等都是较大的河港。

(4)运河港:位于运河沿线,如我国徐州港、扬州港等。

2. 港口的组成

现代港口生产作业都是系统化生产。生产作业可分为船舶航行作业、装卸作业、存储分运作业、集疏运作业、信息与商务5类。只有各系统相互协调、配合才能形成港口的综合生产能力。从设施组成上来看,港口一般由港口水域、港口水工建筑物和陆域设施组成。

1)港口水域

港口水域包括航道、锚地、船舶掉头水域和码头前水域。

航道是保证船舶沿着足够宽度、足够水深的路线进出港口的水域,大型船舶的航道宽度为80~300 m,小型船舶的航道宽度为50~60 m。锚泊地是指有天然掩护或人工掩护条件能抵御强风浪的水域,船舶可在此锚泊、等待靠泊码头或离开港口。如果港口缺乏深水码头泊位,也可在此进行船转船的水上装卸作业。船舶掉头水域是供船舶掉头用的水域面积,也称为回旋水域,一般需要直径为船长1.5~3倍的圆面积。码头前水域也称为港池,是供船舶靠离码头和装卸货物用的毗邻码头的水域。图5-19所示为大连港平面布置,港界内各水域面积总和约346 km²。

2)港口水工建筑物

一般包括防波堤、码头、修船和造船水工建筑物。进出港船舶的导航设施(航标、灯塔等)和港区护岸也属于港口水工建筑物的范围。

防波堤位于港口水域外围,是用以抵御风浪、保证港内有平稳水面的水工建筑物。突出水面伸向水域与岸相连的称为突堤。立于水中与岸不相连的称为岛堤。码头是停靠船舶、上下旅客和装卸货物的场所。码头前沿线是水域和陆域交接的地域,是港口生产活动的中心。构成码头岸线的码头建筑物是一切港口不可缺少的建筑物。水工建筑物有船台滑道型

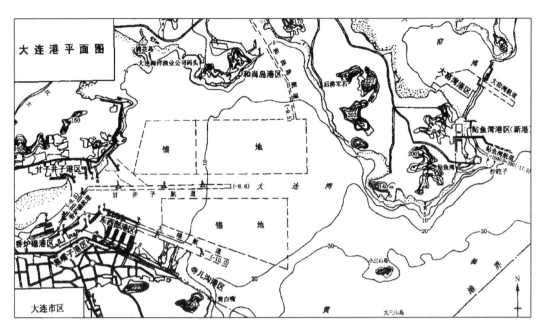

图 5-19　大连港平面布置

和船坞型两种。待修船舶通过船台滑道被拉曳到船台上,修好船体水下部分以后,沿相反方向下水,在修船码头进行船体水上部分的修理和安装或更换船机设备。导航助航标志主要是灯塔,是船舶接近陆岸的主要标志。防波堤堤头、险礁以及指示锚地边界一般用灯桩。

3) 陆域设施

陆域设施包括仓库、堆场、铁路、道路、装卸机械、运输机械及生产辅助设施、环保设施、计量检验设施、信息中心(EDI 服务中心)等。

生产辅助设施主要包括给排水设施、供电系统、通信设施和辅助生产建筑,如流动机械库、机械修理厂、消防站、办公楼等。

5.4.2　港口水深与航道的技术要求

1. 港口水深

进港航道和码头前沿的水深,应保证满载的船舶在最低水位时能安全地航行和停泊。在港内和受浪影响较小的航道,对航道水深的一般要求通常为不小于船舶满载吃水深度的 1.1 倍。随着船舶迅速趋向大型化,港口建设相应也要求向现代化方向发展。近年来,由于海上石油和矿石运输迅速增长,运距增加,为了降低运输成本,油轮和散货轮尺寸和载重量都有大幅度增加。现代化港口的水深,一般要求在 12 m 以上,停泊巨型油轮的深水港水深有的可达 30 m,如表 5-15 所示。

表 5-15　不同吨位的船舶要求的水深

船舶吨位/万吨	1	4	5	10	20	30
吃水深度/m	9	12	13	16	19	24

2. 航道

船舶进出港必须在规定的航道内航行。一是为了贯彻航行规则,减少事故;二是为了引导船舶沿着足够水深的路线行驶。航道可分为天然航道和人工航道。天然航道在低潮时水深已足够船舶航行需要,即无须人工开挖航道。为了满足船舶航行所需的深度和宽度等要求,需要进行疏浚的航道称为人工航道。我国以通航的代表船型的尺度和吨位,把内河航道划分 7 级,如表 5 - 16 所示。

表 5 - 16 内河航道等级

航道等级	驳船吨级/t	船型尺度总长×型宽×设计吃水/m	航道尺度					
			天然及渠化河流			限制性航道		弯曲半径/m
			水深/m	单线宽度/m	双线宽度/m	水深/m	宽度/m	
1	3 000	75×16.2×3.5	3.5～4.0	120	245			1 050
				100	190			810
				75	145			800
				70	130	5.5	130	680
2	2 000	67.5×10.8×3.4	3.4～3.8	80	150			950
				75	145			740
		75×14×2.6	2.6～3.0	35	70	4	65	540
3	1 000	67.5×10.8×2.0	2.0～2.4	80	150			730
				55	110			720
				45	90	3.2	86	500
				30	60	3.2	50	480
4	500	45×10.8×1.6	1.6～1.9	45	90			480
				40	80	2.5	80	340
				30	50	2.5	46	330
5	300	35×9.2×1.3	1.3～1.6	40	75			380
				35	70	2.0	75	270
				22	40	2.5 / 2.0	40	260

（续表）

航道等级	驳船吨级/t	船型尺度总长×型宽×设计吃水/m	航道尺度					
			天然及渠化河流			限制性航道		弯曲半径/m
			水深/m	单线宽度/m	双线宽度/m	水深/m	宽度/m	
6	100	26×5.2×1.8	1.0～1.2			2.5	18～22	105
		32×7.0×1.0		25	45			130
		32×6.2×1.0		15	30	1.5	25	200
		30×6.4(7.5)×1.0		15	30	1.5	28	220
7	50	21×4.5×1.75	0.7～1.0			2.2	18	85
		23×5.4×0.8		10	20	1.2	20	90
		30×6.2×0.7		13	25	1.2	26	180

注：本标准不适用通海轮的航道、长江干流宜宾至海口段六级以上航道。

航道宽度是指航槽断面设计水深处两底边线之间的宽度。航道宽度一般由航迹带宽度、船舶间错船富裕间距、克服岸吸作用的船舶与航道侧壁间富裕间距 3 个部分组成。航道宽度以保证两个对开船队安全错船为原则，内河航道宽度指在船底处断面净宽，如图 5-20 所示。

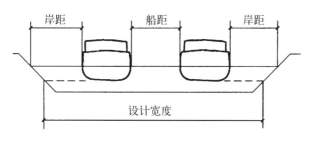

图 5-20　航道设计宽度

5.4.3　码头布置

码头布置应依据建设地点的自然条件，从有利于船舶作业和陆上货物集疏运、存储作业等营运条件出发，一般可分为顺岸式、突堤式、离岸式、挖入式，如图 5-21 所示。

顺岸式码头是指码头前沿线与自然大陆岸线大致平行或成较小角度的布置型式，是最常见的布置型式。顺岸式码头尤其适合港口规模不大，可利用岸线较多，水域宽度有限制的港口，是河口港常见的布置型式。

突堤式码头是指码头前沿线与自然岸线成较大角度的型式。在天然海湾及人工掩护的水域中建设的港口，由于水域范围受到限制，采用突堤式布置，可建设的泊位数较多。

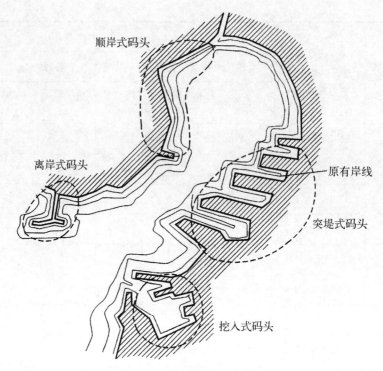

图 5 – 21 各类码头的布置形式

挖入式码头是指码头、港口水域是向岸的陆地内侧开挖而成的布置型式,在河港和河口港较为多见。挖入式布置广泛应用于欧美的海港、河口港和内河港。

离岸式码头是指码头布置在离岸较远的深水区,无防波堤或其他天然屏障掩护,可以利用管道或皮带机等输送货物,联系装卸泊位与岸边库场。离岸式码头是现在大型原油码头和散货码头的一种主要型式。

5.4.4 港口陆域设施

1. 港口铁路

我国幅员辽阔,海港集中在东部地区,腹地纵深大。铁路是我国港口货物集疏运的主要方式。在港口规划设计中,合理配置港口铁路,对扩大港口的通过能力十分重要。

完整的港口铁路布置应由港口车站、分区车场及货物装卸线 3 部分组成(见图 5 – 22)。由于运量、货种、接轨站与港区位置和管理方式等因素,港口铁路亦可以不设港口车站,其功能由接轨站承担。对货种单一、运量稳定、开行单元列车的专业化港口,列车不在港内进行解编作业,港口铁路只设空、重车场(出发场、到达场)和装卸线。集装箱专列比较适宜在分区车场解编和集结。

2. 港口道路

港口道路包括港外道路和港内道路两部分。港外道路按港口公路货运量大小分为两类:Ⅰ类:公路年货运量(双向)等于或大于 2.0 万吨的道路;Ⅱ类:公路年货运量(双向)2.0 万吨以下的道路。

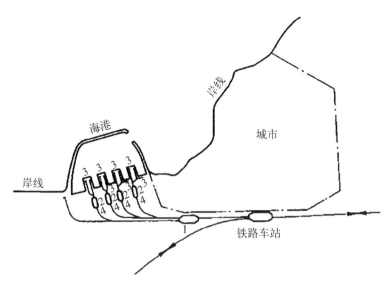

1—港口车站;2—分区车场;3—码头库场装卸线;4—联络线

图 5-22　港口铁路的基本组成

港内道路按其重要性分为以下 3 种:① 主干道:全港(或港区)的主要道路,一般为连接港区主要出入口的道路;② 次干道:港内码头、库场、生产辅助设施之间交通运输较繁忙的道路;③ 辅助道路:库场引道、消防道路以及车辆和行人均较少的道路。

港内道路系统尚应包括停车场、汽车装卸台位等设施。集装箱泊位的停车场须专门考虑。港外道路与港内道路的主要技术指标如表 5-17 和表 5-18 所示。

表 5-17　港外道路主要技术指标

指标名称		Ⅰ类港外道路	Ⅱ类港外道路
计算行车速度/(km/h)		80	60
路面宽度/m		2×7.5	7.0~9.0
路肩宽度/m		0.75~1.50	0.75~1.50
极限最小圆曲线半径/m		250	125
不设超高最小圆曲线半径/m		2 500	1 500
停车视距/m		110	75
会车视距/m		220	150
最大纵坡/%		5	6
极限最小竖曲线半径/m	凸形	3 000	1 400
	凹形	2 000	1 000

表 5 - 18　港内道路主要技术指标

指标名称		主干道	次干道	支道
计算行车速度/(km/h)		15	15	15
路面宽度/m	一般港区	9.0~15.0	7.0~9.0	3.5~4.5
	集装箱港区	15.0~30.0		3.5~4.5
最小圆曲线半径/m	行驶单辆汽车	15	15	15
	行驶拖挂车	20	20	20
交叉口路面内缘最小转弯半径/m	载重 4~8 t 单辆汽车	9	9	9
	载重 10~15 t 单辆汽车	12	12	12
	载重 4~8 t 单辆汽车带挂车	12	12	12
	集装箱拖挂车	15	15	15
	载重 40~60 t 平板挂车	18	18	18
停车视距/m		15	15	15
会车视距/m		30	30	30
交叉口停车视距/m		20	20	20
最大纵坡/%		5	5	5
最小竖曲线半径/m		100	100	100

3. 堆场和仓库

由于船舶和车辆这两种载运工具的容量相差很大,故必须在码头后方设置缓冲区——仓库和堆场,以保证船舶和车辆都能快速周转。直接服务于船舶装卸作业需要的仓库和堆场,称为一线库场。干散货和集装箱一般采用露天堆场,而件杂货通常以设置仓库为主。

一线库场所需面积的大小,与泊位的年吞吐量、入库场货物的种类、货物的平均堆存期、单位面积的堆积量等因素有关。通常,一个万吨级泊位的库场面积不宜小于 10 000 m²,中级泊位的库场面积不宜小于 5 000 m²。库场的长度比泊位长度要短些,以便在相邻库场间留出运输通道。

在集疏运条件差、货物集散慢、批量多而杂、加大一线库场容量受限制的情况下,为了保证港口的吞吐能力,有必要设置二线库场。根据经验,泊位每延米码头线所需要的库场总面积至少应为 100 m²,可以据此粗略地估计库场总面积需求值。该值与一线库场所采用的面积差值,即为二线库场所需的概略面积。集装箱码头需要宽广的堆场,一个集装箱泊位所需的堆场面积约为 4 000 m²。

5.4.5　港口在城市中的布置

港址是一个港口合理发展的基础,港址选择是一项重要而复杂的工作,直接影响港口各发展阶段的建设投资、建设速度、营运效益和船舶运行安全。要合理选择港址,必须对地区自然条件进行全面的勘测与分析,根据自然条件特点,结合港口性质、发展规模等,从各方面全面比较后确定。

1. 港址选择的基本要求

1) 满足总体发展要求

随着国际贸易的发展,部分或全部具有自由贸易区地位的港口是吸引跨国公司子公司(业务)进入港口、扩充转口贸易量、发展分运业务的催化剂,可为港口发展提供巨大的货流。在条件许可时,港址与自由贸易区(保税区)、出口加工区宜同步规划,一旦政策允许即可运作。一些港口对某些工业活动有天然的吸引作用,港址选择要考虑吸引工业区等的建立,促使港口更多地为城市和区域经济发展创造机会和条件。

(1) 因地制宜处理港区与城市人口集中区的关系。港区与城市人口集中区分离的概念:将港口移出老城区,形成新的港区和新的城区,寻求发展互不干扰的城市用地布局。与上述相反的概念:采取必要的环境保护措施,妥善设置集疏运通道,视港口为城市有观赏特色的景观,在港区的一定范围内采用开阔式的布置,并取代城市部分功能。

(2) 港址选择应综合考虑近期和长远的发展,至少要为港口提供 30 年合理发展的基础,随运量增加可在此基础上陆续安排建设项目。

(3) 新港址应与原有港区相协调,并有利于原港区改造,使之适应新的需要。新港址应有利于发挥新老港区的综合功能。

2) 满足航行与停泊要求

(1) 进港航道水深和码头水深条件,需满足相应吨级船舶吃水的要求。一般港址天然水深很少能满足要求。因此,须弄清基岩埋深标高,以便通过疏浚达到水深要求。一般而言,在岩石上开挖航道和港池是不可取的。近 20 多年来,稳定增长的国际贸易海运量和对规模经济的追求,促进了船舶大型化,导致港口水深要求提高,使港址向能提供深水的下游和外海转移。

(2) 开挖的航道和港池,维护性挖泥量不能太大。从营运经济条件考虑,可大致估算单吨吞吐量所分担的维护挖泥量,以便进行费用比较。回淤问题在选址阶段就应着手研究,有利于对港址选择做出正确的评价。

(3) 水域宽阔,足够布置船舶回旋、制动、港内航行、停泊作业和港池等水域。在大中型港口亦要有为地方小船、驳船、港作船和游艇等留有适合的水域,以布置各种功能的锚地。水域最好有一定的天然掩护,以减少人工防波堤的工程量,水流、流冰等不致过分影响船舶作业。

(4) 水域地质条件好,承载力高,减少水工建筑物的投资。

3) 岸线及陆域要求

(1) 有足够的岸线布置不同的作业区,对危险品和污染严重的货种,能与其他区域保持足够的距离。

（2）综合港区岸线，传统的港区平均纵深一般不宜小于700 m。随着船舶吨位的增大和装卸效率的提高，对大量岸上土地的需要愈来愈迫切，港区纵深将愈来愈大，否则将会限制港口效率的发挥。

（3）有足够的布置分区车场及港口车站的面积和适宜的地形。分区车场占地长度一般为600～750 m。由于对铁路线路、站场限制坡度要求较严，分区车场线路宜布置在平道上，困难时坡度不得大于1.5%。

（4）港外疏港道路能方便地与国家高速公路或干线公路相衔接。不穿越或少穿越城市干路及城市生活性道路系统，而港城自身的货物运输又能方便地与城市道路联系。

（5）在内河水网发达地区，港址可充分利用水运集疏运条件，包括可能开挖一定长度的运河使港区与水网相连。

（6）水、电接线方便，区外工程投资适度。

（7）尽量少占农田。

近年来，我国许多城市水运交通萎缩严重，其重要原因之一是港口规划与建设的滞后，造成岸线资源浪费、港口吞吐量受到制约以及水陆协作的不便。因此，必须重视水运在对外交通体系中的作用，合理规划港口，激发水运的优势。

2. 岸线分配

港区各作业区的布置，首先应满足生产要求，其次要避免各作业区之间的相互干扰，还要注意与城市其他各项建设密切配合。岸线分配总的指导思想是"深水深用、浅水浅用、统一规划、各得其所。"下面为具体原则。

（1）尽可能使需用岸线的单位各自选择自然条件最适宜的岸线段，同时又符合城市总体规划的要求，以获得最佳的使用效益。

（2）岸线是城市的宝贵资源，应节约岸线的使用。在总平面布置时，尽量减少占用岸线长度。在进行填海造地等工程措施时，避免缩短岸线，争取增加岸线长度。

（3）岸线规划应理解为空间布局，包括岸线内外侧一定范围的水域与陆域，考虑到城市、港口的进一步发展，岸线分配时应留有余地。

（4）对岸线的开发、利用、改造，涉及城市的防汛、排碴、航运、水利、水产、农业排灌、河海动力平衡、泥沙运动、生态平衡等问题，应进行综合研究。

（5）注意各区段之间的功能关系。对有污染、易爆、易燃的工厂、仓库、码头的布置，要考虑不危及航道、锚地、城市水源、游览区、疗养区、海滨浴场等水、陆域的安全和卫生要求。

（6）为城市居民服务的快慢件货运作业区和客运码头，要接近城市中心地区，并与市中心、铁路车站、汽车站有便捷的交通联系。

（7）为城市服务的货运作业区应布置在居住区的外围，接近城市仓库区，并与生产消费地点保持最短的运输距离，以免增加不必要的往返运输和装卸作业。

（8）中转联运作业区应布置在市区范围外，与城市对外交通有良好的联系，便于铁路接轨（进线），布置调车站场，并最大限度地减少对城市的干扰。

（9）煤、水泥、矿石、石灰等多尘和有气味的货物作业区，应布置在其他各类码头的下风向，并远离生活区。与客运码头，食盐，粮食，杂货等码头保持一定距离，以免污染干扰。

3. 港口与城市用地布局的关系

1）港口与城市居住区的关系

有些城市位于河流一侧；有些城市河流从城市中蜿蜒而过，把城市用地分割成若干部分；也有些城市邻近天然湖面。城市应与自然水面相结合，给城市增添美丽的景色。为了给居民创造良好的生活环境，港区应在生活居住区的下游下风。沿河两岸发展的城市，还应注意使沿河两边有欣赏城市景色的可能，即留出一定范围的生活岸线。

2）港口与工业用地的关系

沿江靠河的城市，较易解决水运交通和用水问题，给工业发展带来有利条件。城市的工业布点应充分利用这些有利条件，把货运量大的工厂（如钢铁厂、水泥厂、炼油厂等），尽可能靠近通航河道设置，并规划好专用码头。以江河为水源的工厂、供城市生活用水的水厂，取水构筑物位置的设置应符合有关规定。港区污水排放应考虑环境保护要求，严禁将不符合排放标准的废水直接排入江、河、湖中。

某些必须设置在港口城市的工业，如造船厂，则须有一定水深的岸线及足够的水域和陆域面积，应合理安排船厂位置和港口作业区，以免相互干扰。

3）水陆联运

港口是水陆联运的枢纽，大量的旅客集散、车船换装和过驳作业都集中于此，港口是城市对外交通和城市道路网中的重要一环。在规划设计中，要妥善安排水陆联运和水水联运。

当货物需要通过道路转运时，港区道路出入口位置应符合城市道路网规划的要求，避免把出入口开在城市生活道路上。

沿河两岸和河网地区建设的城市，还应注意两岸的交通联系和驳岸规划（蓝线规划）。桥梁的位置、高度，过江隧道位置、出入口，轮渡、车渡等位置，除应与城市道路网相衔接外，还要与航道规划统筹考虑，使之既能满足航运的要求，又方便市内的交通联系。过江电缆等水下工程设施的位置也应统一规划，集中设置，以减少对水上交通干扰。

5.5　航空运输系统规划

机场是指在陆地上或水面上划定的区域（包括各种建筑物、装置和设施），其全部或部分可供飞机起飞、着陆和地面活动使用。机场是旅客、货物、邮件等在地面与空中之间的交换点，也是供飞机起降、停驻及进行其他航空作业的场所。可见，机场是城市航空运输环节中不可缺少的重要组成部分。

机场规划是规划人员对某个机场为适应未来航空运输需求而做的发展设想，它可以是一个新建机场，也可以是对现有机场某些设施的扩建或改建。机场规划的目的是为了确定机场的位置、机场布局、机场设施的发展规模、机场设施的修建顺序等。

机场规划首先要收集基础信息，包括现有机场情况、空域结构、机场周围环境、机场地面交通、国土空间规划、区域经济规划等。其次根据需求预测、确定机场的规模、跑道数、跑道长度、停机坪面积、航站楼面积、出入机场地面交通类型等。

航空运输缩短了时间和空间的距离，加强了相互交往与合作，对城市经济社会的发展带来了深远的影响。为了充分发挥航空运输在城市对外交通中的作用，在进行国土空间规划时主要应做好如下工作：① 合理确定机场在城市中的布局；② 解决城市与机场之间的交通联系;③ 确定机场地区的建筑(构筑)物的建筑限界。

5.5.1 机场的分类、分级及组成

1. 分类

机场有不同的分类方法,按照所处自然条件,可以分为陆上机场和水上机场;按照起降的飞机类型,可分为供固定翼飞机起降机场和直升机机场;按照使用性质可以分为军用机场、民航机场以及军民合用机场。

民用机场分为运输机场和通用机场。运输机场是指为从事旅客、货物运输等公共航空运输活动的民用航空器提供起飞、降落等服务的机场。通用机场是指为从事工业、农业、林业、渔业和建筑业的作业飞行,以及医疗卫生、抢险救灾、气象探测、海洋监测、科学实验、教育训练、文化体育等飞行活动的民用航空器提供起飞、降落等服务的机场。

运输机场按航线性质分为国际机场和国内机场。国际机场是指对国际航班开放的机场,而国内机场则仅对国内航班开放。民用机场按航线布局的不同,分为枢纽机场、干线机场和支线机场。枢纽机场通常是大型机场,连接多个城市和地区;干线机场则连接省内或区域内的主要城市;支线机场主要服务于较小的地区或支线航班。机场按规划年旅客吞吐量规模分为超大型机场、大型机场、中型机场、小型机场(见表 5-19)。

表 5-19 机场按年旅客吞吐量规模分类

规划规模类别	年旅客吞吐量/万人次
超大型机场	8 000
大型机场	2 000~<8 000
中型机场	200~<2 000
小型机场	<200

2. 分级

机场的等级与机场各种设施的技术要求与运行飞机性能相关。机场等级按飞行区的等级划分,采用指标Ⅰ和指标Ⅱ两个指标进行分级。飞行区指标Ⅰ是根据使用该机场飞行区跑道的各类飞机中最长的飞机基准飞行场地长度,分为 4 个等级(见表 5-20)。飞行区指标Ⅱ是根据该机场飞行区的各类飞机中的最大翼展,分为 A~F 6 个等级,两者相较取其较高要求的等级(见表 5-21)。

表 5-20 飞行区指标Ⅰ

飞行区指标Ⅰ	飞机基准飞行场地长度/m	飞行区指标Ⅰ	飞机基准飞行场地长度/m
1	<800	3	1 200~<1 800
2	800~<1 200	4	≥1 800

表 5 - 21　飞行区指标Ⅱ

飞行区指标Ⅱ	翼展/m
A	<15
B	15~<24(不含)
C	24~<36(不含)
D	36~<52(不含)
E	52~<65(不含)
F	65~<80(不含)

不同等级的机场可满足不同类型的飞机起降,机场的等级越高可接受的飞机越大,如 4C 级机场可以接受波音 737、MD - 82 型飞机。

3. 组成

机场系统的组成可简单地划分为供飞机活动的空侧部分及供旅客和货物转入或转出空侧的陆侧部分,如图 5 - 23 所示。

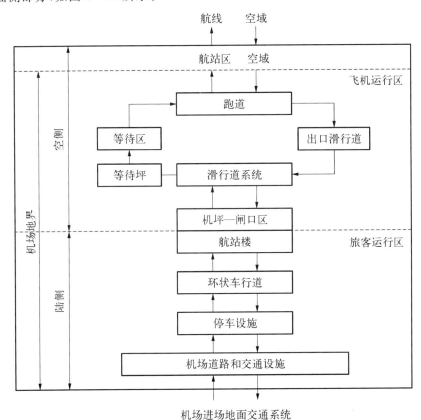

图 5 - 23　民用机场的基本功能关系

空侧部分包括航站区空域及飞行区两部分。飞行区是指供飞机起飞、着陆、滑行和停放使用的场地,包括跑道、跑道端安全区、滑行道、机坪及机场净空。

(1)跑道:是指机场飞行区内供飞机起飞和着陆使用的一块特定的长方形场地。

(2)跑道端安全区:是指对称于跑道中线延长线、与升降带端相接的一块特定地区,用来减少飞机在跑道端外过早接地或冲出跑道时的损坏。

(3)滑行道:是指飞行区中供飞机地面滑行使用的通道。

(4)机坪:是指飞行区内供飞机上下旅客、装卸货物或邮件、加油、停放或维修使用的特定的场地。

(5)机场净空:是指为保障飞机起降安全而规定的障碍物限制面以上的空间,用以限制机场及其周围地区障碍物的高度。

陆侧部分主要包括航站楼、出入机场的地面交通设施及各种附属设施。

(1)旅客航站楼:是指旅客和行李转换运输方式和办理换乘手续的场所。

(2)货运航站楼:是指货物转换运输方式和办理交付、承运手续的场所。

(3)出入机场交通设施:各种连接机场和市区的地面或地下的道路或轨道交通系统。

此外,还有各种附属设施:燃油、电力、食品供应设施,维修设施,安全(救援和消防)设施,商业和服务设施等。

5.5.2　机场净空

机场场址和跑道方位选择时,必须考虑净空要求,检查在规定的限制面上是否有障碍物存在。为保障航空器起降安全和机场安全运行,防止由于机场周围障碍物增多而使机场无法使用,规定了几种障碍物限制面,用以限制机场及其周围地区障碍物的高度。图 5-24 所示为机场净空的障碍物限制面示意。

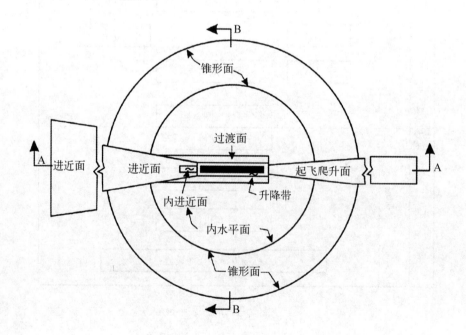

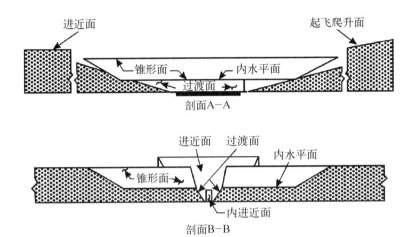

图 5 - 24　机场净空的障碍物限制面

1. 障碍物限制面

1）进近面

进近面是跑道入口前的一个倾斜的平面或几个平面的组合。其起端位于跑道入口前规定距离处，起算标高为跑道入口中点的标高。按规定的进近面起端位置、起端宽度和两条侧边的散开率自跑道中线延长线向两侧散开，并以规定的各段坡度和长度向上、向外延伸，直到进近面的外端（见表 5 - 22）。进近面的起端与外端均垂直于跑道中线的延长线。

表 5 - 22　进近跑道的障碍物限制面的尺寸和坡度

	非 仪 表 跑 道				非精密进近跑道			精密进近跑道		
									I 类	II 或 III 类
飞行区指标 I	1	2	3	4	1,2	3	4	1,2	3,4	3,4
锥形面										
坡度/%	5	5	5	5	5	5	5	5	5	5
高度/m	35	55	75	100	60	75	100	60	100	100
内水平面										
高度/m	45	45	45	45	45	45	45	45	45	45
半径/m	2 000	2 500	4 000	4 000	3 500	4 000	4 000	3 500	4 000	4 000
内进近面										
宽度/m	—	—	—	—	—	—	—	90	120ᵉ	120ᵉ
起端距跑道入口距离/m	—	—	—	—	—	—	—	60	60	60

153

（续表）

	非 仪 表 跑 道				非精密进近跑道			精密进近跑道		
								Ⅰ类	Ⅱ 或 Ⅲ类	
长度/m	—	—	—	—	—	—	—	900	900	900
坡度/%	—	—	—	—	—	—	—	2.5	2	2
进近面										
起端宽度/m	60	80	150	150	150	300	300	150	300	300
起端距跑道入口距离/m	30	60	60	60	60	60	60	60	60	60
两条侧边散开率/%	10	10	10	10	15	15	15	15	15	15
第一段 长度/m	1 600	2 500	3 000	3 000	2 500	3 000	3 000	3 000	3 000	3 000
第一段 坡度/%	5	4	3.33	2.50	3.33	2	2	2.5	2	2
第二段 长度/m	—	—	—	—	—	3 600[b]	3 600[b]	12 000	3 600[b]	3 600[b]
第二段 坡度/%	—	—	—	—	—	2.5	2.5	3	2.5	2.5
水平段 长度/m	—	—	—	—	—	8 400[b]	8 400[b]	—	8 400[b]	8 400[b]
总长度/m	—	—	—	—	—	15 000	15 000	15 000	15 000	15 000
过渡面										
坡度/%	20	20	14.3	14.3	20	14.3	14.3	14.3	14.3	14.3
内过渡面										
坡度/%	—	—	—	—	—	—	—	40	33.3	33.3
复飞面										
起端宽度/m	—	—	—	—	—	—	—	90	120[e]	120[e]
距跑道入口距离/m	—	—	—	—	—	—	—	c	1 800[d]	1 800[d]
散开率(每侧)/%	—	—	—	—	—	—	—	10	10	10
坡度/%	—	—	—	—	—	—	—	4	3.33	3.33

注：a 除有注明外,所有尺寸均为水平度量;
　　b 可变的长度;
　　c 距升降带端的距离;
　　d 或距跑道端距离,两者取其小者;
　　e 飞行区指标Ⅱ为 F 时,该宽度增加到 155 m。

2）过渡面

过渡面应从升降带两侧边缘和部分进近面边缘作为起端,按规定的过渡面坡度向上和向外倾斜,直至与内水平面相交。过渡面沿升降带两侧边缘底边上每一点的起算标高应等于跑道中线或其延长线上距该点最近一点的标高;沿进近面两侧的过渡面底边上的每一点的起算标高应为进近面上该点的标高(见表 5-21)。

3）内水平面

内水平面的起算标高应为跑道两端入口中点的平均标高。以跑道两端入口中点为圆心,按规定的内水平面半径画出圆弧(见表 5-21),再以与跑道中线平行的两条直线与圆弧相切成一个近似椭圆形,形成一个高出起算标高 45 m 的水平面。

4）锥形面

锥形面的起端应从内水平面的周边开始,其起算标高应为内水平面的标高,以 1∶20 的坡度向上和向外倾斜,直到符合规定的锥形面外缘高度为止(见表 5-21)。

5）内进近面

内进近面是紧靠跑道入口前的一块长方形。内进近面起端应与进近面的起端重合。按规定的内进近面的宽度、长度和坡度向上、向外延伸至内进近面的终端(见表 5-21)。

6）内过渡面

内过渡面对助航设备、飞机和其他必须接近跑道的车辆等物体进行控制。除了易折装置的物体外不得突出该控制面。内过渡面的底边应从内进近面的末端开始,沿内进近面侧边延伸到该面的起端,然后从该处沿升降带平行于跑道中线至复飞面的起端,再从该起端沿复飞面的侧边,按规定的内过渡面的坡度向上和向外倾斜,直至与内水平面相交(见表 5-21)。

7）复飞面

复飞面起端应位于跑道入口后面按规定的复飞面距离处并垂直于跑道中线,其起算标高为该起端跑道中线的标高。复飞面按规定的起端宽度、散开率向两侧散开,并以规定的坡度向上延伸,直至与内水平面相交(见表 5-21)。

2. 起飞爬升面

起飞爬升面起端应位于跑道端外规定距离处或净空道末端,其起端标高应等于跑道端至起飞爬升面起端之间的跑道中线延长线上的最高点标高,或当设有净空道时为净空道中线地面的最高点标高。起飞爬升面的起端宽度、末端宽度、两侧散开率、坡度及总长度等应符合表 5-23 中的规定值。

表 5-23　供起飞用的跑道的障碍物限制面的尺寸[a]和坡度

障碍物限制面及尺寸	飞行区指标 I		
	1	2	3 或 4
内边长度/m	60	80	180
距跑道端距离[b]/m	30	60	60

（续表）

障碍物限制面及尺寸	飞行区指标 I		
	1	2	3 或 4
散开率（每侧）/%	10	10	12.5
最终宽度/m	380	580	1 200（或 1 800ᶜ）
总长度/m	1 600	2 500	15 000
坡度/%	5	4	2ᵈ

注：a 除另有规定者外，所有尺寸均为水平度量；
  b 设有净空道时，如净空道的长度超出规定的距离，起飞爬升面从净空道端开始；
  c 在仪表气象条件和夜间目视气象条件下飞行，当拟用航道含有＞15°的航向变动时，采用 1 800 m；
  d 如当地条件与海平面标准大气条件相差很大时，宜适当减小坡度。如已存在物体没有达到 2% 坡度的起飞爬升面，新物体应限制在保持原有的无障碍物面或保持一个坡度减小至 1.6% 的限制面内。

3. 障碍物限制要求

跑道一端或两端同时作为飞机起飞和降落使用时，障碍物限制高度应按较严格的要求进行控制（见表 5-22 和表 5-23）。内水平面、锥形面与进近面相重叠部分，障碍物限制高度应按较严格的要求进行控制。当一个机场有几条跑道时，应按规定分别确定每条跑道的障碍物限制范围，其相互重叠部分应按较严格的要求进行控制（见表 5-21 和表 5-23）。

新建筑物或现有建筑物进行扩建的高度均应按对各障碍物限制面的规定（见表 5-21 和表 5-23）严格控制，并考虑机场发展对障碍物更严格的限制要求。在机场净空范围内超过规定限制高度的现有物体应予拆除或搬迁，除非以下两种情况：① 经过专门研究认为在航行上采取措施，该物体不致危及飞行安全，并经民航行业主管部门批准，该物体应按规定设置障碍灯和（或）标志；② 该物体被另一现有不能搬迁的障碍物所遮蔽。

除了由于其功能需要必须设置在升降带上的易折物体外，所有固定物体不得超出内进近面、内过渡面或复飞面。在跑道用于飞机着陆期间，不得有运动的物体高出这些限制面。

除障碍物限制面以外的机场地区，高出机场地面标高 150 m 或更高的物体都应视为障碍物，除非经航行部门研究认为它们并不危及飞行安全。物体未高出进近面，但对目视或非目视助航设备有不良影响时应尽可能地予以拆除。任何物体，经航行部门研究认为对飞机活动地区上或内水平面和锥形面范围内的空间的飞机有危害时，应视为障碍物，尽可能将其移去。

5.5.3　机场在城市中的布置

机场选址是整个机场规划设计工作中极其重要的一环，关系到机场本身以及整个城市的经济、社会和环境效益。随着航空运输及城市经济社会的发展，机场给城市生活带来的一些问题也日益受到人们的关注。例如，机场与城市的交通联系，机场的飞机起降，通信活动对城市的干扰，等等。正确选择机场在城市中的位置，合理构建机场与城市之间高效、便利的交通联系是机场规划的关键任务。

1. 机场的用地规模

机场用地包括飞行区用地、航站区用地、货运用地、机架维修用地、生产保障用地、公用设施用地、综合交通用地、环境及其他用地。

机场的用地规模与其类型、级别以及服务设施的完善程度有关，如跑道数量、布局形式、航站楼及附属设施、经营体制和管理水平等。即使是同一类、同一级的航空港，其用地大小差别也很大，很难用统一的指标进行计算。最简单的机场可主要由一条跑道与一座小型航站楼组成，用地不过几十公顷。然而，大型的国际航空港，除了本身庞大的设施外，还有大量为航空港服务或由于航空港设置而带来的相关功能，如旅游服务、职工生活、商业贸易、工业加工等，实际上形成了一个以航空交通为中心的航空港城，其用地可达上千公顷。

从世界主要航空港的用地规模和发展情况来看，普遍有着越来越大的发展趋势。一般情况下，每万人次客运量的机场用地约 1 hm²。从航空港用地的组成来看，其主要部分还是飞行区，跑道、滑行道系统的数量、布置形式是确定用地规模的主要因素。国外一般将机场分为大、中、小三种规模，如表 5-24 所示。

表 5-24　国外机场用地规模建议

机 场 规 模	长度/m	宽度/m	面积/hm²
大	7 000	1 000	700
中	5 500	1 000	550
小	4 000	1 000	400

结合我国国情和经济发展状况，国内大型枢纽机场的规划用地应在 2 500 hm² 左右为宜，为未来发展留有足够的余地和灵活性。任何大型机场的建设都是百年大计，因此应在建设之初就为机场发展预留足够的发展空间。

2. 机场的选址

机场位置的选择应能长期保证飞机安全、正点、高效运行，应符合以下要求。

1）净空要求

这是对机场位置最主要的要求。如果跑道净空要求得不到满足，不但不能保证飞机起飞着陆的安全，而且难以保证运输任务的顺利完成。因此，在选择机场位置时，要尽量使跑道两端两侧的净空良好。从净空限制的角度，机场的选址应使跑道轴线方向尽量避免穿过城市市区，最好在城市侧面相切的位置。在这种情况下，跑道中心线与城市市区边缘的最小距离为 5~7 km 即可。如果跑道轴线通过城市，则跑道靠近城市的一端与市区边缘的距离至少应在 15 km 以上。

2）相邻机场位置关系

在进行机场选址时，可用表 5-25 中的飞机起降空域平面尺寸数据初步判别相邻两个机场的飞机起飞着陆是否会互相干扰。对于供 c 类、d 类飞机使用的两个飞行量不大的机场,如果其起降空域不重叠,就可以初步认为两个机场的飞机起飞着陆不会互相干扰。因此,若两机场的跑道平行而且不前后错开,则跑道间距可为 19 km。若其中有一个机场飞行量很大,则两空域之间要有 9 km 的缓冲距离,因而两机场的跑道间距应增至 28 km。对于供 a 类、b 类飞机使用的两个飞行量不大的机场,其空域之间要有 4 km 的缓冲距离,以便于机场发展。因而,如果两机场跑道平行,则其间距为 19 km(见图 5-25)。

表 5-25　机场飞机起降空域平面尺寸　　　　　　　　单位：km

飞机分类	空域总长度		空域总宽度	缓冲距离	
	跑道双向仪表进近	跑道单向仪表进近		交通量不大	交通量很大
a、b	37	27.5	15	4	13
c、d	56	47	19	0	9

注：① 供 a 类和 b 类飞机使用的机场所需空域,仪表进近长 18.5 km,起飞长 9 km,跑道每侧宽 7.5 km;
　　② 供 c 类和 d 类飞机使用的机场所需空域,仪表进近长 28 km,起飞长 19 km、跑道每侧宽 9.5 km。

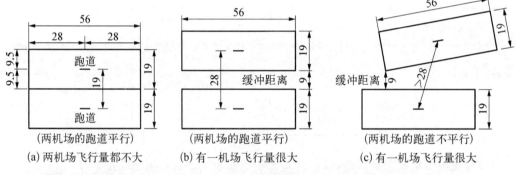

(a) 两机场飞行量都不大　　　(b) 有一机场飞行量很大　　　(c) 有一机场飞行量很大

图 5-25　障碍物限制面——互不干扰的机场间距要求(供 c 类、d 类飞机使用的机场)

随着航空事业的发展,机场的设置数量会愈来愈多,在以一个城市为中心的周围地区范围内,常会设置几座机场。一些大型交通枢纽城市往往设有几座航空港,各有分工,以满足不同类型交通的需要。如纽约、巴黎、伦敦、莫斯科等城市就都设有 3~4 座航空港。在我国,目前设多座航空港的城市尚且不多,但随着社会的发展,大城市中机场的数量将有所增加,这些城市进行航空港选址时必须考虑与地区内邻近机场的关系。对于一些航空交通量较小的城市,设置的航空港可考虑与相邻城市共用,其位置应当便于服务的地区使用。

3) 用地条件

(1) 机场的用地应尽量平坦,同时也要易于排水,坡度一般应在 5‰~3% ,避免大量的土石方工程。

(2) 机场的用地面积较大,应尽量利用劣地,少占良田。不少机场为节约用地,利用海涂滩地,填海修筑跑道,并利用海面作为净空区。

(3) 机场必须有发展备用地。由于飞机容量与速度的不断发展,交通量也不断增加,机场的技术设施、服务设施、地面交通设施也将不断扩大。因此,机场建设要考虑分期发展的可能,在选址时,应预留扩展的用地。

（4）机场的用地应有良好的工程地质和水文地质条件。机场尽量选在土壤和地质条件好,地下水位深的地方。要特别注意尽量避开滑坡、溶洞、膨胀土、盐渍土、湿陷量较大的黄土等不良土壤、地质条件的地段及淹没区。

跑道尽量不穿越河流,更要避免把整条跑道设置在河床上。在河流或湖泊附近修建机场时,要尽量把跑道设置在高出洪水位足够高度的地方,使跑道不被洪水淹没,飞行区不发生内涝。如果机场附近有大型水库,则要保证一旦水库破坏后,跑道不会被淹没。当机场建在山区时,应注意把跑道设置在不会遭受山洪或泥石流危害的地方。

（5）机场与重要军事基地、交通枢纽、大型油库、发电厂、电视塔、广播塔、架空高压输电线、电气化铁路等应有足够的安全距离。

（6）机场选址应避开大量鸟类集中栖息的生态环境,如容易吸引鸟类的植被、食物和掩蔽物地区,就不宜选作机场基地。

4）通信、导航要求

引导飞机着陆的导航设施有的设置在跑道中线的延长线上,离开跑道端的距离有一定要求。跑道的位置和方向一旦确定后,这些导航设施的位置也基本随之确定。在选择跑道位置和方向时,要兼顾导航设施的位置要求。避免机场周围环境对机场的干扰,保证机场通信、导航能正常进行。

5）气象条件

气象条件对机场运行的影响为两个方面:一是飞行安全,二是能否全天候服务。

（1）机场位置避开出现大风、暴雨、雷击、能见度低等不良天气较多的地区。

（2）机场位置避开盆地、谷地等浓雾易于滞留的地区。

（3）当机场距城市、大工厂、湖泊等不远时,应尽量设置在它们的上风方向,以减少跑道视程受到被风吹来的烟雾的影响,如图 5－26 所示。

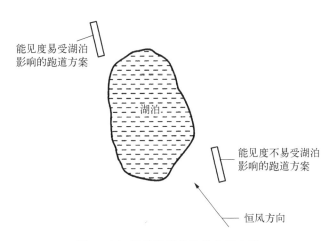

图 5－26　湖泊附近的跑道位置方案

（4）尽量把跑道方向设置在风力负荷最大的方向上,使风力负荷不低于 95％。

（5）在山区选择机场位置时,要避开容易产生风切变的地方。不仅要避开垂直方向风切变,还要避开水平方向风切变。

6)环保要求

机场位置必须符合环保要求,使机场建设和营运不会对环境造成明显污染,对社会环境也不会产生不良的影响,以保证机场与环境长期协调发展。此外,机场位置应选在造价低、营运费用和维护费用少的地方。为此机场位置应符合下列要求。

(1)噪声干扰。飞机活动产生的噪声对机场周围会产生很大影响,因此机场选址中噪声的影响是需要考虑的重要因素之一。一般认为,人们不能长期处于 85dB 的噪声环境中,否则将危害身体健康。噪声强度的分布范围是沿着跑道轴线(或航线)方向扩展的。跑道侧面噪声的影响范围远比轴线方向要小得多。因此,为减少飞机噪声的影响,城市建设地区(特别是生活居住区)应尽量避免布置在机场跑道轴线方向上。另外,居住区边缘与跑道侧面的距离最好在 5 km 以上。在特殊情况下,跑道轴线不得不穿越居住区时,则不论航空港的等级如何,居住区边缘与跑道近端的距离均不得小于 30 km。

综合上述净空限制、防止噪声干扰等因素考虑,机场的位置宜在城市的沿主导风向两侧,即机场跑道轴线方向宜与城市市区平行或与城市边缘相切,而不宜穿过城市市区。

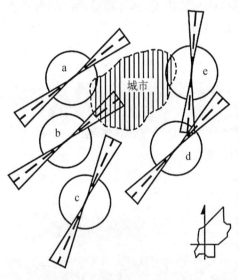

图 5 - 27　机场在城市中的位置

图 5 - 27 中,a、e、d 的位置是理想的,b 位置对城市干扰很大,应当尽量避免。在受自然地形等条件限制的情况下,无法达到上述要求时,则必须使机场远离城市(如图 5 - 27 中的 e 位置),以保证城市不受机场净空限制与噪声干扰。

(2)社会环境。机场选址需要考虑城市发展方向,避免对城市发展造成障碍。机场对城市建设的不利影响,主要表现为机场净空对建筑高度的限制,以及飞机噪声对土地利用的影响。在选址时,应使飞机起降活动区避开城市建设区。同时,机场选址应尽量使人们日常工作、出行活动等不受机场的阻隔。此外,机场选址应避开有开采价值的矿藏区,避开省市级以上的历史文物保护区和风景区。

3. 机场与城市的交通联系

随着现代航空技术的发展,对城市带来如下影响:① 由于机场对城市的噪声干扰愈来愈大,净空限制要求愈来愈高,航空港与城市的距离不断增加;② 由于航空交通量的不断增长,航空港的规模愈来愈大,从而带来地面交通量迅速增长;③ 空中交通的速度不断提高,航时不断缩短。以上情况造成了空中交通时间不断缩短,而地面交通时间占全程时间的比重不断增加,大大削弱了航空技术发展所带来的优势。

1)机场与城市的距离

为使航空港与城市的联系比较方便,航空港不宜远离城市,应在满足合理选址的各项条件下,适当靠近城市。

根据世界各国的机场建设经验,机场选址在距城市中心 30 km 较合适,可以保证机场与城市的交通联系时间控制在 30 min 以内,而 10 km 以内的距离偏小,较难满足净空限制、防止噪声干扰等要求,且这种情况大多是旧机场。因此,新机场选址,建议与城市边缘的距离至少保持在 10 km 以上。

2)机场与城市间的交通流量预测

机场与城市的交通联系,不仅是航空旅客的需要,还是机场职工、接送者、观光者、工作访问的人员等的需要。随着货运量的不断增长,货运车也是机场与城市交通量的组成部分。

机场和城市间的交通流量预测包括客流量和货物量。客流量预测应包含旅客吞吐量、机场工作人员量、接送人员量及周边开发人流量等。货物量包括货邮吞吐量、机场及周边开发货物量等。

机场客流量预测应根据旅客吞吐量,预测接送客流量、员工通勤客流量;应根据配套轨道交通、市域铁路、道路网络等规划,结合区域交通出行方式结构发展目标,合理确定各种交通方式分担率,预测公共交通(包括市域轨道交通、城市轨道交通、地面公共交通)、出租车、网约车、社会车辆、非机动车、步行等各交通方式的分担客流量;应根据各交通方式分担客流量,结合机场功能定位、地理位置、服务范围等因素,预测机动车、公共交通、慢行交通出行空间分布。另外,机场周边区域交通量预测应根据周边用地开发强度提高以及城市公共交通服务提升对周边诱发产生的交通量。

3)机场与城市的交通联系方式选择

机场与城市的交通联系方式选择,主要取决于机场与城市之间的交通流量、距离和服务质量要求等因素。随着民用航空运输的发展和机场规模的扩大,进出机场的交通也呈现多元化趋势,除了常规的高速公路、快速路运输外,还有轨道交通(铁路、地铁、轻轨等)等方式。

机场与城市的交通联系应强调公交优先。对于客运组织以公共交通为主的机场,可通过市区的航空站来组织接送集散往来的旅客以及相关客流,可以在航空站办理旅行的有关手续。航空站最好选择在市区的边缘(大城市市中心区的边缘)通向机场方向的位置,并有快速通道直接到机场。

大型机场都趋向采用轨道交通作为主要的集疏运模式,并积极开发多式联运,为航空旅客提供便捷、舒适的海陆空联程服务。通常航空旅客对地面旅行时间和速度的要求相对较高。据有关分析,根据不同的舒适程度等因素,航空旅客可以忍受的地面旅行时间为 2~3 h。如果采用常规的道路交通和城市轨道交通作为机场的集疏运系统,机场的辐射范围相当有限,最多可辐射到 200 km 的范围。我国高速铁路、城际铁路等高速交通大量建成,使机场的辐射范围大大增加,为大型机场开展大都市区域的空铁联运服务提供极大的便利。

5.6　城市综合客运枢纽规划

2005 年,上海提出在虹桥机场西侧发展虹桥综合客运枢纽的构想,次年开工建设,2010 年世博会前正式投入运营。上海虹桥综合客运枢纽规划用地约 26.26 km²,整合民用航空、高速铁路、磁悬浮、城际铁路、城市轨道交通、公共交通和个体化交通等多种运输方式,实现高效、集中、便捷换乘,成为综合客运枢纽发展史上的典型范例。

所谓城市综合客运枢纽,是指将两种及以上对外运输方式与城市交通的客运转换场所在同一空间(或区域)内集中布设,实现设施设备、运输组织、公共信息等有效衔接客运基础设施。

大型综合客运枢纽是构建大城市客运交通体系的关键性节点,承担着包括对外交通和市内交通多种不同交通方式衔接与换乘等重要功能。它的最大特点表现为规模宏大、功能复杂,在城市土地空间利用集约的同时功能设施高度综合集成,从而带来了内部人员综合换乘、外部车辆快速集散的巨大压力。同时,随着社会经济一体化的发展,大型综合客运枢纽不仅是交通运输的节点,也是城市区域发展的驱动器;一个大型综合客运枢纽的建成,往往能起到带动一片城市区域发展的巨大经济作用。

5.6.1 综合客运枢纽分类

根据综合客运枢纽中主体交通设施数量,可以分为单一主体模式枢纽、多主体模式枢纽。

1. 单一主体模式

由单一主体交通设施构成的综合客运枢纽称为单一主体模式枢纽,此类枢纽可依据主体交通划分类型。主要有航空、铁路、公路三种类型。① 航空综合客运枢纽是以航空为单一的对外交通方式,配套公路和轨道等交通换乘设施和开发设施共同组成交通综合体。比如,位于日本名古屋的中部机场是以航空为主体,配套轨交、公交巴士、船运等换乘设施和停蓄车设施的单一型航空综合客运枢纽。② 铁路综合客运枢纽是以铁路为主体对外的交通设施,同时兼有公路、轨道等旅客换乘交通方式的交通枢纽。典型的铁路枢纽如上海火车南站,主体交通设施为铁路,同时配套长途汽车、公交巴士和轨道交通等多种换乘设施。③ 公路综合客运枢纽是以长途巴士为对外的交通设施,以分布在城市区域的公路运输站场、连接这些站场的道路组成的站场有机体。

2. 多主体模式

构成综合客运枢纽的主体交通设施有两种或多种对外交通设施组成,此种枢纽为多主体模式。① 空-铁综合枢纽是同时以航空和铁路为主要的对外交通方式,两者共同发送旅客,并实现旅客的中转换乘甚至联运,同时配套完善的交通综合体。比如德国法兰克福机场,同时拥有航空和高速铁路两大对外的交通主体,并且实现空铁联运。② 公-铁综合枢纽包含长途巴士和铁路两种主体同时对外的交通设施,配套其他城市交通换乘体系成为公-铁综合客运枢纽。③ 空-铁-公综合枢纽同时包括了航空、铁路和长途巴士三种对外的交通方式,配套换乘设施,停蓄车设施等辅助设施的综合客运枢纽。

5.6.2 综合客运枢纽功能构成

大型综合客运枢纽的功能构成分周边交通设施和建筑本体两大块。周边交通设施主要是指枢纽与所在区域连接的外部交通设施,包括道路、轨道线路和外围站场等;建筑本体是指枢纽内部各功能组团,包括主体设施、换乘设施、停蓄车设施、商业开发等。

1. 周边交通设施

综合客运枢纽是区域交通运输网上的枢纽节点,它的主要功能是连接区域或城市内外交通,在研究交通枢纽布局规划时,必须考虑城市交通系统与交通枢纽的相互关系(见图 5 - 28)。

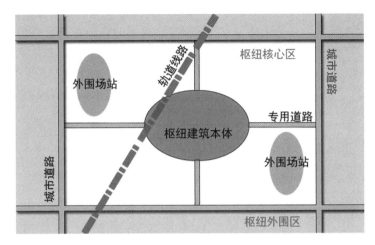

图 5 - 28　综合客运枢纽周边设施构成简图

(1) 道路主要承载道路交通工具包括公交巴士、长途巴士、出租车和社会车辆等;交通枢纽与道路衔接主要在于保证交通衔接畅通,枢纽内部交通工具能够快速集散,道路不会因来自枢纽的交通压力而堵塞。

(2) 轨道交通主要包括铁路、城市地铁等轨道交通工具的线路,此类交通工具按照固定的线路、固定的时间表运行,运送速度快,运送能力强;枢纽与外部轨道交通网衔接的关键在于能够便捷地连接城市中心或轨道交通换乘枢纽,快速集散客流。

(3) 外围场站主要是指公交巴士、长途巴士、小汽车外围停车场站,枢纽与外部场站之间需通过捷运巴士或捷运轨道系统连接。

2.建筑本体

交通枢纽是集多种交通功能、综合开发于一身、庞大且复杂的综合体(见图 5 - 29)。它主要包括主体设施、换乘设施、停蓄车设施、开发设施等,它的主要功能体现为对客流的

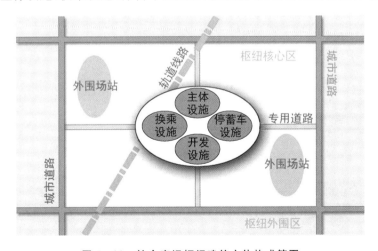

图 5 - 29　综合客运枢纽建筑主体构成简图

转移和疏散,综合开发功能则需根据具体的项目情况而定。① 它的主体设施主要包括航空、铁路、公路、港口等对外的交通设施;根据枢纽的类型,主体设施由上述交通设施中的一种或几种组合而成。② 换乘设施的作用是配合主体设施完成旅客的集疏运,包括旅客(人流)换乘和交通工具转换两个方面;旅客(人流)换乘的设施主要是枢纽内部的换乘通道或换乘大厅;交通工具的转换包括主体设施门前车道边,枢纽内部的轨交站点和公交巴士站点等。③ 停蓄车设施作为交通枢纽内停放交通工具的设施,提供车辆暂时停放。④ 开发设施是为支撑周边区域开发及满足旅客多元化的需求,在枢纽的上部和周边区域内形成商业开发。

5.6.3 综合客运枢纽规划布局理论

1923 年,社会学家伯吉斯在研究城市社会阶层分布时提出了同心格局,以 5 个同心环状带的形式描绘了城市土地空间结构,后来逐步发展成为"圈层模式"。

"圈层模式"是综合客运枢纽区域规划的理想模式。它以综合客运枢纽为中心,将枢纽运行的直达服务,由枢纽站场功能和辅助服务配套功能,由远近分层,按照与枢纽关系密切程度,进行总体布局,符合"紧凑城市理论"。

结合上海虹桥、杭州萧山机场、杭州西站、乌鲁木齐等大型综合客运枢纽的规划建设实践,根据大型综合客运枢纽在不同层面的交通需求特征和相应匹配的交通设施,以及其功能与发展目标,形成三圈层的体系结构,从微观到宏观分别为枢纽核心区、枢纽扩展区与辐射影响区(见图 5 - 30)。第一圈层即枢纽核心区重点解决集散交通与枢纽运输之间衔接与转换,后两个圈层主要内容为枢纽在不同服务空间层次范围内客货流集散的设施布局和运输组织。

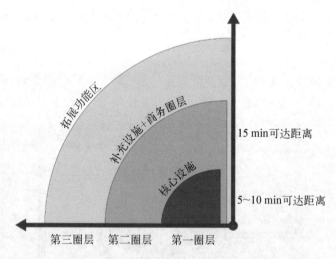

图 5 - 30　基于圈层模式的枢纽地区规划简图

第一圈层,为枢纽核心区,取 5～10 min 的合理步行半径,一般约为 500 m,站区(站本体)及站前广场。其规模根据枢纽客流量规模确定,一般面积 0.4～2 km²,主要包括站本体与交通换乘设施,还应考虑建立与城市一体化的综合交通网络,一方面,充分利用场站空间,打造零换乘系统;另一方面,形成合理的交通的流线组织,最大限度地为旅客提供方便、快捷、舒适的服务。

第二圈层,为枢纽扩展区,多指 15 min 可达的区域(含轨道、公交等),半径一般在 500～2 500 m;具体可根据实际用地限制条件,一般面积 3～10 km²。作为第一圈层的补充与扩展,综合客运枢纽直接拉动区域,其用地包括办公、商务、居住以及文化、教育、医疗、产业等。各类功能用地与枢纽关联性降低,逐步向常态化的城市功能组织、空间结构和土地利用平衡过渡。

第三圈层,为辐射影响区,枢纽所辐射影响的城市功能片区。枢纽的辐射影响区通常在 5 km 范围外。第三圈层是间接催化功能区域。在功能组织、空间结构等方面,与枢纽关联性较弱,该区域主要布置为依托枢纽交通便利和商务经济区的产业服务延伸和拓展。该圈层的规划重点是在更大范围内协调枢纽地区的交通组织,提高站场服务效率,保持站场地区与城市的整体布局和功能协调,以实现城市区域地位提高、辐射能量扩大等战略目标。

5.6.4 综合客运枢纽总体设计要点

1. 总体要求

(1)综合客运枢纽设计应以详尽的交通调查为依据,采用宏观与微观、定性与定量相结合的分析手段进行枢纽交通需求分析。综合客运枢纽交通预测包括枢纽客运总量预测、交通方式分担率预测及各种交通方式间乘客换乘流量预测。

(2)综合客运枢纽客流预测应与主体交通方式保持一致,以建成运营第一年为起始年,铁路枢纽设计客流预测年限为 20 年,航空枢纽客流预测年限为 30 年,轨道交通枢纽客流预测年限为 25 年,汽车枢纽客流预测年限为 20 年,港口枢纽客流预测年限为 20 年,对于不同对外组合方式的客运枢纽应按年限大的进行预测。城市客运枢纽客流预测宜按初期 3 年、近期 10 年及预测年限分别进行预测。

(3)综合客运枢纽应根据枢纽交通预测量、枢纽功能定位、开发配套需求、设施布置要求等合理确定枢纽技术等级、枢纽用地规模、枢纽建筑主体规模及相关配套设施规模。对于不易改扩建的建筑物及设施规模宜按远期要求进行设计;对于易改扩建的建筑物及设施规模可按近期进行设计,并预留远期设置条件。

(4)综合客运枢纽应采用合理的交通衔接方式,枢纽交通衔接方式应符合表 5-26,同时应保证枢纽内部交通与外部交通衔接合理,交通组织应遵循"以人为本,换乘有序、流线顺畅、公交优先"的原则。

表 5-26 综合客运枢纽交通衔接方式要求

主导类型	吞吐量/发送量（万人次/年）	对外衔接方式			对内衔接方式					
		航空	铁路	公路	轨道	出租车	公交	网约车	社会车辆	非机动车及步行
航空	>2 000	●	◎	●	●	●	●	●	●	●
	500～2 000	●	○	●	◎	●	●	●	●	●
	<500	●	—	●	○	●	●	◎	●	●

（续表）

主导类型	吞吐量/发送量（万人次/年）	对外衔接方式			对内衔接方式					
		航空	铁路	公路	轨道	出租车	公交	网约车	社会车辆	非机动车及步行
铁路	＞2 000	○	●	●	●	●	●	●	●	●
	500～2 000	—	●	●	◎	●	●	●	●	●
	＜500	—	●	◎	—	●	●	○	●	●
公路	＞250		●	●	◎	●	●	●	◎	●
	100～250		●	●		●	●	●	●	●
	＜100		●			●	●	○	●	●

注：●表示应；◎表示宜；○表示可；—表示无要求。

（5）综合客运枢纽的建筑体设计应满足客流换乘、设施运营及应急管理需求，合理确定各类用房及空间的功能布局，并应具有良好的通风、照明、卫生、防灾等条件。

（6）综合客运枢纽的区域功能开发应体现交通功能优先的理念，应根据枢纽级别、距离和地籍权属等进行划分，区域开发范围由内向外可划分为核心区、扩展区、影响区。枢纽核心区的城市功能开发应优先与枢纽站房建立空间联系，体现站城融合等理念；扩展区与影响区的城市功能开发应与周边城市开发相协调和融合。

2. 枢纽本体交通设计要点

（1）合理分析站址周边的交通、土地、环境等约束条件，因地制宜，近远结合，弹性发展，要求土地利用集约高效，合理确定枢纽规模和布局。

（2）枢纽布局应以站房设施和主要换乘设施为中心，停蓄场设施以模块化、单元化、分块布置，遵循近远结合的原则，其形式围绕主体设施进行布局。

（3）站房设施、停蓄场设施、换乘设施、商业服务设施、道路市政设施设置宜布局在功能流线上，尽可能立体、叠合以节约用地，既满足快速便捷，又满足人们对各种城市服务功能的需求，真正把枢纽变成旅程的终端，而不是交通驿站。

（4）核心区布局需充分考虑建设时序的要求和影响，并对后期建设规划设施做好衔接和预留。核心区布局整体宜集中、紧凑，水平贴临、上下叠合。

（5）枢纽客流交通应分离过境交通，但枢纽本体交通与周边商务区交通仍然需要便捷联系，并非只考虑步行到达。枢纽本体交通与枢纽综合开发交通做到分合有序、互相融合。

（6）换乘设施依据主要客流方向布置，尽可能提高综合换乘效率。综合考虑换乘量、换乘时间、换乘距离、换乘服务水平、换乘设施建设成本，以换乘量大的设施布局优先靠近站房设施，以综合效益最佳的原则进行布局。换乘量大的交通设施间的换乘距离宜小于200 m，换乘量小的交通设施间的换乘距离宜小于300 m。

（7）大巴车、出租车、网约车、小汽车的上下客区宜接近站房设置；出发下客区宜靠近进站口，到达上客区宜靠近出站口；上下客站点需匹配主体设施旅客出发到达，宜实现到发分离。

（8）大巴停车场，出租车、网约车、蓄车场的设置宜利用枢纽周边使用效率较低的边角土地，与上下客站点分离，宜实现场站分离。小汽车短时停车设施宜贴近枢纽核心区布局，长时停蓄车设施宜远离枢纽核心区，适当分离。

（9）在枢纽内应设置非机动车停车场，并配套公共自行车，完善枢纽周围慢行交通网络，引导枢纽直接吸引采用小汽车停车换乘（P&R）或非机动车停车换乘（B&R）的方式。

（10）各部分设施布局依据管理要求，应做到界面清晰，满足不同管理部门运营需求。

3. 枢纽周边区域交通设计要点

（1）枢纽周边商务区综合开发宜尽可能贴近枢纽本体或称枢纽核心区，充分利用交通运输优势条件，优先考虑满足枢纽本体和商务的高品质出行需求，枢纽周边区域与枢纽本体交通要求分合有序、互相融合，并符合区域内交通承载能力。

（2）枢纽周边商务区的综合开发宜在集疏运体系上设置专用的进出匝道或专用交通组织，宜与枢纽核心区集散交通组织分离。

（3）枢纽周边商务区的综合开发和交通配套服务水平和规模，应结合城市功能区划、区位优势、经济条件、人口资源环境条件等发展实际，兼顾当前和长远，量力而行、循序渐进、有序发展。

思　考　题

1. 简述交通运输系统规划的主要内容。

2. 简述公路的分类分级。

3. 城郊接合部的公路如何兼顾城市交通功能？

4. 简述公路网络规划的主要内容。

5. 简述高速铁路、城际铁路、客货共线铁路的差异性。

6. 如何提高城市客运、城市货运的多式联运？

7. 如何提高城市火车站、城市机场的综合交通枢纽功能？

第6章 城市的形成与发展

6.1 城市的形成与基本内涵

6.1.1 城市的形成过程

1. 居民点的形成

在原始社会漫长的岁月中，人类过着依附自然的采集经济生活。当时的原始人以穴居、树居等群居形式生活，没有固定的居民点。在长期与自然的斗争过程中，人类创造了工具，提高了自身的生存能力，开始捕鱼和狩猎，形成了比较稳定的劳动集体——母系社会的原始群落。随着生产能力不断提高，人们从采集的果实中发现了一些更适宜食用的植物，便予以集中栽植，这便出现了农业；从狩猎中发现了一些较温顺的动物可以集中牧养，便出现了畜牧业；于是原始群落中产生了从事农业与从事畜牧业的分工。这是人类的第一次劳动大分工。到新石器时代的后期，农业成为人们的主要生产方式，逐渐产生了固定的居民点。人们的生活与农业均离不开水，所以原始的居民点大多靠近河流、湖泊，而且大多位于向阳的河岸台地上。为了防御野兽侵袭和其他部落攻击，人们在原始居民点的外围挖筑壕沟，或用石、土、木等材料筑成墙或栅栏。这些沟和墙是防御性构筑物，也是城池的雏形。我国的黄河中下游、埃及的尼罗河下游、西亚的两河流域都是农业发展较早的地区，在这些地区的农业居民点以及在居民点的基础上发展起来的城市也出现得最早。

2. 城市的形成

物资交换形式是从"以物易物"开始的，也就是我国古代《易经》中所说的"日中为市，致天下之民，聚天下之货，交易而退，各得其所"。随着交换量的增加及交换次数的频繁，逐渐出现了专门从事交易的商人，交换物质的场所也由临时的市改为固定的市。随着原始部落的生产水平提高、生活需求多样化、劳动分工加强，逐渐出现一些专门的手工业者。商业与手工业从农业中分离出来，这就是人类的第二次劳动大分工。原来的居民点也发生了分化，其中以农业为主的便成了农村，一些具有商业及手工业职能的便成了城市。由此可见，城市是生产发展和人类第二次劳动大分工的产物。有了剩余产品就产生了私有制，原始社会的生产关系也逐渐解体，出现了阶级分化，人类开始进入奴隶社会。可以说，城市是伴随着私有制和阶级分化，在原始社会向奴隶制社会过渡时期出现的。世界上几个古代文明地区，虽然城市产生的时期有先后，但都是在这个社会发展阶段中产生的。

从我国文字的字义来看，"城"是以武器守卫土地的意思，是一种防御性的构筑物。"市"是一种交易的场所，即"日中为市""五十里有市"的市。但并不是所有防御墙垣的居民点都是城市,有的村寨也设防御墙垣。城市是有着商业交换职能的居民点。城市与农村的区别主要是产业的结构,也就是居民从事的职业不同。另外,居民的人口规模、居住形式的集聚密度也不相同。

6.1.2 不同类型的城市地域

1. 都市区/都市圈

1) 大都市区

大都市区(metropolitan district)是一个大的城市人口核心,以及与其有着密切联系的社会经济,具有一体化倾向的邻接地域的组合。大都市区是国际上进行城市统计和研究的基本地域单元,是城镇化发展到较高阶段时产生的城市空间组织形式。

美国是最早采用大都市区概念的国家,1980 年后称为大都市统计区,它反映的是大城市及其辐射区域在美国社会经济生活中的地位不断增长的客观事实。随着美国大都市区概念的普遍使用,西方其他国家也纷纷建立了自己的城市功能地域概念。例如,加拿大的"国情调查大都市区",英国的"标准大都市劳动区"和"大都市经济劳动区",澳大利亚的"国情调查扩展城市区",瑞典的"劳动-市场区"以及日本的都市圈等。在中国,最典型的是以上海为核心的"1+8"大上海都市圈。

2) 大都市带

1957 年法国地理学家 Jean Gottmann 在研究了美国东部大西洋沿岸的城市群以后,首先提出了大都市带(megalopolis)的概念:将许多都市区连成一体,在经济、社会、文化等各方面活动存在密切交互作用,巨大的城市地域,称为大都市带。Gottmann 认为当时世界上存在 6 个大都市带:① 从波士顿经纽约、费城巴尔到华盛顿的美国东北大都带;② 从芝加哥向东经底特律、克利夫兰到匹兹堡的大湖大都市带;③ 从东京横滨经名古屋、大阪到神户的日本太平洋沿岸大都市带;④ 从伦敦经伯明翰到曼彻斯特、利物浦的英格兰大都市带;⑤ 从阿姆斯特丹到鲁尔和法国北部工业聚集体的西北欧大都市带;⑥ 以上海为中心的城市密集地区。此外,还有 3 个可能成为大都市带的地区:① 以巴西里约热内卢和圣保罗两大城市为核心组成的复合体;② 以米兰-都灵-热那亚三角区为中心沿地中海岸向南延伸到比萨和佛罗伦萨,向西延伸到马赛和阿维尼翁的地区;③ 以洛杉矶为中心,向北到旧金山湾、向南到美国-墨西哥边界的太平洋沿岸地。

2. 全球城市

1) 全球城市区域

全球城市区域(global city region)既不同于普通意义上的城市范畴,又不同于仅因地域联系形成的城市群或城市辐射区,而是在全球化高度发展的前提下,以经济联系为基础,由全球城市及腹地内经济实力较为雄厚的二级大中城市扩展联合而成的一种独特的空间现象。这些全球城市区域已经成为当代全球经济空间的重要组成部分。

全球城市区域是以全球城市(或具有全球城市能的城市)为核心的城市区域,而不是以一般的中心城市为核心的城市区域。全球城市区域是多核心的城市扩展联合的空间结构,而非单一核心的城市区域。多个中心之间形成基于专业化的内在联系,各自承担着不同的角色,既相互合作,又相互竞争,在空间上形成了一个极具特色的城市区域。全球城市区域这一新现象的出现,并不限于发达国家的大都市及其区域发展的过程。实际上,这种发展趋势是在全球范围内发生的,包括发展中国家。

2) 全球城市

1991 年 Saskia Sassen 基于经济全球化的进一步深化和全球服务经济的迅猛发展,系统阐述了世界城市的全球服务功能,进而首次提出"全球城市"(global city)的概念。"全球城市"被视为是城市发展的高级阶段和国际化的高端形态,是全球经济系统的中枢或世界城市网络体系中的组织节点,对全球的政治、经济、文化具有控制力与影响力,往往是跨国公司和国际机构集中地、世界主要的金融中心和贸易中心、区域级的交通信息枢纽、国际文化的交流中心、具有独特人文精神的城市。

全球化和世界城市研究小组(GaWC)自 2000 年起不定期发布全球城市排名。该排名将世界级城市分为 6 个等级。

3. 城市群

城市群是城市发展到成熟阶段的最高空间组织形式,是指在特定的地域范围内,一般以 1 个以上特大城市为核心、3 个以上大城市为构成单元,依托发达的交通、通信等基础设施网络,形成空间组织紧凑、经济联系紧密,并最终实现高度同城化和一体化的城市群体。城市群是在地域上集中分布的若干特大城市和大城市集聚而成的庞大、多核心、多层次的城市集团,是大都市区的联合体。

4. 市域

市域是指城市行政管辖的全部地域。"市域"概念是我国行政体制改革出现的产物。1982 年国家改革市县分治行政管理体制,在经济发达的地域实行地、市合并即市管县,核心是市应用其一级政权的法律地位,对下辖县实行全方位领导,以统筹协调城乡关系,充分发挥区域中心城市的辐射作用,促进城乡一体化发展。因此从地域范畴上,"市域"包含直辖市和地级市的全部行政管理学区域,即市辖区、县、县级市、镇、乡等。它是直接面向基层群众、实施国家政令的"亲民""治事"管理层级,在国家治理中扮演至关重要的角色。

5. 市区

市区的一种含义是指行政区划内的地域,另一种含义是城市辖区内地理景观具有城市特征的地域。

6. 建成区

建成区是指城市行政区内实际已成片开发建设、市政公用设施和公共设施已基本具备的区域,是衡量城市发展的一项重要指标,能够反映一个城市的城市化程度,建成区面积的增速从侧面反映了城市发展的速度,为进一步研究城市地理、城市规划、城市生态等提供基础数据(见图 6 - 1)。

7. 城区

城区是指在市辖区和不设区的市,区、市政府驻地的实际建设连接居民委员会所辖区域和其他区域(见图 6 - 2)。

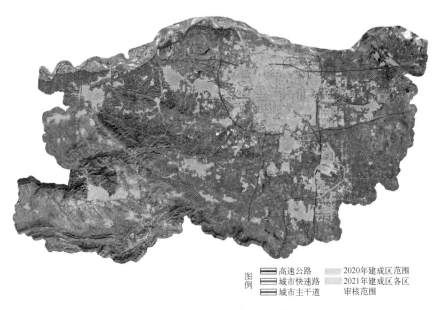

图 例　▭ 高速公路　▦ 2020年建成区范围
　　　▭ 城市快速路　▦ 2021年建成区各区
　　　▭ 城市主干道　　审核范围

图 6 − 1　建成区示意图（郑州市）

图 6 − 2　上海市主城区示意图

6.2　城市的发展与影响因素

6.2.1　城市的发展阶段

城市发展的历程是连续变化的,是众多因素综合作用的结果。城市发展阶段的划分有很多种方式,习惯上将城市的发展阶段划分为农业社会时期的城市、工业社会时期的城市以及后工业社会时期的城市。

1. 农业社会时期的城市

在农业社会历史中,尽管出现过少数相当繁荣的城市,并在城市和建筑方面留下了十分宝贵的人类文化遗产,但农业社会的生产力十分低下,对农业的依赖性决定了农业社会的城市数量、规模及职能都是极其有限的。城市没有起到经济中心的作用,城市内手工业和商业不占主导地位,而是主要以政治、军事或宗教为中心。农业社会的后期,以欧洲城市为代表孕育了一些资本主义萌芽,文艺复兴和启蒙运动的出现,使得西方市民社会显现雏形,为日后技术革新中的城市快速发展奠定了思想基础。

2. 工业社会时期的城市

18世纪后期开始的工业革命从根本上改变了人类社会与经济发展的状态。工业化带来生产力的空前提高及生产技术的巨大变革,导致原有城市空间与职能的巨大重组,并促进了大量的新兴工业城市形成,城市逐渐成为人类社会的主要空间形态与经济发展的主要空间载体。蒸汽机发明和交通工具革命以及工业生产本身的扩张趋势,加速了人口和经济要素向城市聚集,使城市规模扩张、数量猛增,产生了世界性的城镇化浪潮,城市真正成为国家和地区的经济发展中心。与此同时,工业文明也造成了环境污染、能源短缺、交通拥堵、生态失衡等诸多城市问题。

3. 后工业社会时期的城市

我们正在逐步进入后工业社会。后工业社会的生产力以科技为主体,以高新技术(如信息网络、快速交通等)为生产与生活的支撑,文化趋于多元化。城市的性质由生产功能转向服务功能,制造业的地位明显下降,服务业的经济地位逐渐上升。高速公路、高速铁路、飞机等现代化运输工具大大削弱了空间距离对人口和经济要素流动的阻碍。环境危机日益严重,城市的建设思想也由此走向生态觉醒,人类价值观念发生了重要变化并向"生态时代"迈进。后工业社会种种因素导致人们对未来城市发展形态及空间基础的多种理解,也为城市研究、城市规划设计提供了一个无比广阔的遐想空间。

6.2.2　城市发展的影响因素

城市是社会经济发展到一定历史阶段的产物,是技术进步、社会分工和商品经济发展的结果。人类社会有着数百万年的悠久发展历史,但城市的出现只有几千年。根据考古发现,人类历史上最早出现的城市大约在公元前3 000年。城市的形成与发展是在各种力量组合推动下的复杂过程,这些推动力量主要包括自然条件、经济作用、政治因素、社会结构、技术条件等。

城市是一个动态的地域空间形式,城市形成和发展的主要动因会随着时间和地点的不同而发生变化,现代城市发展开始凸显一些与以往不同的动力机制。

1. 自然资源开发和保护

工业化时期的城市发展很多是依托丰富或独特的自然资源,走资源开发型、加工型的发展模式,进而带动整个城市及其所在区域发展;但是随着资源存量的减少、枯竭,或当特色资源遭到破坏时,城市大多将面临再次定位、转型的选择,否则只能走向衰退。由此可见,自然资源开发与保护并存,对可持续发展的追求已成为现代城市发展的重要动因。

2. 科技革命与创新

科学技术是推动社会进步和城市发展的根本动力。一方面,科技革命与创新本身可以催生新的技术门类和产业部门;另一方面,又可以加速传统产业的升级改造,使传统产业重新焕发生机与活力,进而优化整个社会的产业构成,促进社会的全面发展与进步。

3. 全球化与新经济

全球化与新经济全球化的浪潮迅速席卷世界,新的经济形态和产业门类不断涌现,为城市发展提供了更多的选择。在全球化背景下的新经济发展不仅诞生了很多新兴产业,还使得城市作为经济发展的节点建立起更大尺度的全球性联系网络,从而对现代城市发展起到至关重要的影响。

4. 城市文化特质

城市是人类文化进步的产物,深入挖掘优秀的城市文化、积极培育先进的城市文化,有助于提高城市居民的科学文化素质,构筑城市的人才高地,增强城市的创新能力和竞争能力,确保城市的持续发展和繁荣。可以说城市文化特质是现代城市发展的持久动力。

6.3　城镇化及其发展

6.3.1　城镇化的含义

1. 城镇化的基本概念

城镇化表现为农业人口及土地向非农业的城市转化的现象及过程,包括以下几个方面。

(1) 人口职业的转变,即由农业转变为非农业的第二和第三产业,表现为农业人口不断减少,非农业人口不断增加。

(2) 产业结构的转变,第二和第三产业的比重不断提高,第一产业的比重相对卜降,农村多余人口转向城市的第二和第三产业。

(3) 土地及地域空间的变化,农业用地转化为非农业用地,由比较分散、密度低的居住形式转变为比较集中成片的、密度较高的居住形式,从与自然环境接近的空间转变为以人工环境为主的空间形态。

城镇化水平是指城镇人口占总人口的比重。人口按从事的职业可分为农业人口与非农业人口(第二和第三产业人口),按目前的户籍管理办法又可分为城镇人口与农村人口。

2. 城镇化的测度方法

通常采用国际通行的方法将城镇常住人口占区域总人口的比重作为反映城镇化过程的最主要指标,称为"城镇化水平"或"城镇化率",这一指标既直接反映了人口的集聚程度,又反映了劳动力的转移程度,目前在世界范围内被广泛采用,作为城镇化进程阶段划

分的重要依据。城镇化率的计算公式为

$$PU = U/P \qquad\qquad (6-1)$$

式中,PU 为城镇化率;U 为城镇常住人口;P 为区域总人口。

需要强调的是,对一个地区的城镇化发展水平衡量应该从多个角度进行考察,应该至少包括城镇化发展的数量水平和质量水平这两个基本方面,而且反映城镇化的真正发展水平,不应是表面的数量指标,更重要的是质量指标。

3.城镇化的发展阶段

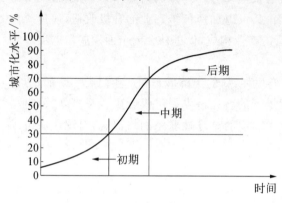

图 6-3　诺瑟姆曲线

18 世纪在西欧开始的产业革命,出现现代化的工厂化大生产,资本和人口在城市集中,农民向城市集中,城市的用地扩大,把周围的农田变成了城市,村镇变成了城市,小城市又发展成为大城市。城市化的发展历程可以用 S 形曲线表示。1979 年,美国城市地理学家 Ray Northam 发现并提出了该曲线,因此又称为"诺瑟姆曲线"(见图 6-3)。诺瑟姆在总结欧美城市化发展历程的基础上,把城市化的轨迹概括为拉长的 S 形曲线,并将城市化划分为起步、加速和稳定 3 个阶段。

起步阶段:生产力水平尚低,城市化速度较缓慢,较长时期才能达到城市人口占总人口的 30% 左右。

加速阶段:当城市化超过 30% 时,进入了快速提升阶段。由于经济实力明显增加,城市化的速度加快,在不长的时期内,城市人口占总人口的比例就达到 60% 或以上。

稳定阶段:农业现代化的过程已基本完成,农村的剩余劳动力已基本上转化为城市人口。城市中工业发展、技术进步,一部分工业人口又转向第三产业。

根据联合国人类住区规划署(人居署)的统计数据,1970 年世界城市化水平只有 37%,到 2000 年上升为 47%,2008 年,世界城市人口首次超过了农村人口。根据预测,到 2030 年,全球将有 60% 的人口将居住在城市中。

从时间上,城市化发展的历史进程在各个国家存在着极大的不平衡。英国在 19 世纪末即进入稳定期;美国在 20 世纪城市化进程最快,现已稳定。当前发展中国家是城市增长速度最快的地区,平均每个月吸纳 5 万个新市民,贡献 95% 的世界城市人口增长率。在 20 世纪 90 年代,发展中国家平均每年的城市增长率为 2.5%。根据人居署的预测,到 2050 年,发展中国家的城镇人口将达到 53 亿,仅亚洲就将容纳世界 63% 的城市人口(33 亿人);而非洲的城市人口将达到 12 亿,占世界城市人口的近 1/4。

6.3.2　我国城镇化的发展历程

1.1949 年后我国城镇化的总体历程

中国的城镇化进程比西方晚,于 19 世纪后半期开始,速度很慢,发展也不平衡,东南部沿海较快,而内地大部分地区仍处在农业社会。1949 年后城镇化速度加快,但是由于经济发展及政策上的某些波动,与同时期一些国家相比发展仍较慢。至 20 世纪 70 年代末约达 14%,至 20 世纪末还处在初期阶段。改革开放以来,城镇化速度加快,至 1986 年,按当时的户口划分标准城镇化率达到 26%。2000 年、2010 年和 2020 年的第五次、第六次和第七次人口普查的城镇化率分别为 36.1%、49.7% 和 63.9%(见图 6-4)。在 34 年时间内,中国城镇化水平提高了近 40 个百分点,城市规模快速扩张,城市建设也日新月异,城市发展取得了前所未有的推进(见图 6-5 和图 6-6)。但由于自然环境和区位条件的差异,社会经济发展不平衡,我国的城镇化水平在东、中、西部地区存在较大差异。城镇化水平差异在相当长的时间内仍将长期存在。

图 6-4　1949—2019 年我国城镇化水平变化

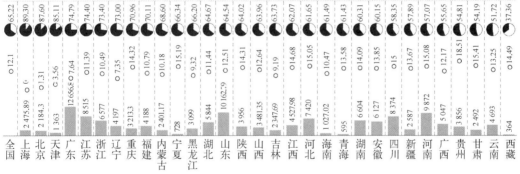

图 6-5　我国 31 省份城镇化率情况

2. 我国城镇化的发展趋势

从当前的发展趋势来看,中国城市化已经步入加速发展的第二阶段,中国正在经历人类历史上规模最大、速度最快的一次城市化浪潮。联合国发布的《世界城市化展望 2009 年修正版》报告预计,在未来 50 年,中国还将增加约 100 个人口在 50 万人以上城市。根据相关研究,至 2030—2040 年,中国城市化会真正达到稳定阶段,届时中国的城市化水

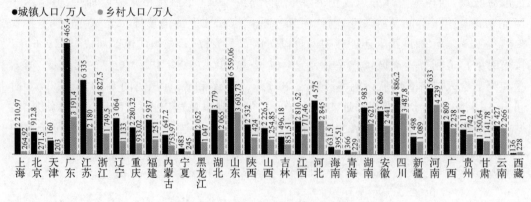

图 6-6　我国 31 省份城乡人口情况

平将达到城市化稳定期的 70%～80% 水平。也就是在接下去的 20～30 年,仍将有数亿人口从乡村走向城市,这对国家的社会、经济和环境各个方面都会产生深远的影响。20 世纪的城市化发展实践已经证明,城市虽然在诸多方面推动了人类文明和进步的整体发展,但也产生了诸多的问题,城市与城乡区域之间的和谐关系不断被打破,已经威胁到地球的整体环境安全。我国正在经历的大规模快速发展的城市化之路,如何走得更好,将对国家整体的可持续发展产生重要的影响。未来我国的城市化过程必须走向理性、健康和可持续。

　　未来的中国城市化模式应该是多元化的,即改变过去仅仅以规模作为政策标准的方法。在一些地区,需要有大城市带动整个区域的发展,形成强有力的区域核心去参与全球的竞争;而在另外一些地区,则需要以中小城市和城镇开发带动当地的发展。总之,未来的城市和区域发展应当超越单个城市发展的传统思维,走向区域协调,从更大区域范围思考永续的城市化发展道路,走向和谐的城市区域,这将是中国城市化未来发展的必由之路。

6.4　有关城市发展的基本理论

6.4.1　城市发展的区域理论

　　城市是区域环境的一个核心。无论将城市看作一个地理空间,或是一个经济空间,抑或是一个社会空间,城市的形成和发展始终是在与区域相互作用的过程中逐渐进行,是整个地域环境的一个组成部分,是一定地域环境的中心。因此,关于城市发展的原因需要从城市——区域的相互作用中去寻找。世界城镇化发展的历史已经证明:城市的中心作用强,就能带动周围区域社会经济发展;区域社会经济水平高,则促使中心城市更加繁荣。对这一现象,F. Perroux 于 1950 年提出的增长极核理论提供了很好的解释。该理论认为,城市对周围区域和其他城市的作用既不平衡又不是同时进行的。一般来说,城市作为增长极与其腹地的基本作用机制有极化效应和扩散效应。极化效应是指生产要素向增长极集中的过程,表现为增长极的上升运动。在城市成长的最初阶段,极化效应会占主导地位,但当增长极达到一定的规模之后,极化效应会相对或者绝对减弱,扩散效应会相对或绝对增强,最后,扩散效应替代极化效应而发挥主导作用。

实践表明,区域中的各个城市发展并不是均衡的,有些城市逐渐占据主导地位,而其他城市则始终处于从属地位。根据增长极核理论,区域经济发展总是首先集中在一些条件较为优越的城市,由于规模经济和聚集经济的效应,这些城市的发展呈现不断循环和累积的过程,逐渐成为区域的中心城市。随着这些城市发展达到一定规模,将会遇到越来越多的阻力(如地价上涨、交通拥挤、劳工短缺和环境恶化等),城市发展初期的比较优势逐渐丧失,而其他城市的比较优势越来越显著。这些城市的资本和技术开始向区域内的其他城市扩散,形成所谓的"辐射"作用或"滴漏"作用,带动区域内的其他城市发展,使区域经济趋于均衡。在这种意义上,这些城市被认为是区域的增长极核。

增长极核理论曾广泛应用于区域发展政策。尤其对经济欠发达的地区和国家而言,有限的资源应该集中在发展条件较好的城市作为增长极核,并带动整个区域发展,使区域经济最终能够趋于均衡。

6.4.2　城市发展的经济学理论

在影响和决定城市发展的诸多因素中,城市的经济活动是其中最为重要和最为显著的因素之一。城市经济在质和量的任何一项增加都必然会导致城市整体发展,但在组成城市经济的种种要素中,究竟是什么要素,或怎样的产业部门才是促进城市经济整体发展的最根本要素,这个问题才是真正认识城市发展的关键。在众多相关理论中,经济基础理论揭示了影响城市经济发展的基础。根据这一理论,在城市经济中可以把所有的产业划分为两个部分:基础产业和服务性产业。基础产业生产的产品除少量供应当地消费之外,主要是为了满足城市以外的地区需要而生产的;而服务性产业的生产主要是满足本城市居民的消费需要。基础产业把城市生产的产品输送到其他地区,同时也把其他地区的产品及财富带到本城市之中,使其能够进一步扩大再生产,并通过所产生的乘数效应,促进辅助性行业增长,同时还促进地方服务部门发展,从而使当地经济整体得到发展。因此,基础产业是城市经济力量的主体,它的发展是城市发展的关键。只有基础产业得到发展,城市经济的整体才能得到发展。

6.4.3　城市发展的人文生态学理论

城市不仅是一个经济系统,还是一个人文系统,因此,城市发展的原因也可以从人文生态的层面去探究。人文生态学认为,人类社会的发展规律和社会运行的特征与自然生态的规律和特征有着明显的相似性,因此,决定人类社会发展的最重要因素也可以看成是人类的相互依赖和相互竞争。相互竞争导致为追求生产效率而促进社会分工,社会分工又促进了相互之间的依赖,相互依赖则既强化了社会分工,又使社会紧密团结在一起。在此基础上,促使人类在空间上集中。互相依赖、互相竞争是人类社区空间关系形成的重要因素,也是进一步发展的重要因素。

6.4.4　城市发展的交通通信理论

城市在经济增长、社会因素发生变化的过程中得到发展,与此同时也因城市中各类物质设施和科学技术水平的提升而得到发展。物质设施改善和科学技术广泛运用促进了城市发展,最典型的例子是交通设施的发展。从步行交通到马车交通,再到铁路和汽车交通,直至当今远距离通信设施的完善和广泛运用,都促进了城市整体的全面发展。古登堡于1960年发表的论文揭示了交通设施的可达性与城市发展之间的相互关系。所谓可达性是指交通设施通达的方便程度。1962年,梅耶出版了 *A Communications Theory of Urban Growth* 一书,提出了关于城市发展的通信理论。他认为交通和通信是人类相互作用的媒介。城市的发展主要起源于城市为人们提供面对面交往或交易的机会,但后来,一方面由于通信技术的不断进步,使面对面交往的需要逐渐减少;另一方面,由于城市交通系统普遍拥挤,使通过交通系统进行相互作用的机会受到限制。因此,城市居民逐渐以通信替代交通以达到相互作用的目的。在这样背景下,城市的主要聚集效益在于使居民可以接近信息交换中心,便利居民互相交往。

6.4.5　城市发展与经济全球化理论

第二次世界大战以后,特别是20世纪70年代以来,世界经济格局发生了根本性变化,表现为新一轮的国际劳动分工。在旧的世界经济格局中,发展中国家作为原料产地,发达国家则从事成品制造。随着生产过程自动化和产品标准化,制造业中劳动力的技术水平逐渐失去了重要性。于是,发展中国家的廉价劳动力以及其他条件使制造业生产成本大幅度下降成为可能,吸引了发达国家的制造业向发展中国家转移,以维持在国际市场上的竞争能力,交通和通信技术的发展又促进了这一过程。在新一轮的国际劳动分工中,发展中国家不再只是原料产地,而成为西方跨国公司的生产、装配基地,相当一部分制造业产品从发展中国家销回发达国家。新一轮的国际劳动分工促进了发展中国家的工业化,出现了一批新兴工业国家和地区(如韩国、新加坡等)。可见,世界经济格局变化对各国城市发展影响巨大。在发展中国家,工业化促进了城市发展,特别作为出口加工基地的城市。在发达国家,一些城市成功地经历了产业结构转型,第三产业已经占据城市经济的主导地位,成为区域性或全球性的经济中心城市。

20世纪80年代以来,全球经济一体化的趋势越来越显著。跨国公司在世界经济中的主导地位日益突出,世界各国的经济体系日益开放,使资本的流动性无论在规模上还是在空间上都日益增强,交通和通信技术的进步更加促进了资本流动。在新的世界经济格局中,控制、管理功能趋于空间集聚,制造、装配功能趋于空间扩散。一部分城市在全球或区域经济中的主导地位越来越显著,而大部分城市则成为跨国公司的制造、装配基地,城市发展越来越受到全球经济环境的影响和跨国资本的外部控制。

6.4.6　城市发展与经济结构转型

城市进化理论认为,从工业化社会到后工业化社会,城市发展具有相似的进化过程可以分为4个阶段。

(1)"绝对集中"时期。在工业化初期,人口从农村向城市迁移,导致城市人口不断增长。

(2)"相对集中"时期。随着工业化进入成熟期,在人口继续向城市集中的同时,开始向郊区扩展,但城市人口的增长仍然高于郊区。

(3)"相对分散"时期。人类社会进入了后工业化的初期,经济结构中第三产业的比重开始超过第二产业,郊区人口增长超过了城市人口增长。

（4）"绝对分散"时期。后工业化社会进入成熟期，第三产业的主导地位越来越显著，从农村向城市的人口迁移已经消失，取而代之的是区域内部从城市到郊区的人口迁移，导致城市人口下降和郊区人口上升。

根据城市进化理论，西方发达国家已经进入后工业化社会的成熟时期，第三世界国家仍处于工业化社会的初级阶段。

6.5　城市的物质、社会和产业构成

6.5.1　城市的物质构成

城市的物质构成可以分为公共领域和非公共领域两种。公共领域是指社会公众所共享的那部分物质环境，主要是公共设施和市政基础设施，这些设施通常是公共投资和开发的范畴。非公共领域是指社会个体所占用的那部分物质环境，一般是非公共投资和开发的范畴。

在城市物质环境中，公共领域开发起主导作用，为非公共领域开发既提供了可能性又规定了约束性。因此，在城市发展过程中，物质环境的公共领域和非公共领域的开发在时间上和空间上都应该保持协调。

城市物质环境优化表现为良好的可达性和外部效应两个方面。可达性是指空间联系的便利程度，主要与城市的道路系统和交通网络有关。可达性是指城市物质要素空间分布的重要影响因素（见图6-7）。在市场经济条件下，通常城市中可达性比较高的区位（如

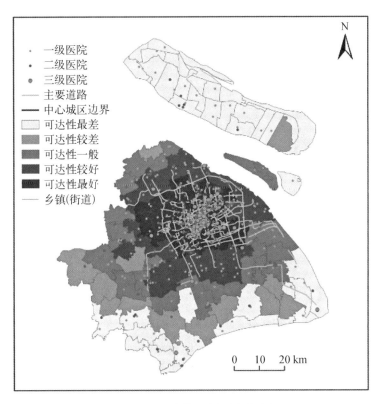

图6-7　可达性示意图（上海市）

市中心地区),土地开发的经济效益比较好,土地价值也比较高。城市作为空间聚集体,物质环境要素之间的相互影响产生外部效应,包括积极和消极两种类型。比如,城市中的公共绿地和地铁线路会产生积极的外部效应,使周边物业升值;有污染的工厂会产生消极的外部效应,使周边的物业贬值。

6.5.2 城市社会的基本特征

现代城市的生活方式以复杂的劳动分工为特征,城市社会的人际关系以社会分工为基础,不同经济文化背景的社会群体在聚居方式和空间分布上表现为多样性。如在乡村社会,地缘关系和乡土意识是十分重要的社会认同基础。

在经济高速增长的同时,我国城市正经历着社会演化的进程,主要是人口老龄化、家庭核心化和生活闲暇化的趋势日益明显。

1. 人口老龄化

人口老龄化是全球性的发展趋势。按照联合国的有关规定,60 岁以上老年人口的比重达到 10% 以上或者 65 岁以上老年人口的比重达到 7% 以上的人口型态就属于"老年型人口"。呈现"老年型人口"的城市或社区称为"老年型城市"或"老年型社区"。

一些经济发达国家在第二次世界大战前后就已经进入了"老年型社会",我国也面临着极其迅猛的"老龄化"趋势。在人均预期寿命不断提高的同时,我国的计划生育政策使生育率持续下降,加速了人口老龄化进程(见图 6-8 和图 6-9)。根据预测,在以后几十年中,我国将成为人口老龄化速度最快的国家之一。实际上,我国经济发达的城市已经率先进入了"老年型社会"。

图 6-8 2012—2021 年全国 60 周岁及以上老年人口数量及占全国总人口比重

日益庞大的老年群体具有特殊的生理和心理状况,对城市住区和服务设施提出了特殊的需求。尽管我国提倡"家庭养老",但是在人口老龄化进程不断加速的情况下,相当一部分老年人的生活需求必须通过社会化方式来解决。

社会调查表明,老年群体的生活方式具有特殊的时间和空间分布规律。老年群体的闲暇时间比例为 33.9%,社会交往更多依赖的是地缘关系,生活圈也以邻里和社区为主。

因此,居住小区中应设置老人服务设施(如老人日托所和老人活动中心),主要考虑体力和智力都还基本健全或者已经有所衰退的老年群体,满足他们的生活、保健、社交和文化方面的日常需求。表 6 - 1 所示为 2020 年全球主要经济体的老龄化排名。

图 6 - 9　2012—2021 年全国 65 周岁及以上老年人口数量及占全国总人口比重

表 6 - 1　全球主要经济体的老龄化排名

排　名	经 济 体	2020 年 65 岁及以上人口占比/%
1	日　本	28.40
2	意大利	23.30
3	葡萄牙	22.77
4	芬　兰	22.55
5	希　腊	22.28
6	德　国	21.69
7	保加利亚	21.47
8	马耳他	21.32
9	克罗地亚	21.25
10	波多黎各	20.83
63	中　国	13.50
平均水平	全　球	9.30

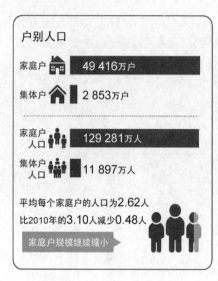

图6-10 家庭户规模变化

2. 家庭核心化

从农业、乡村社会向工业、都市社会演变过程中，一个重要的趋势是家庭核心化，即由父母与未婚子女组成的"核心家庭"成为家庭结构的主要类型，小户型家庭逐步增加。国家统计局公布的第七次全国人口普查数据显示，2020年11月1日零时，我国平均每个家庭户的人口为2.62人，比2010年的3.10人减少0.48人（见图6-10）。

核心家庭在居住服务设施需求上具有某些特点，幼托和小学占有格外重要的地位。随着社会的整体知识水平提高和面对未来社会日益激烈的竞争，加上我国实行"计划生育"政策，孩子教育已成为家庭在选择居住区时最为关注的一个问题，教育设施是居住环境品质的一个重要组成部分。

3. 生活闲暇化

随着我国人民生活水平日益提高，消费结构正在发生根本性的变化，食品支出占家庭全部消费支出的比例（或者说恩格尔系数）逐年下降，用于教育、文化、娱乐和旅游方面的消费比重逐年增加。这种消费结构的变化表明家庭消费模式正在从温饱型向小康型转化。经济发达的国家，食品开支只占家庭全部消费开支的1/4左右。

家务社会化和人口老龄化，再加上实行"双休日"制度，全社会的闲暇时间显著增加。生活闲暇化的趋势导致居住小区的休闲服务设施的需求显著增加，对促进社区居民之间交往，增强社区的归属感和凝聚力，具有积极的意义。

6.5.3 城市的产业构成

英国经济学家费希尔和克拉克将经济活动分为3种部类，产品直接源于自然界的部类称为第一产业（见图6-11），对初级产品进行再加工的部类称为第二产业（见图6-12），为生产和消费提供服务的部类称为第三产业。这样的产业分类已为世界各国所采用，尽管各个产业的内部构成有所不同。

图6-11 第一产业

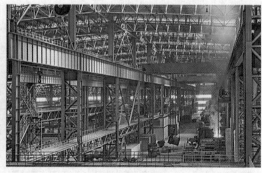

图6-12 第二产业

美国社会学家贝尔将人类社会的演进过程划分为前工业社会、工业社会和后工业社会 3 个历史时期,经济结构分别以第一产业、第二产业和第三产业为主导。研究表明,经济发达国家已经进入后工业社会,第三产业成为经济结构的主导部分。

在工业革命以后相当长的一段历史期间,第二产业是大部分城市经济的主导部分,由于各种原因形成的比较优势,许多城市的工业发展往往集中在一个或几个行业,成为城市经济的主导产业。一般来说,小城市的主导产业较为单一,大城市的主导产业往往是多样化的。城市主导产业的多样化有助于城市经济发展的稳定,当某一主导产业发生衰退时城市产业结构转型具有较大的余地,使新兴产业能够逐渐替代衰退产业,因而对于城市经济的整体影响较小。

思 考 题

1. 城市的形成过程是怎样的?
2. 城市有哪些发展阶段? 有哪些影响因素?
3. 请简述我国城镇化发展历程和趋势。
4. 城市发展的基本理论有哪些? 简述其中一种。
5. 城市社会的基本特质有哪些? 产业构成有哪些?

第7章 城市规划的产生、发展及主要理论

7.1 古代城市规划思想

7.1.1 中国古代的城市规划思想

1. 中国古代城市规划理念的演变

考古证实,我国古代最早的城市距今约有 3 500 年的历史。几千年来,在不同的社会和政治背景下,中国古代城市规划理念几经演变。

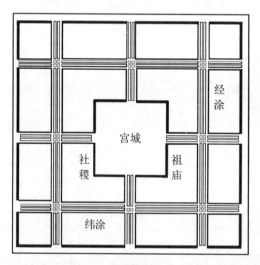

图 7-1 周王城复原想象图

西周是我国奴隶制社会发展的重要时代,形成了完整的社会等级制度和宗教法礼关系,对城市布局模式也有相应的严格规定(见图 7-1)。《周礼·冬官考工记》记载为"匠人营国,方九里,旁三门。国中九经九纬,经涂九轨,左祖右社,面朝后市,市朝一夫。"可以说,周代是我国古代城市规划思想最早形成的时代,但还没有考古结果能够证实西周的城制是否已经遵循了《周礼·冬官考工记》所描述的那样。

东周的春秋时代和战国时代是从奴隶制向封建制的过渡时代,也是社会变革思想的"诸子百家"时代,具有深远历史影响的儒家、道家和法家等都是在这个时代形成并延续至后世的。因此,东周是我国古代城市规划思想的多元化时代,既有与《周礼·冬官考工记》一脉相承的儒家思想,维护传统的社会等级和宗教礼法,表现为城市形制的皇权至上理念。也有以管子为代表的变革思想,强调"因天材,就地利,故城郭不必中规矩,道路不必中准绳"的自然至上的理念。明代南京城为自然至上理念的代表(见图 7-2)。

到了西汉的武帝时代,开始"废黜百家,独尊儒术",因为儒家提倡的礼制思想最有利于巩固皇权统治。礼制的核心思想就是社会等级和宗法关系,《周礼·冬官考工记》记载的城市形制就是礼制思想的体现。从此,礼制思想统治中国封建社会长达 3 000 年左右。《周礼·冬官考工记》的城市形制对中国古代都城的影响越来越得到完整的体现。

与此同时,以管子和老子为代表的自然观对于中国古代城市形制的影响也长期并存。许多古代城市格局既体现了《周礼·冬官考工记》的礼制思想,又表现了利用自然而不完

图 7 - 2　明代南京城图

全循规蹈矩。到了宋代,商品经济和世俗生活的发展开始冲破《周礼·冬官考工记》的礼制约束,东京汴梁城的商业大街取代了唐长安城中集中设置的东西两市。

　　因此,与儒家礼制思想相一致的《周礼·冬官考工记》的城市形制在唐长安城、元大都和明清北京城得到完整的体现,它们是中国古代城市中最具影响力的典型格局,而其他思潮对中国古代城市规划的影响也具有不可忽视的作用。

2. 中国古代城市规划的典型格局

1) 唐长安城

在周、秦和汉 3 个朝代的 800 多年中,长安城附近一直是国家的政治统治中心所在地。隋朝曾在汉长安的东南另建新城,唐朝取代隋朝后,经过几次大规模的修建,长安城总人口达到近百万,成为当时世界上最大的城市,体现了《周礼·冬官考工记》记载的城市形制规则(见图 7-3)。

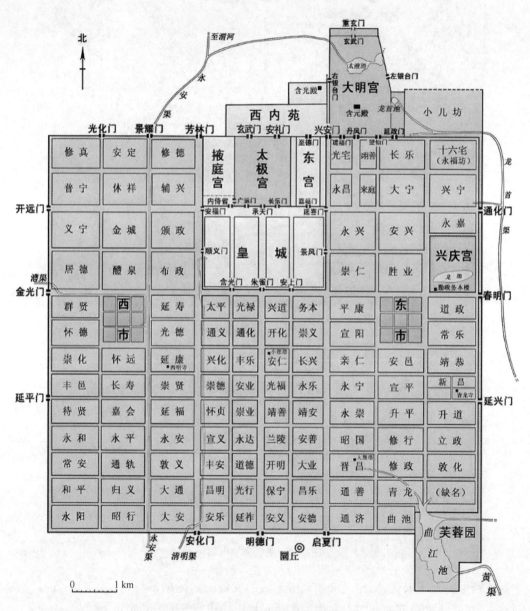

图 7-3 唐长安城复原想象图

唐长安城采用中轴线对称的格局。南北中轴线为朱雀大街,北端正对皇城,是国家统治机构及禁卫部队的所在地,皇城的北面是宫城,形成城市对称格局的核心,三面均为居住坊里包围。以朱雀大街为界,坊里区分为两个部分,各设一处市肆。中轴线对称格局成为中国古代都城和州府城市的典型。

唐长安城采用规整的方格路网。东南西三面各有三处城门,通城门的道路为主干道,其中最宽的是宫城前的横街和作为中轴线的朱雀大街,可容纳皇帝出行时仪仗队的庞大规模。

唐长安城的居住分布采用坊里制,朱雀大街两侧各有 54 个坊里,每个坊里四周设置坊墙,坊里实行严格管制,坊门朝开夕闭。城市东西两侧的坊里规模较大,坊内道路呈十字形,相应地开设 4 处坊门;中间地带的坊里规模较小,坊内道路呈一字形,相应地开设 2 处坊门。东西两处市肆内的道路呈井字形,市内的店铺聚集成行,还有少量的手工作坊。

2)元大都和明清时代的北京城

1267—1274 年,元朝在北京修建新的都城,命名为元大都。元大都继承和发展了中国古代都城的传统形制,是自唐长安城以后中国古代都城的又一典范,并经明清两代以及以后的继续发展,成为至今存留的北京城。

元大都城市格局的主要特点是 3 套方城、宫城居中和轴线对称布局(见图 7-4)。3 套方城分别是内城、皇城和宫城,各有城墙围合,皇城位于内城的南部中央,宫城位于皇城的东部,并在元大都的中轴线上。在都城东西两侧的齐化门和西侧门内分别设有太庙和社稷,商市集中于城北,显示了"左祖右社"和"前朝后市"的典型格局。元大都有明确的中轴线,南北贯穿 3 套方城,突出皇权至上的思想。也有学者认为,元大都的城市格局还受到道家的回归

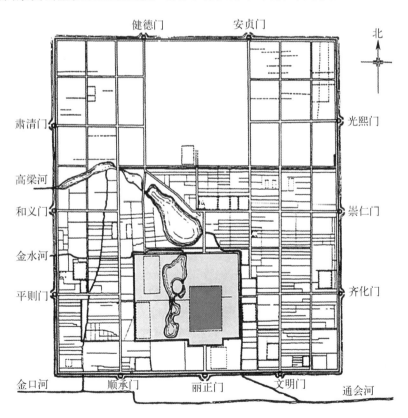

图 7-4 元大都复原想象图

自然的阴阳五行思想的影响,表现为自然山水融入城市和各边城门数的奇偶关系。

历经元、明、清3个朝代,北京城未遭战乱毁坏,保存了元大都的城市形制特征。明北京城的内城范围在北部收缩了2.5 km,在南部扩展了0.5 km,使中轴线更为突出,从外城南侧的永定门到内城北侧的钟鼓楼长达8 km,沿线布置城阙、牌坊、华表、广场和殿堂,突出了庄严雄伟的气势,显示封建帝王至高无上。皇城前的东西两侧各建太庙和社稷,又在城外设置了天、地、日、月四坛,在内城南侧的正阳门外形成新的商业市肆,城内各处还有各类集市。清北京城没有实质性的变更,明北京城较为完整地保存至今(见图7-5)。明北京城的人口近百万,到清代超过了100万人。

图7-5 清北京城平面图

中国经历了漫长的封建社会,古代城市的典型格局以各个朝代的都城最为突出。从唐长安城到元大都和明清北京城,《周礼·冬官考工记》所记载的城市形制达到了完善的境地,充分体现了中国古代的社会等级和宗法礼制。一些古代的府城(见图7-6)和县城(见图7-7)也在一定程度上体现了这种典型格局。

188

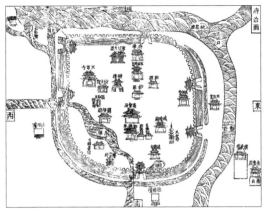
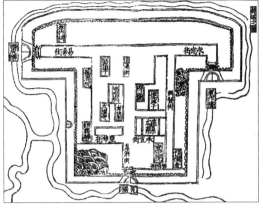

图 7 - 6　浙江宁波城图(府城的布局)　　　图 7 - 7　河北雄县城图(县城的布局)

我国的一些古代城市还充分体现了人文环境和自然环境协调、融合的理念,明代都城南京依山傍水,布局灵活,较典型地体现了这类城市的空间格局(见图 7 - 2)。

7.1.2　西方古代的城市规划思想

从公元前 5 世纪到公元 17 世纪,欧洲经历了从以古希腊和古罗马为代表的奴隶制社会到封建社会的中世纪、文艺复兴和巴洛克几个历史时期。随着社会和政治背景的变迁,不同的政治势力占据主导地位,不但带来不同城市的兴衰,而且城市格局也表现了相应的特征。古希腊城邦的城市公共场所、古罗马城市的炫耀和享乐特征、中世纪的城堡以及教堂的空间主导地位、文艺复兴时期的古典广场和君主专制时期的城市放射轴线都是不同社会和政治背景下的产物。

1. 古希腊和古罗马的城市

古希腊是欧洲文明的发祥地,在公元前 5 世纪,古希腊经历了奴隶制的民主政体,形成一系列城邦国家。在当时的城市(如米利都城),广场和公共建筑(如神庙、市场厅、露天剧场和市场)取代了宫殿,市民集会场所形成了城市的核心(见图 7 - 8),体现了民主和平等的城邦精神。

古罗马时代是西方奴隶制发展的繁荣阶段。在罗马共和国的最后 100 年中,随着国势强盛、领土扩张和财富敛集,城市得到了大规模发展。除了道路、桥梁、城墙和输水道等城市设施以外,还建造了大量的公共浴池、斗兽场和宫殿等供奴隶主享乐的设施。到了罗马帝国时期,城市建设进入了鼎盛时期。除继续建造公共浴池、斗兽场和宫殿外,城市还成为帝王宣扬功绩的工具,广场、铜像、凯旋门和纪功柱都成为城市空间的核心和焦点。古罗马城是最为集中的体现,城市中心是共和时期和帝国时期形成的广场群,广场上耸立着帝王铜像、凯旋门和纪功柱,城市各处散布公共浴池和斗兽场(见图 7 - 9 和图 7 - 10)。

2. 中世纪的欧洲城市

罗马帝国灭亡标志着欧洲进入封建社会的中世纪。由于以务农为主的日耳曼人南下,社会生活中心转向农村,手工业和商业十分萧条,城市处于衰落状态,古罗马城的人口也减至 4 万。

图 7-8 米利都城平面图

图 7-9 古罗马城的公共浴池

图 7-10 古罗马城的斗兽场

中世纪的欧洲分裂成许多小的封建领主王国,封建割据和战争不断,出现了许多具有防御作用的城堡。中世纪的欧洲教会势力十分强大,教堂占据了城市的中心位置,教堂的庞大体量和高耸尖塔成为城市空间和天际轮廓的主导因素,使中世纪的欧洲城市景观具有独特的魅力(见图 7-11)。

10 世纪以后,手工业和商业逐渐兴起,一些城市摆脱了封建领主的统治,成为自治城市,公共建筑(如市政厅、关税厅和行业会所)占据了城市空间的主导地位。随着手工业和商业的继续繁荣,不少中世纪的城市突破了封闭的城堡,不断地向外扩张。以意大利的佛罗伦萨为例,在 1172 年和 1284 年两度突破城墙向外扩展,并修建了新的城墙,以后又被新一轮的城市扩展所突破(见图 7-12)。

3. 文艺复兴和巴洛克时期的欧洲城市

14 世纪后的文艺复兴是欧洲资本主义的萌芽时期,艺术、技术和科学都得到飞速发展。在人文主义思想影响下,意大利的城市修建了不少古典风格和构图严谨的广场和街道,如梵蒂冈的圣彼得大教堂广场和威尼斯的圣马可广场(见图 7-13 和图 7-14)。

图 7 - 11　欧洲古城布拉格

图 7 - 12　佛罗伦萨的城市平面图

图 7 - 13　梵蒂冈的圣彼得大教堂广场

图 7 - 14　威尼斯的圣马可广场

在 17 世纪后半叶,新生的资本主义迫切需要强大的国家机器提供庇护,资产阶级与国王结成联盟,反对封建割据和教会势力,建立了一批中央集权的绝对君权国家。在当时最为强盛的法国,巴黎的城市改建受到古典主义思潮的重大影响,轴线放射的街道(如爱丽舍田园大道)、宏伟壮观的宫殿花园(如凡尔赛宫)和公共广场(如协和广场)都是那个时期的典范(见图 7 - 15 和图 7 - 16)。

图 7 - 15　巴黎的凡尔赛宫

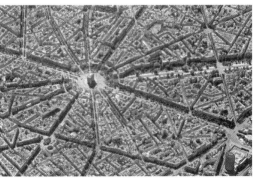

图 7 - 16　巴黎的星辰广场和香榭丽舍大道

7.2 现代城市规划的产生、发展及主要理论

7.2.1 现代城市规划产生的历史背景

18世纪工业革命极大地改变了人类居住地的模式,城市化进程迅速推进。由于工业生产方式的改进和交通技术的发展,城市不断集中,城市人口快速扩张。农业生产劳动率的提高和资本主义制度的建立,迫使大量的破产农民进一步向城市集中,各类城市都面临着同样的人口爆发性增长问题。因人口快速增长,使得城市中原有的居住设施严重不足,旧的居住区不断地沦为贫民窟,出现了许多粗制滥造的住宅。同时由于在市内交通设施严重短缺的情况下,需要提供廉价的、生产地点在步行距离以内的住房,在房地产投机和城市政府对工人住宅缺乏重视的状况下,造成人口高密度集聚、市政基础设施和公共服务设施严重匮乏、住房的基本通风和采光条件都不能满足等问题,导致传染病流行。特别是19世纪30~40年代蔓延于英国和欧洲大陆的霍乱更引起社会和有关当局的惊恐,同时也引起社会各阶层人士的关注。19世纪中叶,开始出现了一系列有关城市未来发展方向的讨论。这些讨论在很多方面是过去对城市发展讨论的延续,同时又开拓了新的领域和方向,为现代城市规划的形成和发展在理论上、思想上和制度上都进行了充分的准备。回溯现代城市规划史可知,现代城市规划发展基本都是过去这些不同方面的延续和进一步的深化与扩展。

1. 空想社会主义

近代历史上的空想社会主义源自 T. More 的"乌托邦"概念。他期望通过对理想社会组织结构等方面的改革以改变当时他认为是不合理的社会,并描述了他理想中的建筑、社区和城市。近代空想社会主义的代表人物 Robert Owen 和 Charle Fourier 等不仅通过著书立说来宣传和阐述他们对理想社会的信念,同时还通过一些实践来推广和实践这些理想。如 Owen 于 1817 年提出并在美国印第安纳州实践的"协和村"方案;Fourier 在 1829 年提出了以"法郎吉"为单位,建设由 1 500~2 000 人组成的社区,废除家庭小生产,以社会大生产替代。1859—1870 年,J. P. Godin 在法国吉斯(Guise)的工厂相邻处按照 Fourier 的设想进行了实践,这组建筑群包括了 3 个居住组团,有托儿所、幼儿园、剧场、学校、公共浴室和洗衣房。

2. 英国关于城市卫生和工人住房的立法

针对当时出现的肺结核及霍乱等疾病的大面积流行,1833 年,英国成立了委员会专门调查疾病形成的原因,该委员会于 1842 年提出了"关于英国工人阶级卫生条件的报告"。1844 年,成立了英国皇家工人阶级住房委员会,并于 1848 年通过了《公共卫生法》。这部法律规定了地方当局对污水排放、垃圾堆集、供水、道路等方面应负的责任。由此开始,英国通过一系列的卫生法规,建立起一整套对卫生问题的控制手段。对工人住宅的重视也促成了一系列法规的通过,如 1868 年的《贫民窟清理法》和 1890 年的《工人住房法》等,这些法律都要求地方政府提供公共住房。

3. 巴黎改建

George E. Haussman 于 1853 年开始任巴黎的行政长官,他看到巴黎的供水受到污

染,排水系统不足,可以用作公园和墓地的空地严重缺乏,大片破旧肮脏的住房以及没有最低限度的交通设施等问题的严重性,通过政府直接参与和组织,对巴黎进行了全面的改建。这项改建以道路系统来划分整个城市的结构,并将塞纳河两岸地区紧密地连接在一起。在街道改建的同时,结合整治街景的需要,出现了标准的住房平面布局方式和标准的街道设施。在城市的两侧建造了两个森林公园,在城市中配置了大面积的公共开放空间,成为当代资本主义城市建设确立的典范,成为 19 世纪末 20 世纪初欧美城市改建的样板。

4. 城市美化

城市美化源自文艺复兴后的建筑学和园艺学传统。自 18 世纪后,中产阶级对城市中四周由街道和连续的联列式住宅所围成的居住街坊中只有点缀性的绿化表示极端的不满,在此情形下兴起的“英国公园运动”试图将农村的风景庄园引入城市之中。这一运动进一步发展出围绕城市公园布置联列式住宅的布局方式,并将住宅坐落在不规则的自然景色中。这一思想通过 Sitte 对中世纪城市内部布局的总结和对城市不规划布局的倡导而得到深化。与此同时,在美国以 F. L. Olmsted 所设计的纽约中央公园为代表的公园和公共绿地的建设也意在实现与此相同的目标。以 1893 年在芝加哥举行的世界博览会为起点、对市政建筑物进行全面改进为标志的城市美化运动,综合了对城市空间和建筑进行美化的各方面的思想和实践,在美国城市得到了全面的推广。

7.2.2　现代城市规划早期思想

Howard 提出的“田园城市”是现代城市规划的标志,出现了比较完整的理论体系和实践框架。Howard 希望通过在大城市周围建设一系列规模较小的城市以吸引大城市的人口,从而解决大城市拥挤和不卫生的状况;与此相反,Corbusier 则指望通过对大城市结构重组,在人口进一步集中的基础上,在城市内部解决城市问题。这两种思想界定了城市空间发展的两种基本指向:城市的分散发展和集中发展两种完全不同的规划思想和体系。Howard 的规划奠基于社会改革的理想,直接从空想社会主义出发而建构其体系,因此在其论述中更多体现的是人文关怀和对社会经济关注;而 Corbusier 则从建筑师的角度出发,对建筑和工程的内容更为关心,并希望以物质空间改造来改造整个社会,这正如他的名言“建筑或革命”所展示的。

与此同时,还有许多理论探讨对城市发展和城市规划的演进起了重要的作用,这些探索有的是从现代城市的基本组织出发,有的是从城市形态入手,有的是直接针对城市当时存在的具体问题来寻找对策,有的则是为了揭示现代城市的运行机制从更深层次的内容提出现代城市的组织原则,等等,这些都对现代城市规划的形成和完善起到了重大的推动作用。

1. Howard 提出的田园城市

在 19 世纪中期以后的种种改革思想和实践的影响下,Howard 于 1898 年出版了以 *Tomorrow: A Peaceful Path to Real Reform* 为题的论著,提出了田园城市(garden city)的理论。他后来确定的田园城市概念为:田园城市是为健康、生活以及产业而设计的城市,它的规模足以提供丰富的社会生活,但不应超过这一程度;四周要有永久性农业地带围绕,城市的土地归公众所有,由委员会受托管理。

根据 Howard 的设想,田园城市包括城市和乡村两个部分。城市的规模必须加以限制,每座田园城市的人口限制在 3 万人,超过这一规模,就需要另建一座新的城市。目的是为了保证城市不过度集中和拥挤,以免产生现有大城市的各类弊病,同时也可使每户居民都能够方便地接近乡村自然空间。田园城市本质上就是城市和乡村的结合体,每一座田园城市的城区用地占总用地的 1/6,若干座田园城市围绕着中心城市(中心城市人口规模为 5.8 万)呈圈状布置,借助快速的交通工具(铁路)只需要数分钟就可以往来于田园城市与中心城市之间。城市之间是农业用地,包括耕地、牧场、果园、森林、农业学院、疗养院等,作为永久性保护的绿地,农业用地永远不得改作他用。

田园城市的城区平面呈圆形,中央是一个公园,有 6 条主干道路从中心向外辐射,把城市分成 6 个扇形地区。在其核心部位布置一些独立的公共建筑(市政厅、音乐厅、图书馆、剧场、医院和博物馆)。在城市直径线的外 1/3 处设一条环形的林荫大道(grand avenue),并以此形成补充性的城市公园,其两侧均为居住用地。在居住建筑地区中布置了学校和教堂。在城区最外围地区建设了各类工厂、仓库和市场,一面对着最外层的环形道路,另一面对着环形的铁路支线,交通非常方便。

Howard 不仅提出了田园城市的设想,以图解的形式描述了理想城市的原型(见图 7-17),还为实现这一设想进行了细致的考虑:对资金来源、土地分配、城市财政收支、田园城市经营管理等都提出了具体的建议。他认为,工业和商业不能由公营垄断,要给私人经营有发展的空间。但是,城市中的所有土地必须归全体居民集体所有,使用土地必须交付租金。城市的收入全部来自租金,在土地上进行建设、聚居而获得的增值仍归集体所有。

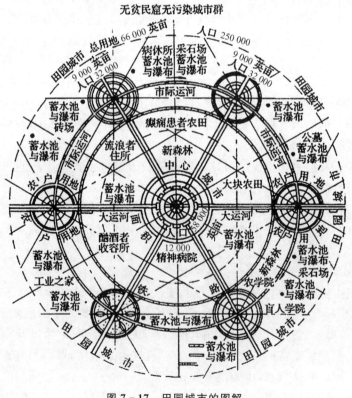

图 7-17 田园城市的图解

Howard 于 1899 年组织了田园城市协会,1903 年组织了"田园城市有限公司",筹措资金,在距伦敦东北 56 km 的地方购置土地,建立了第一座田园城市 Letchworth。该城市的设计是在他的指导下由 R. Unwin 和 B. Parker 完成的。在很好地适应了当地的地形条件情况下,该项设计较好地体现了他的一些想法,其中的一些要素也基本按照他提出的原型进行布置和安排的。

2. Corbusier 提出的现代城市设想

与 Howard 希望通过新建城市来解决过去城市尤其是大城市中所出现问题的设想完全不同,Corbusier 希望通过对过去城市尤其是大城市本身的内部改造来适应城市社会发展的需要。

Corbusier 是现代建筑运动的重要人物。1922 年他发表了"明日城市"的规划方案,阐述了他从功能和理性角度出发对现代城市的基本认识,从现代建筑运动的思潮中引发了关于现代城市规划的基本构思。图 7 - 18 提供了一个 300 万人口城市的规划,城市的中部为中心区,除了必要的各种机关、商业和公共设施、文化和生活服务设施外,有将近 40 万人居住在 24 栋 60 层高的摩天大楼。高楼周围有大片的绿地,建筑仅占地 5%。外围是环形居住带,有 60 万居民住在多层连续的板式住宅内,最外围的是容纳 200 万居民的花园住宅。平面是严格的几何形构图,矩形和对角线的道路交织在一起。规划的中心思想是提高市中心的密度,改善交通,提供充足的绿地、空间和阳光,全面改造城市地区,形成新的城市概念。在该项规划中,Corbusier 还特别强调大城市交通运输的重要性。在规划方案的中心区,规划了一个地下铁路车站,在车站上面布置了一个出租飞机的起降场。中心区的交通干道由 3 层组成:地下行驶重型车辆,地面用于市内交通,高架道路用于快速交通。市区与郊区由地铁和郊区铁路线来联系。

图 7 - 18　"明日城市"规划方案

1931 年,Corbusier 发表了"光辉城市"的规划方案,这一方案是他对前城市规划方案的进一步深化,也是他的现代城市规划和建设思想的集中体现。他认为城市必须是集中的,只有集中的城市才有生命力,由于拥挤而带来的城市问题完全可以通过技术手段进行改造而得到解决。这种技术手段就是采用大量的高层建筑提高密度和建立一个高效率的城市交通系统。高层建筑是 Corbusier 心目中象征着大规模的工业社会的图腾,是"人口集中、避免用地日益紧张、提高城市内部效率的一种极好手段",同时也可以保证有充足的阳光、空间和绿化,因此在高层建筑之间保持有较大比例的空旷地。他的理想是在机械化的时代里,所有的城市应当是"垂直的花园城市",而不是水平向的每家每户拥有花园的田园城市。城市的道路系统应当保持给予行人的极大方便,这种系统由地铁和人车完全分离的高架道路组成。建筑物的地面全部架空,城市的全部地面均可由行人支配,屋顶设花园,地下通地铁,距地面 5 m 高处设汽车运输干道和停车场网。

Corbusier 作为现代城市规划原则的倡导者和执行这些原则的中坚力量,他的上述设想充分体现了他对现代城市规划的一些基本问题的探讨,通过这些探讨,逐步形成了理性功能主义的城市规划思想,他的城市规划思想集中体现在由他主持撰写的《雅典宪章》(1933 年)之中。他的这些城市规划思想,深刻地影响了第二次世界大战后的全世界的城市规划和城市建设,而他本人的实践活动一直到 20 世纪 50 年代初应邀主持昌迪加尔的规划时才得以充分施展。该项规划在 20 世纪 50 年代初因严格遵守《雅典宪章》,布局规整有序而得到普遍的赞誉。

3. 其他的探索

1) Soria Mata 提出的线形城市理论

线形城市是由西班牙工程师 Mata 于 1882 年首先提出的(见图 7 - 19)。Mata 认为,传统的从核心向外扩展的城市形态已经过时,它们只会导致城市拥挤和卫生恶化,在新的集约运输方式的影响下,城市将依赖交通运输线组成的城市网络。线形城市就是沿交通运输线布置的长条形的建筑地带,"只有一条宽 500 m 的街区,要多长就有多长——这就

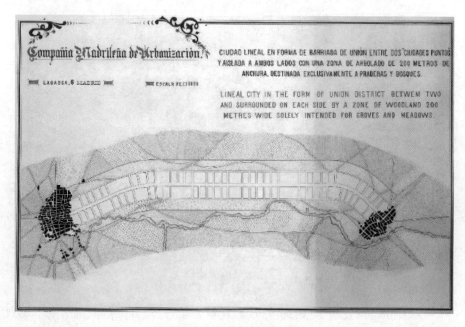

图 7 - 19　线形城市的模式

是未来的城市",城市不再是分散在不同地区的点,而是由一条铁路和道路干道串联在一起的、连绵不断的城市带,并且这个城市是可以贯穿整个地球的。这个城市中的居民既可以享受城市的设施又不脱离自然,又可以使原有城市中的居民回到自然中去。

后来,Mata 提出了"线形城市的基本原则"。在这些原则中,第一条原则是最主要的:"城市建设的一切其他问题,均以城市运输问题为前提"。最符合这条原则的城市结构就是使城市中的人从一个地点到其他任何地点在路程上耗费的时间最少。既然铁路是能够做到安全、高效和经济的最好的交通工具,城市的形状理所当然就应该是线形的。这也是线形城市理论的出发点。

线形城市理论对 20 世纪的城市规划和建设产生了重要的影响。20 世纪 30~40 年代,苏联进行了比较系统的全面研究,提出了线形工业城市等模式,并在伏尔加格勒(斯大林格勒)等城市的规划实践中得到运用。在欧洲,哥本哈根(1948 年)的指状式发展和巴黎(1971 年)的轴向延伸等都可以说是线形城市模式的发展。但在线形城市的理论中,更为重要的并不是它的形态,而是这种形态提出所依凭的思想。可以说,这是 Mata 对现代城市规划发展作出的最重要贡献。

2) Tony Gainier 的工业城市

工业城市的设想是法国建筑师 Gainier 于 20 世纪初提出的,1904 年在巴黎展出了这一方案的详细内容,1917 年出版了名为《工业城市》的专著,阐述了他对工业城市的具体设想。这一设想的目的在于探讨现代城市在社会和技术进步的背景下的功能组织。

Gainier 的工业城市规划思路摆脱了传统城市规划,尤其是学院派的城市规划方案,追求的是气魄、大量运用对称和轴线放射的现象。在城市空间的组织中,他更注重各类设施本身的要求和与外界的相互关系,并将各类用地按照功能划分得非常明确,使它们各得其所。"这些基本要素都互相分隔以便各自扩建",这是工业城市设想中的一个最基本的思路,并直接孕育了《雅典宪章》所提出的功能分区的原则,这一原则对解决当时城市中工业居住区因混杂而带来的种种弊病具有重要的积极意义。与 Howard 的田园城市相比较可以看到,工业城市以重工业为基础,具有内在的扩张力量和自主发展的能力,因此更具有独立性,这对于强调工业发展的国家和城市产生了重要的影响。这也是苏联城市规划界在建国初期对 Gainier 的工业城市理论重视的原因。

3) Camilo Sitte 的城市形态研究

Sitte 在研究城市建设的艺术原则时,考察了古希腊、古罗马、中世纪和文艺复兴时期许多优秀建筑群的实例,针对当时城市建设中出现的忽视城市空间艺术性的状况,提出"我们必须以确定的艺术方式形成城市建设的艺术原则。我们必须研究过去时代的作品并通过寻求出古代作品中美的因素来弥补当今艺术传统方面的损失,这些有效的因素必须成为现代城市建设的基本原则。"Sitte 通过对城市空间的各类构成要素,如广场、街道、建筑、小品等相互之间关系的探讨,揭示了这些设施位置的选择、布置以及与交通、环境相互之间关系建立一些艺术的、宜人的基本原则,强调人的尺度、环境的尺度与人的活动以及他们的感受之间的协调,从而建立起城市空间的丰富多彩和人的活动空间的有机构成。

Sitte 也很清楚地认识到,在社会发生结构性变革的背景下,"我们很难指望用简单的艺术规划来解决我们面临的全部问题",而是要把社会经济的因素作为艺术考虑的给定条件,在这样的条件下来提高城市的空间艺术性。Sitte 还指出,在经济和艺术之间,城市规划必须不走向任意一个极端。要达到这样的目的,在主要的广场和街道设计中强调艺术布局,而在次要地区则可以强调土地最经济的使用,使城市空间在总体上能产生良好的效果。

4)Geddes 的学说

Geddes 作为一名生物学家最早注意到工业革命、城市化对人类社会的影响,他通过对城市进行生态学研究,强调人与环境的相互关系,揭示了决定现代城市成长和发展的动力。他的研究显示,人类居住地与特定地点之间有着一种已经存在的、由地方经济性质所决定的内在联系,因此他认为场所、工作和人是结合为一体的。在 1915 年出版的著作《进化中的城市:城市规划与城市研究导论》中,他把对城市的研究建立在客观现实的基础之上,通过周密分析地域环境的潜力和限度对居住地布局形式与地方经济体系的影响,突破了当时常规的城市概念,提出把自然地区作为规划研究的基本框架。他指出,工业集聚和经济规模不断扩大,已经造成了一些地区的城市发展显著集中。在这些地区,城市向郊外扩展已属必然并形成了这种趋势,使城市结合成巨大的城市集聚区或者形成组合城市。在这样的条件下,原来局限于城市内部空间布局的城市规划应当成为城市地区的规划,即将城市和乡村的规划纳入同一体系之中,使规划包括若干个城市以及它们周围所影响的整个地区。这一思想经美国学者 Lewis Mumford 等人发扬光大,形成了对区域的综合研究和区域规划。

Geddes 认为,城市规划是社会改革的重要手段,城市规划要得到成功就必须充分运用科学的方法认识城市。因此,在进行城市规划前必须要进行系统的调查和研究,才有可能进行城市规划工作。他的名言是"先诊断后治疗",由此而形成了影响至今的现代城市规划过程的公式"调查—分析—规划",即通过对城市现实状况的调查,分析城市未来发展的可能,预测城市中各类要素之间的相互关系,然后依据这些分析和预测,制订规划方案。

7.2.3　现代城市规划思想的演变

现代城市规划在对现代城市整体认识的基础上,在对城市社会进行改造的思想引导下,通过对城市发展的认识和城市空间的组织,逐步建立现代城市规划的基本原理和方法,同时界定城市规划学科的领域,形成了城市规划的独特理念,在城市发展和建设过程中发挥重要的作用。这里仅从现代城市规划思想演变的角度,围绕《雅典宪章》和《马丘比丘宪章》这两部在现代城市规划发展过程中起重要作用的文献予以认识。这两部文献都对当时的规划思想进行了总结,对未来的发展指出一些重要的方向,从而成为城市规划发展的历史性文件,从中我们可以追踪现代城市规划整体的发展脉络,建立起现代城市规划理论发展的基本框架。

1.《雅典宪章》(1933 年)

在 20 世纪上半叶,现代城市规划基本是在建筑学领域内得到发展的,甚至可以说,现代城市规划发展是追随着现代建筑运动而展开的。1933 年召开的国际现代建筑会议(CIAM)第四次会议的主题是"功能城市",会议发表了《雅典宪章》。

《雅典宪章》在思想上认识到城市中广大人民的利益是城市规划的基础,因此它强调"对于从事于城市规划的工作者,人的需要和以人为出发点的价值衡量是一切建设工作成功的关键",宪章的内容也从分析城市活动入手,提出了功能分区的思想和具体做法,并要求以人的尺度和需要来估量功能的分区和布局,为现代城市规划发展指明了以人为本的方向,建立了现代城市规划的基本内涵。很显然,《雅典宪章》的思想方法是基于物质空间决定论的基础之上。这一思想在城市规划中的实质在于通过物质空间变量的控制,以形成良好的环境,而这样的环境能自动解决城市中的社会、经济、政治问题,促进城市的发展和进步。这是《雅典宪章》所提出的功能分区及机械联系的思想基础。

《雅典宪章》最为突出的内容就是提出了城市的功能分区,而且对以后的城市规划发展影响也最为深远。它认为,城市活动可以划分为居住、工作、游憩和交通 4 大部分,指出这是城市规划研究的"最基本分类",并提出"城市规划的 4 个主要功能要求各自都有其最适宜发展的条件,以便给生活、工作和文化分类和秩序化"。功能分区在当时有着重要的现实意义和历史意义,它主要针对当时大多数城市无计划、无秩序发展过程中出现的问题,尤其是工业区和居住区混杂导致严重的卫生问题、交通问题和居住环境问题等。功能分区方法的使用确实可以起到缓解这些矛盾的作用。另外,从城市规划学科的发展过程来看,《雅典宪章》所提出的功能分区也是一种革命。它依据城市活动对城市土地使用进行划分,对传统的城市规划思想和方法进行了重大的改革,突破了过去城市规划追求图面效果和空间气氛的局限,引导城市规划向科学的方向发展。

现代城市功能分区的思想显然是产生于近代理性主义的观念,《雅典宪章》运用了这种思想观念,从城市整体分析入手,对城市活动进行了分解,然后对各项活动及用地在现实的城市中所存在的问题予以揭示,针对这些问题,提出了改进的具体建议,期望通过一个简单的模式将这些已分解的部分结合在一起,从而复原成一个完整的城市,这种模式就是功能分区和其间的机械联系。这一点在 Corbusier 发表于 1920—1930 年的一系列规划方案中发挥得淋漓尽致,并且在他主持的印度新城市昌迪加尔的规划中,得到了具体的实践。现代城市规划从一开始就继承了传统规划对城市理想状况进行描述的思想,并受建筑学思维方式和方法的支配,认为城市规划就是要描绘城市未来的蓝图。这种空间形态是期望通过城市建设活动的不断努力而达到的,它们本身是依据建筑学原则而确立的,是不可更改的、完美的组合。因此,物质空间规划成了城市建设的蓝图,其所描述的旨在达到未来的终极状态。Corbusier 则从建筑学的思维习惯出发,将城市看成一种产品创造,因此也就敢于将巴黎市中心区改建规划几乎全部推倒重来。《雅典宪章》虽然认识到影响城市发展的因素是多方面的,但仍强调"城市规划是一种基于长宽高三(维)度空间……的科学"。该宪章所确立的城市规划工作者的主要工作是"将各种预计作为居住、工作、游憩的不同地区,在位置和面积方面进行平衡,同时建立一个联系三者的交通网";此外就是"订立各种计划,使各区按照它们的需要有序发展""建立居住、工作、游憩各地区间的关系,务必使这些地区的日常活动可以在最经济的时间完成"。从《雅典宪章》中可以看到,城市规划的基本任务就是制订规划方案,而这些规划方案的内容都是关于各功能分区的"平衡状态"和建立"最合适的关系",它鼓励的是对城市发展终极状态下各类用地关系的描述,并"必须制定必要的法律以保证其实现"。

2.《马丘比丘宪章》(1977 年)

20 世纪 70 年代后期,国际建筑师协会鉴于当时世界城市化趋势和城市规划过程中出现的新内容,于 1977 年在秘鲁的利马召开了国际性的学术会议。与会的建筑师、规划师和有关官员以《雅典宪章》为出发点,总结了近一个世纪以来尤其是第二次世界大战后的城市发展和城市规划思想、理论和方法的演变,展望了城市规划进一步发展的方向,在古文化遗址马丘比丘山上签署了《马丘比丘宪章》。该宪章申明:《雅典宪章》仍然是这个时代的一项基本文件,它提出的一些原理今天仍然有效,但随着时代的进步,城市发展面临着新的环境,而且人类认识对城市规划也提出了新的要求,《雅典宪章》的一些指导思想已不能适应当前形势的发展变化,因此需要进行修正。而《马丘比丘宪章》所提出的,"都是理性派所没有包括的,单凭逻辑所不能分类的种种一切"。

《马丘比丘宪章》首先强调了人与人之间的相互关系对城市和城市规划的重要性,并将理解和贯彻这一关系视为城市规划的基本任务。"与《雅典宪章》相反,我们深信人的相互作用与交往是城市存在的基本根据。城市规划……必须反映这一现实"。《马丘比丘宪章》摒弃了《雅典宪章》机械主义和物质空间决定论的思想基石,宣扬社会文化论的基本思想。社会文化论认为,物质空间只是影响城市生活的一项变量,而且这一变量并不能起决定性作用,而起决定性作用的应该是城市中各人类群体的文化、社会交往模式和政治结构。在考察了当时城市化快速发展和遍布全球城市的状况之后,《马丘比丘宪章》要求将城市规划的专业和技术应用到各级人类居住点上,即邻里、乡镇、城市、都市地区、区域、国家和洲,并以此来指导建设。而这些规划都"必须对人类的各种需求做出解释和反应",并"应该按照可能的经济条件和文化意义提供与人民要求相适应的城市服务设施和城市形态"。从人的需要和人与人之间的相互关系出发,《马丘比丘宪章》针对《雅典宪章》和当时城市发展的实际情况,提出了一系列的具有指导意义的观点。

《马丘比丘宪章》在对 40 多年的城市规划理论探索和实践进行总结的基础上,提出《雅典宪章》所崇尚的功能分区"没有考虑城市人与人之间的关系,结果是城市患了贫血症,在那些城市里(的)建筑物成了孤立的单元,否认了人类的活动要求流动的、连续的空间这一事实"。确实,《雅典宪章》以后的城市规划基本都是依据功能分区的思想展开的,尤其在第二次世界大战后的城市重建和快速发展阶段中按规划建设的许多新城和一系列的城市改造中,由于对纯粹功能分区的强调而导致了许多问题,人们发现经过改建的城市社区竟然不如改建前或一些未改造的地区充满活力,新建的城市相当的冷漠、单调、缺乏生气。对功能分区的批评认为功能分区并不是一种组织良好城市的方法,从 20 世纪 50 年代后期就已经开始,他们认为 Corbusier 的理想城市"是一种高尚的、文雅的、诗意的、有纪律的、机械环境的机械社会,或是具有严格等级的技术社会的优美城市"。他们提出以人为核心的人际结合思想,以及流动、生长、变化的思想为城市规划的新发展提供了新的起点。20 世纪 60 年代的理论则以 J. Jacobs 充满激情的现实评述和 C. Alexander 相对抽象的理论论证为代表。《马丘比丘宪章》接受了这些观点,提出:"在今天,不应当把城市当作一系列的组成部分拼在一起考虑,而必须努力去创造一个综合的、多功能的环境",并且强调:"在 1933 年,主导思想是把城市和城市的建筑分成若干组成部分,在 1977 年,目标应当是把已经失去的它们的相互依赖性和相互关联性,并已经失去其活力和含义的组成部分重新统一起来。"

《马丘比丘宪章》认为城市是一个动态系统,要求"城市规划师和政策制定人必须把城市看作为在连续发展与变化的过程中的一个结构体系"。20 世纪 60 年代以后,系统思想和系统方法在城市规划中得到了广泛的运用,改变了过去将城市规划视作对终极状态进行描述的观点,而更强调城市规划的过程性和动态性。在第二次世界大战期间逐渐形成、发展的系统思想和系统方法在 20 世纪 50 年代末被引入规划领域而形成了系统方法论。最早运用系统思想和方法的规划研究当推开始于 20 世纪 50 年代末美国的运输-土地使用规划。这些研究突破了物质空间规划对建筑空间形态的过分关注,而将重点转移至发展过程和不同要素间的关系,以及要素的调整与整体发展的相互作用之上。自 20 世纪 60 年代中期后,在运输-土地使用规划研究中发展起来的思想和方法,经 J. B. McLoughlin、Chadwick 等人在理论上的努力和广大规划师在实践中的自觉运用,形成了城市规划运用系统的方法论。《马丘比丘宪章》在对这一系列理论探讨进行总结的基础上做了进一步发展,提出"区域和城市规划是个动态过程,不仅要包括规划的制订而且也要包括规划的实施。这一过程应当能适应城市这个有机体的物质和文化的不断变化。"在这个意义上,城市规划就是一个不断模拟、实践、反馈、重新模拟……的循环过程,只有通过这样不间断的连续过程才能更有效地与城市系统相协同。

自 20 世纪 60 年代中期开始,公众参与城市规划成为城市规划发展的一个重要方面,也成为此后城市规划进一步发展的动力。Paul Davidoff 在 20 世纪 60 年代初提出的"规划的选择理论"和"倡导性规划"概念,成为公众参与城市规划的理论基础。其基本意义在于不同的人和不同的群体具有不同的价值观,规划不应当以一种价值观来压制其他多种价值观,而应当为多种价值观的体现提供可能,规划师就是要表达不同的价值判断,并为不同的利益团体提供技术帮助。公众参与城市规划就是在规划的过程中要让广大的市民尤其是受到规划内容影响的市民参加规划的编制和讨论,规划部门要听取各种意见并且要将这些意见尽可能地反映在规划决策之中,成为规划行动的组成部分,而真正全面和完整的公众参与则要求公众能真正参与规划的决策过程之中。1973 年联合国世界环境会议通过的宣言开宗明义地提出:环境是人民创造的,这就为城市规划中的公众参与提供了政治上的保证。城市规划过程的公众参与现已成为许多国家城市规划立法和制度的重要内容和步骤。《马丘比丘宪章》不但承认公众参与对城市规划的极端重要性,而且更进一步推进其发展。《马丘比丘宪章》提出"城市规划必须建立在各专业设计人员、城市居民以及公众和政治领导人之间的系统的不断的互相协作配合的基础上",并"鼓励建筑使用者创造性地参与设计和施工"。

7.2.4 现代城市规划理论概述

城市规划发展的历史告诉我们,城市规划与城市及其所在国家的社会、经济、政治等方面直接相关。城市规划的内容实际上涉及一个巨大的系统,面对这种系统,仅凭感觉建立的感性认识展开工作,显然是不适宜的,而要认识城市发展在其纷杂的表面行为之下所蕴含的规律性,科学地预测和预想城市未来的发展,就必须运用理论和理性思维,以保证城市规划的科学性和合理性,这也是城市规划理论形成和发展的主要原因。在现代城市规划领域中,根据各种理论所涉及的内容,可以归纳为 3 个部分:一是功能理论(function theory)。它主要从城市系统本身解释城市的形态和结构,以实现城市的功能。通常是指城市规划工作中所应遵循的原理。二是决策理论(decision theory)。它主要是系统地分析城市的自然、经济、社会、历史等因素,以确定城市的主导职能(性质),城市发展的可能规模和城市发展方向。这里包括系统的分析方法论,以及如何进行科学的决策。三是规范理论(normative theory)。它主要阐明了城市规划中的价值目标以及和城市空间形态之间的关系。例如,城市规划应达到区域整体协调、可持续发展、生态城市、公平公正之类的价值取向。上述是从理论体系所包括的内容进行归类,以建立一个理论框架(见图 7-20),但实际上各种城市规划理论家们在研究、阐述其理论观点的著作中,往往同时包括了上述 3 个方面。虽然各有侧重点,或以揭示城市发展演变的规律,或以分析城市的空间形态结构,或以研究城市规划中的系统分析的理论和方法为主,但在许多情况下,并不是将它们截然分开。

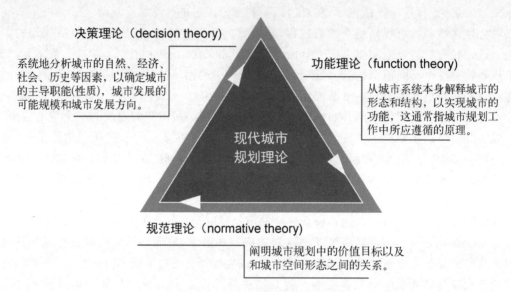

图 7-20 现代城市规划理论框架

1. 城市的分散发展和集中发展理论

现代城市发展存在着两种主要的趋势,即分散发展和集中发展。对城市发展的理论研究中,主要也针对这两种现象展开,在前面介绍的 Howard 的田园城市和 Corbusier 的现代城市设想中已有表述。相对而言,城市分散发展得到理论研究的重视,因此出现了许多比较完整的理论陈述;而关于城市集中发展的理论研究则主要针对现象解释方面,还缺少完整的理论陈述。

1) 城市分散发展理论

城市分散发展理论是建立在通过建设小城市来分散大城市的基础之上,其主要理论包括了田园城市、卫星城和新城的思想、有机疏散理论等。

Howard 于 1898 年提出了田园城市的设想,田园城市尽管在 20 世纪初得到了初步实践,但在实际运用中,分化为两种不同的形式。一种是指农业地区的孤立小城镇,自给自足;另一种是指城市郊区。前者的吸引力较弱,也不能形成 Howard 所设想的城市群,难以发挥其设想的作用;后者显然是与 Howard 的意愿相违背的,它只能促进大城市无序地向外蔓延。在这样状况下,20 世纪 20 年代曾在 Howard 指导下主持完成了第一个田园城市,由 Letchworth 规划的 R. Unwin 提出的卫星城理论,并以此继续推行 Howard 的思想。Unwin 认为,Howard 的田园城市在形式上犹如围绕在行星周围的卫星,因此,他在考虑伦敦地区规划时,建议围绕伦敦周围建立一系列卫星城,并将伦敦过度密集的人口和就业岗位疏解到这些卫星城中去，Unwin 通过著述和设计活动竭力推进他的卫星城理论。1924 年，在阿姆斯特丹召开的国际城市会议提出建设卫星城是防止大城市过大的一个重要方法，从此，卫星城便成为一个在国际上通用的概念。这次会议上明确提出了卫星城市的定义：卫星城市是一个经济上、社会上、文化上具有现代城市性质的独立城市单位，但同时又是从属于某个大城市的派生产物。但卫星城概念强化了与中心城市（又称为母城）的依赖关系，强调中心城的疏解，因此往往被视作中心城市某一功能疏解的接受地，并出现了工业卫星城、科技卫星城，甚至新城等不同类型，希望使之成为中心城市功能的一部分。经过一段时间的实践，人们发现这些卫星城带来一些问题，原因在于对中心城市过度依赖。卫星城应具有与大城市近似的文化福利设施，可以满足居民就地工作和生活的需要，从而形成一个职能健全、相对独立的城市。至 20 世纪 50 年代以后，人们对这类按规划设计建设的新城市统称为新城（new town），一般已不称为卫星城。新城的概念更强调了其相对独立性，它基本上是一定区域范围内的中心城市，为其周围地区服务，并且与中心城市发生相互作用，成为城镇体系中的一个组成部分，对涌入大城市的人口起到一定的截流作用。

E. Saarinen 认为，卫星城确实是治理大城市问题的一种方法，但并不一定需要另外新建城市，而可以通过它本身的定向发展来达到同样的目的。因此，他提出对城市发展及布局结构进行调整的有机疏散理论。他在 1942 年出版的《城市：它的发展、衰败和未来》一书中详尽地阐述了这一理论。

2）城市集中发展理论

城市集中发展理论的基础在于经济活动的聚集，这也是城市经济的最根本特征之一。正如恩格斯在描述当时全世界的商业首都伦敦时所说的那样，"这种大规模的集中，250万人这样聚集在一个地方，使这 250 万人的力量增加了 100 倍"。在这种聚集效应的推动下，人口不断地向城市集中，城市发挥更大的作用。

向城市集中，发展到一定程度之后出现了城市现象，由于聚集经济的作用，使大城市的中心优势得到了广泛实现所产生的结果。随着大城市进一步发展，出现了规模更为庞大的城市现象，即出现了世界经济中心城市，也就是所谓的世界城市（国际城市或全球城市）等。1966 年，P. Hall 针对第二次世界大战后世界经济一体化进程，看到并预见到一些世界大城市在世界经济体制中将担负起越来越重要的作用，着重对这类城市进行了研究并出版了《世界城市》一书。在该书中，他认为世界城市具有以下几个主要特征：① 世界城市通常是政治中心；② 世界城市是商业中心；③ 世界城市是集合各种专门人才的中心；④ 世界城市是巨大的人口中心；⑤ 世界城市是文化娱乐中心。1986 年，J. Friedmann 发表了"世界城市假说"（The World City Hypothesis）的论文，强调世界城市的国际功能决定了该城市与世界经济一体化相联系的方式与程度的观点，并提出了世界城市的 7 个指标：① 主要的金融中心；② 跨国公司总部所在地；③ 国际性机构的集中地；④ 商业部门（第三产业）的高度增长；⑤ 主要的制造业中心（具有国际意义的加工工业等）；⑥ 世界交通的重要枢纽（尤指港口和国际航空港）；⑦ 城市人口规模达到一定标准。

大城市向外急剧扩展，城市出现明显的郊迁化现象以及城市密度不断提高，世界上许多国家中出现了空间连绵成片的城市密集地区，即城市聚集区（urban agglomeration）和大城市带（megalopolis）。联合国人类聚居中心对城市聚集区的定义：被一群密集的、连续的聚居地所形成的轮廓线包围的人口居住区,它和城市的行政界线不尽相同。在高度城镇化地区,一个城市聚集区往往包括一个以上的城市,由此,它的人口也远远超出中心城市的人口规模。大城市带的概念是由法国地理学家 J. Gottmann 于 1957 年提出的,指的是多核心的城市连绵区,人口的下限是 2 500 万人,人口密度为每平方千米至少 250 人。

2. 城镇形成网络体系的发展理论

城市的分散发展和集中发展只是表述了城市发展过程中的不同方面,任何城市发展都是这两方面作用的综合,或是分散与集中相互对抗而形成的暂时平衡状态。因此,只有综合地认识城市的分散和集中发展,并将它们视作同一过程的两个方面,考察城市与城市之间、城市与区域之间将它们作为一个统一体来认识,才能真正认识城市发展的实际状况。

城市是人类进行各种活动的集中场所,通过交通和通信网络,使物质、人口、信息等不断地从城市向各地、从各地向城市流动。城市对区域的影响类似磁场效应,随着距离增加影响力逐渐减弱,最终被附近其他城市的影响所取代。每个城市影响地区的大小,取决于城市所能够提供的商品、服务及各种机会的数量和种类。不同规模的城市及其影响的区域组合成了城市的等级体系。其组织形式位于国家等级体系最高级的是具有国家中心地位的大城市,它们拥有最广阔的腹地。这些大城市的腹地内包含若干个等级体系中间层次的区域中心城市,在每一个区域中心腹地,又包含着若干个位于等级体系最低层次的小城市,它们是周围地区的中心。

城镇间的相互作用,都要借助一系列的交通和通信设施才能实现。这些交通和通信设施所组成的网络多少和方便程度,也就赋予该城市在城市体系中的相对地位。旨在揭示城市空间组织中相互作用特点和规律的城市相互作用模型,深受理论研究者的重视。在众多的理论模式中,以引力模型最为简单、使用最为广泛。引力模型是根据牛顿万有引力规律推导出来的。该模型认为,两个城市的相互作用与这两个城市的质量(以城市人口规模或经济实力为代表)成正比,与它们之间的距离平方成反比。

城市体系是指一定区域内城市之间存在的各种关系的总和。城市体系的研究起始于格迪斯对城市——区域问题的重视,后经 Mumford 等的努力,至 20 世纪 60 年代才作为一个科学的概念而得到研究。Geddes、Mumford 等从思想上确立了区域城市关系是研究城市问题的逻辑框架,而 W. Christaller 于 1933 年发表的中心地理论则揭示了城市布局之间的现实关系。B. Berry 等结合城市功能的相互依赖性,对城市经济行为的分析和中心地理论的研究,逐步形成了城市体系理论。完整的城市体系包括了三部分的内容,即特定地域内所有城市职能之间的相互关系、城市规模的相互关系和地域空间分布的相互关系。

3. 城市土地使用布局结构理论

就城市土地使用而言,由于城市的独特性,城市土地使用在各个城市中都具有各自的特征,但它们也有共同的特点和运行规律,也就是在城市内部,各类土地使用的配置有一定的模式。许多学者对此进行了研究,提出了不同的理论。根据 R. Murphy 观点,所有这些均可归类于同心圆理论、扇形理论和多核心理论。这 3 种理论具有较为普遍的适用性,但很显然它们并不能用来全面解释所有的城市土地使用和空间状况。Bardo 和 Hartman 对此的评论似乎比较恰当,他们认为,"最合理的说法是没有哪种单一模式能很好地适用于所有城市,但这 3 种理论能够或多或少地在不同的程度上适用于不同的地区"
(见图 7 - 21)。

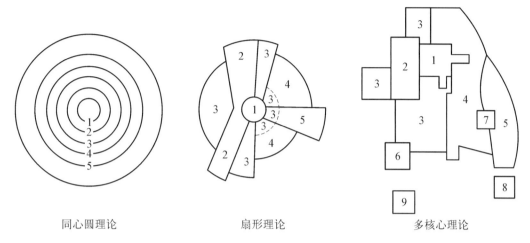

同心圆理论　　　　　　　扇形理论　　　　　　　多核心理论

1—中央商务区;2—批发和轻工业区;3—低收入者居住区;4—中产阶级居住区;5—高收入居住区;
6—重工业区;7—外围商务区;8—郊区居住区;9—郊区工业区

图 7 - 21　城市内部结构的 3 种布局结构

1) 同心圆理论

同心圆理论(concentric zone theory)由 E. W. Burgess 于 1923 年提出。他试图创立
一个城市发展和土地使用空间组织方式的模型,并提供了一个图示性的描述。根据他的
理论,城市可以划分成 5 个同心圆的区域。圆形区域居中是中央商务区(central business
district,CBD),这是整个城市的中心,是城市商业、社会活动、市民生活和公共交通的集
中点;第 2 环是过渡区(zone in transition),是中央商务区的外围地区,是衰败了的居住
区;第 3 环是工人居住区(zone of workingmen's homes),主要由产业工人(蓝领工人)和
低收入的白领工人居住的集合式楼房、独户住宅或较便宜的公寓所组成;第 4 环是良好住
宅区(zone of better residences),这里主要居住的是中产阶级,他们通常是小商业主、专业
人员、管理人员和政府工作人员等,有独门独院的住宅和高级公寓和旅馆等,以高级公寓
住宅为主;第 5 环是通勤区(commuters zone),主要是一些富裕的、高质量的居住区,上层
社会和中上层社会的郊外住宅坐落在这里,还有一些小型的卫星城,居住在这里的人们大
多在中央商务区工作,上下班往返于两地之间。

2) 扇形理论

扇形理论(sector theory)由 H. Hovt 于 1939 年提出。他根据美国 64 个中小城市住房租
金分布状况的统计资料,对纽约、芝加哥、底特律、费城、华盛顿等几个大城市的居住状况进
行调查后发现,城市整体是圆形的,城市的核心只有一个,交通线路由市中心向外呈放射状
分布。随着城市人口增加,城市将沿交通线路向外扩大,同一使用方式的土地从市中心附近
开始逐渐向周围移动,由轴状延伸而形成整体的扇形。也就是任何的土地使用,均是从市中
心区既有的同类土地使用的基础上,由内向外扩展,并继续留在同一扇形范围内。

3) 多核心理论

多核心理论(multiple-nuclei theory)由 C. D. Harris 和 E. L. Ullman 于 1945 年提

出。他们通过对美国大部分大城市的研究,提出影响城市活动分布的 4 项基本原则。

(1) 有些活动要求设施位于城市中为数不多的地区(如中心商务区要求非常方便的可达性,而工厂需要大量水资源)。

(2) 有些活动受益于位置的互相接近(如工厂与工人住宅区)。

(3) 有些活动对其他活动会产生对抗或消极影响,会要求这些活动有所分离(如高级住宅区与浓烟滚滚的钢铁厂不会互相毗邻)。

(4) 有些活动因负担不起理想场所的费用,而不得不设置在不很合适的地方(如仓库被设置在冷清的城市边缘地区)。

7.3 当代城市规划面临的形势

1. 城市全球化

世界经济结构格局的变化,影响了全球的城市空间结构的深刻变化。资本和劳动力的全球性流动,产业的全球性迁移,经济活动中心的全球性集聚,促使全球的城市体系多级化,中心城市将更加发展,以实现其对全球经济的控制和运作。城市中心区的结构、建筑综合体的组织以实现更高的效率,全球化时代的城市建筑风格将在城市规划师和建筑师不断的创造性劳动中诞生。

2. 区域一体化

在世界范围内的城市更新中,由于市场经济的地域在 20 世纪末大规模扩大,在土地级差的作用下,城市用地出现重构和置换,原有的建筑功能将得以改变和改造,如仓库变为购物中心,码头改为娱乐中心等现象越来越频繁地出现。城市之间的发展竞争进入了更高的区域层次,没有一个城市可以独立于周边的乡镇而提升、发展和持续。在全球范围内观察可以发现,区域城镇群的发展已经成为一个国家实现永续发展的战略、提升民族竞争力和达到区域和谐发展的重要突破点。

3. 信息网络化

交通与通信的进步使得城镇在地理上的分散成为可能,因而更接近自然。但对环境会构成新的损害。

18 世纪,蒸汽机使得以家庭为基础的生产单位分解。1964 年,计算机的发明引起了更为深远的变革,即信息革命。这场革命,仅用了半个世纪互联网已经覆盖全球,电子货币、电子图像、电子声音、信息高速公路出现,生产自动化、办公自动化、家庭自动化等,迟早会重新定义公共空间和私有空间。

工业革命使人们向城市集聚而疏远大自然,信息革命则使人们居住和工作空间扩散并亲近大自然;工业革命使人们从郊外到市中心工作,信息革命则使人们在郊外工作而到市中心娱乐、消费、社交等。

人类步入信息社会,信息化社会使城市建设的时空关系发生革命性变革。"全球村庄""城市解体"引起人类的生活和工作模式发生重大的变化,通过现代信息网络,家庭将重新与工作场所结合。电子社区、虚拟银行等的出现,但人们更盼望的是共享空间、交往场所、更多新类型建筑的涌现。因此,新的城市建筑形式将成为新城市景观的一部分。

4. 全球城市化

发达国家大致在 20 世纪 70 年代相继完成了城市化进程（城市化水平＞70％），步入后城市化阶段。发达国家的城市规划师和建筑师主要面临的是大量的城市更新换代的改造任务。

当前，大多数发展中国家还处在城市化从起步到快速发展的过渡期（城市化水平转折点为 30％）。近年来，对城市化有了积极的认识，城市化被纳入国家发展的政策中。

中国城市化从 20 世纪 80 年代的 14％，提高到 2023 年的 66％，已经进入城市化快速发展期。交通与通信技术的发展使发展中国家在城市化过程中，避免重复发达国家城市先集中后分散的老路，探索更为合理的城市化道路。这对发展中国家的城市规划师和建筑师显然是一个挑战。

伴随着全球城市化推进，人类在过去的 100 年对自然资源和能源的消耗，达到人类历史上空前的程度，造成全球环境恶化。城市环境问题，已不再是城市本身的问题，已涉及整个地区，跨国界的乃至全球范围的环境恶化和整治。

从 20 世纪 70 年代起，永续发展的战略思想逐步形成，并得到全世界的共识。但永续发展战略实施，必须在区域开发、城市建设和建筑营造各个层面得到全面贯彻。

全球城市化和中国城市化的发展，都已经达到或即将超越 50％ 的历史性的关键点。发展中国家、新兴工业国家的快速城市化，以及发达工业国家城市化的衰退，提出了整个人类的居住环境和生活方式重大变革的问题。相对较低的城市化水平可能会给中国提供结合国情发展城市政策的机会。

思 考 题

1. 中国古代的城市格局反映了哪些重要的城市规划思想？
2. 你认为哪些古代经典城市的规划案例，对未来的城市发展仍然具有重要意义？
3. 你认为哪些城市规划理论深刻影响了城市的发展？
4. 简述城市总体布局的主要模式及各自特点和优缺点
5. 联系你所居住的城市中存在的问题，思考这些问题是否与城市规划思想方法有关？

第8章 国土空间用地用海分类

8.1 概述

建立统一的国土空间用地用海分类是实施国家自然资源统一管理、建立国土空间开发保护制度的重要基础。

8.1.1 用地特性

1. 用地的概念

国土空间规划的用地是指国土空间规划范围内的所有土地，包括陆域与海域。《市级国土空间总体规划编制指南》将国土空间分为一级规划分区和二级规划分区。一级规划分区包括6类：生态保护区、生态控制区、农田保护区、城镇发展区、乡村发展区、海洋发展区。城镇发展区、乡村发展区、海洋发展区分别细分为二级规划分区，具体类型和含义如表8-1所示。

表 8-1 国土空间规划分区

一级规划分区	二级规划分区	含　　义
生态保护区	—	具有特殊重要生态功能或生态敏感脆弱、必须强制性严格保护的陆地和海洋自然区域，包括陆域生态保护红线、海洋生态保护红线集中划定的区域
生态控制区	—	生态保护红线外，需要予以保留原貌、强化生态保育和生态建设、限制开发建设的陆地和海洋自然区域
农田保护区	—	永久基本农田相对集中需严格保护的区域
城镇发展区	—	城镇开发边界围合的范围，是城镇集中开发建设并可满足城镇生产、生活需要的区域
城镇发展区	城镇集中建设区 居住生活区	以住宅建筑和居住配套设施为主要功能导向的区域
城镇发展区	城镇集中建设区 综合服务区	以提供行政办公、文化、教育、医疗以及综合商业等服务为主要功能导向的区域
城镇发展区	城镇集中建设区 商业商务区	以提供商业、商务办公等就业岗位为主要功能导向的区域
城镇发展区	城镇集中建设区 工业发展区	以工业及其配套产业为主要功能导向的区域
城镇发展区	城镇集中建设区 物流仓储区	以物流仓储及其配套产业为主要功能导向的区域

（续表）

一级规划分区	二级规划分区		含 义
城镇发展区	城镇集中建设区	绿地休闲区	以公园绿地、广场用地、滨水开敞空间、防护绿地等为主要功能导向的区域
		交通枢纽区	以机场、港口、铁路客货运站等大型交通设施为主要功能导向的区域
		战略预留区	在城镇集中建设区中,为城镇重大战略性功能控制的留白区域
	城镇弹性发展区		为应对城镇发展的不确定性,在满足特定条件下方可进行城镇开发和集中建设的区域
	特别用途区		为完善城镇功能,提升人居环境品质,保持城镇开发边界的完整性,根据规划管理需划入开发边界内的重点地区,主要包括与城镇关联密切的生态涵养、休闲游憩、防护隔离、自然和历史文化保护等区域
乡村发展区	—		除农田保护区外,为满足农林牧渔等农业发展以及农民集中生活和生产配套为主的区域
	村庄建设区		除城镇开发边界外,规划重点发展的村庄用地区域
	一般农业区		以农业生产发展为主要利用功能导向划定的区域
	林业发展区		以规模化林业生产为主要利用功能导向划定的区域
	牧业发展区		以草原畜牧业发展为主要利用功能导向划定的区域
海洋发展区	—		允许集中开展开发利用活动的海域,以及允许适度开展开发利用活动的无居民海岛
	渔业用海区		以渔业基础设施建设、养殖和捕捞生产等渔业利用为主要功能导向的海域和无居民海岛
	交通运输用海区		以港口建设、路桥建设、航运等为主要功能导向的海域和无居民海岛
	工矿通信用海区		以临海工业利用、矿产能源开发和海底工程建设为主要功能导向的海域和无居民海岛
	游憩用海区		以开发利用旅游资源为主要功能导向的海域和无居民海岛
	特殊用海区		以污水达标排放、倾倒、军事等特殊利用为主要功能导向的海域和无居民海岛
	海洋预留区		规划期内为重大项目用海用岛预留的控制性后备发展区域

2. 用地的属性

1) 自然属性

土地具有不可移动性,即有着明确的空间定位,由此导致每块土地各具相对的地理优势或劣势,以及各具土壤和地貌特征。另外,土地还有着耐久性和不可再生性。土地不可能生长或毁失,始终存在着,可能的变化只是人为或自然地改变土地的表层结构或形态。土地的这些自然属性是每块土地各自具有的自然环境附着的性能与不可变更的特性,这将影响城市用地的选择、城市土地的用途结构以及建设的经济性等方面。

2) 社会属性

今天的地球表面,绝大部分的土地已有了明确的隶属,即土地已依附于拥有一定地权的社会权力,无论是公有的或是私有的。在不同的社会形态下,政治和社会权力在不同程度地影响着地权的延伸和表达。城市土地集约利用和社会强力控制与调节,特别在土地公有制条件下,明显地反映了城市用地的社会属性。

3) 经济属性

土地的经济属性是通过土地自身的价值被社会认可的条件下体现的,表现为土地在利用过程中能直接或间接地转化为经济效益的特性。如土地的肥瘠所造成农产的丰歉;又如土地的位置和形态构造的可利用程度等,都可能转化为国土空间规划的技术经济或工程经济的优劣表现。

土地还可因人为的土地利用方式,得以开发土地的经济潜力。如通过不同的城市用地结构和改变土地用途等,造成土地的价值差异,或以增加土地的建筑容量、完善土地的基础设施等建设条件,以提高土地的可利用性等方式,由此转化为建设经济的效益,而显示土地的经济性能。

4) 法律属性

在商品经济条件下,土地是一项资产。由于它的不可移动的自然属性,而归于不动产的资产类别。土地产权属于国有或集体所有,在此条件下,我国所实行的地权中部分权益转让等社会隶属形式,都经由法定程序得到立法的支持,因而土地具有明确的法律属性。

3. 用地的价值

1) 使用价值

在土地上可以施加各种城市建设工程,用作城市活动的场所,具有使用价值。这一价值还可通过人为地对土地加工,使之向深度与广度延伸。如对地形地貌的塑造,而使土地具有景观的功能价值;又如对土地上、下空间的开发,使土地得到多层面的利用,从而扩大了原有土地的使用价值。城市用地的形状、地质、区位、高程,以及土地所附有的建筑设施等状况,都将影响土地的使用价值。

2) 经济价值

当土地作为商品或某方面权利而有偿转移进入市场,就显示它的经济价值。这种价值转化以地价、租金或费用等各种表现形式。由于土地的自然性状或在城市中地理位置的差别,而有不同的价值级差。地价、租金或费用的市场调节机制,使城市的土地利用结构与用地的价格产生深刻的相互依存与制约关系。

4. 用地的区划

1) 行政区划

按照国家行政建制等有关法律规定的城市行政区划系列,如市区、郊区,市、区、县、乡、街道等;还有如特别设置或临时设置、具有行政管辖权限的各种开发区和管理区等。城市的行政区划的性质和界限,是国土空间用地规划和规划管理的基本依据。

2) 用途区划

按照国土空间规划所确定的土地利用的功能与性质,对土地做出划分,每块土地都具有一定的用途,如用于工业生产的称为工业用地,用于公用设施的称为公用设施用地等。随着规划的深化,土地的用途可以相应地进一步细划。

3) 房地产权属区划

由房产或土地对应所有权属的土地区划,如国有土地、集体所有土地等。又如按地块权属的地籍区划等。这些土地区划因涉及业主的所有权益,是国土空间用地规划时需要参照和慎重对待的依据。

4) 地价区划

土地作为商品进入市场,是以地价等形式体现土地的区位、环境、性状以及可使用程度等价值。为了优化土地利用、保障土地所有者的合理权益以及规范土地市场和土地价格体系,对城市用地按照所具条件,进行价值鉴定,由此做出城市土地的价格或租金的区划。

5. 用地的归属与管理

1) 土地的归属

土地是国家的基本资源,对土地的拥有权限和归属,国家制定了相应的法律给予规定和保障。《中华人民共和国土地管理法》的第一章第二条明确规定:"中华人民共和国实行土地的社会主义公有制,即全民所有制和劳动群众集体所有制。"并规定除劳动群众集体所有外,属于全民所有制国家所有的土地所有权由国务院代表国家行使。在第二章的第九条中规定:"城市市区的土地属于国家所有"。在第十条中又规定:"国有土地和农民集体所有土地,可以依法确定给单位或者个人使用。"即按照土地所有权与土地使用权可以分离的原则,单位或个人虽无地产权,但可通过合法的手续获得土地使用权,它在有效的使用期内,同样受到法律保护。

2) 土地的管理

为了维护土地的社会主义公有制,保护和合理利用土地资源,促进社会经济持续发展,国家实行严格的土地用途管制制度。《中华人民共和国土地管理法》第一章第五条明确了"国务院自然资源主管部门统一负责全国土地的管理和监督工作。县级以上地方人民政府自然资源主管部门的设置及其职责,由省、自治区、直辖市人民政府根据国务院有关规定确定"。在建设用地管理方面,各级人民政府应当依据国民经济和社会发展规划及年度计划、国土空间规划、国家产业政策以及城乡建设、土地利用的实际状况等,加强土地利用计划管理,实行建设用地总量控制,推动城乡存量建设用地开发利用,引导城镇低效用地再开发,落实建设用地标准控制制度,开展节约集约用地评价,推广应用节地技术和节地模式。

8.1.2　城市建设用地的选择

城市建设用地选择就是合理地选择城市中的具体位置和用地的范围。对新建城市就是城市选址,对已建城市则是确定城市用地的发展方向。下面是城市建设用地选择的基本要求。

（1）选择有利的自然条件。有利的自然条件，一般是指地势较为平坦、地基承载力良好、不受洪水威胁、工程建设投资省，而且能够保证城市日常功能的正常运转等。由于城市建设条件影响因素多且比较复杂，各种矛盾相互制约，如地形平坦的地段往往容易被水淹没且地基较差，地形起伏较大的丘陵虽然不平坦，但地基承载力较好。因此，要全面分析比较，合理估算工程造价，做出合理的选择。对于一些不利的自然条件，利用现代技术，通过一定的工程措施加以改造，但都必须经济合理和技术可行，要从现实的经济水平和技术能力出发，按近期和远期的规模要求合理地选择用地。

（2）尽量少占农田。保护耕地是我国的基本国策，也是城市用地选址必须遵循的原则。在选择城市建设用地时应尽量利用劣地、荒地、坡地、少占农田。

（3）保护古迹与矿藏。城市用地选择应避开有价值的历史文物古迹和已探明有开采价值的矿藏分布地段。

（4）满足主要建设项目的要求。城市建设项目和内容，有主次之分。对城市发展关系重大的建设项目，应优先满足其建设需要，解决城市用地选择的主要矛盾，此外还要研究它们的配套设施，如水、电、运输等用地的要求。

（5）要为城市合理布局创造良好的条件。城市布局的合理与否与用地选择的关系很大。在用地选择时，要结合国土空间总体规划的初步设想，反复分析比较，从长远发展考虑。

8.2 资源环境承载能力和国土空间开发适宜性评价

8.2.1 概况和定义

资源环境承载能力和国土空间开发适宜性评价（简称为"双评价"）是编制国土空间规划、完善空间治理的基础性工作，是优化国土空间开发保护格局、完善区域主体功能定位，划定生态保护红线、永久基本农田、城镇开发边界（简称为"三条控制线"），是确定用地用海等规划指标的参考依据。

1. 资源环境承载能力评价

资源环境承载能力是指基于特定发展阶段、经济技术水平、生产生活方式和生态保护目标，在一定地域内资源环境要素能够支撑农业生产、城镇建设等人类活动的最大合理规模。

2. 国土空间开发适宜性评价

国土空间开发适宜性是指在维系生态系统健康和国土安全的前提下，综合考虑资源环境等要素条件，特定国土空间进行农业生产、城镇建设等人类活动的适宜程度。

8.2.2 目标和原则

1. 评价目标

分析区域资源禀赋与环境条件，研判国土空间开发利用问题和风险，识别生态保护极重要区（含生态系统服务功能极重要区和生态极脆弱区），明确农业生产、城镇建设的最大合理规模和适宜空间,为编制国土空间规划,优化国土空间开发保护格局,完善区域主体功能定位,划定三条控制线,实施国土空间生态修复和国土综合整治重大工程提供基础性依据,促进形成以生态优先、绿色发展为导向的高质量发展新路子。

2. 评价原则

1) 底线约束

坚持最严格的生态环境保护制度、耕地保护制度和节约用地制度,维护国家生态安全、粮食安全等国土安全。在优先识别生态保护极重要区的基础上,综合分析农业生产、城镇建设的合理规模和适宜等级。

2) 问题导向

充分考虑陆海全域水、土地、气候、生态、环境、灾害等资源环境要素,定性定量相结合,客观评价区域资源禀赋与环境条件,识别国土空间开发利用现状中的问题和风险,有针对性地提出意见和建议。

3) 因地制宜

充分体现不同空间的尺度和区域差异,合理确定评价内容、技术方法和结果等级。下位评价应充分衔接上位评价成果,并结合本地实际,开展有针对性的补充和深化评价。

4) 简便实用

在保证科学性的基础上,抓住解决实际问题的本质和关键,选择具有代表性的要素和指标,采用合理的方法和工具,结果表达应简明扼要。紧密结合国土空间规划编制,强化操作导向,确保评价成果的科学、权威,适用、管用、好用。

8.2.3 本底评价

将资源环境承载能力和国土空间开发适宜性作为有机的整体,主要围绕水资源、土地资源、气候、生态、环境、灾害等要素,针对生态保护、农业生产(种植、畜牧、渔业)、城镇建设三大核心功能开展本底评价(见图 8-1)。

1. 生态保护重要性评价

生态保护重要性评价分为省级评价和市县评价两级。省级评价从区域生态安全底线出发,在陆海全域,评价水源涵养、水土保持、生物多样性维护、防风固沙、海岸防护等生态系统服务功能重要性,以及水土流失、石漠化、土地沙化、海岸侵蚀及沙源流失等生态脆弱性,综合形成生态保护极重要区和重要区。市县级评价是在省级评价结果的基础上,根据更高精度的数据和实地调查进行边界校核。从生态空间的完整性、系统性、连通性出发,结合重要的地下水补给、洪水调蓄、河(湖)岸防护、自然遗迹、自然景观等进行补充评价和修正(见图 8-2)。

2. 农业生产适宜性评价

农业生产适宜性评价分为省级评价和市县评价两级(见图 8-3)。省级评价在生态保护极重要区以外的区域,开展种植业、畜牧业、渔业等农业生产适宜性评价,以识别农业生产适宜区和不适宜区。市县评价内容和精度已满足市县国土空间规划编制需要的,可直接在省级评价结果的基础上进行综合分析。根据农业生产相关功能的要求,可进一步细化评价单元、提高评价精度、补充评价内容。可结合特色村落布局、重大农业基础设施配套、重要经济作物分布、特色农产品种植等,进一步识别优势农业空间。

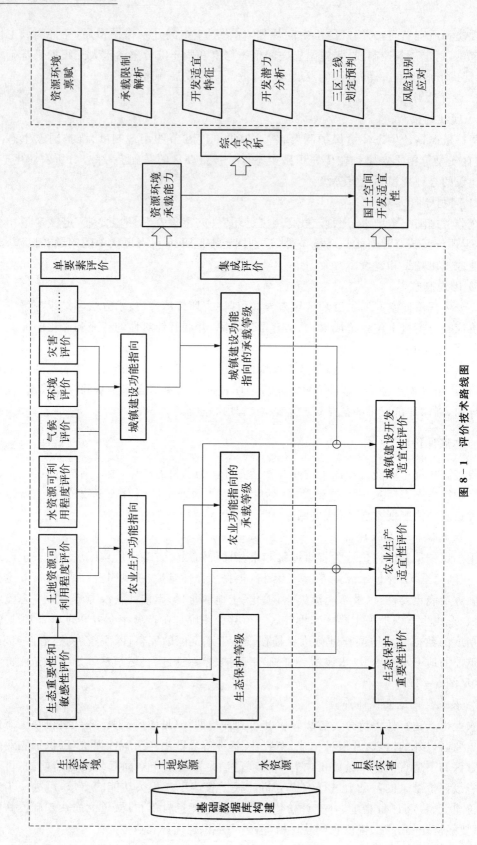

图 8-1 评价技术路线图

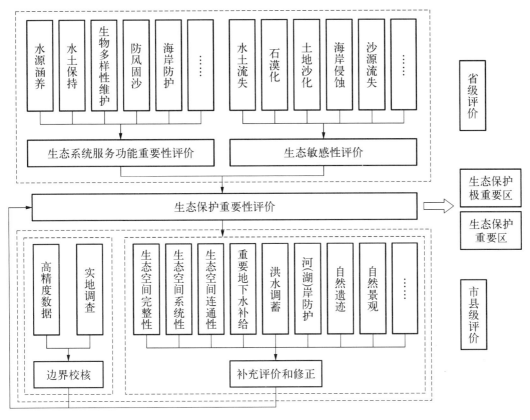

图 8‐2　生态保护重要性评价流程

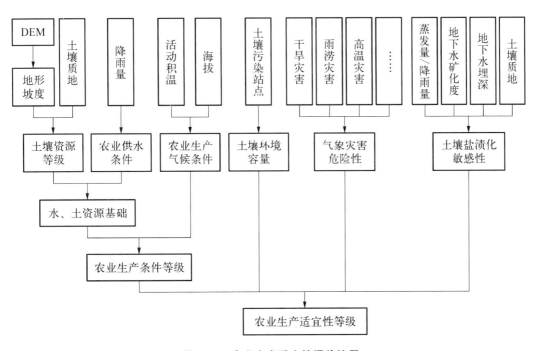

图 8‐3　农业生产适宜性评价流程

水土资源基础评价是种植业评价的基础。即以耕作条件为基础,结合降水条件、光热条件得到初评结果。种植业修正评价:以气象灾害评价、土壤污染评价、生态极重要区及城镇建成区进行修正。

3. 城镇建设适宜性评价

城镇建设适宜性评价分为省级评价和市县评价两级。省级评价在生态保护极重要区以外的区域,优先考虑环境安全、粮食安全和地质安全等底线要求,识别城镇建设不适宜区。沿海地区针对海洋开发利用活动开展评价。市县评价则进一步提高评价的精度,对城镇建设不适宜区范围进行校核。根据城镇化发展阶段特征,增加人口、经济、区位、基础设施等要素,识别城镇建设适宜区。结合海洋资源优势,识别海洋开发建设适宜区。除此之外,结合当地实际,可针对矿产资源等,开展必要的补充评价。

土地资源评价包括坡度、高程、地形起伏度因素。在水土资源评价的基础上,依次进行地质灾害评价、环境容量评价、大气舒适性、区位优势度评价的修正,再进行城镇建设适宜性综合评价。具体如图 8-4 所示。

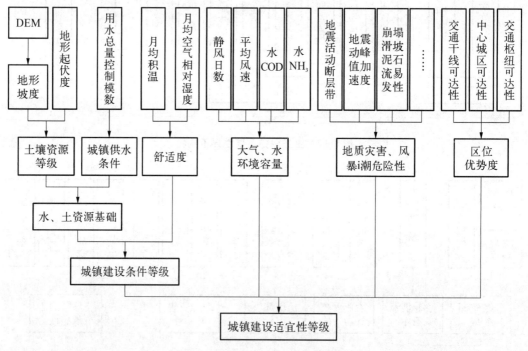

图 8-4　城镇建设适宜性评价流程

4. 承载规模评价

基于现有经济技术水平和生产生活方式,以水资源、空间等为主要约束,缺水地区重点考虑水平衡,分别评价各评价单元可承载农业生产、城镇建设的最大合理规模。各地可结合环境质量目标、污染物排放标准和总量控制等因素,评价环境容量对农业生产、城镇建设约束要求。按照短板原理,取各约束条件下的最小值作为可承载的最大合理规模。

对照国内外先进水平,在技术进步、生产生活方式转变的情景下,评价相应可承载农业生产、城镇建设的最大合理规模。一般省级以市级(或县级)行政区为单元评价承载规模,市级以县级(或乡级)行政区为单元评价承载规模。

1) 农业生产承载规模评价

(1) 土地资源约束下农业生产承载规模。从土地资源是否可作为耕地耕作的角度,选取单项评价中农业生产土地资源评价结果从高至较低4级、高程<5 000 m及土壤环境容量的高和中两级区域,三者重叠区域作为可耕作土地,按照县级行政单元统计其面积,作为土地资源约束下农业生产的最大规模。

(2) 水资源约束下农业生产承载规模。

灌溉可用水量:在不同的区域供用水结构、粮食生产任务、三产结构等情景下,结合水资源配置相关成果,设定农业用水合理占比,乘以评价区域用水总量控制指标,得到不同情景下灌溉可用水量。

农田灌溉定额:根据当地农业生产实际情况,以代表性作物(水稻、小麦、玉米等)灌溉定额为基础,在不同的种植结构、复种情况、灌溉方式(漫灌、管灌、滴灌、喷灌等)、农田灌溉水有效利用系数等情景下,分别确定农田综合灌溉定额。代表性农作物灌溉定额应采用评价区域水利或农业部门发布的最新版行业用水定额或农作物灌溉定额标准。有关部门或研究单位通过大量的灌溉试验所获取。

可承载的灌溉面积:在不同情景下,灌溉可用水量和农田综合灌溉定额的比值,即为相应条件下可承载的灌溉面积规模。

可承载耕地规模:包括水资源可承载的灌溉面积和单纯以天然降水为水源的农业面积。雨养农业需要适应当地降水规律,雨养农业面积取决于作物生长期内降水量以及降水过程与作物需水过程的一致程度。可采用彭曼公式计算作物蒸腾蒸发量,参考联合国粮农组织推荐的作物系数,计算主要作物生长期耗水量;采用SCS模型等方法确定实际补充到作物根系层的有效降水量。对有效降水能够满足主要作物耗水量的地块面积为雨养适宜地块面积。

现状不合理灌溉耕地面积:针对存在地下水超采、河道生态流量(水量)不足、超过用水总量控制指标等问题的区域,通过不合理农业灌溉水量除以现状条件下农田综合灌溉定额,计算现状不合理灌溉耕地面积。

2) 城镇建设承载规模评价

(1) 土地资源约束下城镇建设承载规模。从土地资源是否可作为城镇建设的角度,选取单项评价中城镇建设土地资源等级从高至较低4级,按照县级行政单元统计其面积,作为土地资源约束下城镇建设的最大规模。

(2) 水资源约束下城镇建设承载规模。

城镇人均需水量:根据《城市居民生活用水量标准(2023年版)》(GB/T 50331—2002)合理确定不同地区城镇居民的生活用水量;可按照国际人均工业用水量标准和地区经验值综合确定人均工业用水量。在不同的发展阶段、经济技术水平和生产生活方式等情景下,设定生活和工业用水合理占比,综合确定城镇人均需水量。

城镇可用水量:在不同区域供用水结构、工艺技术、工业生产任务、三产结构等情景下,结合水资源配置相关成果,设定生活和工业用水合理占比,乘以评价区域用水总量控制指标,得到不同情景下城镇可用水量。

可承载城镇建设用地最大规模采用评价区域城镇可用水量除以城镇人均需水量,得出评价区域内人口规模。以集约高效利用国土空间为基本原则，基于现状和节约集约发展要求，在不同的发展阶段、经济技术水平和生产生活方式情景下，合理设定人均城镇建设用地，乘以评价区域内人口规模，得出水资源约束条件下城镇建设用地规模。

8.2.4　综合分析

1. 资源环境禀赋分析

分析水、土地、森林、草原、湿地、海洋、冰川、荒漠、能源矿产等自然资源的数量（总量和人均量）、质量、结构、分布等特征及变化趋势，结合气候、生态、环境、灾害等要素特点，对比国家、省域平均情况，对标国际和国内，总结资源环境禀赋优势和短板。

2. 现状问题和风险识别

将生态保护重要性、农业生产及城镇建设适宜性评价结果与用地用海现状进行对比，重点识别以下冲突（包括空间分布和规模）：生态保护极重要区中永久基本农田、园地、人工商品林、建设用地以及用海活动；种植业生产不适宜区中耕地、永久基本农田；城镇建设不适宜区中城镇用地；地质灾害高危险区内农村居民点。

对比现状耕地规模与耕地承载规模、现状城镇建设用地规模与城镇建设承载规模、牧区实际载畜量与牲畜承载规模、渔业实际捕捞和养殖规模与渔业承载规模等，判断区域资源环境承载状态。对资源环境超载的地区，找出主要原因，提出改善路径。可根据相关评价因子，识别水平衡、水土保持、生物多样性、湿地保护、地面沉降、土壤污染等方面问题，研判未来变化趋势和存在风险。

3. 潜力分析

针对气候变化、技术进步、重大基础设施建设、生产生活方式转变等不同的情景，分析对水资源、土地资源、生态系统、自然灾害、陆海环境、能源资源、滨海城镇安全等的影响，给出相应的评价结果，提出适应和应对的措施和建议，支撑国土空间规划多方案比选。

8.2.5　评价成果应用

支撑国土空间格局优化。生态格局应与生态保护重要性评价结果相匹配；农业格局应与农业生产适宜性评价结果相衔接。

支撑完善主体功能分区。生态保护、农业生产、城镇建设单一功能特征明显的区域，可作为重点生态功能区、农产品主产区、城市化发展区备选区域。两种或多种功能特征明显的区域，按照安全优先、生态优先、节约优先、保护优先的原则，结合区域发展战略定位，以及在全国或区域生态、农业、城镇格局中的重要程度，综合权衡后，确定其主体功能定位。

支撑划定三条控制线。生态保护极重要区，作为划定生态保护红线的空间基础。种植业生产适宜区，作为永久基本农田的优选区域；退耕还林还草等应优先在种植业生产不适宜区内开展。城镇开发边界优先在城镇建设适宜区范围内划定，并避让城镇建设不适宜区，无法避让的需要进行专门论证并采取相应措施。

支撑规划指标确定和分解。耕地保有量、建设用地规模等指标的确定和分解，应与农业生产、城镇建设现状及未来潜力相匹配，不能突破区域农业生产、城镇建设的承载规模。

支撑重大工程安排。国土空间生态修复和国土综合整治重大工程的确定与时序安排，应优先在生态极脆弱、灾害危险性高、环境污染严重等区域开展。

支撑高质量发展的国土空间策略。在坚守资源环境底线约束、有效解决开发保护突出问题的基础上,按照高质量发展要求,提出产业结构和布局优化、资源利用效率提高、重大基础设施和公共服务配置等国土空间策略的建议。

支撑编制空间类专项规划。海岸带、自然保护地、生态保护修复、矿产资源开发利用等专项规划的主要目标任务,应与评价成果相衔接。

8.3　用地用海分类

用地用海分类主要参考的标准:现行国家标准《土地利用现状分类》GB/T 21010—2017、现行国家标准《城市用地分类与规划建设用地标准》GB 50137—2011 以及其 1990 版的分类思路、现行国家标准《城市地下空间规划标准》GB/T 51358—2019、现行行业标准《第三次全国国土调查技术规程》TD/T 1055—2019、现行行业标准《海域使用分类》HY/T 123—2009。

遵循"多规合一"的目标,整合上述各分类标准,按照资源利用的主导方式,《国土空间调查、规划、用途管制用地用海分类指南》采用三级分类体系,设置 24 个一级类、113 个二级类及 140 个三级类,如表 8 - 2 和表 8 - 3 所示。

表 8 - 2　用地用海分类名称、代码

| 一 级 类 | | 二 级 类 | | 三 级 类 | |
代码	名　称	代码	名　称	代码	名　称
01	耕地	0101	水田		
		0102	水浇地		
		0103	旱地		
02	园地	0201	果园		
		0202	茶园		
		0203	橡胶园地		
		0204	油料园地		
		0205	其他园地		
03	林地	0301	乔木林地		
		0302	竹林地		
		0303	灌木林地		
		0304	其他林地		

（续表）

一 级 类		二 级 类		三 级 类	
代码	名 称	代码	名 称	代码	名 称
04	草地	0401	天然牧草地		
		0402	人工牧草地		
		0403	其他草地		
05	湿地	0501	森林沼泽		
		0502	灌丛沼泽		
		0503	沼泽草地		
		0504	其他沼泽地		
		0505	沿海滩涂		
		0506	内陆滩涂		
		0507	红树林地		
06	农业设施建设用地	0601	农村道路	060101	村道用地
				060102	田间道
		0602	设施农用地	060201	种植设施建设用地
				060202	畜禽养殖设施建设用地
				060203	水产养殖设施建设用地
07	居住用地	0701	城镇住宅用地	070101	一类城镇住宅用地
				070102	二类城镇住宅用地
				070103	三类城镇住宅用地
		0702	城镇社区服务设施用地		
		0703	农村宅基地	070301	一类农村宅基地
				070302	二类农村宅基地
		0704	农村社区服务设施用地		
08	公共管理与公共服务用地	0801	机关团体用地		
		0802	科研用地		

（续表）

一 级 类		二 级 类		三 级 类	
代码	名　称	代码	名　称	代码	名　称
08	公共管理与公共服务用地	0803	文化用地	080301	图书与展览用地
				080302	文化活动用地
		0804	教育用地	080401	高等教育用地
				080402	中等职业教育用地
				080403	中小学用地
				080404	幼儿园用地
				080405	其他教育用地
		0805	体育用地	080501	体育场馆用地
				080502	体育训练用地
		0806	医疗卫生用地	080601	医院用地
				080602	基层医疗卫生设施用地
				080603	公共卫生用地
		0807	社会福利用地	080701	老年人社会福利用地
				080702	儿童社会福利用地
				080703	残疾人社会福利用地
				080704	其他社会福利用地
09	商业服务业用地	0901	商业用地	090101	零售商业用地
				090102	批发市场用地
				090103	餐饮用地
				090104	旅馆用地
				090105	公用设施营业网点用地
		0902	商务金融用地		
		0903	娱乐用地		
		0904	其他商业服务业用地		

一 级 类		二 级 类		三 级 类	
代码	名 称	代码	名 称	代码	名 称
10	工矿用地	1001	工业用地	100101	一类工业用地
				100102	二类工业用地
				100103	三类工业用地
		1002	采矿用地		
		1003	盐田		
11	仓储用地	1101	物流仓储用地	110101	一类物流仓储用地
				110102	二类物流仓储用地
				110103	三类物流仓储用地
		1102	储备库用地		
12	交通运输用地	1201	铁路用地		
		1202	公路用地		
		1203	机场用地		
		1204	港口码头用地		
		1205	管道运输用地		
		1206	城市轨道交通用地		
		1207	城镇村道路用地		
		1208	交通场站用地	120801	对外交通场站用地
				120802	公共交通场站用地
				120803	社会停车场用地
		1209	其他交通设施用地		
13	公用设施用地	1301	供水用地		
		1302	排水用地		
		1303	供电用地		
		1304	供燃气用地		

一　级　类		二　级　类		三　级　类	
代码	名　称	代码	名　称	代码	名　称
13	公用设施用地	1305	供热用地		
		1306	通信用地		
		1307	邮政用地		
		1308	广播电视设施用地		
		1309	环卫用地		
		1310	消防用地		
		1311	水工设施用地		
		1312	其他公用设施用地		
14	绿地与开敞空间用地	1401	公园绿地		
		1402	防护绿地		
		1403	广场用地		
15	特殊用地	1501	军事设施用地		
		1502	使领馆用地		
		1503	宗教用地		
		1504	文物古迹用地		
		1505	监教场所用地		
		1506	殡葬用地		
		1507	其他特殊用地		
16	留白用地				
17	陆地水域	1701	河流水面		
		1702	湖泊水面		
		1703	水库水面		
		1704	坑塘水面		
		1705	沟渠		

一 级 类		二 级 类		三 级 类	
代码	名　称	代码	名　称	代码	名　称
17	陆地水域	1706	冰川及常年积雪		
18	渔业用海	1801	渔业基础设施用海		
		1802	增养殖用海		
		1803	捕捞海域		
		1804	农林牧业用岛		
19	工矿通信用海	1901	工业用海		
		1902	盐田用海		
		1903	固体矿产用海		
		1904	油气用海		
		1905	可再生能源用海		
		1906	海底电缆管道用海		
20	交通运输用海	2001	港口用海		
		2002	航运用海		
		2003	路桥隧道用海		
		2004	机场用海		
		2005	其他交通运输用海		
21	游憩用海	2101	风景旅游用海		
		2102	文体休闲娱乐用海		
22	特殊用海	2201	军事用海		
		2202	科研教育用海		
		2203	海洋保护修复及海岸防护工程用海		
		2204	排污倾倒用海		
		2205	水下文物保护用海		
		2206	其他特殊用海		

一 级 类		二 级 类		三 级 类	
代码	名　称	代码	名　称	代码	名　称
23	其他土地	2301	空闲地		
		2302	后备耕地		
		2303	田坎		
		2304	盐碱地		
		2305	沙地		
		2306	裸土地		
		2307	裸岩石砾地		
24	其他海域				

表 8 - 3　用地用海分类配色指引

用地用海分类	表 达 图 示	
	颜　色	RGB
耕地		RGB(245,248,220)
园地		RGB(191,233,170)
林地		RGB(104,177,103)
草地		RGB(205,245,122)
湿地		RGB(101,205,170)
农业设施建设用地		RGB(216,215,159)
城镇住宅用地/城镇居住用地		RGB(255,255,45)
农村宅基地/农村居住用地		RGB(255,211,128)
机关团体用地		RGB(255,0,255)
文化用地		RGB(255,127,0)
教育用地		RGB(255,133,201)
科研用地		RGB(230,0,92)
体育用地		RGB(0,165,124)
医疗卫生用地		RGB(255,127,126)

（续表）

用地用海分类	表 达 图 示	
	颜 色	RGB
社会福利用地		RGB(255,159,127)
商业服务业用地		RGB(255,0,0)
工业用地		RGB(187,150,116)
采矿用地		RGB(158,108,84)
盐田用地		RGB(0,0,255)
仓储用地		RGB(135,97,211)
储备库用地		RGB(153,153,255)
交通运输用地		RGB(183,183,183)
公路用地		RGB(173,173,173)
城镇道路用地		RGB(163,163,163)
管道运输用地		RGB(153,153,153)
公用设施用地		RGB(0,99,128)
公园绿地		RGB(0,255,0)
防护绿地		RGB(20,141,74)
广场用地		RGB(172,255,207)
特殊用地		RGB(133,145,86)
留白用地		RGB(255,255,255)
陆地水域		RGB(51,142,192)
渔业用海		RGB(148,213,235)
工矿通信用海		RGB(86,166,211)
交通运输用海		RGB(108,139,209)
游憩用海		RGB(26,170,230)
特殊用海		RGB(131,188,214)
其他土地		RGB(238,238,238)
其他海域		RGB(214,234,243)

采用统一的用地用海分类,适用于国土调查监测、统计、评价,国土空间规划、用途管制、耕地保护,生态修复用地审批、供应、整治、执法、登记及信息化管理等自然资源管理的全过程各环节工作,体现"全生命周期"管理理念;实现国土空间的全域全要素覆盖并体现经济社会高质量发展新需要。

8.4　不同用途的城市用地

8.4.1　居住用地

1. 居住用地的分类

居住用地是指城镇住宅用地及居住生活配套的社区服务设施用地。其中,城镇住宅用地是指用于城镇生活居住功能的各类住宅建筑用地及其附属设施用地,又分为一类城镇住宅用地、二类城镇住宅用地和三类城镇住宅用地。

2. 居住用地的规划布置

1) 规划原则

(1) 居住用地规划作为城市土地利用结构的组成部分,协调与整合城市总体功能、空间与环境的关系,在规模、标准、分布与组织结构等方面确定规划的格局与形态。

(2) 居住用地的规划、组织要尊重地方文化脉络及居住生活方式,体现生活的秩序与效能,贯彻以人为本的原则。

(3) 居住用地规划要重视居住地域同城市绿地开放空间系统的关系,使居民能更多地接近自然环境,提高居住地域的生态效应。

(4) 居住用地规划要遵循相关用地与环境等的规范与标准,在为居民创造良好的居住环境的前提下,确定建筑的容量、用地指标,并结合地理、经济、功能等因素,提高土地效用,保证环境质量。

(5) 城市居住地区作为定居基地,具有地域社会即社区的性质,居住用地规划要为营造安定、健康、和谐的社区环境提供空间与设施支持。

同时居住用地的组织与规模,要有利于社区管理与物业管理。

2) 用地分布

城市居住用地的分布形态,涉及城市的现状构成基础、城市自然地理条件、城市的功能结构以及城市的道路与绿地网络等诸多因素,在有的情况下,还得考虑城市再发展的空间拓展趋向,甚至是城市规划与城市设计的形态构思等。

城市居住用地在城市总体布局中的分布,主要有集中布置、分散布置和轴向布置等方式。

(1) 集中布置。当城市规模不大,有足够的用地且在用地范围内无自然或人为的障碍而可以成片、紧凑地组织用地时,常采用这种布置方式。用地集中布置可以节约城市市政建设投资,密切城市各部分在空间上的联系,在便利交通、减少能耗、时耗等方面可能获得较好的效果。但城市规模较大、居住用地过于大片密集布置,可能会造成上下班出行距离增加,疏远居住与自然的联系,而影响居住生态质量等问题。在居住用地集中成片的旧城区,需要大量扩展居住用地时,要结合总体规划的布局结构和道路网络的建构,采取相宜的分布方式,避免在原有的基础上继续在外周成片铺展。

（2）分散布置。当城市用地受到地形等自然条件的限制，或因城市的产业分布、道路交通设施走向与网络的影响时，居住用地可采取分散布置。前者如在丘陵地区城市用地，可顺沿多条谷地展开；后者如在矿区城市，居住用地与采矿点相伴而分散布置。

（3）轴向布置。当城市用地以中心地区为核心，居住用地或将产业用地与相配的居住用地沿着多条由中心向外围放射的交通干线布置时，居住用地依托交通干线（如快速路、轨道交通线等），在适宜的出行距离范围内，赋以一定的组合形态，并逐步延展。如有的城市因轨道交通建设，带动了沿线房地产业发展，居住区在轨道沿线集结，呈轴线发展态势。

3. 居住用地的组织与构成

城市居住用地的组织是基于居民对基本生活设施的需求，以及对设施的使用频繁程度，结合城市道路系统与网络的构筑，在保障居民生活的方便性、舒适性、安全性和土地利用合理性的条件下，对居住用地赋以一定的构成形态与功能。居住用地的组织须充分考虑所在地域的居住生活方式（包括习俗文化），以及对居住生活设施的发展需求。按照居住行为特点，和对公共服务设施的使用频度，可以划分不同的行为活动圈域和需求层次，由此作为居住用地空间组织与设施配置的依据。

我国《城市居住区规划设计标准》（GB 50180—2018）将城市中住宅建筑相对集中布局的地区简称为居住区。以居民步行可满足其物质与生活文化需求为原则划分居住区范围，将居住区分为 15 分钟生活圈居住区、10 分钟生活圈居住区、5 分钟生活圈居住区和居住街坊 4 个等级（见表 8-4 和图 8-5）。其中，15 分钟生活圈居住区一般由城市干路或用地边界线所围合；10 分钟生活圈居住区一般由城市干路、支路或用地边界线所围合；5 分钟生活圈居住区一般由支路及以上级城市道路或用地边界线所围合，配建社区服务设施的地区；居住街坊由支路等城市道路或用地边界线围合的住宅用地，是住宅建镇组合形成的居住基本单元，并配建有便民服务设施。

表 8-4　居住区分级控制规模

距离与规模	15 分钟生活圈居住区	10 分钟生活圈居住区	5 分钟生活圈居住区	居住街坊
步行距离/m	800～1 000	500	300	—
居住人口/人	50 000～100 000	15 000～25 000	5 000～12 000	1 000～3 000
住宅数量/套	17 000～32 000	5 000～8 000	1 500～4 000	300～1 000

居住区用地为城市居住区的住宅用地、配套设施用地、公共绿地以及城市道路用地的总称。居住区的用地构成根据居住区级别、建筑气候区划、住宅建筑平均层数和容积率的不同选取不同的比值（见表 8-5～表 8-8）。其中不同级别不同容积率的城市道路占居住区用地构成比例在 15%～20%；相同级别居住区内公共绿地和配套设施用地比例随着容积率的增加而增加，宅用地随着容积率的增加而减少。

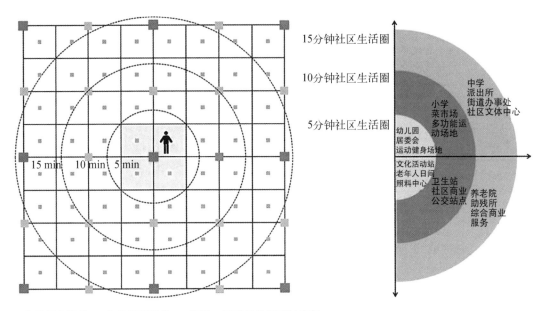

■公共服务设施　■公共基础设施　■绿地、运动场地等开放空间

图 8-5　各级生活圈

表 8-5　15 分钟生活圈居住区用地控制指标

建筑气候区划	住宅建筑平均层数类别	人均居住区用地面积/（m²/人）	居住区用地容积率	居住区用地构成/%				
				住宅用地	配套设施用地	公共绿地	城市道路用地	合计
Ⅰ、Ⅶ	多层Ⅰ类（4 层～6 层）	40～54	0.8～1.0	58～61	12～16	7～11	15～20	100
Ⅱ、Ⅵ		38～51	0.8～1.0					
Ⅲ、Ⅳ、Ⅴ		37～48	0.9～1.1					
Ⅰ、Ⅶ	多层Ⅰ类（7 层～9 层）	35～42	1.0～1.1	52～58	13～20	9～13	15～20	100
Ⅱ、Ⅵ		33～41	1.0～1.2					
Ⅲ、Ⅳ、Ⅴ		31～39	1.1～1.3					
Ⅰ、Ⅶ	高层Ⅰ类（10 层～18 层）	28～38	1.1～1.4	48～52	16～23	11～16	15～20	100
Ⅱ、Ⅵ		27～36	1.2～1.4					
Ⅲ、Ⅳ、Ⅴ		26～34	1.2～1.5					

注：居住区用地容积率是生活圈内，住宅建筑及其配套设施地上建筑面积之和与居住区用地总面积的比值。

表 8 - 6   10 分钟生活圈居住区用地控制指标

建筑气候区划	住宅建筑平均层数类别	人均居住区用地面积/（m²/人）	居住区用地容积率	居住区用地构成/%				
				住宅用地	配套设施用地	公共绿地	城市道路用地	合计
Ⅰ、Ⅶ	低层（1 层～3 层）	49～51	0.8～0.9	71～73	5～8	4～5	15～20	100
Ⅱ、Ⅵ		45～51	0.8～0.9					
Ⅲ、Ⅳ、Ⅴ		42～51	0.8～0.9					
Ⅰ、Ⅶ	多层Ⅰ类（4 层～6 层）	35～47	0.8～1.1	68～70	8～9	4～6	15～20	100
Ⅱ、Ⅵ		33～44	0.9～1.1					
Ⅲ、Ⅳ、Ⅴ		32～41	0.9～1.2					
Ⅰ、Ⅶ	多层Ⅱ类（7 层～9 层）	30～35	1.1～1.2	61～67	9～12	6～8	15～20	100
Ⅱ、Ⅵ		28～33	1.2～1.3					
Ⅲ、Ⅳ、Ⅴ		26～32	1.2～1.4					
Ⅰ、Ⅶ	高层Ⅰ类（10 层～18 层）	23～31	1.2～1.6	60～64	12～14	7～10	15～20	100
Ⅱ、Ⅵ		22～28	1.3～1.7					
Ⅲ、Ⅳ、Ⅴ		21～27	1.4～1.8					

注：居住区用地容积率是生活圈内，住宅建筑及其配套设施地上建筑面积之和与居住区用地总面积的比值。

表 8 - 7   5 分钟生活圈居住区用地控制指标

建筑气候区划	住宅建筑平均层数类别	人均居住区用地面积/（m²/人）	居住区用地容积率	居住区用地构成/%				
				住宅用地	配套设施用地	公共绿地	城市道路用地	合计
Ⅰ、Ⅶ	低层（1 层～3 层）	46～47	0.7～0.8	76～77	3～4	2～3	15～20	100
Ⅱ、Ⅵ		43～47	0.8～0.9					
Ⅲ、Ⅳ、Ⅴ		39～47	0.8～0.9					
Ⅰ、Ⅶ	多层Ⅰ类（4 层～6 层）	32～43	0.8～1.1	74～76	4～5	2～3	15～20	100
Ⅱ、Ⅵ		31～40	0.8～1.2					
Ⅲ、Ⅳ、Ⅴ		29～37	0.9～1.2					

（续表）

建筑气候区划	住宅建筑平均层数类别	人均居住区用地面积/（m²/人）	居住区用地容积率	居住区用地构成/%				
				住宅用地	配套设施用地	公共绿地	城市道路用地	合计
Ⅰ、Ⅶ	多层Ⅰ类（7层~9层）	28~31	1.2~1.3	72~74	5~6	3~4	15~20	100
Ⅱ、Ⅵ		25~29	1.2~1.4					
Ⅲ、Ⅳ、Ⅴ		23~28	1.3~1.6					
Ⅰ、Ⅶ	高层Ⅰ类（10层~18层）	20~27	1.4~1.8	69~72	6~8	4~5	15~20	100
Ⅱ、Ⅵ		19~25	1.5~1.9					
Ⅲ、Ⅳ、Ⅴ		18~23	1.6~2.0					

注：居住区用地容积率是生活圈内，住宅建筑及其配套设施地上建筑面积之和与居住区用地总面积的比值。

表 8 - 8　居住街坊用地与建筑控制指标

建筑气候区划	住宅建筑平均层数类别	住宅用地容积率	建筑密度最大值/%	绿地率最小值/%	住宅建筑高度控制最大值/m	人均住宅用地面积最大值/（m²/人）
Ⅰ、Ⅶ	低层（1层~3层）	1.0	35	30	18	36
	多层Ⅰ类（4层~6层）	1.1~1.4	28	30	27	32
	多层Ⅱ类（7层~9层）	1.5~1.7	25	30	36	22
	高层Ⅰ类（10层~18层）	1.8~2.4	20	35	54	19
	高层Ⅱ类（19层~26层）	2.5~2.8	20	35	80	13
Ⅱ、Ⅵ	低层（1层~3层）	1.0~1.1	40	28	18	36
	多层Ⅰ类（4层~6层）	1.2~1.5	30	30	27	30
	多层Ⅱ类（7层~9层）	1.6~1.9	28	30	36	21
	高层Ⅰ类（10层~18层）	2.0~2.6	20	35	54	17
	高层Ⅱ类（19层~26层）	2.7~2.9	20	35	80	13
Ⅲ、Ⅳ、Ⅴ	低层（1层~3层）	1.0~1.2	43	25	18	36
	多层Ⅰ类（4层~6层）	1.3~1.6	32	30	27	27
	多层Ⅱ类（7层~9层）	1.7~2.1	30	30	36	20

（续表）

建筑气候区划	住宅建筑平均层数类别	住宅用地容积率	建筑密度最大值/%	绿地率最小值/%	住宅建筑高度控制最大值/m	人均住宅用地面积最大值/(m²/人)
Ⅲ、Ⅳ、Ⅴ	高层Ⅰ类（10层～18层）	2.2～2.8	22	35	54	16
	高层Ⅱ类（19层～26层）	2.9～3.1	22	35	80	12

注：居住区用地容积率是生活圈内，住宅建设及其配套设施地上建筑面积之和与居住区用地总面积的比值。

居住区内道路的规划设计应遵循安全便捷、尺度适宜、公交优先、步行友好的基本原则，并应符合现行国家标准《城市综合交通体系规划标准》（GB/T 51328—2018）的有关规定。采取"小街区、密路网"的交通组织方式，路网密度不应小于 8 km/km²；城市道路间距不应超过 300 m，以 150～250 m 为宜，并应与居住街坊的布局相结合。支路的红线宽度，以 14～20 m 为宜，人行道宽度不应小于 2.5 m，并采取交通稳静化措施，适当控制机动车行驶速度。此外，《市级国土空间总体规划编制指南（试行）》中提出，国土空间应优化居住用地结构和布局，改善职住关系，引导政策性住房优先布局在交通和就业便利地区，避免形成单一功能的大型居住区，严控高层高密度住宅。

8.4.2 工业用地

1. 工业用地的分类

工业用地是指工矿企业的生产车间、装备修理、自用库房及其附属设施用地，包括专用铁路、码头和附属道路、停车场等用地，不包括采矿用地。工业用地分为 3 类：一类工业用地：是指对居住和公共环境基本无干扰、污染和安全隐患，布局无特殊控制要求的工业用地；二类工业用地：是指对居住和公共环境有一定干扰、污染和安全隐患，不可布局于居住区和公共设施集中区内的工业用地；三类工业用地：是指对居住和公共环境有严重干扰、污染和安全隐患，布局有防护、隔离要求的工业用地。

2. 工业用地的基本要求

工业用地的具体要求有如下几个方面。

1）用地的形状和规模

工业用地要求的形状与规模，不仅因生产类别不同而不同，还与机械化、自动化程度、采用的运输方式、工艺流程和建筑层数有关。当把技术、经济上有直接依赖关系的工业组成联合企业时，如钢铁、石油化工、纺织、木材加工等联合企业，需要很大的用地。可见影响工业用地大小的因素很多，规划中必须根据城市发展战略对不同类型的工业用地进行充分的调查分析，为未来的城市支柱产业留有足够的空间和弹性。但同时也要注意工业发展应节约用地，充分利用和发挥城市土地市场和规划管理的作用，有效控制城市工业用地的浪费现象。

2）地形要求

工业用地的自然坡度要与工业生产工艺、运输方式和排水坡度相适应，利用重力运输的水泥厂、选矿厂应设于山坡地，对安全距离要求很高的工厂宜布置在山坳或丘陵地带，有铁路运输需要的则应满足线路铺设的要求。

3）水源要求

安排工业项目时，应注意工业与农业用水的协调平衡。由于冷却、工艺、原料、锅炉、冲洗以及空调的需要，如火力发电、造纸、纺织、化纤等，用水量很大的工业类型用地应布置在供水量充沛、可靠的地方，并注意与水源高差的问题。水源条件对工业用地的选址往往起决定性作用。有些工业对水质有特殊的要求，如食品工业对水的味道和气味、造纸厂对水的透明度和颜色、纺织工业对水温、丝织工业对水的铁质等的要求，规划布局时必须予以充分注意。

4）能源要求

安排工业区必须有可靠的能源供应，否则无法引入相应工业投资项目大量用电的炼铝、铁合金、电炉炼钢、有机合成与电解企业的用地要尽可能地靠近电源布置，争取采用发电厂直接输电，以减少架设高压线、升降电压带来的电能损失。染料厂、胶合板厂、氨厂、碱厂、印染厂、人造纤维厂、糖厂、造纸厂以及某些机械厂在生产过程中，由于加热、干燥、动力等需要大量的蒸气及热水，对这类工业的用地应尽可能靠近热电站布置。

5）工程地质、水文地质与水文要求

工业用地不应选在 7 级和 7 级以上的地区；土壤的耐压强度一般不应小于 1.5 MPa；山地城市的工业用地应特别注意，不要选址于滑坡断层、岩溶或泥石流等不良地质地段；在黄土地区，工业用地选址应尽量选在湿陷量小的地段，以减少基建工程费用。工业用地的地下水位最好是低于厂房的基础，并能满足地下工程的要求，地下水的水质要求不致对混凝土产生腐蚀作用。工业用地应避开洪水淹没地段，一般应高出当地最高洪水位 0.5 m 以上。最高洪水频率，大、中型企业为百年一遇，小型企业为 50 年一遇。厂区不应布置在水库坝址下游，如必须布置在下游时，应考虑安置在万一水坝发生意外事故时，建筑不致被水冲毁的地段。

6）工业的特殊要求

某些工业对气压、湿度、空气含尘量、防磁、防电磁波等有特殊的要求，应在布置时予以满足。某些工业对地基、土壤以及防爆、防火等有特殊的要求，也应在布置时予以满足。例如，有锻压车间的工业企业，在生产过程中对地面发生很大的静压力和动压力，对地基的要求较高。又如，有的化工厂有很多的地下设备，需要有干燥不渗水的土壤。再如，有易燃、易爆危险性的企业，要求远离居住区、铁路、公路、高压输电线等，厂区应分散布置，同时还须在其周围设置特种防护地带。

7）其他要求

工业用地应避开的地区：军事用地、水力枢纽、大桥等战略目标，有用的矿物蕴藏地区和采空区，文物古迹埋藏地区以及生态保护与风景旅游区，埋有地下设备的地区。

8）交通运输要求

工业用地的交通运输条件关系着工业企业的生产运行效益，直接影响吸引投资的成败。工业建设与工业生产大多需要来自各地的设备与物资，在生产费用中，运输费占有相当的比重，如钢铁、水泥等工业生产运输费用可占生产成本的 15%～40%。在有便捷运输条件的地段布置工业可有效节省建厂投资,加快工程进度,并保证生产顺利进行。因此,城市的工业多沿公路、铁路、通航河流进行布置。各种运输方式的建设与经营管理费用均不相同,在考虑工业布局时,要根据货运量的大小、货物单件尺寸与特点、运输距离,经分析比较后确定运输方式,将其布置在有相应运输条件的地段。方便工业生产企业可采用铁路、水路、公路或连续运输。

3. 工业用地的规划布置

工业用地的布置直接影响城市功能结构和城市形态。在国土空间总体规划中,重点安排好工业用地在城市中的布置,综合考虑工业用地和居住、交通运输等各项用地之间的关系。

工业用地一般占城市建设用地的比例以 15%～25% 为宜;拥有大中型工业企业的中小工矿城市,其工业用地占城市建设用地的比例可大于 25%。规划人均工业用地面积指标一般在 10～25 m^2;拥有大中型工业项目的中小工矿城市,其规划人均工业用地指标可适当提高,但不宜大于 30 m^2。特大城市,由于城市总用地紧凑,工业用地面积大致在 18 m^2/人以下。

1) 工业在城市中布置的一般原则

有足够的用地面积;用地基本上符合工业的具体特点和要求;减少开发费用,有方便的交通运输条件;能解决给排水问题。

职工的居住用地应分布在卫生条件较好的地段上,尽量靠近工业区,并有方便的交通联系。

工业区和城市各部分,在各个发展阶段中,应保持紧凑集中、互不妨碍,并充分注意节约用地。

相关企业之间应取得较好的联系,开展必要的协作,考虑资源的综合利用,减少市内运输。

2) 工业在城市中的布置形式

工业在城市中的布置,可以根据生产的卫生类别、货运量及用地规模,分为 3 种情况:布置在远离城区的工业、城市边缘的工业和布置在城市内和居住区内的工业。对工业的各种特点,如原料来源、生产协作、运输、能源、水源、劳动力、有害影响等进行全面分析,确定影响工业用地布置的主要因素,将各工业用地布置在城市的不同地段。特别要指出的是,各类工业又有许多不同特点,在市场经济条件下,必须按照城市发展战略,保证多种产业发展的弹性可能,才能使布局真正的科学合理。

8.4.3 公共管理与公共服务设施用地

1. 公共管理与公共服务设施用地的分类

公共管理与公共服务用地指机关团体、科研、文化、教育、体育、卫生、社会福利等机构和设施的用地,不包括农村社区服务设施用地和城镇社区服务设施用地。

2. 公共管理与公共服务设施用地的规划布置

1) 公共设施项目要合理地配置

所谓合理配置有着多重含义:一是指整个城市各类公共设施,应按城市的需要配套齐全,以保证城市的生活质量和城市机能的运转;二是按城市的布局结构进行分级或系统配置,与城市的功能、人口、用地的分布格局具有对应的整合关系;三是在局部地域的设施按服务功能与对象予以成套的设置,如地区中心、车站码头地区、大型游乐场所等地;四是指某些专业设施的集聚配置,以发挥联动效应,如专业市场群、专业商业街区等。

2) 公共设施要按照不同层级社区生活圈合理配置

对于基础保障型服务要素,按"15 分钟、5~10 分钟"两个层级配置满足居民生活所需的健康管理、为老服务、终身教育、文化活动、体育健身、行政管理和其他设施;按"15 分钟、5~10 分钟"两个层级结合附属绿地,形成大小结合、层次丰富、体现人文特色的休憩空间。

3) 公共设施分布要结合城市道路与交通规划考虑

公共设施是人、车集散的地点,尤其是一些可吸引大量人流、车流的大型公共设施。公共设施要按照它们的使用性质和对交通集聚的要求,结合城市道路系统规划与交通组织布置。依托 15 分钟社区生活圈构建由城市道路、绿道、街巷、公共通道等组成的高密度慢行网络,实现通畅顺达、尺度宜人,提升慢行安全性和舒适性;配置公交车站,并满足 500 m 服务半径范围全覆盖,其中人口集中地区宜满 300 m 服务半径范围全覆盖。

4) 根据公共设施的特点及其对环境的要求进行布置

公共设施作为一个环境形成因素,其分布对周围环境也有所要求。例如,医院一般要求有一个清洁安静的环境;露天剧场或球场的布置,既要考虑自身发出的声响对周围的影响,又要防止外界噪声对表演和竞技的妨碍;学校、图书馆等单位一般宜与剧场、市场、游乐场等紧邻,以免相互之间干扰。

5) 公共设施布置要考虑城市景观组织的要求

公共设施种类多,且建筑的形体和立面也比较多样而丰富,可通过不同的公共设施与其他建筑的协调处理与布置,利用地形等其他条件,组织街景与景点,以创造具有地方风貌的城市景观。

6) 公共设施分布要考虑合理的建设顺序并留有余地

按照规划进行分期建设的城市,公共设施分布及内容与规模配置,应该与不同建设阶段城市的规模、建设发展和居民生活条件的改善过程相适应。安排好公共设施项目的建设顺序,使得既在不同建设时期保证必要的公共设施配置,又不致过早或过量的建设,造成投资浪费。

为适应城市发展和城市生活需求的变化,对一些公共设施应留有扩展或应变的余地,尤其对一些盈利性的公共设施,更要按市场规律,保持布点与规模设置的弹性。

7) 公共设施布置要充分利用城市原有基础

老城公共设施的内容、规模与分布一般不能适应现代城市发展和生活的需要。它的特点:布点不均匀;门类余缺不一;用地与建筑缺乏;且建筑质量也较差。具体可以结合城市的改建、扩建规划,通过留、并、迁、转、补等措施进行调整与充实。

8.4.4　仓储用地

1. 仓储用地的分类

仓储用地是指物流仓储和战略性物资储备库用地。

2. 仓储用地的规划布置

1) 仓储用地布置的一般原则

(1) 地势高亢,地形平坦,有一定的坡度,利于排水。地下水位不能太高,不应将仓库布置在潮湿的洼地上。蔬菜仓库,要求地下水位与地面的距离不得小于 2.5 m,储藏在地下室的食品和材料库,地下水位应离地面 4 m 以上。土壤承载力高,特别当沿河修建仓库时,应考虑河岸的稳固性和土壤的耐压力。

(2) 有利于交通运输。仓库用地必须以接近货运需求量大或供应量大的地区为原则,应合理组织货运区,提高车辆利用率,减少空车行驶里程,最方便地为生产和生活服务。大型仓库必须考虑铁路运输以及水运条件。

(3) 有利建设、有利经营使用。不同类型和不同性质的仓库最好分别布置在不同的地段,同类仓库应尽可能地集中布置。

(4) 节约用地,但留有一定发展余地。仓库的平面布置必须集中紧凑,提高建筑层数,可采用竖向运输与储存的设施。如粮食采用的筒仓以及其他各种多层仓库等。

(5) 沿河布置仓库时,必须留出岸线,以照顾城市居民生活、游憩利用河(海)岸线的需要。与城市没有直接关系的储备、转运仓库应布置在城市生活居住区以外的河(海)岸边。

(6) 注意城市环境保护,防止污染,保证城市安全,应满足有关卫生、安全方面的要求。

2) 仓库在城市中的布局

小城市宜设置独立的地区以布置各种性质的仓库。特别是县城和乡镇,用地范围不大,但由于它们是城乡物资交流集散地,需要各类仓库及堆场,而且一般储备量较多,占地较大,适宜较集中地布置在城市的边缘,如靠近铁路车站、公路或河流,便于城乡集散运输。要防止将这些占地大的仓库放在市区,造成不合理的城市布局及使用的不便。在河道较多的城镇,城乡物资交流大多利用河流水运,仓库也多沿河设置。

大、中城市的仓储区分布应采用集中与分散相结合的方式。可按照专业将仓库组织成各类仓库区,配置相应的专用线、工程设施和公用设备,并将它们按各自的特点与要求,适当地分散布置在城市中的恰当位置。

仓库区布置过分集中,既不利于交通运输,又不利于战备,对工业区和居住区的布局也不利。为本市服务的仓库应均匀地分散布置在居住区边缘,并与商业系统相结合,在具体布置时应按仓库的类型予以考虑。

储备仓库:一般应设在城市郊区、远郊、水陆交通条件方便的地方,有专用的独立地段。

转运仓库:应设在城市边缘或郊区,并与铁路、港口等对外交通设施紧密结合。

收购仓库:如属农副产品、当地土产收购的仓库,应设在货源来向的郊区入城干道口或水运必经的入口处。

供应仓库或一般性综合仓库:要求仓库接近供应的地区,可布置在使用仓库的地区内或附近地段,并具有方便的市内交通运输条件。

特种仓库:危险品仓库,如易爆和剧毒等危险品仓库,要布置在城市远郊的独立、特殊的专门用地上,要注意仓库应与使用单位所在位置的方向一致,避免运输时穿越城市;

冷藏仓库设备多、容积大,需要大量运输,往往结合有屠宰场、加工厂、毛皮处理厂等布置,因这些工厂会散发一定的异味和排放污水,多设于郊区河流沿岸,建有码头或专用线;蔬菜仓库应设于城市市区边缘通向市郊的干道入口处,不宜过分集中,以免运输线太长,损耗太大;木材仓库、建筑材料仓库运输量大、用地大,常设于城郊对外交通运输线或河流附近;燃料及易燃材料仓库,如石油、煤炭、木柴及其他易燃物品仓库,应满足防火要求而布置在郊区的独立地段,在气候干燥、风速特别大的城市,还必须布置在大风季节时城市的风向是处在下风或侧风,特别是油库选址时应离开城市居住区、变电所、重要交通枢纽、机场、大型水库及水利工程、变电站、重要桥梁、大中型工业企业、矿区、军事目标和其他重要设施,最好选在城市地形的低处,并有一定的防护措施。

8.4.5　绿地与开敞空间用地

1. 绿地与开敞空间用地的分类

绿地与开敞空间用地是指城镇、村庄建设用地范围内的公园绿地、防护绿地、广场等公共开敞空间用地,不包括其他建设用地中的附属绿地。

公园绿地是指向公众开放,以游憩为主要功能,兼具生态、景观、文教、体育和应急避险等功能,有一定服务设施的公园和绿地,包括综合公园、社区公园、专类公园和游园等。防护绿地是指具有卫生、隔离、安全、生态防护功能,游人不宜进入的绿地。广场绿地是指以游憩、健身、纪念、集会和避险等功能为主的公共活动场地。

2. 绿地与开敞空间用地的规划布置

1) 城区绿地系统规划

《城市绿地规划标准》(GB/T 51346—2019)规定:城区绿地系统规划应布局组团隔离绿带和通风廊道,构建公园体系,布置防护绿地,优化城市空间结构;在城市各功能组团之间应利用自然山体、河湖水系、农田林网、交通和公用设施廊道等布置组团隔离绿带,并应与城区外围绿色生态空间相连接;构建公园体系、配置各类公园绿地,应遵循分级配置均衡布局、丰富类型、突出特色、网络串联的原则;覆盖居住用地的比例应大于90%,其中规划新区应达到100%,旧城区应达到80%;广场绿地至少应与一条城市道路相邻,可结合公共交通站点布置;宜结合公共管理与公共服务设施用地、商业服务业设施用地和交通枢纽用地等布置;宜结合公园绿地和绿道等布置。

对有卫生、隔离、安全、生态防护功能要求的下列区域应设置防护绿地。

(1) 受风沙、风暴、海潮、寒潮、静风等影响的城市盛行风向的上风侧。

(2) 城市粪便处理厂、垃圾处理厂、净水厂、污水处理厂和殡葬设施等市政设施周围。

(3) 生产、储存、经营危险品的工厂、仓库和市场,产生烟、雾、粉尘及有害气体等工业企业周围。

(4) 河流、湖泊、海洋等水体沿岸及高速公路、快速路和铁路沿线。

(5) 地上公用设施管廊和高压走廊沿线、变电站外围等。

2) 城区绿地指标

规划人均公园绿地面积应符合现行国家标准《城市用地分类与规划建设用地标准》(GB 50137—2011)的规定。设区城市的各区规划人均公园绿地面积不宜小于 7.0 m²/人;

规划城区绿地率指标不应小于 35%,设区城市各区的规划绿地率均不应小于 28%;每万人规划拥有综合公园指数不应小于 0.06,如表 8-9 和表 8-10 所示。

表 8-9　公园绿地分级控制指标　　　　　　　　　单位:m²

规划人均城市建设用地		<90.0	≥90.0
规划人均综合公园		≥3.0	≥4.0
规划居住区公园	社区公园	≥3.0	≥3.0
	游园	≥1.0	≥1.0

表 8-10　公园绿地分级设置要求

类　型		服务人口规模/万人	服务半径/m	适宜规模/hm²	人均指标/(m²/人)	备　注
综合公园		≥50.0	>3 000	≥50.0	1.0	不含 50 hm² 以下公园绿地指标
		20.0~50.0	2 000~3 000	20.0~50.0	1.0~3.0	不含 20 hm² 以下公园绿地指标
		10.0~20.0	1 200~2 000	10.0~20.0	1.0~3.0	不含 10 hm² 以下公园绿地指标
居住区公园	社区公园	5.0~10.0	800~1 000	5.0~10.0	≥2.0	不含 5 hm² 以下公园绿地指标
		1.5~2.5	500	1.0~5.0	≥1.0	不含 1 hm² 以下公园绿地指标
	游园	0.5~1.2	300	0.4~1.0	≥1.0	不含 0.4 hm² 以下公园绿地指标
		—	300	0.2~0.4	—	—

注:在旧城区,允许 0.2~0.4 hm² 的公园绿地按照 300 m 计算服务半径覆盖率;历史文化街区可下调至 0.1 hm²。

此外,公园绿地选址应能设置不少于一个与城市道路相衔接的主要出入口;规划新建单个综合公园的面积应大于 10 hm²,至少应有一个主要出入口与城市干道连通;宜优先布置在空间区位和山水地形条件良好、交通便捷的城市区域;滨水、沿路设置带状公园绿地应满足安全、交通、防洪和航运的要求,宽度不应小于 12 m,宜大于 30 m,并应配置园路和休憩设施。小城市、中等城市人均专类公园面积不应小于 1.0 m²/人;大城市及以上规模的城市人均专类公园面积不宜小于 1.5 m²/人。

充分考虑用地现状,结合各类用地规划布局要求,通过多方案比选,最终确定规划用地布局(见图 8-6)。

XX市国土空间总体规划（20XX—2035年）

中心城区土地使用规划图

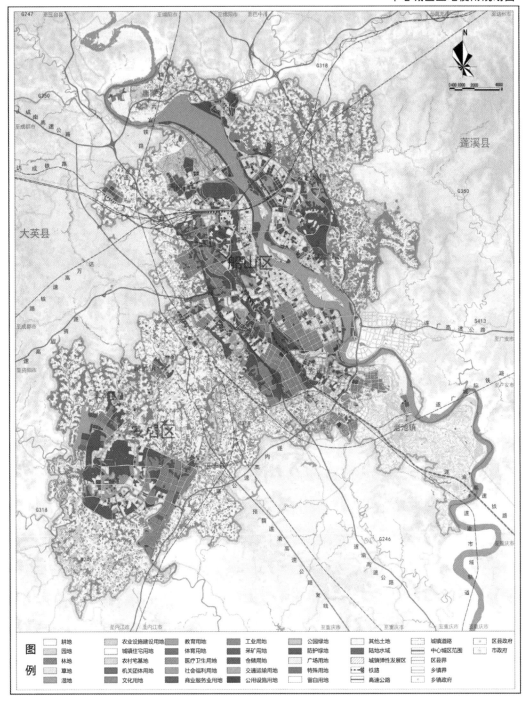

图 8-6　某市国土空间总体规划中心城区土地使用规划

思 考 题

1. 《国土空间调查、规划、用途管制用地用海分类指南(试行)》把国土空间用地用海分类分为几级,与原有的《城市用地分类与规划建设用地标准》有哪些不同?
2. "双评价"的目的和方法是什么? 应该从哪几个方面进行评价?
3. 不同的城市用地选择的影响因素是什么? 有何规划指标?
4. 国土空间规划的三区三线是什么?

第9章 国土空间规划调查与分析

调查研究是谋事之基、成事之道。只有通过调查研究,才能认清事物本质、把握事物发展规律,找准问题症结、开出有效的良方,增强国土空间规划的针对性、科学性和有效性。坚持问题导向和目标导向,做好调查研究,抓住重点,收集汇总,寻找解决的办法,以更好地帮助群众解决难题,谋划城市的未来发展。

9.1 市级国土空间现状调查

国土空间总体规划是城市空间发展的指南、可持续发展的蓝图,是各类开发、保护、建设活动的基本依据,是对城市未来发展做出的预测,是一项实践性很强的工作。准确把握城市现实状况,对指导城市发展与建设起关键性作用。市级国土空间总体规划必须建立在科学的调查研究和分析的基础上,弄清城市发展的自然、社会、历史、文化背景以及经济发展的状况和生态条件,找出城市发展建设中要解决的重要矛盾和问题。调查研究是对城市的认识从感性上升到理性的必要过程。调查研究所获得的基础资料是市级国土空间总体规划定性分析、定量分析的主要依据。

9.1.1 现状调研内容

城市是一个动态、发展的复杂系统,时刻处在不断变化的过程之中。通过科学、系统的调查,把握城市发展的客观规律,是认识城市未来发展的基础。城市现状调查包含以下几方面内容,其中关于城市自然资源调查详见 9.2 节,交通运输调查详见 9.3 节。

1. 区域环境调查

区域环境在不同的国土空间规划阶段代表不同的地域。在都市圈国土空间规划、市级国土空间总体规划阶段,包含城市、与周边发生相互作用的其他城市和广大的农村腹地共同组成的范围。对区域环境进行调查,可以更加清楚地认识所规划城市的作用、特点及未来发展潜力。

2. 历史文化环境调查

历史文化环境调查包含城市的形成和发展过程,城市发展动力以及城市形态的演变原因。城市的经济、社会和政治状况发展演变是城市发展的决定因素。

每个城市由于历史、文化、经济都有其各自的特点。城市文化主要体现在两个方面:一是社会环境,城市在其发展过程中会受经济、政治、宗教等方面的影响,形成符合当地经济文化发展水平的人文风貌;二是物质方面,主要体现在历史文化产品、建筑形式与空间、城市设施以及景观、城市商品艺术和土特产等。除少数完全新建的城市外,城市总体文化环境大多是该城市历史的延续与发展。了解城市的发展过程,掌握其中的规律,一方面可以更好地规划城市的未来;另一方面可以将城市发展的历史文脉有意识地延续下来,并发扬光大。另外,通过对比、分析城乡规划资料,也可以在一定程度上判断以往城乡规划对城市发展建设所起到的作用,并从中获得有用的经验和教训。

3. 自然环境调查

自然环境是城市生存和发展的基础,不同的自然环境对城市的形成起着重要的作用,同时又影响、决定了城市的功能组织、发展定位等。例如,南方城市与北方城市、平原城市与山地城市、沿海城市与内地城市之间的明显差别往往是自然条件和地理条件的差异。环境变化也会导致城市发展条件变化,如自然资源的开采与枯竭会导致城市的兴衰等。在自然环境调查中,主要涉及以下几个方面。

(1) 地理环境:包括地理位置、地形地貌、工程地质、水文地质和水文条件;河湖岸线的位置、河流结构线、名称、代码;湖泊水质,水库坑塘用途、容积,河流类型、通航性质、等级;水渠的等级、流向等属性信息;水流的流速、流量、水位、水质;水流的季节变化、水流的冲击力等。

(2) 气象环境:包括风速、风向、气温、降雨、湿度等,可以用温度计、降雨计、湿度计、风速计或风向仪等仪器进行测量。

(3) 生态环境:包括城市及周边地区的野生动植物种类与分布;生物资源、自然植被、园林绿地、城市废弃物的处置对生态环境的影响等。

4. 社会环境调查

社会环境调查主要包括两方面:首先是人口方面,主要涉及人口的年龄结构、自然变动、迁移变动和社会变动;其次是社会组织和社会结构方面,主要涉及构成城市社会各类群体及它们之间的相互关系,包括家庭规模、家庭生活方式、家庭行为模式及社区组织等。此外还有政府部门、其他公共部门及各类企事业单位的基本情况。

5. 经济环境调查

城市经济环境调查包括以下几个方面:① 城市整体的经济状况。如城市经济总量及其增长变化情况、城市产业结构、工农业总产值及各自的比重、当地资源状况、经济发展的优势和制约因素等。② 城市中各产业部门的状况。如工业、农业、商业、交通运输业、房地产业等。③ 有关城市土地经济方面。其内容包括土地价格、土地供应潜力与供应方式、土地的一级市场与二级市场及其运作的概况等。④ 城市建设资金的筹措、安排与分配。其中既涉及城市政府公共项目资金的运作,又涉及私人资本的运作,以及政府吸引国内外资金从事城市建设的政策与措施。调查历年城市公共设施、市政设施的资金来源,投资总量以及资金安排的程序与分布等。

6. 广域规划及上位规划调查

广域规划及上位规划是指对一个系统或组织进行长期目标和战略的规划,包含整体发展方向、资源分配、组织结构、市场定位、竞争策略等方面的决策。任何一个城市都不是孤立存在的,它是存在于区域之中众多聚居点中的一个。因此,对城市的认识与把握,不仅要从城市自身进行,还应从更为广泛的区域角度,从广域规划及上位规划进行调查,作为研究确定城市性质、规模等要素的依据。

7. 城市用地调查

城市用地调查可以参考《城市用地分类与规划建设用地标准》《第三次全国国土调

查技术规程》等（详见第 8 章），对城市用地进行现场踏勘调查，包括各类土地，如住宅用地、商业用地、工业用地、农业用地、公共设施用地使用的规模、面积、分布、界限、用地性质等。

8. 城市交通设施调查

城市交通设施大致分为道路、广场、停车场等，以及公路、铁路、机场、车站、码头等对外交通设施。掌握各项城市交通设施现状，分析发现其中存在的问题，是规划能否形成完善、合理的城市结构、提高城市送转效率的关键之一。

城市交通设施的调查内容包括铁路的线路位置、名称、编码、起讫点、类型、上下行、单双线等信息，城际公路的中心线、名称、代码、宽度、通行方向、车道数、技术等级、类型、铺设材料等属性信息，城市道路的中心线、名称、类型、路宽、车道数、高架情况等属性；与道路通达密切相关的车站、桥梁、隧道、车渡、高速出入口、服务区、立交桥、地铁站、机场、港口码头、交通枢纽等重要交通设施的位置与属性信息。

9. 城市园林绿化、开敞空间及非城市建设用地调查

城市园林绿化、开敞空间及非城市建设用地调查包括城市各类公园、绿地、风景区、水面等开敞空间，以及城市外围的大片农林牧业用地和生态保护绿地的规模、面积、分布、界限等。

10. 城市住房及居住环境调查

城市住房及居住环境调查包含城市现状居住水平、中低收入家庭住房状况、居民住房意愿、居住环境、当地住房政策等。

11. 市政公用工程系统调查

市政公用工程系统调查主要包含城市现有给水、排水、供热、供电、燃气、环卫、通信设施和管网的基本情况，以及水源和能源的供应状况和发展前景。

12. 城市环境状况调查

城市环境状况调查主要包含两个方面：一是有关城市环境质量的监测，包括大气、水质、噪声等方面，主要反映城市现状的环境质量水平；二是工矿企业等主要污染源的污染物排放监测。

13. 水利工程设施调查

水利工程设施调查包含堤、坝、闸、排灌站、泵站、重要机井等水利工程设施的位置、规模、形态、库容、坝址地质等进行调查，包括水库周边环境、水库蓄水期间对周边土地的影响等。

14. 地下空间调查

城市地下空间调查包含城市地下隧道、地下铁路、地下通道、地下排水系统、土层、岩层、地下水位等内容。围绕地下空间调查可以协同空间规划、安全利用、用途管制、不动产登记等资料，调查地下空间类型、规模、形态、埋藏深度、空间连通性、地质结构等信息。

15. 权籍调查

权籍调查是指以宗地、宗海为单位，调查宗地、宗海及房屋、林木等定着物的所有权、使用权、经营权等各类空间的权益。如土地所有权、海域使用权、集体土地承包经营权、林权等。开展权籍调查，以清晰地界定各类用地、资源、设施的权属，以保障权利人的合法权益，对推进规划落地实施、及时开展纠察工作有着重要的支撑作用。

9.1.2 现状调查的主要方法

国土空间规划现状调查涉及面广,可运用的方法也多种多样。各类调查方法的选取与所调查的对象及规划分析研究的要求直接相关。各种调查方法也都具有各自的局限性,大致包含下面几种调查方法。

1. 现场踏勘及观察调查

现场踏勘是国土空间规划调查的最基本手段。规划人员通过直接踏勘和观测工作,一方面可以获取有关现状情况,尤其是物质空间方面的第一手资料,以弥补文献、统计资料乃至各种图形资料的不足;另一方面可以使规划人员在建立有关城市感性认识的同时,发现现状的特点和其中所存在的问题。

2. 抽样调查或问卷调查

抽样或问卷调查是一种常见的调查形式,可以掌握被调查群体的意愿、观点、喜好等内容,问卷调查的具体形式多种多样。例如,向调查对象发放问卷,事后通过邮寄、定点投放、委托居民组织等形式回收问卷;或者通过调查员实时询问、填写、回收(街头、办公室访问等),也可以通过电话、电子邮件等形式进行调查。

问卷调查对象可以是某个范围内的全体人员。例如,调查对象为旧城改造地区的全体居民,称为全员调查;也可以是部分人员,如调查对象为城市总人口的 1%,称为抽样调查。问卷调查的优点是能够较为全面、客观、准确地反映被调查者的观点、意愿、意见等。问卷调查中的问卷设计、样本数量确定、抽样方法选择等需要一定的专业知识和技巧。

在市级国土空间总体规划工作中,由于受时间、人力和物力限制,通常更多的是采用抽样调查而不是全员调查的形式。抽样调查是指按照随机抽样的原则,在一定范围内、按一定比例选取调查对象(样本),汇总调查样本,以推断一定范围内全体人员(母集)的意见和倾向的方法,即通过对样本状况的统计、分析,反映总体的状况。

3. 访谈和座谈会调查

访谈和座谈会调查,其性质与抽样调查类似,但访谈与座谈会是调查者与被调查者面对面的交流。这类调查主要运用的几种状况:一是针对城市的民俗民风、历史文化等内容;二是针对居民愿望与设想的调查,如政府领导以及广大市民对未来发展的设想与愿望等;三是针对有关城乡规划重要决策问题收集专业人士的意见。

4. 文献资料搜集

国土空间规划的相关文献和统计资料通常包括公开出版的城市统计年鉴、城市年鉴、各类专业年鉴、不同时期的地方志等。这些文献及统计资料信息量大、覆盖范围广、时间跨度大、在一定程度上具有连续性、可推导出城市发展趋势等特点。在获取相关文献、统计资料后,一般需要对其分类后进行挑选、汇总、整理和加工。例如,可以利用历年统计年鉴中的数据,编制人口发展趋势一览表,以探究城市人口发展趋势,从中发现规律。

5. 智能科技

随着科技进步和发展,人工智能、物联网、大数据、无人机、区块链等智能科技在调查中也开始发挥重要的作用。通过传感器与网络连接,将城市不同类型的数据连接,提取有价值的信息,实现数据实时监测和互联互通,以提升调查的效率和质量。

9.2　城市自然资源调查

自然资源是指自然界中一切能为人类利用的自然要素,包括土地资源、水资源、地下资源、海洋资源、森林资源等。它们作为城市的重要自然资源,影响城市的产生和发展的全过程,决定城市的选址、城市的性质和规模、城市空间结构及城市特色,是城市赖以生存和发展的基本条件。

9.2.1　调查原则

1. 调查内容与调查标准一致

自然资源基础调查必须遵循调查内容一致和标准统一的基本要求。充分利用相关部门已有的调查成果,以指标融合、标准对接、部门协作等方式,保持自然资源的类型、数量和质量与已有的调查成果一致,实现调查内容相衔接和多类数据深度融合。

2. 基础调查内容在先、专项调查内容在后

城市自然资源调查分为基础调查和专项调查。基础调查是指对自然资源共性特征开展的调查,专项调查是指为自然资源的特性或特定需要开展的专业性调查。调查时,采取基础调查内容在先、专项调查内容在后的流程,统筹部署调查任务,全方位、多维度获取信息,按照不同的调查目的和需求,整合数据成果并入库,做到图件资料相统一、基础控制能衔接、调查成果可集成,确保两项调查全面、综合地反映自然资源的相关状况。基础调查和专项调查相结合,共同描述自然资源的总体情况。通过统一调查分类标准,衔接调查指标与技术规程,以统筹安排工作任务。

3. 生态优先、科学严谨

自然资源基础调查时,要注重科学严谨,遵循生态优先的原则。依据规划、审批等材料,详细拟定调查方案,确保调查的准确性与可靠性。在调查时,始终保持对生态环境的尊重,保护自然环境,采用科学的调查方法和技术,最大限度地减少对生态环境的影响。

9.2.2　调查流程

自然资源调查流程通常包括以下步骤。

(1)确定调查目的:明确调查的目的和范围,如确定某一地区的不同资源分布等。

(2)收集背景资料:收集城市自然资源的现存资料,包括地理环境、气候条件、生态系统等信息,以便更好地进行调查。

(3)制订调查计划:根据调查目的和范围,制订详细的调查计划,包括调查时间、地点、调查方法和所需的设备等。

(4)人员培训:在自然资源调查前,对参加调查的人员进行培训,明确调查任务和主要内容,统一调查标准和成果要求,规范作业程序和调查方法,确定调查原则和工作纪律,以保证调查工作的进度,确保调查成果的质量。

(5)开展调查:根据调查内容,按照调查计划,采用合适的调查技术和方法,实地开展调查工作。如对植被进行地理定位,选取样点展开调查,等等。

(6)数据整理和分析:对整理调查所得的数据和资料进行统计和分析,以便获取准确的调查结果。

（7）编写调查报告：根据数据分析结果撰写调查报告，包括调查的目的、方法、结果和结论等内容。

9.2.3 调查技术

1. 遥感技术

利用遥感技术如无人机、微型传感器、高分辨率卫星，对地表覆层、水资源调查、地理国情监测等方面进行调查监测。遥感测绘技术可以快速提供基础变化底图，将各类自然资源的变化情况充分展现，并实现地理国情监测数据更新，同时叠加多时相的影像，有助于分析各类自然资源要素间的变化情况。

2. 数字孪生技术

数字孪生技术是将复杂物理系统的结构、状态、行为、功能和性能映射至数字化的虚拟世界。在自然资源调查中，可以运用三维地理信息系统（GIS）引擎、规则管理引擎、AR/VR 沉浸式技术等数字孪生技术，构建城市自然资源基础信息平台，形成搭载、融合、沟通自然资源，为调查人员提供智慧应用支撑。

3. 大数据技术

通过数据采集或者信息共享交换等手段对获取数据汇聚后，运用大数据挖掘与分析技术，将种类复杂、大量待挖掘的数据，转化为自然资源调查监测行业应用的专题数据，并将分析结果结合大数据可视化表现手段采用专题地图、统计图表等多元数据可视化方法，以进行直观分析和评价。

9.2.4 调查内容

1. 土地资源调查内容

（1）土地利用现状及变化情况：地类、位置、面积、分布等状况。

（2）土地权属及变化情况：土地的所有权和使用权状况土地条件。

（3）土地条件：土地的自然条件、社会经济条件等状况。

2. 水资源调查内容

（1）数量和分布：水资源的总量、分布和可用性，包括降水量、地下水、河流和湖泊的数据。

（2）水质：水中的污染物含量（如重金属、有机物和细菌），以确保水资源适合饮用、农业、工业和生态系统的使用。

（3）水文学特性：水流速度、河流水位、地下水位、洪水和枯水期等，以预测和管理水资源的变化和波动。

3. 地下资源调查内容

（1）矿产资源：金、铜、煤炭、石油、天然气等资源的储量和分布。矿产资源储量利用现状、开发利用水平及变化情况。

（2）地下环境：地下天然洞穴的类型、空间位置、规模、用途等。

（3）地下空间的利用：城市地下交通系统、地下停车场、地下隧道等地下设施的种类、大小、面积、使用效率、设计等。

4. 海洋资源调查内容

（1）海洋生物调查：海洋鱼类、海洋哺乳动物、鱼虫、珊瑚、微生物等的物种数量、密度和分布，健康状况等。

（2）海洋地貌调查：海岸线类型（如基岩岸线、砂质岸线、淤泥质岸线、生物岸线、人工岸线）、长度；滨海湿地、沿海滩涂、海域类型、分布、面积和保护利用状况以及海岛的数量、位置、面积、开发利用与保护等现状及其变化情况；海岸带保护利用情况、围填海情况，以及海岛资源现状及其保护利用状况。

（3）海洋环境调查：海洋中的污染物，如油污、化学物质、有机物和微塑料。

（4）海洋生态调查：海洋生态系统，如滨海湿地生态系统、红树林生态系统、珊瑚礁生态系统的演变及趋势。

（5）海洋能源调查：海上风能、潮汐能、潮流能、波浪能、温差能等能源的发电量、利用率、变化状况等。

5. 森林资源调查内容

（1）土地利用与覆盖：土植被的种类、数量、质量、结构、功能、面积和分布。

（2）林地资源：森林、林木和林地的数量、质量、结构和分布，森林按起源、权属、龄组、林种、树种的面积和蓄积，生长量和消耗量及动态变化。

（3）生态状况：森林健康状况与生态功能，森林生态系统多样性，土地沙化、荒漠化和湿地类型的面积和分布及动态变化。

（4）林地立地状况：地貌、海拔、坡度、坡向、坡位、土壤、枯枝落叶厚度、植被盖度等。

6. 地表基质调查内容

（1）地质特征：地表下的岩石类型，如沉积岩、火成岩或变质岩；地层的分布和序列，以了解地质历史；地质断层、褶皱和其他构造特征，对地质风险进行分析。

（2）土壤特征：不同类型的土壤，如沙壤、黏壤、壤土等；土壤的质地，包括黏土、砂、泥、砾石等；土壤的酸碱性，这对于选择和决定适合的农作物和植被都很重要。

（3）地貌特征：地表的形状和特征，如山脉、平原、河谷、湖泊和丘陵；地表形态的演变过程，包括侵蚀、沉积、风化等自然作用。

7. 湿地资源调查内容

（1）环境特征：湿地类型、分布、面积，湿地水环境等。

（2）生态特征：湿地生态质量状况及湿地损毁等变化趋势，湿地保护率等数据。

8. 草地资源调查内容

（1）环境特征：草原的类型、生物量、等级、生态状况及变化情况等。

（2）生态特征：草原植被覆盖度、草原综合植被覆盖度、草原生产力、草原植被生长、利用、退化、鼠害病虫害、草原生态修复状况等信息。

9.3　交通运输调查

交通运输调查是指对交通运输领域的相关数据和情况进行调查和研究。在对城市交通系统现状调查的基础上，分析交通系统中各个组成部分的现状特征和演变规律，对交通现状进行评价，为存在的问题进行诊断，并提供启示。

9.3.1　交通调查的主要内容

　　城市综合交通调查是分析城市交通现状与问题的必要途径。城市交通调查的内容，根据研究项目的类型、对象及目标可分为三大部分：基础资料、交通需求、交通设施和交通运营（见表9-1）。城市综合交通规划、城市交通专项规划等不同类别的规划，需要有针对性地选取不同的调查内容。

表 9-1　城市综合交通调查的主要内容

类　　别	具　体　调　查
基础资料	城乡规划和社会经济基础资料调查
交通需求	居民出行特征和出行意愿调查
	机动车出行特征调查
	城市货物源流调查
交通设施和交通运营	交通设施调查
	道路交通量调查
	城市出入口交通调查
	道路车速、行车延误调查
	停车调查
	行人交通调查
	城市公交调查
	城市交通管理调查
	城市交通环境调查

9.3.2　交通调查的主要方法

　　一般城市交通调查的范围应当与城市交通规划的范围相一致。城市交通调查不仅收集道路交通量、道路车速等动态数据，还收集人口、经济等统计数据。为完成历史年份数据和现状的纵向比较，城市交通调查既收集基年的现状数据，又收集历年的相关历史数据；为完成同类城市的横向比较，城市交通调查还收集同类城市的相关调查数据。

　　城市交通调查方法的选取与调查对象、规划研究要求直接相关，调查方法有现场踏勘及观察调查、抽样调查或问卷调查、访谈或座谈会调查、文献资料收集（详见9.1.2节）。

　　随着城市交通信息化水平的提高，交通信息采集和挖掘在交通调查中的作用日益凸显。具备条件的城市可在充分利用信息化数据的基础上,对城市交通调查的调查项目及内容进行适当调整。下面为常见的信息化数据利用技术。

(1)利用公交车 GPS 数据及 IC 卡刷卡数据对公交客流特征和乘客个体日(常)活动链进行分析的技术。

(2)利用车辆 GPS 数据对行程车速和行程时间可靠性进行分析的技术。

(3)利用视频数据对道路机动车流量和起讫点(OD)进行分析的技术。

(4)利用手机信息数据、网约车数据等对居民出行特征和城市职住特征进行分析的技术。

(5)利用共享单车数据对慢行交通和换乘接驳行为进行分析的技术等。

9.3.3　交通调查流程

城市交通调查一般分为调查准备、试点调查、实地调查、调查结果整理与数据录入 4 个阶段。

1. 调查准备

(1)成立专门机构以统一协调调查。城市交通调查具有社会性和广泛性的特点。大型综合性交通调查需要成立专门组织机构,并需通过新闻媒体进行舆论宣传。

(2)资料准备。掌握调查区城内的居民占与人口分布、土地利用现状、行政组织情况(行政区、街道、派出所社区和居委会)。

(3)设计调查方案。拟定调查区域、勘察调查现场、划分交通小区;选取合适的调查方法,确定调查样本、确定调查内容并形成调查表、制订实施计划。

(4)培训调查人员:选派具有较强责任心和较高文化素质的人员参加调查,并对调查结果层层把关。

2. 试点调查

在全面开展调查工作之前,通过小范围的试点调查,总结经验教训,以完善调查方案。如果在某城市进行了多次同类调查,积累了丰富的调查经验,可以取消试验调查阶段。

3. 实地调查

在规定的时间、空间范围内,全面实施城市交通调查。在实地调查工作中,为保证调查质量,应严格把关、及时抽查。

4. 调查结果整理与数据录入

对城市交通调查成果,需要进行验收和核查,去除无效的调查表。对有明显错误的调查样本,应及时进行重新调查;对存在遗漏或不合理项目的调查表,可以根据统计分析的需要和目的,选择性地使用其他数据,以保持对原始调查目的的忠实,还可以降低重复率。原始调查图表验收后,设计专门的数据库文件,将编码后的调查数据记录在电脑中。

9.3.4　调查数据整理

1. 调查数据整理

在数据录入过程中,需要对调查数据进行整理,剔除异常数据或掌握异常数据的情况。若某调查表中的调查数据严重不合理,则不予录入计算机;若某调查表中的个别调查数据不合理,则应先进行补充,而后录入计算机,以保证调查数据的可信度。在计算机数据处理时,设立数据统计门槛,剔除对异常数据。

在通常认为变化范围适度的一系列数据中,由于观测误差、判断误差或操作误差等原因,可能导致出现非常大或非常小的极端值,影响调查数据的统计特征。在异常数据的判定过程中有两个原则:一是要符合生活常理,如居民一次出行的出发时间要小于到达时间,在城市内一次出行的时间不可能大于 4 h 等;二是 4 倍标准差原则,即如果有 10 个以上的调查数据,每个数据都小于调查数据均值减 4 倍标准差,或者都大于调查数据均值加 4 倍标准差,则可以看作异常数据加以剔除,而后重新计算调查数据的平均值和标准差。

2. 调查数据录入

在数据录入前,应对调查数据进行编码,并需制订明确的编码规则。应设计专用数据库以分别录入各类调查数据。在设计调查数据录入数据库时,应完整录入各种调查信息,尤其应注意数据关键字的规则设立,即每个调查居民、车辆、道路路段或交叉口应有专门的关键字,以便分类统计各种信息。

调查数据录入的数据库平台可使用 Excel、Visual FoxPro、Access 等软件。当录入相关调查数据后,可编制专用程序统计和处理各种调查信息。

9.3.5 交通调查的内容与方法

1. 城乡规划和社会经济基础资料调查

1) 土地使用

土地利用与城市交通有着密切的关系。不同性质的土地利用具有不同的交通特征。交通与土地利用的关系是进行交通需求预测的基础。城市交通调查、分析、预测的结果又可以反过来验证城市土地利用是否合理,为城市土地利用规划提供必要的依据。土地使用调查与分析主要包括城市以及各交通小区的面积、土地使用特征、用地布局结构等内容。城市土地利用基础资料调查内容如表 9 - 2 所示。土地利用调查资料可从有关政府部门获得,如城市规划部门、土地管理部门等。

表 9 - 2　城市土地使用调查的内容

类　　别	具体调查内容
土地利用性质	各交通小区主要土地类别的用地面积
就业岗位数	全部交通小区或典型交通小区的就业岗位数
就学人数	全部交通小区或典型交通小区的就学人数
商品销售额	全部交通小区或典型交通小区的商品销售额

2) 人口

人口调查与分析主要包括全市(县)域和市区的常住人口、暂住人口、非农人口的总量、结构分布、空间分布和增长率等特征。对于人口空间分布,不仅需要调查人口在各行政区划内的分布特征,还需要调查人口在各交通小区的分布特征。对于人口增长需要探究人口自然增长和机械增长的特征。人口自然增长是指人口再生产的变化量,即出生人数与死亡人数的净差值。人口机械增长是指由于人口迁移所形成的变化量,即在一定时期内,迁入城市的人口与迁出城市的人口的净差值。

3) 经济

经济调查与分析主要包括城市行业产值、经济发展历程,以及各发展阶段的经济发展特点。纵向需要分析国内生产总值、人均收入、产业结构等主要经济指标的历史演变特征和增长率特征;横向需要比较调查城市与相关城市的指标差异,了解城市经济在同类城市中的发展水平。

2. 居民出行特征和出行意愿调查

1) 基本概念

(1) 起讫点调查:又称为 OD 调查,O,D 分别取自英语单词 origin(起点)和 destination(讫点)的第一个字母。OD 调查主要包括居民出行 OD 调查、机动车出行 OD 调查、货流 OD 调查。居民出行 OD 调查包括在居民出行特征和出行意愿调查中,机动车出行 OD 调查包括在机动车出行特征调查中。

(2) 出行:人、货、车完成某一目的从起点到讫点的全过程。出行作为交通行为的计量单位,一次出行必须具备 3 个条件,即完成一次有目的的活动、利用有路名的街道或公路、出行距离或时间必须达到一定标准。不同部门完成的交通调查对出行的定义往往不同,导致客流与车流出行特征调查数据缺乏可比性。一般情况下,建议出行距离或时间的标准是指步行单程时间在 5 min 以上,或者使用交通工具距离超过 500 m 的出行

(3) 起点:一次出行的出发地点,即 O 点。

(4) 讫点:一次出行的结束地点,即 D 点。

(5) 出行端点:出行起点、讫点的总称。

(6) 境内出行:起讫点都在调查区范围之内的出行。

(7) 过境出行:起讫点都在调查区范围之外的出行。

(8) 出入境出行:起点或讫点在调查区范围之外的出行。

(9) 区内出行:起讫点都在同一交通小区的出行。

(10) 区外出行:起讫点分别位于不同交通区的出行。

(11) 交通小区形心:代表同一交通小区内所有出行端点的某一集中点,交通小区交通源的中心,不一定是交通小区的几何中心。

(12) 期望线:又称为愿望线,为连接各交通小区形心间的直线。期望线因反映了人们期望的最短出行距离而得名,与实际的出行距离无关,其宽度表示区间出行的次数。由期望线组成的期望线图,又称为 OD 图(见图 9-1)。

(13) 分隔核查线:为校核 OD 调查成果精度而在调查区内部按天然或人工障碍设定的调查线,可设一条或多条,它将调查区划分成几个部分,用以实测穿越该线的各条道路断面上的交通量(见图 9-2)。

(14) OD 表:表示各交通小区之间出行量的表格。通常用矩形 OD 表格表示交通小区之间的出行量及出行方向;当出行量对称时,也可用三角形 OD 表格表示。

(15) 出行分布:又称为 OD 分布,调查区域内各交通小区之间的人、车出行次数。现状出行分布由 OD 调查得到。

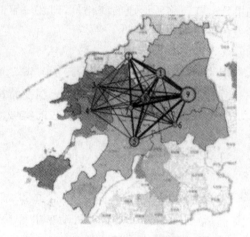

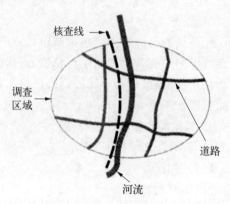

图 9-1　期望线(OD 图)　　　　　　　　图 9-2　核查线

（16）出行目的：是指一次出行的主要目的，包括上班、上学、购物、生活、回程等多种目的。出行目的是统计出行次数的主要依据，各地在出行调查中根据规划和研究需求的不同定义了不同的出行目的，如要进行对比，须统一出行目的。

（17）出行方式：是指一次出行利用的主要交通方式。一次出行中全部是步行的，其出行方式为步行。一次出行中有步行又利用了交通工具，其出行方式是指所用的交通工具。

（18）出发时间：也称为出行时辰，是指一次出行的出发时刻。

2）调查目的与调查内容

对居民出行特征和出行意愿进行调查与分析，可以帮助交通规划者和决策者了解居民的出行行为模式和需求，从而更好地规划和管理交通系统。调查结果可以用于确定交通基础设施的需求，评估出行方式的效率和可持续性，以制定交通政策和措施，为提供更好的出行服务。除了需要参考历轮调查的相关指标特征外，还需要分析这些指标的历史演变规律。

（1）调查样本。调查样本包括常住人口、流动人口的总户数与总人数、每户平均人数，分析居民的年龄、性别、收入、职业、文化程度等构成。

（2）总量情况。调查分析包括日平均出行次数与日出行总量、出行目的构成、出行方式构成、平均出行时耗、出行时耗分布、出行时辰分布、各类交通工具千人拥有率、调查日未出行原因、公交非车内时间、公交换乘次数等内容。

（3）出行特征。居民出行特征的因素和种类很多，如年龄、性别、职业、收入、居住地等情况，主要包括如下：

① 不同年龄段、不同职业、不同收入水平的常住人口和流动人口的出行次数特征；

② 不同年龄段、不同职业、不同收入、不同出行目的、不同出行时耗、不同出行距离、不同区位的常住人口和流动人口的出行方式特征；

③ 不同年龄段、不同职业、不同出行方式的常住人口和流动人口的出行目的特征；

④ 不同职业、不同出行目的、不同出行方式的常住人口和流动人口的出行时辰分布特征；

⑤ 不同职业、不同出行目的、不同出行方式、不同区位的常住人口和流动人口的平均出行时耗特征；

⑥ 不同年龄段、不同出行目的、不同出行方式的常住人口和流动人口的出行距离特征；

⑦ 不同出行目的、不同出行方式、高峰小时的常住人口和流动人口的出行空间分布特征。

（4）居民出行意愿。居民出行意愿调查与分析，包含使用各类交通工具的意愿与偏好、交通政策意愿等。一般根据调查目的设计结构化或开放式问卷，邀请城市居民填写问卷，而后对问卷结果进行统计分析。

3）居民出行特征与出行意愿调查表格

居民出行特征和出行意愿调查应搜集城市居民家庭的基本资料（如家庭人口、交通工具拥有等情况）、城市居民的基本资料（如年龄、性别、职业、收入、文化程度、有无驾照、居住地等情况）、城市居民的每次出行资料（如起点、终点、出行时间、出行距离、出行方式选择等）、城市居民的出行意愿资料（如使用各类交通工具的烦恼、步行烦恼、交通政策意愿等）。我国幅员辽阔，各城镇情况千变万化，各城市需要根据实际情况，设计有针对性的调查表格。为保证调查数据的可比性，若某城市开展过同类调查，在调查内容设计过程中需考虑延续性。表 9-3 所示为某城市的居民出行特征与出行意愿调查表，该表由家庭基本情况调查、家庭成员出行特征调查、家庭成员出行意愿调查 3 部分组成。

表 9-3　某城市居民出行特征与出行意愿调查表

居委会名称：＿＿＿＿，户号：＿＿＿＿　　　　　　　　　□□□□□

住址：＿＿＿＿路，靠近＿＿＿＿　　　　　　　　调查编号□□□□□

电话：

您好！我是××市城市社会经济调查队的访问员。我们正在进行一项旨在改善××市交通状况的交通规划研究。您家是从所在居委会随机挑选出来的，您的意见对我们来说非常重要。我想采访您家庭的常住成员及暂住人员（六周岁以下儿童不调查），对您＿＿月＿＿日凌晨 2 时至次日 2 时（24 小时）的出行情况进行调查。我们将对您的调查情况严格保密，希望得到您的合作！非常感谢！

第一部分：家庭基本情况调查（户主填写）

一、家庭中本市户籍人口＿＿＿人，其中学龄前儿童＿＿＿人。　　　　　□□

二、家庭中外来户籍人口＿＿＿人（学龄前儿童不计）。　　　　　　　　□□

　来自：1. 外省市　2. 本省市及××市域以外　3. ××市域及调查区以外

三、家庭中使用的交通工具数量：

　（1）自行车＿＿＿辆　（2）助动车＿＿＿辆　（3）摩托车＿＿＿辆　　□□□

　（4）小汽车＿＿＿辆　（5）其他非机动车＿＿＿辆　（6）其他机动车＿＿＿辆　□□□

居委会名称：＿＿＿＿＿，户号：＿＿＿＿成员号：＿＿＿＿　　　□□□□□□

第二部分：家庭成员出行特征调查，第＿＿＿位家庭成员填写（学龄前儿童不填写）

一、年龄＿＿＿岁；性别：1. 女　2. 男；是否本市常住人口：1. 是　2. 否　□□　□　□

二、职业：1. 工人　2. 农民（含林牧副业）　3. 职员　4. 商业服务人员　5. 学生　6. 军警　7. 企业主　8. 离退休人员　9. 其他　　　　　　　　　　　　　　　□

三、今年个人月平均收入＿＿＿＿元　　　　　　　　　　　　　　　□□□□

四、文化程度：

1. 小学及以下　2. 初中　3. 高中或中专　4. 大专　5. 本科　6. 研究生　　　　☐

五、是否有驾照：1. 是　2. 否　　　　☐

六、平日上班(上学)主要出行方式：

1. 公共汽车(含单位班车)　2. 自行车　3. 出租车　4. 摩托车(含搭乘)　5. 小汽车　6. 其他机动车(含搭乘)　7. 助动车　8. 其他非机动车　9. 其他　　　　☐

您从家到单位(学校)的单程时间＿＿＿ min,距离＿＿＿ km。　　　☐☐　☐☐

七、调查日出行者填写下表：

说明：(一)出行目的：1. 上班　2. 上学　3. 购物　4. 生活出行　5. 文化娱乐　6. 业务　7. 务农　8. 回程

(二)出行方式：1. 公共汽车(含单位班车)　2. 自行车　3. 出租车　4. 摩托车(含搭乘)　5. 小汽车　6. 其他机动车(含搭乘)　7. 助动车　8. 其他非机动车　9. 其他

(三)停车状况：1. 单位内停车　2. 公共停车场　3. 无停车场地,车行道上停车　4. 无停车场地,人行道上停车　5. 无

首次出发时间	首次出发地点	出行目的	出行方式	到达时间	停车状况
	在＿＿＿路＿＿＿附近				
再一次出发时间	再一次出发地点	出行目的	出行方式	到达时间	停车状况
	在＿＿＿路＿＿＿附近				
	在＿＿＿路＿＿＿附近				
	在＿＿＿路＿＿＿附近				
	在＿＿＿路＿＿＿附近				
	在＿＿＿路＿＿＿附近				

最终到达地点：在　　　　路　　　　附近。

八、调查日未曾出行原因：

1. 不需要出行　2. 忙家务　3. 生病　4. 出差到外地　5. 其他(请说明)＿＿＿＿＿　☐

九、当日出行定义以外的出行次数＿＿＿次　　　　☐☐

十、您每周平均出××市的次数＿＿＿次　　　　☐☐

十一、出行日期：　　年　　月　　日,星期　　;天气　　;调查员　　;检查员

居委会名称：＿＿＿＿,户号：＿＿＿＿成员号：＿＿＿＿　　　☐☐☐☐☐　☐

第三部分：居民出行意愿调查,第＿＿＿位家庭成员填写(学龄前儿童不填写)

一、使用或不使用公共交通者都填写：

(一)经常使用公交(或单位车)者(每周使用3次或以上)填写：

■ 您上班(上学)从家到车站＿＿＿ min,平均候车＿＿＿ min,换乘＿＿＿次。　☐☐　☐☐　☐

■ 您乘用公交是因为(最多选两项)：

1. 公交方便　2. 安全　3. 票价便宜　4. 没有单位车、公车、自备车(含摩托车)接送　5. 不会或不愿骑自行车　6. 其他(请说明)＿＿＿＿＿　　　☐☐

■ 您乘用公交遇到的最大麻烦是(最多选两项):

1.公交不方便　2.公交车少,经常脱班　3.运营服务时间短　4.车厢拥挤　5.道路交通拥挤
6.票价较高　7.其他(请说明)_____　□□

(二)偶尔使用或基本不使用公交(或单位车)者(每周使用 3 次以下)填写:

■ 您乘用公交是因为(最多选两项):

1.公交方便　2.安全　3.票价便宜　4.没有单位车、公车、自备车(含摩托车)接送　5.不会或不
愿骑自行车　6.其他(请说明)_____　□□

■ 您不乘用公交的原因是(最多选两项):

1.公交不方便　2.公交车少,经常脱班　3.运营服务时间短　4.车厢拥挤　5.道路交通拥挤
6.不需要使用公交　7.票价较高　8.其他(请说明)_____　□□

(三)经常使用出租车者填写:

■ 您乘用出租车是因为(最多选两项):

1.方便　2.节省时间　3.舒适　4.安全　5.价格可以承受　6.比购买私家车合算　7.其他(请说
明)_____　□□

■ 您不乘用公交的原因是(最多选两项):

1.公交不方便　2.公交车少,经常脱班　3.运营服务时间短　4.车厢拥挤　5.道路交通拥挤
6.票价较高　7.其他(请说明)_____　□□

二、使用私人交通者填写:

(一)经常骑自行车者填写:

■ 您骑自行车是为了(最多选两项):

1.节省时间　2.上班(上学)准时　3.方便　4.携带小孩和物品　5.锻炼身体　6.其他(请说明)
_____　□□

■ 您骑自行车遇到的最大麻烦是(最多选两项):

1.经常被盗　2.气候影响　3.停放难　4.机动车干扰　5.过马路危险　6.其他(请说明)
_____　□□

(二)经常骑摩托车(助动车)者填写:

■ 您骑摩托车(助动车)是为了(最多选两项):

1.节省时间　2.上班准时　3.方便　4.能跑远距离　5.易于携带人和物品　6.舒适　7.其他(请
说明)_____　□□

■ 您骑摩托车(助动车)遇到的最大麻烦是(最多选两项):

1.被盗　2.费用高　3.停放难　4.气候影响　5.事故多　6.自行车干扰　7.其他(请说明)____
_____　□□

(三)您未来三年内是否打算购置私人交通工具:1.是　2.否　　□

答"是"的,请问您想买:1.自行车　2.助动车　3.摩托车　4.小汽车　5.其他　□

答"否"的,请问您已有:1.自行车　2.助动车　3.摩托车　4.小汽车

还是:5.没需要　6.其他(请说明)_____　□

(四)您对××市发展摩托车的态度是:

1.很赞成　2.赞成　3.适度发展　4.控制　5.严格控制　　□

(五)您对××市发展私人小汽车的态度是:

1.很赞成　2.赞成　3.适度发展　4.控制　5.严格控制　　□

(六)若××市大力发展公交车,以取代助动车、摩托车,您的态度是:

1.很赞成　2.不表态　3.反对　　□

三、您步行遇到的最大烦恼是(最多选两项):

1.过马路(交叉口)危险　2.过马路绕行　3.无人行道可走　4.空气污染　5.其他(请说明)____
_____　□□

3. 道路交通量调查

交通量调查是在固定地点、固定时段内的车辆与人流数量调查。交通量调查的方法取决于所能获得的设备、调查经费和技术条件、调查目的等。交通量调查一般有人工观测法、浮动车法、机械计数法、仪器自动计测法和摄影法等。若采用人工观测法，填表时采用画"正"字方法，机动车一般一辆车记一画，非机动车一般 5 或 10 辆车记一画，每个时段一小计。有条件的城市可采用道路监控视频流量监测、地磁检测、红外检测、微波检测等先进的技术方法。

在历年道路交通量调查资料的基础上，还可以进一步调查分析道路交通量的历史演变特征。道路交通量调查包含机动车、非机动车行人等各类交通的交通量，具体分析内容如表 9-4 所示。

表 9-4　道路交通量调查分析的内容

分 析 类 型	具体调查内容
交通量空间分布	道路网的机动车交通量空间分布特征
	道路网的非机动车交通量空间分布特征
交通量时间分布特征	调查时段小时交通量分布特征
	典型路段、交叉口的交通量时间分布特征
	交通量的高峰小时系数
	交通量的 16 小时系数、14 小时系数、12 小时系数 (16 小时系数为 16 小时平均交通量除以平均日交通量，其他小时系数计算方法同理)
高峰小时交通量	典型路段的高峰小时机动车交通量、非机动车交通量特征
	典型交叉口的高峰小时机动车交通量、非机动车交通量的流量与流向特征
	典型路段的方向不均匀系数
车型构成特征	道路网机动车流车型构成特征
	道路网非机动车流车型构成特征

最常进行的是道路路段和交叉口的交通量调查。该调查需要分车型、分时段、分方向，选择调查范围内的典型路段和交叉口同时进行观测。

一般依据交通量调查目的、道路网交通量实际情况和交通量调查实施方案，来设计调查表格。表 9-5 和表 9-6 所示为常用道路路段交通量调查表。交叉口交通量调查表可参照路段调查表设计。考虑对实测数据的精度要求，一般选定 15 min 为一时段，即每小时测量 4 个时段。当有特殊需要时可缩短为 5 min。

表 9 - 5　道路路段机动车交通量调查表

路段名称：_____　调查方向：_____　调查员：_____

调查日期：___年___月___日　星期___　调查时段：___:___～___:___　天气：① 晴;② 阴;③ 雨。

时段 /min	小客车	出租车	公交车	大客车 (非公交)	大货车	小货车	摩托车	其他车
0～15								
15～30								
30～45								
45～60								

表 9 - 6　道路路段非机动车交通量调查表

路段名称：_____　调查方向：_____　调查员：_____

调查日期：___年___月___日　星期___　调查时段：___:___～___:___　天气：① 晴;② 阴;③ 雨。

时段/min	电动自行车	自行车	三轮车	其　他
0～15				
15～30				
30～45				
45～60				

4. 城市公共交通调查

城市公交通调查是研究城市交通系统的运作情况和效率的一种方法。通过收集和分析、城市公共交通系统的数据,包括公共交通网络、线路规划、车辆调度、线路设施、运营特征,评估运输服务的可靠性、效率和可持续性,帮助城市规划者和决策者做出更好的决策,以优化城市交通系统的运作,提高乘客满意度,并减少交通拥堵和环境污染。

城市公交调查主要包括以下内容。

1) 城市常规公交

城市常规公交调查主要包括公交运营指标调查、公交线网及线路调查公交场站设施调查、公交运营特征调查等。公交运营指标调查主要调查城市历年常规公交的线路条数、线路长度、年客运量、运营车数、年运营里程、运营单位成本和利润等指标,如表 9 - 7 所示。

公交线网及线路调查主要调查各条公交线路的起讫点、站点、具体走向、配车数、发车频率和线路长度等。

公交场站调查的主要内容：各类公交场站的位置、面积、服务车种和车辆数(或线路)、服务半径等。

表9-7 公共交通历年运营指标调查表

年份	线路条数 /条	线路长度 /千米	年客运量/ 万人次	运营车辆数				年运营里程/ 万车千米	运营单位成本/ (元/千车千米)	利润/ 万元
				单机	铰接	双层	中巴			

公交运营特征调查包括公交站点上下客人数调查和公交线路跟车调查,详见表9-8和表9-9。

表9-8 公交站点上下客人数调查表

站点名称:_____ 调查日期:_____ 天气:① 晴;② 阴;③ 雨。 调查人:_____

线路名称	到达时间	上客数	下客数	线路名称	到达时间	上客数	下客数

表9-9 公交线路跟车调查表

公交线路:_____ 行车方向(上/下行):_____
调查日期:_____ 星期____ 天气:① 晴;② 阴;③ 雨。 调查人:_____

站 名	序号	站点编码	到站时间	离站时间	上客数	下客数	受阻记录
	1						
	2						
	3						
	...						
	N						

2) 城市轨道交通

城市轨道交通调查主要包括列车编组数、车辆长度、车辆座位数;列车最大速度、运营速度;高峰小时发车数、平峰小时发车数、运量或客运量;区域覆盖、网络形式,站间距;与公交车衔接、与火车站衔接;站台形式;车站分布;车站形式等(见表9-10)。

表 9－10 轨道交通现状调查表

车辆特征	列车编组数、车辆长度、车辆座位数	
运营特征	最大速度、运营速度	
	高峰小时发车数、平峰小时发车数	
	运量或客运量（人/h）	
网络系统特征	区域覆盖、网络形式、站间距	
	与公交车衔接、与火车站衔接	
设施特征	车辆控制方式、供电方式、售票方式	
	车站	站台形式
		车站分布
		车站形式
		车辆段、停车场
客流调查		

轨道交通客流调查可采用信息化技术采集。现阶段常用信息化技术包括进出站闸机客流信息技术、公交 IC 卡客流信息技术、手机用户使用轨道车站基站信息技术等。

5. 城市交通管理调查

城市交通管理是指对城市内的交通流动进行规划、组织、监管和调控的一系列措施和管理活动。城市交通管理目的是确保城市交通系统的安全、高效、便捷和可持续运行。

城市交通管理调查包含以下内容。

（1）交通管理体制、政策与规划调查：了解城市政府有关部门和交通管理部门为促进形成良好的城市交通面貌而制定、颁布、执行的政策、法规和规划。交通管理政策分为优先发展政策、限制发展政策、禁止发展政策和经济杠杆政策 4 类。

（2）交通管理设施调查：城市道路交通管理设施投资、标线施划率、行人过街设施设置率、路口渠化率、路口灯控率、路口与路段人行道灯控率、指路标志和让行标志标线设置率、学校周边安全设施设置率等。

（3）交通管理措施调查：建成区道路管控率、机动车登记率、规范化停车率、交通诱导、停车诱导、社会停车场利用率等。

（4）交通安全宣传教育及队伍建设调查：交通法规和交通安全常识普及率、交通安全社区建设、群众对交通管理工作和城建监察管理工作满意率等。

（5）交通管理现代化调查：交通指挥中心、路口与路段违章自动监测设备设置率、道路交通管理信息系统等。

（6）交通秩序状况调查：主干路机动车、非机动车与行人的遵章率、主干路违章停车率、非交通占用道路率、让行标志，标线遵章率等。

（7）交通安全状况调查：万车事故率、万车死亡率、交通事故多发点与段整治率、交通事故逃逸案破案率、简易程序处理事故率等。

6. 城市交通环境调查

城市交通环境是指作用于道路交通参与者的所有外界影响与力量的总和。涵盖道路状况、交通设施、地物地貌、气象条件以及其他交通参与者的交通活动。城市交通环境调查与分析主要可分为以下几点。

（1）交通安全：道侧景观、交通标志及标线、交通安全设施、交通信号、道路路况等。

（2）生态环境：城市道路空气质量和噪声污染、城市交通基础设施碳排放等。

（3）交通便捷：城市交通设施服务质量，覆盖范围，老年人、残疾人和儿童的使用便捷度等。

9.3.6　城市交通现状问题诊断

城市交通现状问题诊断不仅需要诊断城市交通系统存在的问题，还需要剖析产生问题的原因，并提出解决对策。城市交通现状问题诊断主要包含以下几方面内容。

1. 城市交通需求诊断

（1）城市功能的集中程度，城市用地布局结构是否合理。

（2）城市建设用地构成是否合理。

（3）城市土地使用的性质与开发强度。

（4）大型公共建筑是否进行了交通影响分析。

（5）居民出行方式结构是否合理。

（6）居民出行时段是否集中等。

2. 对外交通诊断

（1）公路、铁路、航道运力能否满足需求。

（2）公路、铁路、水运、航空技术标准能否支撑城市快速发展。

（3）对外交通线路与场站设施布局结构与等级结构是否合理。

（4）对外交通与城市交通衔接是否合理。

（5）对外交通场站的集疏运设施是否合理。

（6）对外交通方式之间能否实现一体化发展。

（7）建设资金是否有保障。

（8）管理体制是否有问题等。

3. 城市道路设施诊断

（1）城市道路基础设施建设速度及其是否满足交通需求增长速度。

（2）城市道路网络级配结构是否合理。

（3）城市路网形态是否合理。

（4）城市道路功能是否明确。

（5）道路通行能力是否与交通需求相匹配。

（6）城市道路横断面分配是否能适应近远期交通需求。

（7）是否存在河流、铁路等制约道路建设的因素。

（8）是否存在制约路网效率发挥的瓶颈路段与交叉口。

（9）城市出入口道路是否通畅。

（10）道路建设资金来源是否有保证。

（11）道路路况质量能否适应交通需求。

（12）人行道铺装情况及人行设施是否体现以人为本，是否完善。

（13）非机动车交通设施是否完善，是否成系统。

（14）有无违章占路停车、经营情况等。

4. 交通流分布诊断

（1）是否少数道路、交叉口集中了主要的交通量。

（2）是否短时间内集中了大量交通量。

（3）是否存在过境交通穿越城市的情况。

（4）道路交通车种构成是否合理等。

5. 公共交通诊断

（1）公交管理体制是否满足城市公交发展的要求。

（2）公交线路网和（或）轨道交通线网布局是否合理，是否存在公交薄弱区。

（3）公交运营车辆数和（或）轨道交通线路运力是否满足要求。

（4）公交运营车辆是否有优先通行措施。

（5）公交场站用地是否有保证。

（6）公交站点和（或）轨道交通站点覆盖率是否满足要求。

（7）公交车站设置和（或）轨道交通车站设置是否合理。

（8）公交建设发展资金是否有保障等。

6. 停车诊断

（1）停车设施供给总量能否满足需求。

（2）停车设施布局是否合理。

（3）各类停车设施收费标准是否合理。

（4）停车位是否挪为他用，是否充分发挥作用。

（5）停车管理体制是否有问题。

（6）停车建设资金能否有保障。

（7）停车管理设施是否完善等。

7. 交通管理诊断

（1）城市交通管理的现代化程度、交通管理基础设施建设情况。

（2）交通秩序、交通质量及交通安全状况。

（3）交通管理体制。

（4）交通管理规划开展情况。

（5）交通法制建设、宣传教育情况。

（6）市民交通安全意识、交巡警队伍的精神风貌和整体形象等。

8. 交通体制与机制诊断

（1）交通行政管理体制是否滞后，有无一体化的决策机构。

（2）投融资与运营体制是否完善。

（3）交通投资结构是否合理。

9.4　调查资料分析方法

国土空间规划和交通运输规划涉及的问题十分复杂和烦琐，必须运用科学和系统的方法，采用内业外业相结合的方式，对城市、建制镇、农村居民点内的商业服务业设施用地、科教文卫用地、公用设施用地、特殊用地等进行细化调查，在众多的数据资料中分析出有价值的结论。调查资料常用的分析方法有 3 种，分别是定性分析、定量分析和空间模型分析。

9.4.1　定性分析

城乡规划分析涉及的因素繁多，为了全面考虑和判断城乡规划中的复杂问题，常用定性分析法进行分析。定性分析法主要有因果分析法和比较法。

（1）因果分析法是指在分析问题前尽可能多地排列出相关因素，发现主要因素，找出因果关系。例如，在分析城市私家车演变规律过程中，可发现私家车发展与居民收入水平、城市经济发展水平、城市交通政策等因素有很强的相关性。

（2）比较法是指采用对比的方法找出其问题背后的规律性，如确定新区或新城的各类用地指标可参照相近的同类已建城市的指标。在城市交通规划中，还常会碰到一些难以定量分析但又必须量化的问题，对此常用比较法。如分析调查城市的道路设施水平可与同类城市进行横向比较。

因此，对于某个调查数据，不但需要进行历史年份的纵向比较掌握数据演变规律，而且需要进行横向比较掌握现状发展水平。在数据纵向比较过程中，应当注意数据调查的统计口径和调查范围大小；在数据横向比较过程中，应当注意不同城市的社会经济背景差异性。

9.4.2　定量分析

定量分析是依据统计数据，建立数学模型，并用数学模型计算出分析对象的各项指标及数值的一种方法。国土空间规划中常采用概率统计方法、运筹学模型、数学决策模型等数理工具进行定量化分析。

1. 频数和频率分析

频数分布是指一组数据中取不同值的个案的次数分布情况。在现状调查中经常有调查的数据是连续分布的情况。如人均居住面积，一般是按照一个区间来统计的。在交通调查中，也经常有调查的数据是连续分布的情况，如居民出行时间、道路车速等，一般是按照若干个区间来进行统计的。

频率分布，即概率密度，是指一组数据中不同取值的频数相较于总数的比率分布情况，一般以百分比的形式表达。

累积频率分布，即累积概率密度，是一组数据小于等于某一数值的频数相较于总数的比例分布情况，一般以百分比的形式表达。

第15%分位值,是指在全部调查数据中,有15%的数据未达到数值,即累积分布曲线中累积频率为15%时的相应数值。当用于车速分析时,用以确定道路上的最低限制车速。

第85%分位值,是指在全部调查数据中,有85%的数据未达到数值,即累积分布曲线中累积频率为85%时的相应数值。当用于车速分析时,用以确定道路上的最高限制车速。

图9-3和图9-4所示为速度频率分布曲线和累积频率分布曲线。

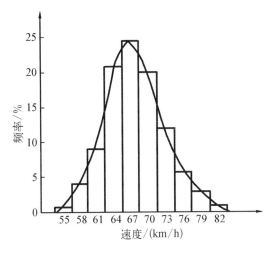

图9-3 速度频率分布曲线

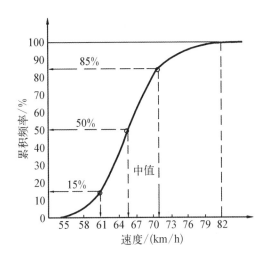

图9-4 速度累积频率分布曲线

2. 集中量数分析

集中量数分析是指用一个典型的值以反映一组数据的一般水平,或反映这组数据向这个典型值集中的情况。最常见的有平均值、众数与中值。

(1)平均值:平均值的定义是调查所得各数据之和除以调查所得数据的个数。如果是单值分组资料,计算平均数首先要将每一个变量值乘以所对应的频数,得出各组的数值之和,然后将各组的数值之和除以频数总和,这种平均有时也称为加权平均。

(2)众数:是一组数据中出现次数最多的那个数值。众数可以用于概括反映总体的一般水平或典型情况。

(3)中值:将调查数据按照大小排列,最中间位置的数值,即累积频率为50%时的数值。

3. 离散程度分析

与集中程度分析相反,离散程度分析是用来反映数据离散程度的。

(1)级差:是一组数据中最大值与最小值之差。

(2)方差:为一组数据对其平均数的偏差平方的算术平均数。

(3)标准差:为一组数据对其平均数的偏差平方的算术平均数的平方根,即方差的平方根。

(4)离散系数(变异系数):离散系数的定义是标准差与平均数的比值。离散系数(变异系数)是一种表示相对离散程度的统计量。它能够使我们对两个不同总体中的同一离散数统计进行比较。

4. 回归分析法

（1）一元回归分析：是指当两个要素之间存在比较密切的相关关系时,通过试验或抽样调查进行统计分析,构造两个要素间的数学模型,以其中一个因素为控制因素（自变量）,另一个预测因素为因变量,从而进行试验和预测。例如,可以构建城市人口发展规模和时间之间的一元回归分析。

（2）多元回归分析：是对多个要素之间构造数学模型,以解释自变量对因变量的影响程度。在多元回归分析中,可以控制其他自变量的影响,分析每个自变量对因变量的独立贡献。例如,可以构造房屋价格与土地供给、建筑材料价格、市场需求之间的多元回归分析模型。

5. 线性规划法

在规划问题的数学模型中,如果决策变量为可控的连续变量,目标函数和约束条件都是线性的,则这类模型称为线性规划模型。国土空间规划中有很多问题都需要根据一定资源条件进行统筹安排,使得在实现目标的过程中,如何在消耗资源最少的情况下获得最大的效益,即如何达到系统最优的目标。这类问题就可以利用线性规划模型求解。

6. 系统评价法

系统评价法包括矩阵综合评价法、概率评价法、投入产出法、德尔菲法等。在国土空间规划中,系统评价法常用于对不同方案的比较、评价、选择。

7. 模糊评价法

模糊评价法是应用模糊数学的理论对复杂的对象进行定量化评价,如可以对城市用地进行综合模糊评价。

8. 层次分析法

层次分析法是一种用于决策分析的定量方法。其将复杂的问题分解成比原问题简单得多的若干层次系统,再进行分析、比较、量化、排序,然后再逐级进行综合。在层次分析法中,首先,决策问题被分解为几个层次,通常包括目标层、准则层和方案层。在每个层次中,需要进行两两比较,以确定各个因素之间的相对重要性。其次,通过一系列的比较和计算,得出每个因素的权重,从而确定最终的决策方案。在用地选址、空间设计等领域运用较为广泛。

9.4.3　空间模型分析

国土空间各个物质要素在空间上占据一定的位置,相互之间形成错综复杂的关系。除了用数学模型、文字说明表达外,还常用空间模型的方法表达,主要有实体模型和概念模型两类。

1. 实体模型

实体模型包括三维模型和图纸模型,真实地描述实体在空间上的位置、方位、形状、范围、大小、方向、高低、分布和走向等特征信息。如用投影法画的总平面图、剖面图、立面图,主要用于规划管理与实施;用透视法画的透视图、鸟瞰图,主要用于效果表达。

交通运输的实体模型可以用图纸表达,如用投影法画的高峰小时道路网交通量分布图、现状道路网图、高峰小时道路车速分布图。

2.概念模型

概念模型是分析和比较概念和实体之间关系的图形模型,主要用于分析和比较,常用于数据建模和业务流程建模等领域。概念模型一般用图纸表达,常用的方法有几何图形法、等值线法、方格网法、图表法。

(1)几何图形法:用不同色彩的圆形、环形、矩形、线条等几何图形在平面图上强调空间要素的特点与联系。常用于功能结构分析、交通小区吸发量分析、环境绿化分析等,如图9-5所示。

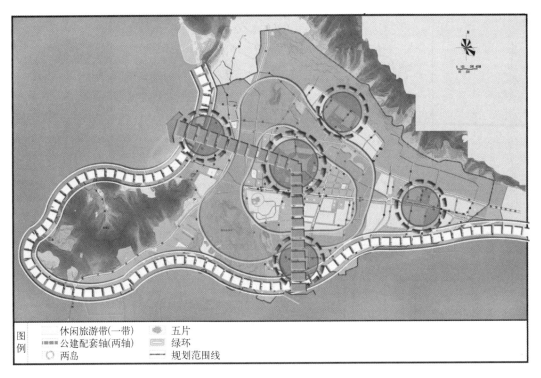

图 9-5　某城市片区功能结构规划分析图

(2)等值线法:根据某因素空间连续变化的情况,按一定的值差,将同值的相邻点用线条联系。常用于单一因素的空间变化分析,如用于地形分析的等高线图、交通规划的可达性分析、环境评价的大气污染和噪声分析等,如图9-6所示。

(3)栅格法:根据精度要求将研究区域划分为一个个栅格,将每栅格的被分析因素的值用规定的方法表示(如颜色、数字、线条等)。常用于环境、人口的空间分布等分析。此法可以多层叠加,常用于综合评价,如图9-7所示。

(4)图表法:在地形图(地图)上相应的位置用玫瑰图、直方图、折线图、饼图等表示各因素的值。常用于区域经济、社会、居民出行、车辆出行等多种因素的比较分析,如图9-8所示。

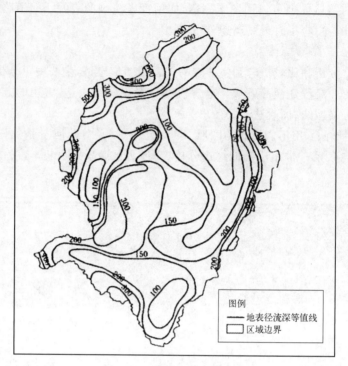

图 9-6　某城市径流等值线

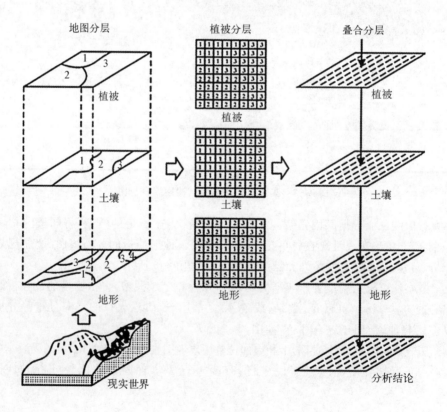

图 9-7　栅格法

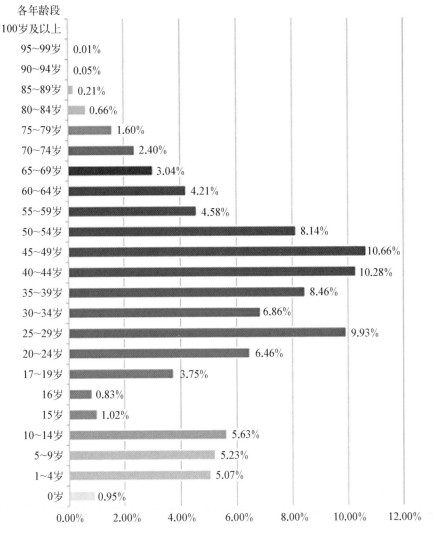

图 9 - 8　某城市人口年龄结构

思　考　题

1. 简述市级国土空间总体规划的调查内容和调查方法。

2. 简述城市交通规划调查资料的分析方法。

3. 根据你所在的学校或企业周边道路,撰写一个道路交通量调查报告,涵盖交通量调查技术、方法和具体内容。

4. 如何将交通调查的混合交通量换算为标准小汽车和标准自行车交通量?

第 10 章　国土空间总体规划

10.1　概述

10.1.1　空间规划体系框架

空间规划的产生源自现代工业与传统城市间的各种冲突。为了解决各类空间问题,包括利益、风格、交通、卫生等方面的冲突,空间规划主要从以下 4 个方面来构建体系框架。

(1) 按照空间层级的规划体系:国家、省级、市、县、镇(乡)等层级的上下联动。

(2) 按照空间功能的规划体系:社会、经济、文化、生态、交通、基础设施等空间的专项规划体系。

(3) 按照规划方法的规划体系:包括控制性规划方法、引导性规划方法以及效果评价和动态维护方法。

(4) 按照编制的规划成果类型:可以把空间规划分为总体规划、详细规划和专项规划三类。其中,总体规划是指对一定空间层级的综合性规划,一般是开发、利用、修复、保护等的全局性安排。专项规划是指针对特定发展和保护的专门规划,如交通、基础设施、水系等专项规划以及城市群、都市圈等区域专项规划。详细规划是指对具体地块的开发和用途等做出详细的规划(见图 10-1)。

10.1.2　编制程序

国土空间总体规划自上而下分为国家级、省级、市级、县级、镇(乡)级国土空间规划,编制的范围包括行政辖区内全部陆域和管理海域国土空间。图 10-2 和图 10-3 所示分别为都市圈国土空间规划、市县级国土空间规划的编制流程。编制程序包括准备工作、专题研究、规划编制、规划多方案论证、规划公示、成果报批、规划公告等。

1. 基础准备

国土空间总体规划编制应以全国国土调查成果数据和年度国土变更调查数据(以下简称为国土调查成果数据)为基础,形成统一的工作底数;结合基础测绘和地理国情监测成果,收集整理自然资源、地理、生态、环境、社会、经济、文化、人口、城乡建设、基础设施、灾害风险等方面的各类基础数据和资料,以及相关审批数据、规划成果等,利用大数据、云计算等手段,加强基础数据分析。

都市圈国土空间规划以最新的国土调查成果数据为基础,形成统一的工作底数;结合基础测绘和地理国情监测成果,收集遥感影像、自然地理、自然资源、生态环境、人口、经济社会发展、文化、城乡建设以及工程地质、水文地质、地质灾害等风险灾害的基础数据和资料,以及相关部门的规划成果、审批数据和专项调查统计数据,利用大数据等手段,加强基

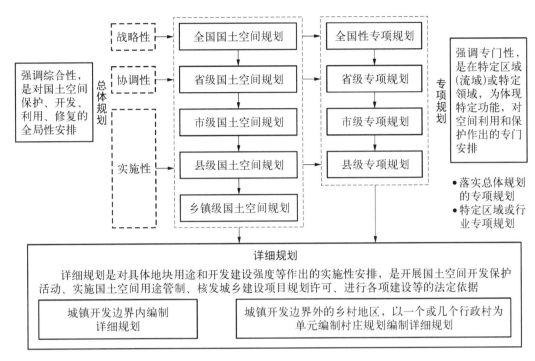

图 10 - 1　国家"五级三类"的国土空间规划总体框架

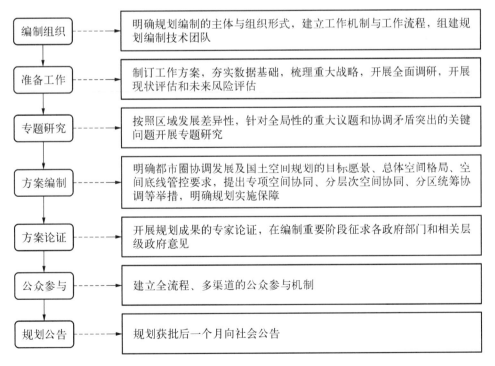

图 10 - 2　都市圈国土空间规划编制流程

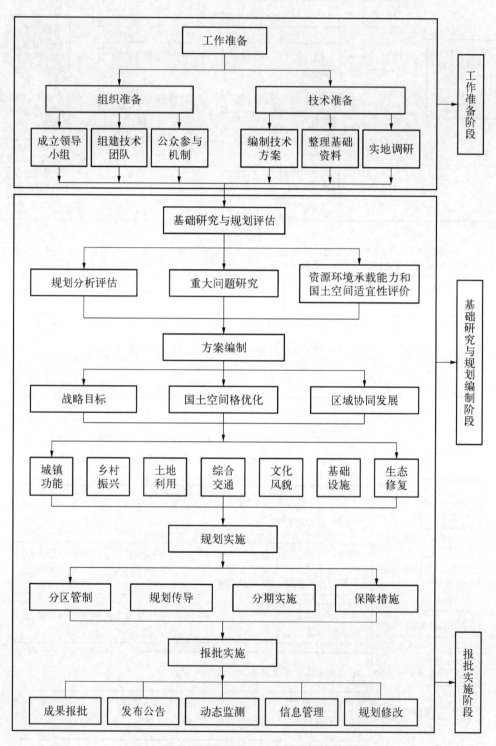

图 10-3　市县级国土空间总体规划编制流程

础数据的入库存储与时空特征分析。

省级国土空间规划以国土调查成果数据为基础,形成统一的工作底数;结合基础测绘和地理国情监测成果,收集整理自然地理、自然资源、生态环境、人口、经济、社会、文化、基础设施、城乡建设、灾害风险等方面的基础数据和资料,以及相关规划成果、审批数据,利用大数据等手段,加强基础数据分析。

市级国土空间规划要求各地应在国土调查成果数据的基础上,按照国土空间用地用海分类、城区范围确定等部有关标准规范,形成符合规定的国土空间利用现状和工作底数;统一采用 2000 国家大地坐标系和 1985 国家高程基准作为空间定位基础,形成坐标一致、边界吻合、上下贯通的工作底图。沿海地区要增加所辖海域海岛底图底数。各地应根据需要开展补充调查,并充分应用基础测绘和地理国情监测成果,收集自然资源、生态环境、经济产业、人口社会、历史文化、基础设施、城乡发展、区域协调、灾害风险、水土污染、海洋空间保护和利用等相关资料,以及相关规划成果、土地利用审批、永久基本农田等数据,加强基础数据分析。

在重大战略梳理上,国土空间总体规划编制应按照可持续发展战略、交通强国战略、乡村振兴战略、区域协调发展战略、主体功能区战略等国家战略部署,以及各省级党委政府的有关发展部署,梳理归纳相关国家、区域级重大战略对国土空间的具体要求,并以此作为编制各级国土空间规划的重要依据。

在现状评价与风险评估上,国土空间总体规划编制应通过资源环境承载能力和国土空间开发适宜性评价,分析各区域资源环境的特点,识别编制范围内的重要生态系统,明确生态功能中极重要和极脆弱的区域,提出满足城镇发展、农业生产的承载规模和适宜空间。

同时,应从数量、质量、布局、结构、效率等方面,评估国土空间开发和保护的现状问题和风险挑战。结合城镇化发展、气候变化、经济发展、科技创新、人口分布特征等趋势,研判国土空间开发和利用的需求。在国土安全、生态利用、资源保护、灾害治理等方面,识别可能面临的风险,并开展情景模拟分析。

2. 编制原则

编制要求“体现战略性、提高科学性、强化权威性、加强协调性、注重操作性”。

1)都市圈国土空间规划的编制原则

(1)强调联动协商。强调自上而下与自下而上相结合的编制组织,通过协商谋求对核心问题、任务目标的共识,推动规划编制工作。对涉及区域重大的发展战略问题、难以在同级层面协商解决的问题以及共同的发展诉求与政策瓶颈,应加强上下级政府间和同级政府间的沟通与协商,明确合作与协调的基本原则与重点任务。强调对上位国土空间规划指标与举措的传导落实,并对下位规划加强指引与管控。

(2)聚焦底线与协同。立足底线与协同并重的技术思路,落实国家战略安全意图,坚持底线思维,充分衔接各层级的国土空间规划,严格落实上位规划提出的约束性目标与底线管控要求;加强专项空间的跨行政单元规划协同,明确分层次的空间协同举措,加强都市圈与所在城镇群或区域的协调;强化都市圈国土空间规划对市县规划的刚性约束机制,对涉及空间底线管控及重大专项空间协同的事项加强落位。

(3)体现因地制宜。对于不同发展阶段的都市圈,应结合实际制定差别化的规划指导方针。充分尊重各地特点,坚持问题导向、目标导向、结果导向相结合,因地制宜地提出解决其核心问题、满足各方发展诉求的规划方案。厘清都市圈内不同层次空间单元之间的功能关系、组织模式与网络体系,推动陆海统筹、城乡统筹。

2) 省级国土空间规划的编制原则

(1) 生态优先、绿色发展。践行"绿水青山就是金山银山"的理念,坚持节约资源和保护环境的基本国策,落实最严格的生态环境保护制度、耕地保护制度和节约用地制度,严守生态、粮食、能源资源等安全底线。坚持人与自然和谐共生,积极协调人、地、产、城、乡关系,通过优化国土空间开发保护格局促进加快形成绿色发展方式和生活方式。

(2) 以人民为中心、高质量发展。以人民对美好生活向往为目标,坚持增进人民福祉,改善人居环境,提升国土空间品质。建设美丽国土,促进形成生产、生活、生态相协调的空间格局,实现高质量发展,满足高品质生活。

(3) 区域协调、融合发展。落实主体功能区等国家重大战略,推动国家区域协调发展战略在省域协同实施。完善统筹协调机制,协调解决国土空间矛盾冲突。加强陆海统筹,促进城乡融合。形成主体功能约束有效、国土开发有序的空间发展格局。

(4) 因地制宜、特色发展。立足省域资源禀赋、发展阶段、重点问题和治理需求,尊重客观规律,体现地方特色,发挥比较优势,确定规划目标、策略、任务和行动,走合理分工、优化发展的路子。

(5) 数据驱动、创新发展。收集整合覆盖陆海全域、涵盖各类空间资源的基础数据,充分利用大数据等技术手段进行分析和研判,夯实规划基础。打造国土空间基础信息平台,实现互联互通,为国土空间规划"一张图"提供支撑。

(6) 共建共治、共享发展。加强社会协同和公众参与,充分听取公众意见,发挥专家作用,实现共商共治,让规划编制成为凝聚社会共识的平台。发挥市场配置和政府引导作用,推进空间治理体系和治理能力现代化,实现经济效益、社会效益、环境效益相统一,使发展成果更多更公平地惠及全体人民。

3) 市级国土空间规划的编制原则

(1) 贯彻新时代新要求。坚持以人民为中心的发展思想,从社会全面进步和人的全面发展出发,塑造高品质城乡人居环境,不断提升人民群众的获得感、幸福感、安全感;坚持底线思维,在习近平生态文明思想和总体国家安全观指导下编制规划,将城市作为有机生命体,探索内涵式、集约型、绿色化的高质量发展新路子,推动形成绿色发展方式和生活方式,增强城市韧性和可持续发展的竞争力;坚持陆海统筹、区域协同、城乡融合,落实区域协调发展、新型城镇化、乡村振兴、可持续发展和主体功能区等国家战略;坚持一切从实际出发,立足本地自然和人文禀赋以及发展特征,发挥比较优势,因地制宜开展规划编制工作,突出地域特点、文化特色、时代特征。

(2) 突出公共政策属性。坚持体现市级总规的公共政策属性,坚持问题导向、目标导向、结果导向相结合,坚持以战略为引领,按照"问题—目标—战略—布局—机制"的逻辑,制订针对性的规划方案和实施政策措施,确保规划能用、管用、好用,更好地发挥规划在空间治理能力和现代化中的作用。

(3) 创新规划工作方法。坚持开门编规划,践行群众路线,将共谋、共建、共享、共治贯穿规划工作全过程,广泛凝聚社会智慧;强化城市设计、大数据、人工智能等技术手段对规划方案的辅助支撑作用,提升规划编制和管理水平。

3. 规划公示

规划编制过程中应采取多种方式和渠道,对规划方案征求公众意见。其中,公示稿的制作主要涉及 3 个方面。

(1) 内容选择。首先,应明确哪些内容是需要让人民群众了解的;其次,应明确哪些内容是人民群众最为关心的;最后,应明确哪些内容是促进社会发展进步的。

(2) 框架组织。公示稿受众群体是广大人民群众,应做到内容架构简洁、清晰易懂。一般可以分为 4 个章节:① 介绍基本情况及规划编制背景;② 阐述面临的机遇与挑战、规划目标、规划战略和空间格局;③ 介绍经济、城镇、交通、农业、乡村振兴、基础设施建设、历史文化保留等方面的战略举措;④ 对规划实施和治理体系进行简要说明。

(3) 表达形式。首先,公示稿应该能让广大人民群众读懂并理解,应重视从国土空间规划的专业术语到通俗易懂的大众语言的文字处理工作;其次,公示稿的内容面向广大人民群众,内容应当充满文彩,具有较强的感染力。

4. 成果报批

规划成果报批前,规划方案由规划编制工作小组组织专家论证、征求相关部门意见与合规性审查后,报本级人民政府审议。

规划论证情况在规划说明中要形成专章,包括规划环境影响评价、专家论证意见、部门和地方意见采纳情况等。对存在重大分歧和颠覆性意见的意见建议,行政层面不要轻易拍板,要经过充分论证后形成决策方案。

规划成果论证完善后,经同级人大常委会审议后,按照国家规定进行报批。

5. 规划公告

规划经批准后,应在一个月内向社会公告。涉及向社会公开的文本和图件,应符合国家保密管理和地图管理等有关规定。

10.1.3 市级国土空间总体规划强制性内容

市级总规中涉及的安全底线、空间结构等方面内容,应作为规划强制性内容,并在图纸上有准确标明或在文本上有明确、规范的表述,同时提出相应的管理措施。

市级总规中强制性内容应包括如下内容。

(1) 约束性指标落实及分解情况,如生态保护红线面积、用水总量、永久基本农田保护面积等。

(2) 生态屏障、生态廊道和生态系统保护格局,自然保护地体系。

(3) 生态保护红线、永久基本农田、中心城区城镇开发边界,以及历史文化保护线等重要控制线。

(4) 重大交通枢纽、重要线性工程网络、城市安全与综合防灾体系、地下空间、邻避设施等设施布局。

(5) 城乡公共服务设施配置标准,城镇政策性住房和教育、卫生、养老、文化体育等城乡公共服务设施布局原则和标准。

(6) 历史文化保护体系,各类历史文化遗存的保护范围和要求。

(7) 中心城区范围内结构性绿地、水体等开敞空间的控制范围和均衡分布要求。

10.1.4 基本概念

在行政区范围内,市级国土空间由多个功能区组成,如图 10-4 所示。

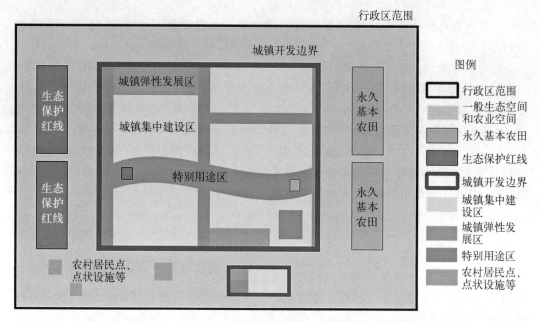

图 10-4 空间关系

(1)生态修复和国土综合整治:遵循自然规律和生态系统内在机制,对空间格局失衡、资源利用低效、生态功能退化、生态系统受损的国土空间,进行适度的人为引导、修复或综合整治,维护生态安全、促进生态系统良性循环的活动。

(2)主体功能区:以资源环境承载能力、经济社会发展水平、生态系统特征以及人类活动形式的空间分异为依据,划分出具有某种特定主体功能、实施差别化管控的地域空间单元。

(3)生态保护红线:在生态空间范围内具有特殊重要生态功能,必须强制性严格保护的陆域、水域、海域等区域。

(4)永久基本农田:按照一定时期人口和经济社会发展对农产品的需求,依据国土空间规划确定的不得擅自占用或改变用途的耕地。

(5)城镇开发边界:是指可以集中进行城镇开发建设、完善城市功能、提升空间品质的区域边界,是允许城市建设用地拓展的最大边界,是国土空间规划中应当明确的控制线。划定城镇开发边界是加强空间开发管制、控制城市和小城镇无序蔓延的重要措施。

(6)生态单元:具有特定生态结构和功能的生态空间单元,体现区域(流域)生态功能系统性、完整性、多样性、关联性等基本特征。

(7)地理设计:基于区域自然生态、人文地理禀赋,以人与自然和谐为原则,用地理学的理论和数字化等工具,塑造高品质的空间形态和功能的设计方法。

(8)洪涝风险控制线:为保障防洪排涝系统的完整性和通达性,为雨洪水蓄滞和行泄划定的自然空间和重大调蓄设施用地范围,包括河湖湿地、坑塘农区、绿地洼地、涝水行泄通道等，以及具备雨水蓄排功能的地下调蓄设施和隧道等预留的空间。

（9）城市体检评估：依据市级总规等国土空间规划，按照"一年一体检、五年一评估"，对城市发展体征及规划实施情况定期进行的分析和评价，是促进和保障国土空间规划有效实施的重要工具。

（10）慢行系统：即步行、自行车等慢行方式出行使用的道路交通网络及附属设施，主要包括城镇与居民点内部的生活性步行交通系统、自行车交通系统；与城乡生态空间相结合，供人们健身、休闲的绿道网系统等。

（11）道路网密度：快速路及主干路、次干路、支路总里程数与中心城区面积的比值。

10.2　空间的总体布局

10.2.1　空间发展目标战略

（1）目标定位。落实国家重大战略，按照上位国土空间总体规划的主要目标、管控方向、重大任务等，结合实际，明确国土空间发展的总体定位，确定国土空间开发保护目标。落实上位规划确定的国土空间规划指标要求，完善指标体系。

（2）空间战略。按照空间发展的总体定位和开发保护目标，立足规划范围内资源环境禀赋和经济社会发展需求，针对国土空间开发保护突出问题，制定国土空间开发保护战略，推动形成主体功能约束有效、科学适度有序的国土空间布局体系。

10.2.2　空间开发保护格局

1. 开发保护格局

（1）主体功能分区。落实全国国土空间规划纲要，确定国家级主体功能区，各地可结合实际，完善和细化省级主体功能区，按照主体功能定位划分政策单元，确定协调引导要求，明确管控导向；按照陆海统筹、保护优先原则，沿海县（市、区）要统筹确定一个主体功能定位。

（2）生态空间。依据重要生态系统识别结果，维持自然地貌特征，改善陆海生态系统、流域水系网络的系统性、整体性和连通性，明确生态屏障、生态廊道和生态系统保护格局；确定生态保护与修复重点区域；构建生物多样性保护网络，为珍稀动植物保留栖息地和迁徙廊道；合理预留基础设施廊道。

优先保护以自然保护地体系为主的生态空间，明确国家公园、自然保护区、自然公园等各类自然保护地布局、规模和名录。

（3）农业空间。将上位国土空间总体规划确定的耕地和永久基本农田保护任务严格落实，确保数量不减少、质量不降低、生态有改善、布局有优化。以水平衡为前提，优先保护平原地区水土光热条件好、质量等级高、集中连片的优质耕地，实施"小块并大块"，推进现代农业规模化发展；在山地丘陵地区因地制宜发展特色农业。

综合考虑不同种植结构水资源需求和现代农业发展方向，明确种植业、畜牧业、养殖业等农产品主产区，优化农业生产结构和空间布局。

按照乡村振兴战略和城乡融合要求，提出优化乡村居民点布局的总体要求，实施差别化国土空间利用政策;可对农村建设用地总量做出指标控制要求。

(4) 城镇空间。依据上位国土空间总体规划确定的建设用地规模,结合主体功能定位,综合考虑经济社会、产业发展、人口分布等因素,确定城镇体系的等级和规模结构、职能分工,提出城市群、都市圈、城镇圈等区域协调重点地区多中心、网络化、集约型、开放式的空间格局,引导大中小城市和小城镇协调发展。分别按照城镇人口规模 300 万人以下、300 万~500 万人、500 万~1 000 万人、1 000 万~2 000 万人、2 000 万人以上等层级,确定城镇空间发展策略,促进集中集聚集约发展。将建设用地规模分解至下级行政单元。针对不同的规模等级城镇,提出不同的基本公共服务配置要求,优化教育、医疗、养老等民生领域重要设施的空间布局。加强产城融合,完善产业集群布局,为战略性新兴产业预留发展空间。

(5) 网络化空间组织。以重要自然资源、历史文化资源等要素为基础、以区域综合交通和基础设施网络为骨架、以重点城镇和综合交通枢纽为节点,加强生态空间、农业空间和城镇空间的有机互动,实现人口、资源、经济等要素优化配置,促进形成网络化的国土空间。

(6) 统筹三条控制线。将生态保护红线、永久基本农田、城镇开发边界等三条控制线(以下简称为三条控制线)作为调整经济结构、规划产业发展、推进城镇化不可逾越的红线。结合生态保护红线和自然保护地评估调整、永久基本农田核实整改等工作,陆海统筹,确定三条控制线的总体格局和重点区域,明确下级行政单元划定任务,提出管控要求,将三条控制线的成果在下位国土空间规划中落地。实事求是地解决历史遗留问题,协调解决划定矛盾,做到边界不交叉、空间不重叠、功能不冲突。各类线性基础设施应尽量并线、预留廊道,做好与三条控制线的协调衔接。

2. 生态安全格局

构建区域的生态安全格局是国土空间规划中不可缺少的重要组成部分,也必将直接影响区域生态的可持续发展。区域生态安全格局概念的提出,也是国土空间规划在生态文明指导下合理调控的必然诉求。因此,区域生态安全格局构建应综合考虑土地利用优化、生态基础设施建设、生态红线划定等要求,识别"源地-廊道-节点"的组合方式,遵从以下 3 条原则。

(1) 针对性。针对区域上的主要生态环境问题,依据空间格局与生态过程相互作用的原理,以生态系统恢复和生物多样性保护为基础,提出解决措施。

(2) 系统性。综合考虑生物多样性保护、退化生态系统恢复和社会经济的可持续发展,由关注环境污染或生物资源保护等单一问题扩展到系统分析和综合研究区域生态环境问题,目的是系统解决区域性生态环境问题。

(3) 主动性。区域生态安全格局需要控制各种有害的人为干扰,还要实施很多有益的人为措施,主动干预并人工促进生态系统恢复。

3. 区域发展格局

城市与区域是与生俱来的相互依存体,城市区域化是全球化时代的普遍态势,使区域发展由单一城市推动转向群体城市推动,从而提高整体的竞争力。加强都市圈、城镇圈的引导,将有效推动邻近市、县、乡镇的联动发展。日本作为世界上较早开展国土规划并形成体系的国家,在都市圈、城镇圈格局构建方面有一定的借鉴意义。我国部分超大城市,如上海都市圈、城镇圈格局规划中也做了有益的探索。上海大都市圈空间协同规划探索主要体现在以下 3 个方面。

（1）构建多中心网络格局。完善城镇体系，优化产业布局。构建点线面有机结合、各要素相互支撑的多中心、网络化城镇格局。

（2）构建多要素协同框架。统筹区域各类要素，管控与协同并重，实现区域内各地区互联互通，要素对流。

（3）实现多层次协同发展。促进都市圈、次区域、区县、乡镇等多空间层次衔接，实现区域深度融合，扎实落实规划协同工作。

未来，培育现代化都市圈需要着重破除体制机制障碍，使政府与市场形成合力、分工协作与共建共享，实施因地施策与差异化治理。

4. 统筹地上地下空间

（1）坚持安全优先，统筹地上地下空间防灾。构建平战结合、平灾结合的地下综合防灾体系。基于物资储备、人防指挥、掩蔽、救险等相对完善的防空体系进行地下空间建设，构建地下空间主动防灾系统，统筹人防工程、地下空间兼顾人民防空、普通地下空间三者的关系，形成相互连通的地下防护体系。

加强地上地下空间的相关规划协同衔接。将地上、地下视为同一个空间，统筹地上地下资源，建立符合城市立体化建设要求的规划协同机制，根据地下空间及人防工程规划的编制特点，将地下空间和人防工程"两规合一"的规划内容贯穿于规划各层面。

（2）实施关键举措，统筹地上地下空间管理。合理开发利用地下空间，统筹地下空间之间及地下空间与地面建设管理，是优化城市空间结构和格局、促进地下空间与城市同步发展、缓解城市土地资源紧张的必要措施。统筹地上、地下空间管理的关键举措主要方面的内容：① 以管理体制为前提，全面落实主体责任，形成管理协调机构；② 以法律法规为核心，完善地下空间开发利用相关法律法规，制定地下空间专项立法；③ 以规划管理为条件，构建一体化规划体系，加强城市地下空间建设项目规划管理；④ 以信息管理为基础，建立地下空间综合信息平台，动态维护地下空间开发利用信息。

（3）立体开发利用，统筹地上地下功能布局。关注地上地下空间功能统筹，突出地下空间对城市功能体系的补充，打造横向相互连通、竖向分层安排的"立体城市"。密切衔接轨道交通站点，统筹分层复合利用、重点建设项目、规划预留接入等地上地下空间功能布局活动。

（4）完善产权体系，统筹地上地下空间权利。建设用地使用权可以在土地的地表、地上或者地下分别设立。当前我国地下空间开发仍以浅层空间为主体，是地表建筑一体化开发模式下的延伸与扩充，其产权类型划分通常受地表建筑空间形态和建造方式等影响。

完善地下空间产权体系。应明晰不同层次公私空间的开发权归属、开发强度和产权期限，控制地上地下用地关系；坚持基于分层开发体系的城市地下空间权属制度，实现由地权向空间权的思维转变。

5. 节约集约用地

贯彻"十分珍惜、合理利用土地和切实保护耕地"的基本国策，建设用地节约集约利用是指通过降低建设用地消耗、增加对土地投入，不断提高土地的利用效率和经济效益的一种开发经营模式。

"节约"与"集约"是对建设用地利用控制的两个方面,其中以节约与浪费相对。建设用地节约利用是指在开发利用土地过程中,以科学发展观为指导,以理性确定建设用地规模为前提,减少增量用地,提高用地效率,以较少土地资源消耗,创造尽可能多的经济效益的土地利用行为,主要体现在对增量土地的利用。建设用地集约利用是指在有限的土地资源前提下,尽可能提高其对建筑、人口、经济的容受力,主要体现在对存量土地的利用。城镇低效用地再开发是推动建设用地节约集约利用的重要举措。

国土空间规划的重点任务:释放空间可利用的最大潜力,确保质量型增长代替数量型增长,实现集约型增长代替粗放型增长。各地应坚持做到严格控制建设用地总量、不断优化土地利用结构和布局、推进土地存量挖潜和综合整治并推进土地节约集约利用制度的建设和完善,切实落实最严格的节约集约利用建设用地的政策措施,推动城市的高质量发展。

10.2.3　国土空间底线管控

1. "三区三线"

1)概念

三区,是指城镇空间、农业空间和生态空间。三线,是指用于界定三区的生态保护红线、永久基本农田控制线和城镇开发边界控制线。应落实最严格的生态环境保护制度、耕地保护制度和节约用地制度。三条控制线是调整经济结构、规划产业发展、推进城镇化不可逾越的红线,是夯实中华民族永续发展的基础。

2)基本原则

底线思维,保护优先。以资源环境承载能力和国土空间开发适宜性评价为基础,科学有序地统筹布局生态、农业、城镇等功能空间,强化底线约束,优先保障生态安全、粮食安全、国土安全。

多规合一,协调落实。按照统一底图、统一标准、统一规划、统一平台要求,科学划定落实三条控制线,做到不交叉、不重叠、不冲突。

统筹推进,分类管控。坚持陆海统筹、上下联动、区域协调,根据各地不同的自然资源禀赋和经济社会发展实际,针对三条控制线的不同功能,建立健全分类管控机制。

到2035年,通过加强国土空间规划实施管理,严守三条控制线,引导形成科学、适度、有序的国土空间布局体系。

3)科学划定

按照生态功能划定生态保护红线。生态保护红线是指在生态空间范围内具有特殊重要生态功能、必须强制性严格保护的区域。

按照保质保量要求划定永久基本农田。永久基本农田是为保障国家粮食安全和重要农产品供给,对耕地实施永久、特殊的保护。

按照集约适度、绿色发展要求划定城镇开发边界。城镇开发边界是在一定时期内,因城镇发展需要,可以集中进行城镇开发建设和以城镇功能为主的区域边界,涉及城市、建制镇以及各类开发区等。

4)冲突协调

统一数据基础。以目前客观的土地、海域及海岛调查数据为基础,形成统一的工作底数底图。

自上而下、上下结合实现三条控制线落地。国家明确三条控制线划定和管控原则及相关技术方法;省(自治区、直辖市)确定本行政区域内三条控制线总体格局和重点区域,提出下一级划定任务;市、县组织统一划定三条控制线和乡村建设等各类空间实体边界。跨区域划定发生冲突,由上一级政府有关部门协调解决。

协调边界矛盾。当三条控制线出现矛盾时,要确保生态功能不降低、面积不减少、性质不改变,以保证其系统性和完整性;确保永久基本农田数量不减少、质量不降低,保证适度、合理的规模;城镇开发边界不占或少占永久基本农田,并避让重要的生态功能。

2. 历史文化保护

国土空间总体规划应重点关注规划范围内的历史文化遗产空间分布,并将其纳入总体规划,成为其重要的组成部分,成为国土空间规划中土地使用方案的前提条件。

应挖掘本地历史文化资源,梳理历史文化遗产保护名录,明确和整合各级文物保护单位、历史文化名城名镇名村、历史城区、历史文化街区、传统村落、历史建筑等历史文化遗存的保护范围,统筹划定包括城市紫线在内的各类历史文化保护线。

应统筹划定、管理历史文化保护线,开展过历史文化资源评价。识别现状保护控制线划定存在的主要问题,结合保护等级保护类型、周边建设程度、周边环境类型和规划协调等因素,优化全域历史文化保护线。

应将历史文化遗产空间信息纳入国土空间基础信息平台,对历史文化遗产及其整体环境实施严格保护和管控,严格历史文化保护相关区域的用途管制和规划许可,健全"先考古、后出让"的政策机制,促进历史文化遗产活化利用。

应加强历史文化空间资源相关管理部门之间横向协调,推进全域历史文化空间要素的统筹管理。注意处理好历史文化保护线与"三线"等的冲突协调问题。

3. 安全保障

面向安全保障的控制线,包括但不限于以下内容:

(1) 面向水安全的河湖管理线和洪涝风险控制线。为保障防洪排涝系统的完整性和通达性,为洪水蓄滞和行泄划定自然空间和重大调蓄设施用地范围,包括河湖湿地、坑塘农区、绿地洼地、涝水行泄通道等,以及具备雨水蓄排功能的地下调蓄设施和隧道等预留的空间。

(2) 面向生态资源安全的公益林、基本草原、重要湿地控制线。公益林是指以保护和改善人类生存环境、维持生态平衡、保存物种资源、科学实验、森林旅游、国土保安等需要为主要经营目的的森林林地。基本草原是指重要的放牧场、割草地及其他应当划为基本草原的其他草原。重要湿地依照我国实行的湿地分级管理体系,根据生态区位、生态系统功能和生物多样性,将全国湿地划分为国家重要湿地、地方重要湿地和一般湿地。

(3) 面向矿产资源安全的重要矿产资源开发控制线。矿产资源属于国家所有,由国务院行使国家对矿产资源的所有权。国家保障矿产资源的合理开发利用,禁止任何组织或个人用任何手段侵占或者破坏矿产资源。国家保护探矿权和采矿权不受侵犯,保障矿区和勘查作业区的生产秩序、工作秩序不受影响和破坏。

4. 城市"四线"

城市"四线"是指城市"绿线、蓝线、紫线、黄线",是指对城市发展有全局影响、由规划确定、必须控制的城市控制界线,是国土空间规划刚性管控的内容。

(1)绿线。城市绿线是指城市各类绿地范围的控制线。

(2)蓝线。城市蓝线是指规划确定的江、河、湖、库、渠和湿地等城市地表水体保护和控制的边界控制线。

(3)紫线。城市紫线是指国家历史文化名城内的历史文化街区和省(区、市)人民政府公布的历史文化街区的保护范围界线,以及历史文化街区外经县级以上人民政府公布保护的历史建筑的保护范围界线。

(4)黄线。城市黄线是指对城市发展全局有影响、规划中确定的、必须控制的城市基础设施用地的控制界线。

10.3 综合交通和专项规划

都市圈级的综合交通和专项规划要求按照区域发展差异性,针对全局性的重大议题和协调矛盾突出的关键问题开展专题研究,可优先关注目标愿景、区域人口与城镇化发展、城镇体系布局、生态修复与土地整治、综合交通、区域基础设施、公共服务设施、生产力布局、自然与文化遗产、国土空间安全、绿色低碳、机制保障等方面。

省级的综合交通和专项规划要求各地可结合实际,开展国土空间开发保护重大问题研究,如土空间目标战略、城镇化趋势、开发保护格局优化、人口产业与城乡融合发展、空间利用效率和品质提升、基础设施与资源要素配置、历史文化传承和景观风貌塑造、生态保护修复和国土综合整治、规划实施机制和政策保障等。要加强水平衡研究,综合考虑水资源利用现状和需求,明确水资源开发利用上限,提出水平衡措施。量水而行,以水定城、以水定地、以水定人、以水定产,形成与水资源、水环境、水生态、水安全相匹配的国土空间布局。沿海省份应开展海洋相关专题研究。

市级的综合交通和专项规划要求加强重大专题研究可包括但不限于:① 研究人口规模、结构、分布以及人口流动等对空间供需的影响和对策;② 研究气候变化及水土资源、洪涝等自然灾害等因素对空间开发保护的影响和对策;③ 研究重大区域战略、新型城镇化、乡村振兴、科技进步、产业发展等对区域空间发展的影响和对策;④ 研究交通运输体系和信息技术对区域空间发展的影响和对策;⑤ 研究公共服务、基础设施、公共安全、风险防控等支撑保障系统的问题和对策;⑥ 研究建设用地节约集约利用和城市更新、土地整治、生态修复的空间策略;⑦ 研究自然山水和人工环境的空间特色、历史文化保护传承等空间形态和品质改善的空间对策;⑧ 研究资源枯竭、人口收缩城市振兴发展的空间策略;⑨ 综合研究规划实施保障机制和相关政策措施。

10.3.1 综合交通

城市综合交通涵盖了城市中及与城市有关的各类交通形式,通常包括城市对外交通和城市内部交通两大部分。随着我国城镇化和现代化的快速发展,城市交通系统的综合性和复杂性显著提高,需要以更为全面、综合的视角、思维和方法进行城市综合交通系统规划。

城市综合交通规划与城市用地布局密切相关,是考虑城市对外交通和城市内各类交通的系统性综合研究规划。城市综合交通规划一般从城市和区域两个层面进行,分别对市域的城市对外交通和中心城区的城市内部交通进行统筹规划,并在各层次的研究规划中处理好彼此之间的衔接关系。

1. 在城市层面,建立公共交通为主导的综合交通体系

增强公共交通对城市空间布局优化和城市功能提升的促进作用。推进公交都市建设,构建以公共交通为主体、多种交通方式互补的城市综合交通系统,提高城市各类公共交通出行的分担率。着力综合交通枢纽、公交首末站等交通设施建设,优化交通枢纽和轨道交通、地面公交的换乘衔接,提高早、晚高峰期城市地面公交的平均运营速度。搭建多层级的公共交通服务体系,优化完善公交线网及公交专用道;鼓励有条件的,构建环形加放射的轨道交通网络,将公交线网向郊区全域延伸。减少私家车出行,推广公交、慢行等绿色交通方式,发展共享交通模式。

搭建智能交通体系,完善智能交通系统。以物联网、大数据、人工智能等新技术为基础,实现智慧调度及服务、人车路协同一体、信息实时交互共享。同时,保障城市各类交通安全,提升主要道路的服务水平及通行效率。立足长远,充分考虑未来先进技术发展趋势,为自动驾驶、智能物流、出行即服务等新兴交通发展方向预留实施条件。

2. 在区域层面,推动区域交通设施互联互通的交通一体化发展

发挥区域综合交通体系对网络化布局的引领和支撑作用。交通一体化包括交通设施、交通业务和管理机制一体化,需考虑区域内交通资源统一规划、管理、组织、调配,实现区域交通系统的整体布局与优化。

在交通设施上,要打造安全、高效、便捷、绿色、智能的区域一体化综合交通网络。在交通业务上,要形成合作、高效、实时、可靠的物流网络。在管理机制上,要推动区域交通管理机制一体化,可通过立法消除一体化制度障碍,建立公平公正的市场竞争机制,优化服务体系,促进城市间的协调合作。

10.3.2　安全防灾

城市韧性是指城市系统能够凭自身的能力抵御灾害,具备响应多重威胁的能力;同时,也指其能够减轻灾害损失,并从中恢复,即将灾害对公共安全健康和经济的影响降至最低的能力,并合理地调配资源以从灾害中快速恢复。从远期来看,城市各级系统应具备从灾害事故中学习经验,提升对灾害的应急处理能力。

在国土空间规划编制专项规划中,应积极推广应用各类先进技术以打造智慧城市,赋能城市韧性,建设具备自主感知、判断、反应能力的城市。同时,各层级国土空间规划应落实上位规划的防灾设施配置要求和标准,并对规划范围内面临的主要灾害及次生灾害风险进行综合评估及风险影响评价。此外,应按照高标准、严要求进行防灾减灾基础设施布局,制订相应的应急安全防灾措施,努力降低灾后影响。

防灾减灾还应考虑气候变化可能造成的环境风险,如沿海地区海平面上升、风暴潮等自然灾害,山地丘陵地区崩塌、滑坡、泥石流等地质灾害,提出防洪排涝、抗震、防潮、人防、地质灾害防治等防治标准和规划要求,明确应对措施。对国土空间开发不适宜区域,根据治理需求提出应对措施;合理布局各类防灾抗灾救灾通道,明确综合防灾减灾重大项目布局及时序安排,并纳入重点项目表。

10.3.3 市政设施

在市政设施专项规划中,应落实上位规划对市政工程设施提出的配置要求和标准,明确配置和落实各类市政工程设施。同时,落实重大公用基础设施预研预控的相关控制要求,确定供电、给排水、燃气、环卫等公用设施的规模、数量、位置、等级及相关建设要求,明确相关安全控制要求和卫生防护距离要求。此外,应按照规划规模对使用流量及需求进行合理预测,确定各类市政工程管线的最佳管径及走向布局,实现对管线进行整体控制管理的目标。

近年来,随着我国城镇化、现代化、数字化的迅速推广和发展,在各层级国土空间规划阶段的市政工程专项规划需要注重对传统市政工程设施的数字化监测监控的提升,如5G无线网络覆盖、大型智能基础设施网络建设等。在市政设施专项规划中,应打造一体化、网络化、复合化、绿色化、智能化的基础设施体系。完善安全可靠、绿色高效的智能电网系统,构建集约高效的给排水系统、污水处理和再生水利用设施,健全安全高效、绿色低碳、智能高效、多源多向、城乡协调的燃气输配系统及供应保障体系建设,鼓励发展多种可再生能源的安全、清洁供热体系;构建与人工智能、大数据、物联网不断融合的信息传输通道与智慧基础设施,建设现代化、集约化、综合化程度高的科学综合管廊体系等。

10.3.4 住房

在住房专项规划中,应提供可负担、可持续、差异化的城市住房保障,保障市民住房需求和家园品质,主要从以下几个方面展开。

(1)统筹平衡,优化居住用地空间布局。坚持"房子是用来住的、不是用来炒的"的定位。根据人口分布的趋势与规律,合理调整居住用地的空间布局,增加新城、核心镇和中心镇住宅用地的供应规模。确定合理的职住目标,设定合理的居住人口密度区间,统筹居住和就业,促进职住均衡。

(2)租购并举,完善住房供应制度体系。面向未来城市发展需求,适应人口结构老龄化、少子化及人口流动性增强的特征,完善商品住房、共有产权住房、租赁住房、保障型住房等多种类型并存的住房供应体系,加快建立多主体供给、多渠道保障、租购并举的住房制度,为城乡居民提供可负担、可持续的住房供应体系。

(3)因城施策,科学推进政策性住房建设。综合分析未来人口增长趋势、居民收入和住房支付能力,合理确定政策性住房的供应比例和供应结构。综合产业与就业分布、公共服务设施布局、居民自身特征等因素,对政策性住房进行合理选址,避免由于选址偏僻、集中布局引发居住隔离、社会分化等问题。落实政策性住房用地要求和配置标准,保障性住房应优先配置在轨道交通和公交站点服务半径范围内。

(4)以人为本,建立公共服务设施配置标准。在住宅用地选址中应考虑全民可达、使用方便的基本公共服务体系的配套,包括但不限于教育、卫生、医疗、文化、养老、体育等。同时,应构建包括用地高效、环境宜居、交通便利、基础设施无障碍等层面的具体规划设计要求。

10.3.5 公共服务

在公共服务专项规划中,应努力提升基础设施和公共服务,形成公平共享、弹性包容的基本公共服务体系,打造宜居的社区生活圈。主要从以下几个方面展开。

（1）提高城乡基本公共服务均等化水平。根据人口转移趋势和年龄结构变化的特点,结合城镇村体系布局,分片区完善城乡教育、医疗、文化、体育、社会保障等基本公共服务设施配套补齐农村基本公共服务短板。以城镇圈为依托,促进交通可达范围内服务共享,推动城市公共服务、基础设施向农村延伸、辐射,缩小城乡基本公共服务差距,实现城乡公共服务设施资源统筹发展。

（2）建设老年友好型城市。加强养老设施建设构建无障碍的公共活动网络。探索多龄化融合的新型混合社区模式,建设有安全感、归属感的社区,加快建立居家养老、社会养老和机构养老相结合的服务体系。

（3）建设儿童友好型城市。以儿童真实需求和行为特征为基础,依托社区、城市公园和郊野公园,系统地构建儿童友好的空间体系和活动圈层,营造活力友善的社区交往空间,提供多样化、友善型的儿童公共服务设施建设安全的步行环境和趣味化的街道空间。

（4）建设年轻人向往的城市。适应年轻人的行为模式与职业发展需求,配置高品质的公共服务设施,打造便利化、开放式的创新创业空间,提供共享图书、在线求职、学术交流、创业指导等服务和设施。

（5）建设"五宜"的社区生活圈。在一定的空间范围内,解决人民群众各类生活需求,实现"宜居、宜业、宜学、宜游、宜养"。融合居住、就业环境,构建涵盖生产、生活、生态的城乡基本生活和发展单元。同时,社区生活圈内的各类公共空间设施配套,应同时满足社区自足性和共享性的要求,提高设施的可达性、共享性和利用效率。

10.4　文化保护和风貌塑造

2013 年 12 月,中央城镇化工作会议中提出:"发展有历史记忆、地域特色、民族特点的美丽城镇,不能千城一面、万楼一貌"。2015 年 12 月,中央城市工作会议中提出:"要加强对城市的空间立体性、平面协调性、风貌整体性、文脉延续性等方面的规划和管控,留住城市特有的地域环境、文化特色、建筑风格等'基因'。"

在国土空间总体规划编制中应注重自然生态和文化保护的相互促进。在气候变化成为全球共同面对的重要议题下,国际遗产领域在文化与自然的互相促进方面已经付出多年努力。在我国的传统文化和哲学中,自然与文化之间本就是相互作用与影响的关系,人与自然须和谐共处。在国土空间规划中,应继承这一传统,而不应有所偏废,须使自然生态保护与文化遗产保护相互促进。

在国土空间总体规划编制中,应注重塑造历史传承与时代创新交融的城市景观风貌。城市景观风貌是城市物质形态和社会经济文化特征的集中体现。城市景观风貌规划是以提升城市品质和创造城市特色为目的,以系统优化的城市设计方法,以城市空间、建筑与景观环境设计的美学法则,对影响城市风貌的构成要素进行有远见的整体的规划设计。通过城市景观风貌的规划和塑造,有力支撑城市建设,提升城市竞争力。

城市景观风貌规划的主要内容如下:
（1）确定城市风貌发展的总体目标;
（2）划定景观风貌分区;

（3）规划景观风貌格局，主要包含景观轴线和主要景观核心、节点；

（4）根据重要景观轴线塑造视线通廊；

（5）提出城市色彩控制和引导策略；

（6）提出相应的景观风貌管控要求。

10.5　国土整治修复和城市更新

10.5.1　生态空间的整治与修复

落实上位规划确定的生态修复和国土综合整治的重点区域、重大工程。按照自然恢复为主、人工修复为辅的原则，以国土空间开发保护格局为依据，针对生态功能退化、生物多样性降低、用地效率低下、国土空间品质不高等问题区域，将生态单元作为修复和整治范围，按照保障安全、突出生态功能、兼顾景观功能的优先次序，结合山水林田湖草系统修复、国土综合整治、矿山生态修复和海洋生态修复等类型，提出修复和整治目标、重点区域、重大工程。

针对生态修复和国土综合整治重点区域和重大工程，应在一定时间、区域和投资范围内，为维护生态安全、促进生态系统良性循环、提高国土空间开发利用的效率和质量，对空间格局失衡、资源利用低效、生态功能退化、生态系统受损的重点区域，进行系统修复或综合整治的活动。依据规划目标和任务，按照工程分布相对集中、整治类型相对综合、基础条件相对较好、综合效益相对较强的原则，对工程目标、建设内容、投资估算、预期效益等提出科学安排和合理布置。

山水林田湖草系统修复。针对生态系统功能整体不强、生态破坏严重、生态屏障脆弱等问题，结合各区域的生态系统特征和国家重大战略要求，提出生态保护和修复重大行动重点区域，分析区域内的经济、产业、人口、发展方向和生态现状，统筹山水林田湖草各生态要素，整体谋划荒漠化防治、天然林资源保护、草原和湿地资源保护修复、防护林体系建设、矿山生态修复、水土保持、海洋生态修复等时序安排，筑牢国家生态安全屏障。

矿山生态修复。针对矿产资源开发造成地灾隐患、占用和损毁土地、生态破坏等问题，通过预防控制和综合整治措施，使矿山地质环境达到稳定、损毁的土地达到可供利用状态以及生态功能恢复的活动。

海洋生态修复。针对开发活动造成滨海湿地大面积减少、自然岸线锐减等典型的海洋生态系统受损、退化等问题，通过开展整治和修复，逐步恢复遭到破坏的海洋生态系统的结构和功能，提高海洋生物多样性，促进海洋生态安全屏障建设。

10.5.2　农业空间的整治与修复

农业空间的整治和修复应严格落实上位国土空间总体规划确定的耕地和永久基本农田保护任务。以水平衡为前提，优先保护平原地区水土光热条件好、质量等级高、集中连片的优质耕地，实施"小块并大块"，推进现代农业规模化发展；在山地丘陵地区因地制宜发展特色农业。同时，应综合考虑不同种植结构水资源需求和现代农业发展方向，明确种植业、畜牧业、养殖业等农产品主产区，优化农业生产结构和空间布局。此外，应突出耕地、牧草地等重要土地的生态功能,保持乡村自然风光,开展乡村全域土地综合整治。另外,对重点生态功能区应进行退耕还林等措施,提高退化土地生态功能,实现乡村国土空间格局优化,进行环境优美、生态宜居的农村及乡镇建设。

应按照乡村振兴战略和城乡融合的要求,提出优化乡村居民点布局的总体要求,实施差别化国土空间利用政策;可对农村建设用地总量做出指标控制要求。

10.5.3　城镇空间的整治与修复

依据上位国土空间总体规划确定的建设用地规模,结合主体功能定位,综合考虑经济社会、产业发展、人口分布等因素,确定城镇体系的等级和规模结构、职能分工,提出城市群、都市圈、城镇圈等区域协调重点地区多中心、网络化、集约型、开放式的空间格局,引导大中小城市和小城镇协调发展。按照城镇人口规模 300 万人以下、300 万~500 万人、500 万~1 000 万人、1 000 万~2 000 万人、2 000 万人以上等层级,分别确定城镇空间发展策略,促进集中集聚集约发展,完善公共服务配置。针对国土空间利用效率不高、城市病日益凸显等问题,开展低效用地再开发和人居环境综合整治,提高建设用地效率和品质,改善和提升人居环境。

10.5.4　城市更新

在《中共中央关于制定国民经济和社会发展第十四个五年规划和 2035 年远景目标的建议》中,明确提出了"实施城市更新行动,推进城市生态修复、功能完善工程,统筹城市规划、建设、管理,合理确定城市规模、人口密度、空间结构,促进大中小城市和小城镇协调发展。"

城市更新不是简单的拆建,而是对不适应现代化城市社会生活的地区进行必要的、有计划的改建活动。其核心是产业结构升级与城市的发展进化,其内涵已扩展到城市结构、功能体系及产业结构的更新和升级等多方面内容。通过城市更新的手段以完善城市功能,优化产业结构,改善人居环境,推进土地、能源、资源的节约集约利用,从而促进城市健康可持续发展。

自 20 世纪 50 年代以来,西方发达国家的城市更新依次经历了"城市重建(urban reconstruction)、城市振兴(urban revitalization)、城市更新(urban renewal)、城市再开发(urban rcdevelopment)、城市再生(urban regeneration)和城市复兴(urban renaissance)"等 6 个阶段。

在我国的具体实践中,北京、上海、广州、深圳等城市针对各自的具体情况,采取了不同的存量规划和城市更新策略。《北京城市总体规划(2016—2035 年)》指出,坚守建设用地规模底线,实现建设用地比现状规模的绝对减量。《上海市城市总体规划(2017—2035 年)》中,要求严守用地底线,实现建设用地零增长甚至负增长。广州城市更新遵循政府主导、市场运作,统筹规划、节约集约,利益共享、公平公开的原则,通过制定城市更新"1+1+N"政策以完善各类标准,明确政府管理深度,充分调动土地权属人和市场主体参与改造的积极性。深圳则通过法规明确城市更新应负担的公共成本,由地方政府、村集体和市场协作共同实施。通过细化的政策工具,规范城市更新的过程及收益分配的比例。总体而言,"存量规划"乃至"减量规划"将成为未来中国城市发展的主流趋势,在这一发展背景的转换过程中,匹配存量规划时代的城市更新体制机制创新显得十分重要。

10.6 成果表达

10.6.1 成果构成

规划成果应包括规划文本、附表、图件、说明和专题研究报告，以及基于国土空间基础信息平台的国土空间规划"一张图"等。

以上海市新市镇总体规划暨土地利用总体规划编制技术要求和成果规范为例，规划成果包括法定文件、技术文件、管控数据文件。

1. 法定文件

法定文件包括文本、表格、图集、图则。其中，文本为包含规划与分析内容、图文混排的综合报告；表格包括《土地使用结构调整表》和《城镇综合发展指标表》；图集包括《土地使用规划图》《四线管控图》《公共服务与基础设施规划图》；图则为各单元规划图则、近期重点公共基础设施专项控制性详细规划图则以及原控制性详细规划图则。

2. 技术文件

技术文件是制作法定文件的基础性文件，是规划管理部门执行规划的参考文件。技术文件包括实施评估报告和编制说明，有需要的镇还可以针对重点问题编制专题研究报告。

实施评估报告应在现状调查的基础上，总结现行新市镇总体规划和土地利用总体规划的实施情况，分析现状存在的问题，提出规划策略。

专题研究报告应根据各镇实际情况确定研究内容，由规划审批部门和组织编制部门在规划设计任务书阶段共同确定。如历史文化名镇应编制历史文化名镇保护专题研究报告。

部分国土空间总体规划需要编制双评价报告，双评价报告应重点说明评价方法及过程、评价区域资源环境优势及短板、问题风险和潜力，对国土空间格局、主体功能定位、三条控制线、规划主要指标分解方案等提出建议。同时，按照国土空间规划相关数据标准和汇交要求，形成评价成果数据集，随土地空间规划成果一并上报入库。

编制说明应梳理规划编制过程，重点整理专家、公众、部门、人大等意见的听取和采纳情况。

3. 管控数据文件

管控数据文件应按照国土空间规划数据标准要求编制，数据的内容应与法定文件和技术文件保持一致。

10.6.2 图纸要求

1. 图件种类

市级国土空间总体规划的图件包括调查型图件、管控型图件和示意型图件三类。此外，各地可根据实际需要增加其他图件。

（1）调查型图件5张（类）。包括市域国土空间用地用海现状图、中心城区国土空间用地用海现状图、市域自然保护地分布图、市域历史文化遗存分布图、市域自然灾害风险分布图。

（2）管控型图件 20 张（类）。包括市域国土空间控制线规划图、市域生态系统保护规划图、市域农（牧）业空间规划图、市域历史文化保护规划图、市域综合交通规划图、市域基础设施规划图、市域国土空间规划分区图、市域生态修复和综合整治规划图、市域矿产资源规划图、中心城区土地使用规划图、中心城区国土空间规划分区图、中心城区开发强度分区规划图、中心城区控制线规划图、中心城区绿地系统和开敞空间规划图、中心城区公共服务设施体系规划图、中心城区历史文化保护规划图、中心城区道路交通规划图、中心城区市政基础设施规划图、中心城区综合防灾减灾规划图、中心城区地下空间规划图。

（3）示意型图件 5 张（类）。包括市域主体功能分区图、市域国土空间总体格局规划图、市域城镇体系规划图、市域城乡生活圈和公共服务设施规划图、中心城区城市更新规划图。

2. 比例尺

正式图件的平面坐标系统采用"2000 国家大地坐标系"，高程基准面采用"1985 国家高程基准"，投影系统采用"高斯—克吕格"投影，分带采用"国家标准分带"。

市级国土空间总体规划中，市域图件挂图的比例尺一般为 1∶10 万，如辖区面积过大或过小，可适当调整。中心城区图件挂图的比例尺一般为 1∶1 万到 1∶2.5 万；中心城区规划控制范围较大的，图件比例尺可缩小至 1∶5 万或根据情况做进一步调整。

3. 图纸合并与拆分

同种专题或不同专题内容的现状图件和规划图件，在不影响内容识别的前提下，可合并绘制。综合交通、市政基础设施、综合防灾减灾规划等图件，可根据实际需要按不同专题内容拆分绘制。

4. 基础地理要素

所有图件应包括以下基础地理要素。

（1）行政界线，制图区域内表达到区（县）或乡（镇）行政界线，制图区域外表达到省、市或区（县）行政界线。边境城市应注明国境线。

（2）政府驻地，制图区域内表达到区（县）或乡（镇）级政府驻地，制图区域外表达到省、市或区（县）级政府驻地。

（3）高程特征点，包括制图区域内重要的山脉、山峰、山隘等，宜标注名称和高程值。

（4）等高线和等深线。高程、高差对国土空间有较大影响的地区可添加等高线，水底地势对国土空间有影响的地区可添加等深线。

（5）其他地物，根据区域情况可选择表达水系、海岸线等其他重要地物，图式可参考地形图相关规范予以表达。

10.6.3　典型案例

1. 省级与区域国土空间规划案例：河南省

在《中共中央、国务院关于建立国土空间规划体系并监督实施的若干意见》出台之后，河南省于 2020 年 4 月 11 日发布了实施意见，明确河南省国土空间规划是对全国国土空间规划的落实，是对全省国土空间保护、开发、利用、修复的总体安排，是编制省级相关专项规划、市县国土空间总体规划的依据和基础。

要全面落实国家和全省重大发展战略要求,科学确定全省国土空间发展定位和开发保护目标;统筹全省生产、生活、生态空间布局和三条控制线总体格局;优化主体功能区划分,发挥各地比较优势,增强郑州大都市区、洛阳都市圈(后合并整合为郑州都市圈)等重点地区和城市的经济、人口承载能力,优化全省人口和城镇空间布局;保障生态屏障、生态廊道、自然保护地和区域开敞空间,优化生态系统保护格局;完善交通、水利等基础设施和公共服务设施布局,构建均等化的城乡基本公共服务体系;提出省级相关专项规划、市县国土空间保护、开发、利用和修复的约束性指标和刚性管控要求。省国土空间规划由省政府组织编制,由省自然资源厅牵头,会同有关部门做好具体工作。

河南省国土空间规划编制内容按照"问题、目标、战略、空间格局、支撑体系、治理体系"六部分进行组织,并以"问题—目标—战略"为逻辑主线,贯穿落实在空间格局、支撑体系和治理体系内容当中。

1) 落实国家战略

河南省国土空间规划落实国家主体功能区战略,保障国家粮食生产安全、生态本底安全和资源保障安全,深入推进黄河流域生态保护和高质量发展国家重大战略和中部地区崛起区域协调发展战略。

2) 生态空间格局

河南省空间总体规划锚固了省域生态安全格局,构建"一带、三屏、四廊、多点"的生态空间格局(见图 10 - 5)。"一带"为黄河流域生态保护核心轴带。"三屏"为太行山、伏牛山、桐柏山-大别山三大生态屏障。"四廊"为淮河、南水北调中线水源地及干渠沿线、隋唐大运河及明清黄河故道、沙颍河共 4 个生态保育廊道。"多点"为豫西山丘区、太行山区、南阳盆地区、黄海平原区、豫东平原区、淮河平原区等以自然保护地为基础的生态节点。

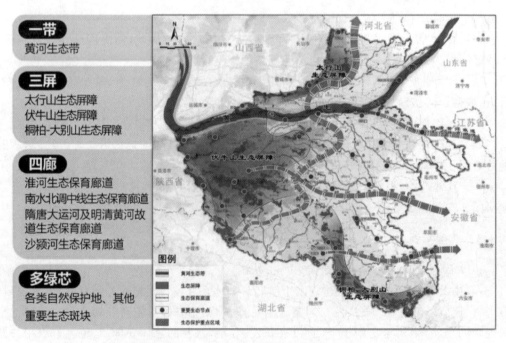

图 10 - 5　河南省国土空间保护总体格局图

3）国土空间格局

规划提出"一核、一圈、四极、多节点"的河南省国土空间总体格局,如图 10 - 6 所示。

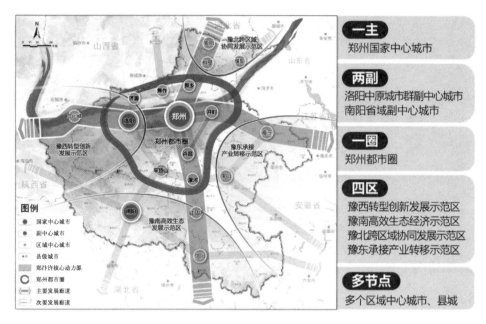

图 10 - 6　河南省国土空间开发总体格局图

4）历史文化保护

强化历史文化保护空间格局。以古都、名城、大遗址,黄河、运河、文化带等历史文化空间为核心载体,构建"一主一副三重点、一轴一带四廊道"的历史文化保护空间格局,建立全省层面"点＋线＋面"保护与传承的空间体系,系统保护各类历史文化资源(见图 10 - 7)。

5）公共服务设施

分区施策,以公共服务设施引导与支撑城乡相融合。邻近城市的郊野地区须与城市融合配置公共设施,使标准趋同,体系联通,空间统筹,设施共享。结合城镇体系,明确各类公共服务设施的配置层级。建设分布式公共服务设施,实现兜底保障。构建高品质社区生活圈,城镇社区构建 15 分钟及 5～10 分钟两个社区生活圈层级。

规划公示稿主要分为 4 个章节:① 我们的河南,介绍了基本省情及规划编制背景;② 新起点新未来,阐述了河南省的机遇与挑战、规划目标、规划战略和空间格局;③ 魅力河南出彩中原,介绍生态、农业、城镇、乡村振兴、历史文化、基础设施等方面的战略举措;④ 共同行动,对规划实施和治理体系进行简要说明。

2. 市县级国土空间规划案例:山东省济南市

济南市国土空间总体规划根据济南市的发展特点,采用"市县互动,同步编制"的模式。构建三级三类规划体系,建立"市-区县-街镇"同步编制机制。强化部门协同、区县同步,一体化推进"多规合一"。国土空间规划及各类专项规划编制工作,以"三调"为统一底板,协作形成规划"一张图";市、县两级规划形成两份规划成果,对应不同的事权,形成不同的规划深度。确立"问题导向＋目标导向＋操作导向"的总体技术框架;形成"战略引导—格局优化—系统支撑—中心提升—实施保障"的文本成果框架。

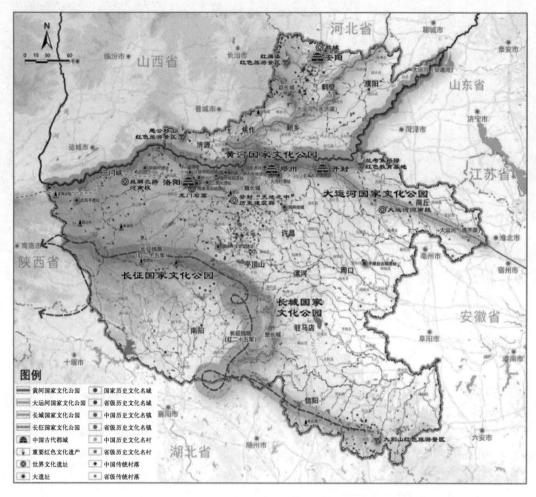

图 10-7 河南省文化遗产和自然遗产整体保护空间体系图

1）保护与传承济南"泉韵名城"文化基因

提出构建彰显泉城特色"一核、两带、五廊、多片"的历史文化保护格局，将济南市建设成为"山河秀美、泉溪间流，山、泉、湖、河、城一体共融"的特色泉城。为展现泉城文化特色，开放泉区，构建泉道系统。在政策管控中增加山体保护控制线与济南特有的保泉生态控制线，同时根据国家要求划定洪涝风险控制线。图 10-8 所示为济南市域国土空间格局规划图。

2）多城联动

提出推进济南"三个圈层"建设，打造区域协同发展新格局。济南大都市同城圈（50 km）内推动 1 小时通勤，促进区域一体化发展。省会经济协作圈（100 km）内以济南为核心，协同周边城市形成区域产业分工协作，生态环境共保共治，基础设施互联互通，区域文化交流互鉴。泛山东半岛城市群辐射圈（200 km）形成 1 日生活圈，实现中心城市对周边城市的辐射，重大交通枢纽区域共享。

3）住房需求

提出根据人群结构与需求，打造 5 类差异化社区生活圈，促进基本公共服务均等化、

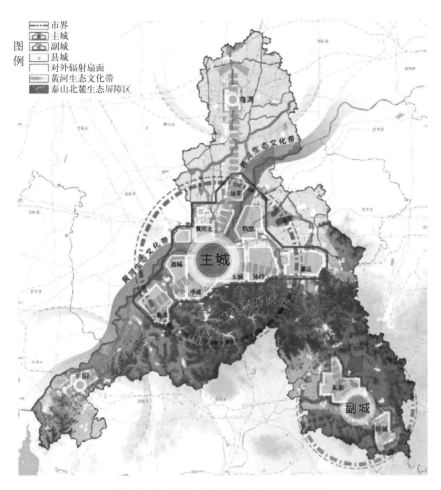

图 10 - 8　济南市域国土空间格局规划图

普惠化、便捷化。

4）综合交通

强化设施网络支撑，实现绿色畅达交通。对接国家六大经济走廊，构建济南国际性综合交通枢纽城市"九向"辐射格局，形成"一轴二廊三通道"6 条综合运输大通道。建设"轨道上的都市圈"，支撑市域大尺度、多方向的发展格局。优化公路交通网络，构建"二环一联十六射"高快速路系统。以快速交通廊道引导空间布局，完善空间组织（见图 10 - 9）。

5）市政公用设施

建设新型基础设施，推进绿色低碳发展。建设数字济南，推进 5G、数据中心等新型基础设施建设，推动工业互联网、大数据、物联网等数字经济与实体经济深度融合，推进数字产业化和产业数字化。优化水资源利用，保障水资源供给。优化能源结构，构建多能互补、互联互通、协同供应的能源供应体系。重视污染物治理。严格管控污染物排放，持续改善环境质量。

6）城市安全韧性

识别重大安全挑战，韧性应对城市风险，营造韧性安全空间。构筑城市安全体系，增

图例
- ◉ 机场/通用机场
- ▣ 铁路客/货运站
- ▤ 港口码头
- ▦ 高速(城际)铁路
- ▦ 普速铁路
- ▭ 高速公路

图 10 - 9　济南市域交通规划图

强济南城市抗冲击能力,实现小灾无损、大灾能防、巨灾可控。构建城市安全空间体系,建立"一心四区"的安全区划空间格局。

规划成果包括 1 套主体成果、4 个操作文件及 1 个管理平台在内的"1+4+1"成果体系。主体成果包括报国务院审批的报审版、服务地方政府管理的地方版,以及面向社会大众的公众版。操作文件分为指导及约束区县级总体规划的区县指引、指导及约束各部门专项规划的专项指引、指引乡村地区的规划编制与管理的乡村指引和支撑目标分布落实的行动指引。管理平台为面向全域建设控制的信息平台,衔接多层数据库,面向不同主体形成接口。

3. 乡镇级国土空间规划案例:上海市江桥镇

乡镇级国土空间总体规划是对国土空间的保护、开发、利用、修复做出总体部署与统筹安排,是对省级、市级、县级国土空间总体规划和相关专项规划的深化落实,是编制详细规划以及实施国土空间规划用途管制的重要依据。

江桥镇地处上海市西北近郊,紧邻中心城区,于嘉定、普陀、长宁三区交汇处,是嘉定区最为南端的城镇,作为沪宁交通设施走廊上的节点城镇,素有"西堂门户、沪宁第一镇"之美誉。由于长期受到区域交通设施、中心城外溢功能的影响,江桥一直以来面临人口集聚、产业集聚、生态薄弱、设施滞后的发展瓶颈。在面向 2040 发展新理念的引导下,江桥镇通过总体规划的编制建立城镇发展新方向。

（1）空间发展总体目标:发展成为沪宁城镇发展带上的综合性节点城镇;发展成为北虹桥生产性服务业集聚区;发展成为吴淞江沿线重要的生态景观节点。

（2）空间结构:"一带三心四轴"。"一带",吴淞江特色风貌带;"三心",地级区公共服务中心(金宝综合服务中心、曹安路综合服务中心、北虹桥商业服务中心);"四轴",城市发展轴(曹安公路发展主轴、嘉闵高架发展主轴、金运路发展轴、金沙江西路发展轴)。

（3）功能布局:江桥城市开发边界内以城镇功能为主,分为 8 个功能社区(片区),分别是北虹桥商务社区、金虹产业社区、北虹桥居住社区、老镇居住社区、封浜居住社区、北虹之星居住社区、北部居住社区、物流园区、生态片区(见图 10 - 10)。

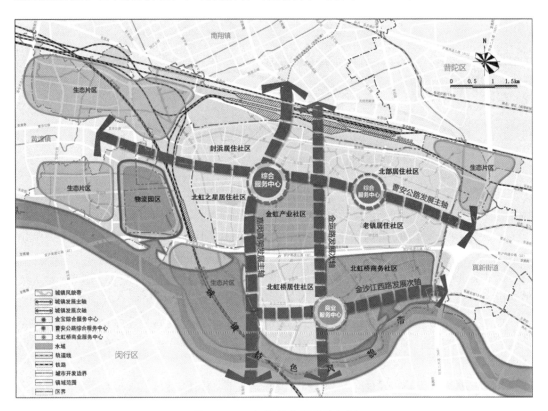

图 10 - 10　江桥镇空间结构规划

（4）耕地与基本农田保护:按照上位规划,2040 年江桥规划耕地保有量为 624 hm²。江桥作为上海市最靠近中心城的新市镇,农业生产功能将逐步退化,农业生产功能将向生态功能转变。规划以保护基本农田为主,以现有生态林和水体景观资源为依托,突出农林苗圃、生态防护林的景观和生态保育功能,改善区域生态环境、塑造城镇景观新形象(见图 10 - 11)。

（5）生态保护红线:在江桥镇域内对生态红线二级保护区精确落地,包括外环绿带、

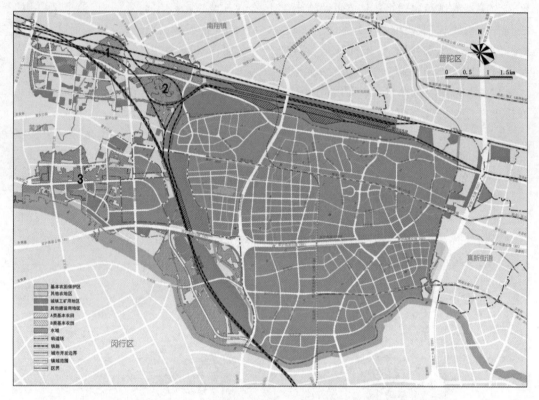

图 10-11　江桥镇基本农田和建设用地管制图

生态间隔带、近郊绿环、生态走廊。通过对生态红线二级保护区内建设用地减量化增加农林复合用地面积,至 2040 年,江桥镇森林覆盖率提升 9.7%,达到 25%。

(6) 文化保护线:桥镇内划定文化保护红线,面积共计 120 hm²。其中文物保护单位面积 3.1 hm²,文化设施面积 15.9 hm²,自然文化风貌区面积 101 hm²。

(7) 公共服务设施:规划以"区域级-镇级-社区级"三级体系进行配置。其中,社区级设施以 15 分钟生活圈形成的社区单元为配置依据,基本实现社区单元公共服务半径全覆盖。规划公共服务设施用地面积共计 135.2 hm²,主要包括行政办公设施、文化设施、体育设施、医疗卫生设施、基础教育设施、其他社会服务设施 6 类,另外还包括现状文物古迹设施用地 3.1 hm²。

(8) 市政基础设施:规划包括电力工程、邮政工程、燃气工程、给水工程、雨水工程、污水工程、环卫工程等多种市政基础设施。

(9) 综合防灾:规划新增 1 座一级普通消防站和 1 个民防救护站。对现有消防供水管网进行改造,按标准增设消防栓,对新建路段严格执行消防栓的设计标准。加强对现有河道的综合治理,截弯取直,部分河段拓宽、疏淤,形成完善的防洪排涝体系。规划建设人防设施面积约 17 万平方米。工程抗震设防烈度为七度,重点工程、城市生命线工程、学校、医院按规定提高设防标准。结合城市绿地、公园、学校操场、广场设置Ⅲ类应急避难场所。规划将嘉闵高速、临洮路、曹安公路和金昌路作为疏散主通道。

(10) 住房保障:根据 2040 年江桥镇镇域常住人口规模 28.76 万人的预测值,规划江桥镇居住用地总量控制在 675 hm² 以内,住宅建筑总面积控制在 1250 万平方米以内,住宅总套数达到 12.6 万套,套均面积 100 m²,人均居住用地面积达到 23.5 m²,人均住宅建筑面积达到 43.5 m²。图 10-12 所示为江桥镇土地使用规划。

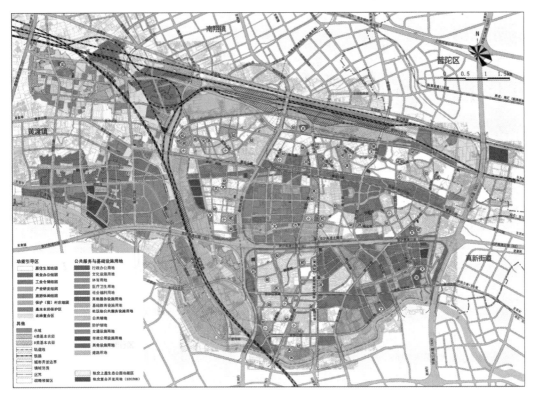

图 10-12　江桥镇土地使用规划

思 考 题

1. 国土空间规划如何平衡经济发展和生态环境保护的需求?请分析具体方法和实例,并说明如何在规划中实现平衡。
2. 国土空间规划如何应对城镇化和人口增长的挑战?请分析城镇化对土地利用和资源分配的影响,并提出相应的规划策略。
3. 在国土空间规划的制定中,公众参与和民主决策有何重要性?
4. 在国土空间规划中,如何处理历史文化遗产保护与现代化发展之间的冲突?
5. 国土空间规划的可持续性是什么意思?如何实现?

第 11 章　控制性详细规划

11.1　控制性详细规划的发展历程

11.1.1　我国控制性详细规划诞生的背景

在传统的计划模式下,规划被认为是"国民经济发展计划的继续和具体化"。改革开放初期,规划的作用仍体现在物质性设计层面,即城市总体规划是城市发展的总图,详细规划则是对建设项目的规划设计,为建筑及各项工程设计提供依据。1980 年出台的《城市规划编制审批暂行办法》中指出,"详细规划是总体规划的深化和具体化"。1984 年国务院颁发了《城市规划条例》,首次以行政立法创设了"城市总体规划"和"城市详细规划"编制,并规定详细规划应当对"新建或改建地段的各项建设做出具体布置和安排,作为修建设计的依据"。与规划编制平行的是各种规划建设标准,如 1980 年颁发的《城市规划定额指标暂行规定》对居住区详细规划定额指标做了具体规定。

随着改革开放的逐步推进,详细规划的既有工作基础和前提条件发生了深刻的变化。因经济发展和管理体制改革,当时一些已编制完成的总体规划难以作为详细规划编制的依据。同时,在开发区建设及土地出让等新情势面前,以"摆房子"为重头的详细规划难以适应管理需求。在改革的大势下,地方政府和规划界都意识到了规划范式及思维方法亟须变革。

11.1.2　发展历程

20 世纪 80 年代,我国引入了控制性详细规划(以下简称控规)的概念和方法,并在部分城市进行试点。此时的控规主要是对土地利用性质、建筑密度、容积率等经济类指标进行控制,通过对地块的控制性要求,引导城市开发建设。在 1986 年 8 月的全国城市规划设计经验交流会上,编制单位详细介绍了上海虹桥开发区规划的核心理念和实施过程,强调了将地区划分为若干个地块的重要性,并为每个地块制订了八项重要的控制指标。通过这种方法,上海虹桥开发区的规划既增强了地区开发的战略性和整体性,又为具体项目的实施提供了清晰和具体的指导。此外,该规划的编制初衷也反映了当时我国城市化快速发展的需求,旨在吸引更多的投资者和企业到各类城市开发区,推动城市经济的发展和繁荣。同时,通过土地出让的方式,政府可以有效地管理和控制城市开发进程,确保城市有序和可持续发展。这次经验交流会对我国的城市规划产生了深远的影响。上海虹桥开发区的规划被广泛认为是控规的起源,为我国的城市规划设计提供了新的思路和方法。

进入 20 世纪 90 年代,随着城市化进程的加速,城市规划管理面临越来越多的挑战。城市用地和农村宅基地过度扩张,同时存在大量的闲置土地等问题,严重影响了土地资源合理利用,而控规可以控制土地利用总量,调整城市空间结构,推动城市用地合理布局,为城市规划管理提供更加具体的指导。因此,控规的范围逐渐扩大到全国各个城市和地区,同时控规的内容和指标也逐渐丰富和完善。《城市规划编制办法》(自 1991 年 10 月 1 日起实施)。《中共中央国务院关于建立国土空间规划体系并监督实施的若干意见》颁布后,2020 年 9 月自然资源部研究制定了《市级国土空间总体规划编制指南(试行)》。《城市规划编制办法》第 21 条首次明确了控规的名称,并规定了控规的指标体系。经济指标包括四类:土地利用性质及其面积、建筑高度、建筑密度和容积率;技术指标包括:绿地率、交通出入口方位、停车泊位、建筑后退红线距离、建筑间距、建筑体积、建筑形式、建筑色彩等。2006 年,建设部对《城市规划编制办法》(2006 年 4 月施行版),新增加公共设施配套、地下空间、交通需求分析等内容。这一方面是为了适应时代发展的需要,另一方面也弥补了 1991 版《城市规划编制办法》对公共利益关注不足的短板。

　　2010 年以后,我国控规制度进一步得到完善和强化。政府提出了"城市总体规划先行、控制性详细规划跟进"的发展思路在地方城市政府普遍实行,控规编制与城市总体规划更加紧密地结合起来,形成了统一的规划体系。在推进城镇化、推动城市可持续发展的过程中,我国进一步加强了控制性详细规划制度的落实和执行力度,强调了生态环境保护和资源节约利用,提高了城市土地利用的科学性和合理性。有效遏制了建设用地无序扩张、土地浪费等不良现象。在未来,我国将继续加强详细规划制度的创新和完善,结合科技手段进一步提高规划的精准性和科学性,为新型城镇化进程提供更加有效的管理和规划支撑。

11.1.3　国土空间规划体系改革后的详细规划

　　各级各类空间规划在支撑城镇化快速发展、促进国土空间合理利用和有效保护方面发挥了积极作用,但也存在规划类型过多、内容重叠冲突,审批流程复杂、周期过长,地方规划朝令夕改等问题。中国共产党十九届三中全会后,为建立全国统一、责权清晰、科学高效的国土空间规划体系,强化国土空间规划对各专项规划的指导约束作用,我国开始了国土空间规划体系改革,推进"多规合一"。

　　根据《中共中央　国务院关于建立国土空间规划体系并监督实施的若干意见》(文号以下简称为《若干意见》),国家、省、市、县编制国土空间总体规划,各地结合实际编制乡镇国土空间规划。国土空间总体规划是详细规划的依据,是相关专项规划的基础。

11.2　控制性详细规划的基本概念

11.2.1　控规定义

　　控制性详细规划是城市、县人民政府自然资源和城乡规划主管部门根据城市、县国土空间总体规划的要求,用以控制建设用地性质、使用强度和空间环境的规划。控规属于城市规划、镇规划的详细规划中的一种,市区详细规划编制完成后由本级人民政府批准,镇区详细规划编制完成后由上级人民政府批准,指导自然资源和城乡规划主管部门做出规划行政许可。按照《中华人民共和国城乡规划法》(以下简称为《城乡规划法》),

城市规划、镇规划分为总体规划和详细规划。详细规划分为控制性详细规划和修建性详细规划。

根据《若干意见》,详细规划是对具体地块用途和开发建设强度等做出实施性安排,是开展国土空间开发保护活动、实施国土空间用途管制、核发城乡建设项目规划许可、进行各项建设等的法定依据。此处的详细规划包括原来意义的控规,以及村庄规划。村庄规划也属于详细规划中的一种。

11.2.2 法定地位

在我国,控制性详细规划从属于法定规划的范畴,而非法律。它是自然资源和城乡规划主管部门进行规划行政许可和规划管理的重要依据,也是指导修建性详细规划编制的基础。一旦控制性详细规划得到批准,就具有法定的约束力,任何单位和个人都必须严格执行,不得随意修改或违规变更,以确保规划的严肃性和权威性。

深圳于 1998 年启动第一批法定图则编制,至 2012 年实现规划建设用地全覆盖。与其他地方的控制性详细规划制度相比,其不同之处在于通过法定程序把控规的指令性内容转化为地方性法规,提高了控制内容的法定地位。然而,由于深圳有相对独立的立法权,并有独特的管理体制,使适用于深圳的法定图则做法很难在全国推广,在实践中也面临种种挑战,但总体上,深圳的法定图则制度可以成为详细规划的一次具有积极意义的变革。

根据《自然资源部关于加强国土空间详细规划工作的通知》,详细规划是实施国土空间用途管制和核发建设用地规划许可证、建设工程规划许可证、乡村建设规划许可证等城乡建设项目规划许可以及实施城乡开发建设、整治更新、保护修复活动的法定依据,是优化城乡空间结构、完善功能配置、激发发展活力的实施性政策工具。详细规划包括城镇开发边界内详细规划、城镇开发边界外村庄规划及风景名胜区详细规划等类型。各地在"三区三线"划定后,应全面开展详细规划的编制(新编或修编),并结合实际依法在既有规划类型未覆盖地区探索其他类型详细规划。

11.2.3 作用

控制性详细规划制度在国家发展中扮演着至关重要的角色,这一制度有助于引导经济增长、促进社会稳定、提高环境质量,同时也为未来可持续发展奠定了坚实的基础。国土空间规划体系改革后,控规属于国土空间规划中的详细规划部分,依旧发挥着重要作用。在国土空间总体规划和上位专项规划的指导下,控规对各项控制指标进行了规定,对土地使用性质、容积率、建筑密度等做了明确界定,从而对城市开发建设行为进行了有效控制,保证了国土空间总体规划的统一性和协调性。

1. 引导作用

详细规划通过明确的发展导向,引导城市开发建设行为符合总体规划和长远发展目标。同时,通过公开信息和咨询等方式,为开发商和社会公众提供了参与的机会,推动自然资源和城乡规划管理工作的科学化和民主化。

2. 协调作用

详细规划在城乡规划和建设中起到协调各方利益的作用。在实现整体和长远利益的同时,兼顾了不同利益主体的需求和利益保障,有助于化解社会矛盾和促进城市和谐发展。

3. 规范作用

详细规划通过法定程序和技术标准等手段,对城市空间开发进行了规范和约束。这不仅对城市规划和建设起到了规范作用,还对提高城市品质和竞争力具有积极的意义。

4. 土地管理

在土地征收过程中,控规确定了土地的使用性质、容积率、建筑密度等关键指标,是编制成片开发方案的重要依据。在土地出让过程中,规划条件是必不可少的。这些规划条件必须以详细规划为依据,确保出让的土地符合城市规划和发展方向。对于需要划拨的土地,控规同样发挥着重要的作用。政府需要依据控规出具用地预审和选址意见书,确保划拨的土地符合城市规划和发展的需求。

11.3　控制性详细规划的编制基础

我国幅员辽阔,城市社会经济背景、风土人情文化、气候环境地貌等千差万别,全国各地控规编制要求千差万别。但是也具有共性,即需要划分单元、街区和地块。本节重点讲述城镇开发边界内详细规划编制。城镇开发边界外风景名胜区、旅游度假区等特定地区详细规划可参考本节内容。

11.3.1　规划原则

(1) 坚持以人民为中心的思想。
(2) 贯彻新发展理念,坚持生态优先。
(3) 促进集约高效。
(4) 增强城市韧性。
(5) 强化空间统筹和空间治理。

11.3.2　空间对象

1. 单元

规划单元是城市规划中,根据一定的标准划分的区域,通常用于城市整体或部分的规划和管理(见图 11-1 和图 11-2)。它可以按照行政边界、地理条件、功能需求等标准来划分。单元规模结合 15 分钟社区生活圈设施配置等实施因素相衔接,合理确定单元边界。

单元层次详细规划承接传导上位规划意图,落实总体规划(分区规划)所确定的单元功能定位、永久基本农田、生态保护红线、城镇开发边界(以下简称为三条控制线)、城市控制线、开发规模、开发强度分区等管控传导要求,按照《国土空间调查、规划、用途管制用地用海分类指南》,针对不同地类形成不同深度的用地布局方案,加强城市设计引导,将相关管控要求分解传导至街区,同时提出地块开发管控通则。

2. 街区

街区是指城市中由道路、公园或其他公共空间分隔,具有特定规模和功能的区域(见

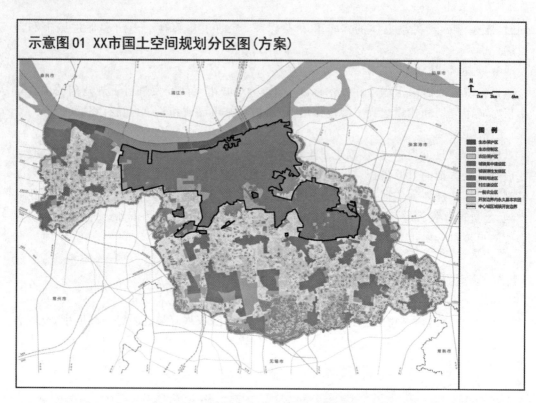

图 11 - 1　某市国土空间规划分区图

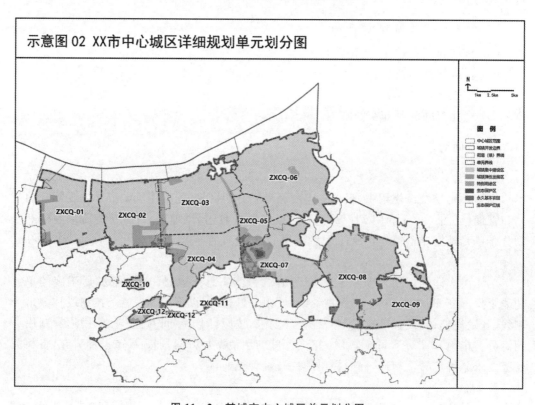

图 11 - 2　某城市中心城区单元划分图

图 11-3）。街区通常由城市街道、公共设施、绿地等构成，是城乡规划的基本单元之一。在街区中，可以包含住宅、商业、工业等不同的用地类型。街区划分衔接社区（行政村）行政区划，统筹考虑内在功能的关联性、土地使用的可兼容性和各类空间要素，结合 5 分钟便民生活圈划分街区，原则上以 1～3 km² 为宜。例如，上海在 2024 年 4 月制定了《2024

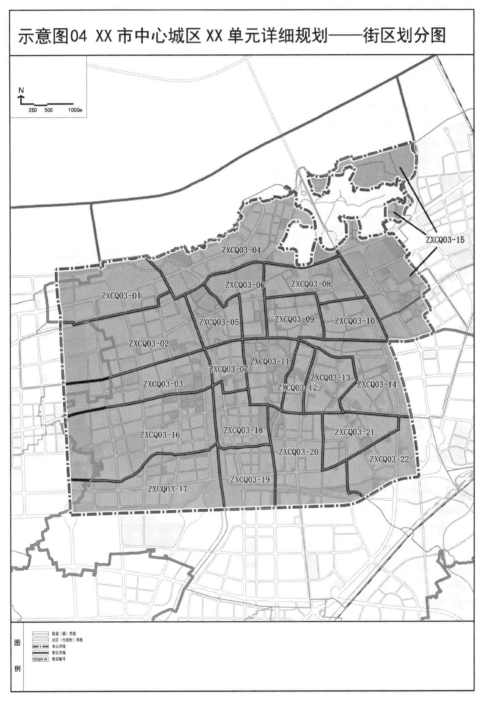

图 11-3　某城市中心城区街区划分图

年上海市"15分钟社区生活圈"行动方案》,依托"15分钟社区生活圈"基本单元,加快推进一站式服务中心和灵活散点布局、小体量、多功能服务设施或场所的规划建设,不断完善各类设施空间布局,提升社区居住、商业、就业、生态环境、文化、体育、教育、养老、医疗等各类设施和公共空间的服务便利性。又例如,深圳市在2023年9月印发了《深圳市一刻钟便民生活圈试点城市建设实施方案》的通知,通过科学优化布局、补齐设施短板、丰富商业业态、壮大市场主体、创新服务能力、引导规范经营等举措,将"一刻钟便民生活圈"打造成为促进形成强大国内市场、服务保障民生、推动便利消费及扩大就业的重要平台和载体。

街区可区分为老城区、新城区、产业园区等不同区域。老城区通常是指城市发展的最早期区域,划定原则包括历史文化保护、保留传统风貌、改造提升人居环境等。老城区的面积大小会受到城市历史、文化积淀以及城市发展需要的影响。

新城区通常是指城市新近开发或扩建的区域,划定原则包括城市总体规划、土地资源利用、环境保护等。新城区的面积大小会受到城乡规划、土地供应等因素的影响。

产业园区是为了促进产业发展而设立的特定区域,划定原则包括产业发展规划、区域经济发展需求、土地利用规划等。产业园区的面积大小会受到产业发展需求、土地资源供给等因素的影响。

这些区域的具体划定原则和面积大小会因地区不同而异,需要根据当地的城市发展规划和相关法规来具体确定。

街区层次详细规划在严格遵循单元层次详细规划管控要求的基础上,结合街区实际情况,加强用地策划,深化城市更新、交通承载力评价、社区生活圈构建、城市设计等研究工作,优化空间布局,制定地块容积率、建筑密度、建筑高度、绿地率等具体管控指标和管控要求,指导建设项目实施。

3. 地块

地块通过道路和围墙划分,如图11-4所示。地块划分应充分考虑宗地权属,同时结合道路、水系等自然边界,避免产生畸零宗地。对于拟收回国有建设用地使用权或征收为国有土地的宗地,可根据规划意图统筹划分地块,地块规模应适应城市支路网密度要求,并与区位、土地用途、开发控制要求等相适应。

4. 空间层次

空间层次是指将完整的一级行政区划逐步细化成二级结构单元、三级功能单元、四级规划单元的过程。以下是细化的具体技术措施:

(1) 借助GIS系统。GIS系统是一种基于地理信息的空间分析工具,可以通过空间数据和空间模型对行政区域进行划分和组织。利用GIS系统,可以根据行政区域的空间特征和经济、社会等属性,将一级行政区划细分为二级结构单元,如市区、县、乡镇等。

(2) 利用空间分析方法。空间分析方法可以帮助识别行政区域之间的空间关系和模式。例如,利用空间聚类算法可以将相似的行政区域归为一个类别,利用空间层次分析可以确定不同行政区域之间的层次关系。

(3) 基于大数据技术。通过收集和分析大量的行政区划相关数据,可以更准确地了解各区域的实际需求和潜力,从而更合理地划分不同层级的行政区划。例如,可以利用大数据技术分析各地区的经济、人口、交通等数据,为行政区划的细化提供参考。

(4) 借助数学模型。数学模型可以帮助对行政区域进行分类和预测。例如,利用聚

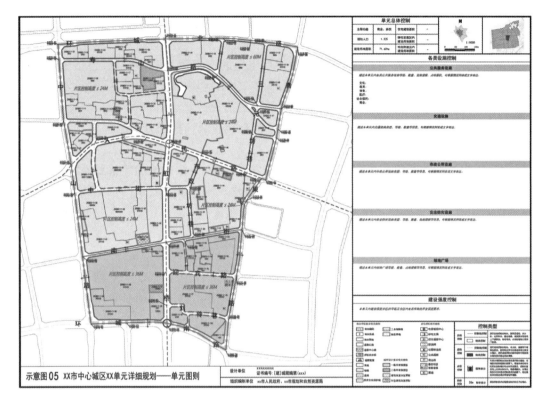

图 11-4 某城市中心城区某单元图则

类分析可以将相似的行政区域归为一类,利用回归分析可以预测行政区域的发展趋势。

需要注意的是,行政区划细化是一个复杂的过程,需要考虑政治、经济、社会和文化等多方面的因素。因此,在实际操作中需要结合实际情况,进行充分的讨论和研究。

11.3.3 基础资料

1. 用地现状

用地现状是指在特定时间点上,某一地区或地块土地的实际使用情况和状态。它包括土地的使用类型、开发程度、利用效率以及环境状况等方面。宗地面积是指特定地块的总面积,通常以平方米(m²)或亩(1 亩=666.67 m²)为单位。它是土地利用规划的重要基础数据,涉及土地资源的分配和管理。明确宗地面积有助于合理布局和优化土地使用,提高土地利用效率。

从权属角度来看,我国的用地现状主要可以分为国有土地和集体土地两大类。城市市区的土地属于国家所有。农村和城市郊区的土地,除由法律规定属于国家所有的以外,属于农民集体所有;宅基地和自留地、自留山,属于农民集体所有。随着城市化进程的加快和城乡用地需求的增加,国有土地和集体土地之间的界限也可能发生变化。例如,一些农村地区因城市化而被纳入城市范围,导致集体土地转变为国有土地。从用地性质角度来看,我国的用地现状可以大致分为农用地、建设用地和未利用地三大类。根据第三次全国国土调查和国土变更调查,我国耕地总量为 19.14 亿亩,全国建设用地总量 6.13 亿亩,未利用地总量为 36.76 亿亩。

为了确保土地资源的有效利用和合理配置,国家必须定期进行国土年度变更调查,监测和评估土地使用情况,了解土地用途是否发生变化。同时还要进行文物调查,避免文物因土地开发遭到破坏;进行土壤环境调查,评估土地的土壤质量和环境状,包括土壤的污染程度、营养成分和承载能力;进行建筑情况调查,包括地块内现有建筑的质量、功能和文物保护单位情况;进行人口情况调查,涉及地块内的居民数量、人口密度和人口结构(如年龄、性别比例等);进行公共服务设施配套情况调查,包括教育、医疗、交通、商业等基础设施的覆盖情况。

此外,为了推动资源的优化配置,促进经济发展,还要关注用地的经济效益,如亩均税收等指标。通过评估土地的经济贡献,可以识别亩均税收不符合要求的低效用地,这类用地不仅未能充分发挥其经济效益,占用了宝贵的土地资源,限制了高效产业的发展空间,还可能对土地资源的可持续利用和经济发展造成负面影响。

2. 确权登记信息

确权登记信息是指在对不动产权益进行确认、登记和注册过程中形成的信息,包括权利人信息、共有情况、权利类型、权利性质、用途、使用期限等。这些信息是公开可查的,是保护不动产权益的重要依据,也是进行不动产交易和流通的基础。确权登记信息的查询方式包括网上查询和现场查询,查询时需要提供有效的身份证明和其他相关证明材料。确权登记信息是不动产交易和流通中不可或缺的一个环节,对于保护交易各方的权益具有重要的意义。

3. 建筑质量分类

建筑质量分类可以按照发布等级和严格程度两个标准进行分类。按照发布等级可以分为国家标准、地方标准、行业标准、企业标准,按照严格程度可以分为推荐性标准和强制性标准。

其中,国家标准是最基本的,地方标准相较于国家标准更为严格,而企业标准则是所有标准中最严格的。在执行标准时,通常坚持"哪个严格,执行哪个"的原则。

需要注意的是,具体的建筑质量标准和分类可能会因地区和城市的不同而有所差异。

4. 资料获取技术

遥感技术、国土调查和变更、确权登记、大数据、GIS、无人智能化调查等技术都可以用于资料获取。遥感技术可以获取地表物体反射或辐射的电磁波信息,从而获取空间信息;国土调查和变更可以获取全国土地利用情况,为政府决策提供依据;确权登记可以获取土地等不动产的权利确认和登记信息;大数据可以获取海量数据,帮助人们更好地理解和解决问题;GIS可以获取空间信息,用于土地利用管理、城市规划等领域;无人智能化调查可以获取高精度的调查和监测信息,适用于难以到达或危险性较高的区域。这些技术都为资料获取提供了重要的支持。

11.3.4　土地使用

1. 用地策划

用地策划是对城市土地资源进行综合分析和研究,为城乡规划和城市设计提供依据和建议,以实现城市土地资源合理配置和利用,促进城市可持续发展。其主要内容包括如下:

(1)用地布局规划。通过对城市土地资源的分布、规模、形状、边界等进行规划,合理安排各类用地的布局,以实现城市功能布局合理、土地利用高效的目标。

（2）用地性质与地块使用兼容性分析。对每个地块进行使用性质的分析和确定,明确哪些功能可以使用,哪些功能不可以使用,以确保土地使用的合理性和合法性。

（3）用地开发时序安排。根据城市发展的需要和各类用地的开发条件,确定各类用地的开发顺序和时间节点,以实现城市开发的稳步推进。

（4）用地生态环保规划。考虑绿地的保护和利用,确定环境保护措施等,以实现城市可持续发展和生态环境改善。

总之,用地策划是通过科学的方法和手段,对城市土地资源进行合理配置和利用的综合性分析和研究,为城乡规划和城市设计提供依据和建议,促进城市可持续发展。

2. 用地面积与用地边界

用地面积是规划地块划定用地的平面投影面积,单位为公顷（hm^2）,精确度全国各地略有不同,一般为小数点后两位,每块用地不可有重叠部分。

必须特别注意的是在未推行熟地出让的早期城市开发阶段,用地面积（A_p）和征地面积（A_g）是有区别的。用地面积是规划用地红线围合的面积,是确定容积率、建筑密度、人口容量所依据的面积,如图 11 - 5 所示的短虚线划定部分;征地面积是土地部门为了征地划定的征地红线围合而成,如图 11 - 5 所示的长虚线划定部分。从图中可知,用地面积明显小于征地面积,即

$$(A_p) \leqslant (A_g) \tag{11-1}$$

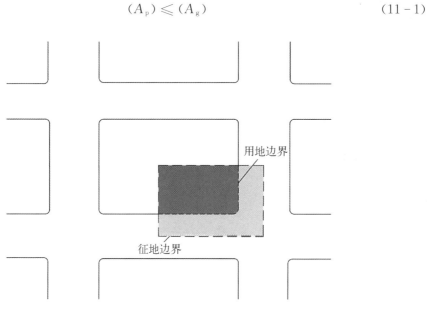

图 11 - 5　用地边界示意

而开发主体在从政府获得土地的时候往往是按照征地面积计算的,征地边界常将一部分城市道路、基础设施、绿化和城市公共空间等用地划入其中,即征地边界划到沿地块的城市道路的中线位置。

需要注意的是,现在的土地开发实行的是熟地出让。熟地是指已完成土地开发等基础设施建设,即具备“七通一平”:通给水、通排水、通电、通信、通路、通燃气、通热力以及场地平整,形成建设用地条件可以直接用于建设的土地。现在的土地开发不存在代征情况。

用地边界是规划用地、道路和其他用地的分界线,用于权属划分。控规图则通过标注地理坐标对边界进行限定。控规为自然资源和城乡规划管理、综合开发和土地有偿使用提供依据,将规划转化为条文、数据和图表,对各规划地块提出具体控制内容和要求。地块划分应综合考虑街坊开发建设管理的灵活性和小规模成片更新的可操作性。

地块划分有以下原则:按总体规划、其他专业规划和用地部门划定地块;一般一个地块只有一种使用性质。随着经济社会发展,两种及以上用途混合用地也逐渐增多;建议地块至少一边与城市道路相邻;结合自然边界和行政界线划分地块;考虑地价区位级差;地块大小与土地开发性质规模相协调;对文物古迹、风貌保护建筑及现状质量较好、规划保留的地段进行单独划块,不再给定指标;必须满足"专业规划线"要求,保障城市基础设施的控制要求;尊重现有土地使用权和产权边界。

地块划分可按开发方式和管理变化在规划实施中进行重组。新区地块规模可较大,面积控制在 $3\sim5\ \mathrm{hm}^2$;旧城改建区地块规模较小,在 $0.5\sim3\ \mathrm{hm}^2$。

3. 用地性质控制

用地性质是城市功能布局的关键控制指标,现在的国土空间规划体系中,用地性质分类参照《国土空间调查、规划、用途管制用地用海分类指南》确定,详见第 8 章。用地用海分类遵循陆海统筹、城乡统筹、地上地下空间统筹的基本原则,对接土地管理法并增加"海洋资源"相关用海分类,按照资源利用的主导方式划分类型。图 11-6 所示为某城市中心区某街区单元层面土地利用规划图。

4. 地下空间使用

根据地下空间资源和地面建设情况,评估其开发潜力,落实细化地下空间开发利用分区。划定禁止、限制、重点、一般建设区,保障地下空间资源开发利用的战略性、前瞻性和长效性。同时,要统筹考虑地上地下空间规划,明确地下交通、公用设施、防灾设施和公共服务设施等的位置、深度、规模和通则规定。在地下空间重点建设区,应构建互联互通、上下协调的地下公共空间系统,鼓励地下轨道交通站点综合开发公共服务设施,以提升地下公共空间环境的品质。

11.3.5　开发强度

1. 容积率

容积率又称为楼板面积率或建筑面积密度,是衡量土地使用强度的一项指标,英文缩写为 FAR,是地块内所有建筑物的总建筑面积之和(A_r)与地块面积(A_1)的比值(见图 11-7),即

$$\mathrm{FAR}=A_r/A_1(10^4\ \mathrm{m}^2/10^4\ \mathrm{m}^2) \tag{11-2}$$

容积率可根据需要制订上限和下限。下限可保证开发商利益并提高土地利用率,防止浪费;上限可防止过度开发,导致城市基础设施超负荷运行和环境质量下降。在一定的建筑密度条件下,容积率与地块的平均层数成正比;同理,在一定的层数条件下,容积率与地块建筑密度成正比。

容积率的确定与城乡规划的许多因素有关,如总人口、每个人的空间需求、土地供应能力、基础设施承受能力、交通设施的运输能力和城市景观要求等。容积率的确定应该符

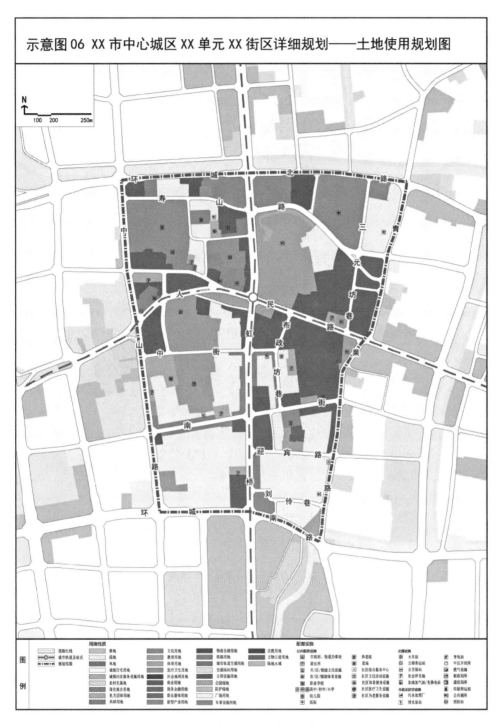

图 11 - 6 街区层面土地利用规划图

合城乡规划的要求，并考虑地块的使用性质、区位、基础设施条件、人口容量、空间环境条件、土地出让价格条件和城市设计要求等因素。在计算地块容积率时，应参考各地方规范的规定。例如，商住综合楼的容积率控制指标按不同性质的建筑面积比例换算合成，其建

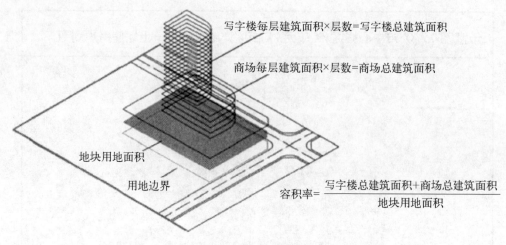

图 11－7　容积率概念示意图

筑密度按照商业、办公建筑的建筑密度指标规定执行。

2. 建筑密度

建筑密度是指规划地块内各类建筑基底面积占该块用地面积的比例。即

建筑密度＝（规划地块内各类建筑基底面积之和÷用地面积）×100%　（11－3）

与容积率概念相区别，建筑密度注重的是建筑基底面积。规划控制建筑密度上限。建筑密度注重平面二维的环境需求，保证一定的旷地及绿地率。

城市的建筑应保持适当的密度，这一点十分重要。它能确保城市的每一个部分都能在一定条件下得到最多的日照、空气和防火安全，以及最佳的土地利用强度。建筑过密造成街廊消失、空间紧缺，有的甚至损害历史保护建筑。

3. 绿地率

绿地率是指规划地块内各类绿化用地总和占该块用地面积的比例。即

绿地率＝（地块内绿化用地总面积÷地块面积）×100%　　　　（11－4）

规划控制其下限。这里的绿地包括公共绿地、组团绿地、公共服务设施所属绿地和道路绿地，不包括屋顶、晒台的人工绿地。绿地率是非常重要的环境容量控制指标，可保证城市拥有足够的绿化和开放空间，为人们提供休憩和交流的场所，营造舒适、宜人的工作和生活环境。广义的绿地率，包括宏观角度上的总体规划和分区规划中的公共绿地、生产绿地、防护绿地之和占城市建设用地的百分比，以及微观角度上特定地块用地范围内各种绿地的总和占总用地的百分比。

11.3.6　建筑管理

1. 建筑高度

建筑高度受到多种因素影响，包括地基承载力、建筑技术水平等客观因素，以及经济因素、消防救援能力、城市整体或局部地区的环境风貌要求等主观因素。其中，经济因素和社会环境因素是建筑高度的最主要影响因素。

(1) 经济因素。开发商希望通过建筑的高度以摊薄土地的成本。因为在一定的层数之内,建筑建造的单位成本几乎不变,但随着建筑层数增加,面积也随之增加,分摊到单位建筑面积上的土地成本就越少。但是超过一定范围后,建筑物的基础、结构都需要发生大的改变,运营管理费用也会大幅上升,导致建筑单位面积成本增加。因此,不能简单地认为,建筑盖得越高单位面积成本越低。

(2) 社会环境因素。建筑物对城市风貌起着决定性作用。因此,建筑高度的确定需要从城市整体风貌的和谐、统一入手。需要考虑不同的地段有不同的要求,以及与周边建筑、特别是历史文化建筑相协调。只有这样,城市天际线才不会完全迷失在经济利益驱动下的市场大潮里。

(3) 基础设施条件限制。建筑高度还受到一些基础设施条件的限制。例如,机场周边的建筑由于飞机起飞降落安全需要,有专门净空限制要求,其高度限制范围半径可达20 km 以上。

2. 建筑后退

建筑后退是指在城市建设中,建筑物后退规划地块边界的距离,通常以后退距离的下限进行控制。保证必要的建筑后退距离的目的有以下几点。

(1) 避免城市建设过程中产生混乱,保证相邻地块建筑物之间的日照采光和通风要求。

(2) 保证必要的安全距离,满足消防、环保、防汛、市政设施布置和交通安全等方面的要求。

(3) 保证必要的城市公共空间和良好的城市景观,在城市公共绿地、公共水面等景观价值较高的地区,其周边建筑均希望能更多地享用这种公共景观资源,建筑建造会尽量贴近景观区域。

建筑后退距离的确定通常包括建筑后退用地红线、建筑后退道路红线、建筑后退河道蓝线、建筑后退绿化绿线、电力黑线、文物紫线等,其退让距离的确定除必须考虑消防、防汛、交通安全等方面外,还应考虑城市景观、城市公共活动空间要求等。

3. 建筑间距

建筑间距是指两栋建筑物或构筑物外墙之间的水平距离,需满足消防、卫生、环保、工程管线和建筑保护等方面的基本要求。此外,建筑物之间还需保持一定的间距以满足日照、通风的要求,这是由人们居住的生理和心理健康需求所决定的。一般居住建筑的间隔距离采用日照间距来控制。日照间距是指前、后两排房屋之间为保证后排房屋获得所需日照量而保持的一定间隔距离。日照量的标准包括日照时间和日照质量,通常以冬至日太阳高度角最低的一天作为规定,日照质量是指每小时室内地面和墙面阳光投射面积累计的大小及太阳紫外线的效用。

11.3.7 交通规划

1. 交通供给策略

设施供给策略是城市交通管理的重要一环,针对不同的单元功能类型及交通特征差异,需要采取差别化的交通设施供给策略以满足不同的需求。

以公共服务功能为主的单元需要重点构建高密度的道路网和公交网,以保障公共交通的顺畅和便利性。同时,应该建设全覆盖、高品质的慢行交通设施以及慢行与停车、公交的衔接换乘设施,以提供舒适、安全的交通环境,并鼓励人们使用公共交通和非机动车出行。

对以居住功能为主的单元,需要重点塑造安全、安静的交通环境,降低车辆噪声和交通安全事故风险。为了实现这个目标,应构建连续的慢行网络,并加强慢行与公共交通的衔接,提高出行安全性和便利性。此外,加强停车设施也是必要的措施之一,避免车辆乱停乱放引起交通安全和环境污染等问题。

2. 道路系统

在规划道路系统时,要结合用地布局细化,加密道路网,优化线形,完善结构,明确功能、走向和道路红线宽度。构建安全、舒适、活力、共享的街道空间体系,合理确定街道功能类型,根据需求合理分配空间,保障步行、自行车通行和驻停空间,加强沿街界面整合,优化街道环境景观及风貌特征要素,提升街道空间的品质。

3. 公共交通

落实城市轨道交通、城市公交的布局及站点位置,是城市公共交通规划的重要环节。在确定这些线路和站点位置时,须充分考虑城乡规划、交通流量、土地使用等因素,以满足城市居民出行的需求。同时,还须明确各类公共交通场站的数量、规模和布局,包括常规公交场站、轨道交通场站和快速公交场站等。为提高土地利用效率,提倡公交场站混合立体开发,将交通设施与商业、住宅等建筑物融合在一起,实现多功能综合开发。其中,明确交通功能空间的规模控制是关键的一环,要确保交通设施与城市环境相协调,同时满足交通使用需求。

4. 慢行交通

为了提高城市交通的效率和安全性,需要落实慢行立体过街设施的位置和形式。这些设施可以包括人行天桥、地下通道、过街地道等,以供行人、自行车等慢行交通工具安全、方便地通过道路。同时,需要明确绿道、自行车专用道等慢行道路的走向和通行宽度控制要求。这些道路是城市交通的重要组成部分,为市民提供健康、环保的出行方式。具备条件的城市单元可以结合公共管理与公共服务设施设置步行街区,为市民提供更加便利和舒适的出行体验。

5. 停车设施

确定公共停车设施规模、布局是城市交通规划的重要环节。城市中心区由于土地资源紧张,应积极发展地下停车和立体停车设施,减少对地面空间的占用。同时,为了提高土地利用效率,应鼓励停车设施与其他功能混合布置,如商业、住宅、办公楼等。这样可以实现多功能综合利用,减少对城市土地资源的浪费。在城市外围地区,考虑到交通流量较大,应合理布局公共停车场,以满足市民的停车需求。停车场的规模和布局应根据城市规划和交通流量的变化进行动态调整,以适应城市发展的需要。

各个地块按照所在地区机动车、非机动车停车配建标准的要求配建机动车和非机动车的停车位,以及出租车、大巴车、装卸货、无障碍等特种停车位的需求。

11.3.8 公用设施

1. 公共服务设施

公共服务设施主要包括城市层面的设施和不同性质用地上的设施两大类。城市层面的设施主要是市级行政办公、大型医疗保健、音乐、餐饮、会展等设施。不同性质用地的设施分为居住区、工业区、仓储区等。居住区的公共服务设施与人们的生活密切相关,包括教育、医疗卫生、文化体育、商业服务、金融邮电、社区服务、市政公用和行政管理等设施,必须与居住人口规模相对应,配置设施的面积总指标,应根据规划布局统一安排,公共服务设施用地占居住区总用地的百分比不低于 15%。工业区和仓储区的公共服务设施宜按生产、生活服务中心设置,设置项目、规模视需要而定。

以《社区生活圈规划技术指南》(TD/T 1062—2021)为指导,构建 15 分钟社区生活圈和 5 分钟便民生活圈,配置内容丰富、规模适宜的服务要素。对城市更新、历史风貌与文化遗产保护区要强化基础保障型服务设施配置,补齐公共管理与公共服务短板;对公共活动中心、交通枢纽区、沿山滨水景观区要加强品质,配置提升型和特色引导型服务设施。

2. 市政公用设施

城市正常运行依赖城市的基础设施,包括交通、供电、燃气、供热、通信、给排水、防灾、环境等市政工程系统。这些系统为城市提供基本的活动条件,如交通系统保障日常的内外客运交通、货物运输等活动,供电系统提供高效的能源,燃气工程提供燃气能源,供热工程提供取暖和生产所需的蒸汽,给水工程保障各类用水,排水工程负责排涝除渍和治污环保,通信工程负责信息交流和物品传递,防灾工程防抗灾害、保障安全,环境卫生处理污染物、洁净城市。

市政基础设施体系是城市生存和持续发展的支撑体系,也是建设物质文明和精神文明的重要基础。控制性详细规划的市政设施控制主要内容包括市政设施用地控制和市政管线控制。市政设施用地须参照国家标准并从总体和地块两个层次上进行控制,划定工程设施的用地界限,并引导规定各项公用工程在地面的构筑物位置、体量和数量。市政管线控制应与城市工程管线规划同步,明确各条管线所占空间位置及相互的空间关系,减少建设中的矛盾,使之安全顺畅运行。市政设施配套包括给水、排水、电力、通信、热力、燃气及停车场(库)控制以及基础设施容量规定。这些措施可以减少建设中的矛盾,使城市基础设施安全顺畅运行。

11.3.9 详细规划中的城市设计

1. 建筑体量、建筑形式与建筑色彩控制

建筑体量、建筑形式与建筑色彩是人们对一栋建筑最直观的感受,城市风貌的协调和特色营造需要对其进行适当的引导和控制。

建筑体量是指建筑物的空间体积,包括长度、宽度和高度。它通常通过竖向尺度、横向尺度和形体 3 个方面的限制进行控制和引导。建筑体量的大小对城市空间感受会产生很大的影响,不同大小的建筑体量所围合的空间给人们带来不同的感受。此外,建筑所处的空间环境不同,其体量带给人们的感受也不同。

以北京天安门广场为例,广场上的建筑体量都很大,但在开阔的天安门广场上并没有不协调的感觉。这些大体量建筑与所处空间的大小相互呼应,很好地体现了北京作为国家政治中心的庄严形象,并与整个城市的格局相协调。

2. 建筑空间组合控制

建筑群体环境的控制和引导是通过规定建筑组群空间组合形式、开敞空间的长宽比、街道空间的高宽比和建筑轮廓线示意等手段,达到控制城市空间环境的空间特征目的。城市建筑群体整体空间形态可分为封闭空间形态、半开放空间形态和全开放空间形态。

建筑空间组合采用不同的形式,可形成公共或私密的空间形态。控制建筑空间组合的引导,运用合适多样的建筑组群空间组合的形式,规定或推荐开敞空间的长宽比值、街道空间的高宽比值和控制建筑轮廓线起伏示意,从而对城市空间环境进行引导和控制。以上海宝山区罗店中心镇控制性详细规划为例,罗店中心镇是上海"十五"计划重点建设的10个特色卫星城镇之一,该镇的总体定位为北欧风格,以居住用地为主,按密度将其分为几种不同类型的居住形态,并分别给出建筑空间组合方式示意图。图 11-8 所示为花园城住宅类型的空间组合模式,以周边式和围合式为主,分别进行不同的建筑空间组合,形成既统一又富于变化的院落空间形式。

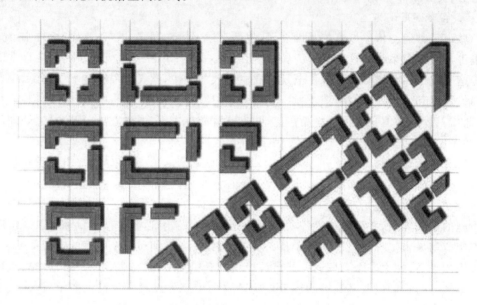

图 11-8　罗店花园城住宅类型的空间组合模式

3. 活力街区设计

活力街区设计注重多元化、活力和可持续性的城市设计理念。其核心理念包括混合使用,注重公共空间和社区参与,引入创新和创意元素,关注可持续发展以及人性化设计和与城市规划协同。

活力街区设计的目的在于创造一个开放、可持续、有活力和多样性的街区,提供满足人们需求的空间环境和设施,增强社区互动和社会弹性。设计中注重商业模式多元化、人行环境优化、公共空间和绿化空间营造等重要方面,同时考虑融入文化、艺术和历史等因素,使街区成为具有独特魅力和吸引力的城市空间。

活力街区设计的实践不仅需要设计师对各个要素进行整体考虑和优化,还需要社区居民的积极参与和反馈,以实现真正符合人们需求和期望的街区设计。

4. 建筑小品

控制性详细规划中对绿化小品、商业广告、指示标牌等街道家具和建筑小品的引导和控制一般是规定其布置的内容、位置、形式和净空限界。在我国,城市设计成果难以作为规划依据,部分地区将控制性详细规划与城市设计一同编制,将城市设计导则作为控制性详细规划的一部分。

11.4　控制性详细规划的编制与实施

图 11-9～图 11-11 所示为某城市街区图则划分和图则,用于城市建设项目的规划管理。

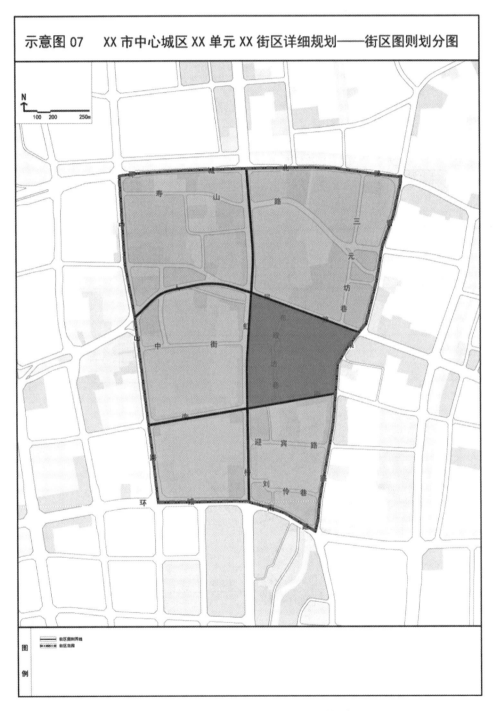

图 11-9　某城市中心城区街区图则划分

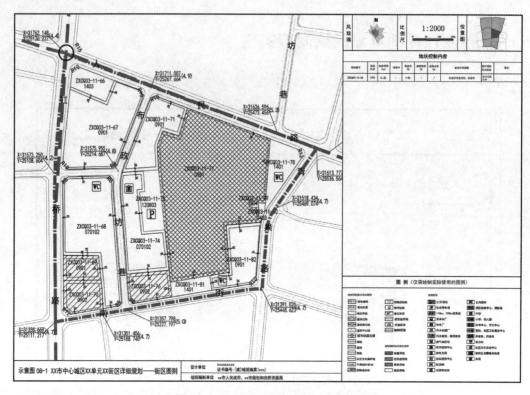

图 11-10 某城市中心城区街区图则一

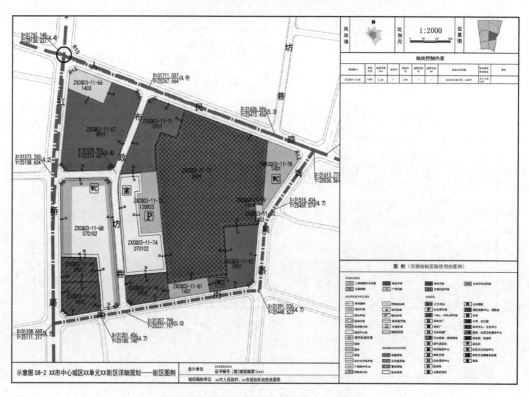

图 11-11 某城市中心城区街区图则二

11.4.1　编制的内容与方法

1. 编制主体

根据原有的《城市、镇控制性详细规划编制审批办法》,城市、县人民政府城乡规划主管部门组织编制城市、县人民政府所在地的城市、镇控制性详细规划,其他镇的控制性详细规划由镇人民政府组织编制。为了保证详细规划的科学性和可靠性,详细规划组织编制机关会根据实际情况,委托具备相应资质等级的规划编制单位承担详细规划的具体编制工作。

根据《自然资源部关于全面开展国土空间规划工作的通知》(自然资办发〔2020〕56号),各地不再新编和报批主体功能区规划、土地利用总体规划、城镇体系规划、城市(镇)总体规划、海洋功能区划等。市县自然资源部门是详细规划的主管部门,省级自然资源部门要加强指导。应当委托具有城乡规划编制资质的单位编制详细规划,并探索建立详细规划成果由注册城乡规划师签字的执业规范。

2. 设计单位要求

从事城乡规划编制工作应当具备下列条件,并经国务院城乡规划主管部门或者省、自治区、直辖市人民政府城乡规划主管部门依法审查合格,取得相应等级的资质证书后,方可在资质等级许可的范围内从事城乡规划编制工作。

(1) 有法人资格。

(2) 有规定数量的经相关行业协会注册的规划师。

(3) 有规定数量的相关专业技术人员。

(4) 有相应的技术装备。

(5) 有健全的技术、质量、财务管理制度。

3. 编制报批流程

在城镇开发边界内的市区(县城关镇)详细规划,由市县(区)自然资源主管部门组织编制,报同级政府审批(近年来,将整县(市)行政区划调整成区的,区政府行使规划审批权);在城镇开发边界内的镇区详细规划,由镇人民政府组织编制,报上级政府审批。详细规划报批前,需要进行部门审查,审查的部门通常包括建设、交通、水利、市政、工信、交警、教育、卫生等部门,部门审查后还需要组织专家论证,部门审查和专家论证常常合并进行。部门审查和专家论证后,根据规划管理要求,再将规划编制成果提交城市规划委员会审议,审议通过后,再履行报批手续。规划报批前,还须将规划成果进行公示。

4. 编制要求

(1) 以人民为中心。编制详细规划应践行"人民城市人民建、人民城市为人民"的理念,尊重民意、服务民生,保障公共利益,完善设施配置,推进社区生活圈建设,营造高品质空间。

(2) 坚持生态优先。编制详细规划应贯彻落实生态文明建设要求,保护生态环境,划定蓝绿空间,落实节能减排,推动绿色高质量发展,助力"双碳"目标实现。

(3) 促进集约高效。编制详细规划应注重存量更新,贯彻职住平衡、紧凑开发、功能复合、智慧发展等理念,统筹地上地下空间开发利用,集约高效利用空间资源。

（4）增强城市韧性。编制详细规划应贯彻韧性发展理念，以保障安全为前提，协调开发与保护的关系，完善基础设施和安全设施，有效落实相关防范措施。

（5）强化空间统筹。编制详细规划应坚持空间唯一性，协调相关专项规划，统筹落实各类公共管理与公共服务用地、公用设施用地布局和管控要求。

（6）强化空间治理。编制详细规划应加强国土空间总体规划（分区规划）传导，成果须纳入国土空间规划"一张图"，进行动态维护，适应规划实施和监督管理需求。

5. 内容深度与成果要求

根据原有的《城市规划编制办法》，控制性详细规划应当包括下列内容。

（1）确定规划范围内不同性质用地的界线，确定各类用地内适建，不适建或者有条件地允许建设的建筑类型。

（2）确定各地块的建筑高度、建筑密度、容积率、绿地率等控制指标，确定公共设施配套、交通出入口方位、停车泊位、建筑后退红线距离等的要求。

（3）提出各地块的建筑体量、体型、色彩等城市设计指导原则。

（4）根据交通需求的分析，确定地块出入口位置、停车泊位、公共交通场站的用地范围和站点位置、步行交通以及其他交通设施。规定各级道路的红线、断面、交叉口形式及渠化措施、控制点坐标和标高。

（5）根据规划建设的容量，确定市政工程管线位置、管径和工程设施的用地界线，进行管线综合，以确定地下空间开发利用的具体要求。

（6）制定相应的土地使用与建筑管理规定。

控制性详细规划确定的各地块的主要用途、建筑密度、建筑高度、容积率、绿地率、基础设施和公共服务设施配套规定应当作为强制性内容。

新版《城市规划编制办法》（2016 年）第 44 条明确规定：控制性详细规划成果应当包括规划文本、图件和附件。图件由图纸和图则两部分组成，规划说明、基础资料和研究报告收入附件。以上内容的深度与成果要求为我国详细规划的基本要求，具体细节可能因地区和政策的不同而有所调整。

11.4.2　实施与管理

根据《若干意见》，规划一经批复，任何部门和个人不得随意修改、违规变更，防止出现换一届党委和政府改一次规划。下级国土空间规划要服从上级国土空间规划，相关专项规划、详细规划要服从总体规划；坚持先规划、后实施，不得违反国土空间规划进行各类开发建设活动；坚持"多规合一"，不在国土空间规划体系之外另设其他空间规划。相关专项规划的有关技术标准应与国土空间规划衔接。因国家重大战略调整、重大项目建设或行政区划调整等确需修改规划的，须先经规划审批机关同意后，方可按法定程序进行修改。对国土空间规划编制和实施过程中的违规违纪违法行为，要严肃追究责任。

按照谁审批、谁监管的原则，分级建立国土空间规划审查备案制度。精简规划审批内容，管什么就批什么，大幅缩减审批时间。相关专项规划在编制和审查过程中应加强与有关国土空间规划的衔接及"一张图"核对，批复后纳入同级国土空间基础信息平台，叠加到国土空间规划"一张图"上。

以国土空间规划为依据,对所有国土空间分区分类实施用途管制。在城镇开发边界内的建设,实行"详细规划＋规划许可"的管制方式;在城镇开发边界外的建设,按照主导用途分区,实行"详细规划＋规划许可"和"约束指标＋分区准入"的管制方式。对以国家公园为主体的自然保护地、重要的海域和海岛、重要的水源地、文物等实行特殊保护制度。因地制宜编制用途管制制度,为地方管理和创新活动留有空间。

11.5 案例介绍

为方便理解,本节节选了上海市某区某社区(镇)单元控制性详细规划的样稿。

11.5.1 上海市某区控制性详细规划文本

1. 总则

1.1 目的与依据

1.1.1 为了加强本市国土空间规划管理,保障控制性详细规划(下简称控规)的实施,根据《中华人民共和国城乡规划法》《上海市城乡规划条例》《上海市历史风貌区和优秀历史建筑保护条例》《上海市控制性详细规划制定办法》和《上海市控制性详细规划技术准则》(下简称《技术准则》)制定本文本。

1.2 适用范围

1.2.1 本文本以条文方式对图则的应用进行解释,规划范围内的开发建设活动,应遵守本文本的各项规定,并同时遵守国家和本市的有关规定。

1.2.2 控规未包括的开发建设控制要求,应符合本市相关法规、规范和行政文件的要求。

1.3 法定成果文件

1.3.1 控规法定成果文件包括本文本与图则。

1.3.2 因项目需要,图则可以特定管理条文的形式对文本中的具体条款进行调整或增加,当文本和图则的具体条款不一致时,以图则为准。

2. 规划指标的释义与管理要求

2.1 强制性管控要素和引导性管控要素

2.1.1 强制性控制要素在规划实施阶段应当严格落实。强制性管控要素分为刚性控制和弹性控制。刚性控制一般对应的是不可变的图例(包括范围、形状和位置等),应在规划实施阶段严格落实;弹性控制是指在符合规划所确定的设计原则的前提下,可在规划实施阶段对其范围、形状、位置等内容进行调整。

2.1.2 引导性控制要素在规划实施阶段宜尽量落实,未予落实的应进行详细说明和论证。

2.2 地区类型

2.2.1 历史风貌区是指本市行政区域内的历史文化风貌区、风貌保护街坊、风貌保护道路(街巷)和风貌保护河道。

2.2.2 产业区块是指在控规上位规划中所明确的产业基地、产业社区。

2.2.3 轨交上盖综合开发区域是指地面层是轨交停车场、定修段、车辆段等轨交设施用地,在其顶板以上进行综合开发的区域。不包括轨交设施位于地下,地面以上进行综合开发的情况;也不包括地下、地面、高架轨交站点周边综合开发的情况。

2.3 地块边界和用地面积

2.3.1 平原、山脉、丘陵、斜坡等各类地形上的地块用地面积应按照地块边界的水平投影进行量算。

2.3.2 保留、在待建和置换用地的用地边界、用地面积、建筑面积以合法权证及相关批准文件为准。

2.4 用地性质和混合用地建筑面积比例

2.4.1 用地性质应按地上土地使用性质确定。

2.4.2 混合用地是指一个地块内有两类或两类以上使用性质的建筑,且每类性质的地上建筑面积占地上总建筑面积的比例均大于10%的用地。

2.4.3 混合用地中的用地比例一般按照建筑面积的比例进行拆分计算。

2.4.4 当涉及无建筑的用地之间混合时,按用地面积的比例进行拆分计算。

2.4.5 当涉及交通、市政等设施与绿地、广场等用地混合时,其中设施用地面积按设施的地上建筑物、构筑物的占地面积计算。涉及轨交上盖综合开发区域的地块,地面层普适图则中,其用地性质是指地面上轨交设施的使用性质;上盖层普适图则中,用地性质指上盖以上各类设施、建筑的使用性质。

2.4.6 在公共绿地内建设公共配套设施(包括管理用房、售票亭、公共厕所、小卖部、小型餐饮以及必要的市政设施),如控规成果中对此有规定,则以批准的控规为准;如无特殊规定的,应按《公园设计规范》《城市绿地设计规范》等标准执行。

2.5 容积率

2.5.1 容积率是地块内计容建筑面积与地块面积的比值,控制上限值。若指标为区间值,是指同时控制了上下限要求。计容建筑面积的计算方法应按《上海市建筑面积计算规划管理暂行规定》执行。

2.5.2 涉及轨交上盖综合开发区域的地块,其容积率包括顶板上配建的机动车停车位等设施的建筑面积。

2.5.3 土地出让或划拨前,当用地边界按实测调整时,地块的建筑面积应为控规确定的容积率和调整后用地面积的乘积;土地出让或划拨后,当规划用地面积与实测用地面积不一致时,地块的建筑面积以合法权证及相关批准文件为准。

2.6 住宅套数

2.6.1 住宅套数是指住宅地块所建设的成套住宅的数量,控制下限值。

2.7 配套设施

2.7.1 图则中非独立设置的公共服务设施符号所在的位置是规划建议的位置。在地块出让或划拨前,可根据地区建设的实际情况,经论证后在地块范围内调整;在地块出让或划拨后,可结合建设工程设计方案予以落实。

2.7.2 图则中非独立设置的公共服务设施宜沿开放型的广场和道路布局,并优先设置于建筑物三层及以下。

2.7.3 学校内运动场(馆)、图书馆宜相对独立布置,在有条件的情况下宜向社会开放。

2.8 建筑控制线和贴线率

2.8.1 建筑控制线指控制建筑外墙轮廓外包线位置的控制线。贴线率指建筑物贴建筑控制线的界面长度与建筑控制线长度的比值。

2.8.2 建筑控制线分为不可变和可变。在规划实施阶段,不可变建筑控制线的线位和退让距离均不得改变;可变建筑控制线在满足退让距离和贴线率规定的前提下,线位可调整。

2.8.3 贴线率为下限值。贴线率计算方式见《技术准则》附录三。

2.9 重要界面

2.9.1 重要界面指对功能、视觉或者尺度等要求较高的道路或公共通道界面。以提升街道活力为目标,宜沿街设置公共功能、增加出入口数量、减少人行道与地块高差、设置外摆区域、加强建筑立面设计等。重要界面应符合附加图则中明确的具体控制要求。

2.10　建设控制范围和建筑高度分割线及对应高度

2.10.1　建设控制范围指建筑控制线围合的可建设区域。建筑高度分割线及对应高度指建筑控制范围内不同高度控制区域的分割线及对应区域的建筑高度上限。

2.11　建筑塔楼控制范围和标志性建筑位置

2.11.1　建筑塔楼控制范围指建筑控制线以内,高度大于 24 米,且空间形态上相对于地块其他建筑或裙房较为突出的建筑的控制范围。标志性建筑位置,指可建设高度、形态等方面人居景观风貌核心地位的建筑的特定区域。

2.11.2　塔楼的外轮廓投影线不得超出建筑塔楼控制范围。

2.11.3　标志性建筑位置以"＊"符号标示,建设范围不得超出高度分割线划示的范围,建筑高度应符合高度分割线对应高度。

2.12　骑楼

2.12.1　骑楼是指沿街建筑的二层及以上部分出挑、其下部以立柱支撑,形成半室内人行空间的建筑形态。

2.13　现状保留的其他建筑

2.13.1　现状保留的其他建筑指除需要保留的历史建筑外其他需要被保留的建筑。

2.14　公共通道、连通道和端口

2.14.1　公共通道指穿越街坊内部、以人车混行或步行为主要功能、路径式的公共空间,包括滨水绿地内的慢步道、跑步道、骑行道等。连通道指地块或街坊之间独立的或与建筑物及其他城市设施相结合的通道,包括街坊间跨道路的或跨地块边界的天桥、平台、地下通道等。端口指公共通道、连通道、主要弄巷与道路红线相交处的开口位置。

2.14.2　公共通道和连通道分为不可变和可变,在规划实施阶段,不可变公共通道、连通道的线位及宽度不得改变;可变公共通道、连通道的线位可在满足宽度规定的前提下调整。可变公共通道在线型发生改变时,贴线率的计算以沿公共通道的建筑外墙轮廓线作为贴线率计算的基础。

2.14.3　端口分为不可变和可变,在规划实施阶段,不可变端口的具体位置不得改变;可变端口的位置可调整。

2.15　地块内部广场、地块内部绿化、下沉广场

2.15.1　地块内部广场指在地块内部、以休闲活动为主、硬地面积占总面积 50％ 以上或大于绿化水系面积的地面、二层及以上或地下开放空间。地块内部绿化指在地块内部、以休闲活动为主、绿化水系面积占总面积 50％ 以上或大于硬地面积的地面、二层及以上或地下开放空间。下沉广场指广场地坪标高低于该地块的地坪面标高,且与地下空间相连通的开放空间。

2.15.2　地块内部广场范围、地块内部绿化范围以及下沉广场范围分为不可变和可变。在规划实施阶段,不可变地块内部广场、绿化以及下沉广场的位置、围合形态和用地面积均不可变;可变地块内部广场、绿化及下沉广场在满足用地面积规定的前提下,位置和围合形态均可调整。

2.16　桥梁

2.16.1　桥梁是指架设在河流上,使车辆行人通行的构筑物。

2.16.2　桥梁分为不可变和可变。在规划实施阶段,不可变桥梁的线位和宽度不得改变;可变桥梁在满足宽度规定前提下,线位可调整。

2.17　禁止机动车开口段

2.17.1　禁止开口段指禁止设置机动车出入口的位置。

2.17.2　若图则不标示禁止机动车开口段的长度,则禁止机动车开口段应符合《技术准则》要求。若图则标示禁止机动车开口段的长度,则以图则要求为准。

2.18 慢行优先道路

2.18.1 慢行优先道路指慢行优先、通过稳静化和交通管制等手段限制机动车车速和数量的城市道路。

2.18.2 慢行优先道路应符合附加图则明确的管控要求(包括道路断面、交通管理等)。

2.19 公共垂直交通

2.19.1 公共垂直交通是指向公众开放的垂直交通设施,包括自动扶梯、电梯及楼梯等。

2.20 机动车出入口、机动车公共停车场、地下车库出入口

2.20.1 机动车出入口指沿道路红线开设机动车出入口的位置。

2.20.2 机动车公共停车场指为社会公众停放机动车而设置的、免费或收费的停车场(库),不包括配建停车场(库)。

2.20.3 地下车库出入口指地下机动车停车场的出入口位置。

2.21 出租车候客站、公交车站

2.21.1 出租车候客站指用于社会出租车停靠用以等候或上下乘客的位置。

2.21.2 公交车站指用于公共汽车停靠的站点。

2.22 地上/地下各层空间建设范围

2.22.1 地上/地下各层空间建设范围,即地上/地下各层可建设的区域。

2.22.2 地上/地下各层空间建设范围分为不可变和可变。在规划实施阶段,不可变地上/地下各层空间建设范围的位置、围合形态不得改变;可变地上/地下各层空间建设范围的位置、围合形态均可调整。

2.23 地上/地下各层商业设施空间范围、地上/地下各层其他设施空间范围

2.23.1 地上/地下各层商业设施空间范围指地上/地下各层建筑中应建设商业设施的控制范围;地上/地下各层其他设施空间范围是指各层建筑中应建设其他公共设施的控制范围,如体育文化等。

2.24 色相调和和色调调和

2.24.1 色相调和和色调调和是指在色彩分区控制的基础上,通过一定调和要求,进一步对界面进行控制。

2.24.2 色相调和是指该界面建筑的色相不变,明度和彩度进行一定变化,应符合附加图则中明确的具体控制要求。

2.24.3 色调调和是指该界面建筑的明度和彩度不变,色相进行一定变化,应符合附加图则中明确的具体控制要求。

2.25 增补要素

2.25.1 根据项目实际情况可增加其他管控要素,并在图则中明确增补要素的图例、释义和管理要求。

2.26 其他规定

2.26.1 控规成果中对绿地率有规定的,应以批准的控规为准;如无特殊规定的,应按《上海市绿化条例》相关规定执行。

2.26.2 控规成果中对地块建筑密度有规定的,应以批准的控规为准;如无特殊规定的,以批准的建设工程设计方案为准。

2.26.3 禁止在工业用地内建造单幢建筑面积 $150\sim500\ \text{m}^2$,且三面(两单元并联)或四面临空的类似别墅型建筑。

3. 规划动态

3.1 保留。指在下一次修编之前,该地块用地性质不变、其上的建筑物基本保留的地块。

3.2 待建。指该地块已经合法程序划拨或出让,地块规划指标已经合法的行政许可程序确定,但在本次规划编制启动时,其建设活动尚未完成的地块。在待建地块的指标以合法权证及相关批准文件为准。

3.3　置换。 指已建设用地的用地性质发生调整,且保留局部或全部现状建筑、建筑面积不增加的地块。

3.4　规划。 指该地块拟根据本控规确定的规划控制指标予以开发建设。在保留现状建筑的基础上增加建筑面积,且超过合法权证和相关批准文件的地块,也属于"规划"地块。

3.5 控规所确定的可开发用地的规划指标是对未来土地使用的控制与指导,现状合法的土地用途与控规指标不符的,可继续保持其原有使用功能。在启动规划实施前,上述用地可在不改变现状用途的情况下实施一般性修缮或改造,但应随时服从规划实施的要求。若需开展非一般性修缮或改造,则应按照本控规规定的控制指标实施;若不符,应先行开展规划实施深化或控规调整。

3.6　一般性修缮或改造。 指地块的用地性质不变、建筑的使用性质不变、地块内建筑主体高度基本不变(水箱、电梯井、天线等必要设施的高度改变不计入建筑限高)、建筑面积不大于已取得的合法权证和相关批准文件核定的建筑面积的建设行为。

4. 规划更新

4.1　控规的修编和调整。 根据地区发展的实际情况和上位规划的要求,适时启动本控规的修编和调整。建设项目许可应以经法定批准的、修编或调整后的控规法定成果文件为依据。

4.2　增补普适图则。 本控规整单元普适图则中划定的发展预留区,是指在控规编制时仅确定了其主导功能、强度分区、配套要求及各类交通市政基础设施控制要求的区域。应结合该地区发展的实际情况,在必要时制定增补普适图则,纳入本控规的法定成果文件。增补普适图则是发展预留区建设项目许可的必要依据。

4.3　修编或调整前控规的法律效力。 控规修编或调整前的控规法定成果文件,作为当时建设项目许可行为的法定依据,其法律效力可追溯。

5. 规划实施深化

5.1 规划实施深化是指无须修改详细规划的情况下,在建设项目管理阶段,通过专家、专业部门论证等方式,对实行弹性控制的指标予以确定的程序。相关内容应参照《关于进一步简化优化本市详细规划管理流程、提升审批效能的指导意见》中的要求管控执行。

6. 实施时序

6.1 应当保证社区公益性设施与地区建设协调发展。居住区公共服务设施应当按《技术准则》的要求,与相应规模的住宅同步规划、同步建设、同步投入使用。产业区块内的公共服务设施应当与相应规模的产业用地同步规划、同步建设、同步投入使用。

7. 附则

7.1　用词说明

7.1.1　本文本中,正面词采用"必须",反面词采用"严禁"的,表示很严格,非这样做不可或禁止这样做。正面词采用"应"或"应当",反面词采用"不应"或"不得"的,表示严格,在正常情况下均应或不应这样做。正面词采用"宜",反面词采用"不宜"的,表示允许稍有选择,在条件允许时首先应或不应这样做。采用"可"的,表示有选择,在一定条件下可以这样做。

7.1.2　本文本中,指明应按其他有关标准执行时的写法为:"应符合……规定"或"应按……执行"。

7.2　生效日期

7.2.1　本控规法定成果文件从批准公布时生效。

11.5.2　上海市某区控制性详细规划图则

图 11-12 和图 11-13 所示为上海某区控制性详细规划图则。

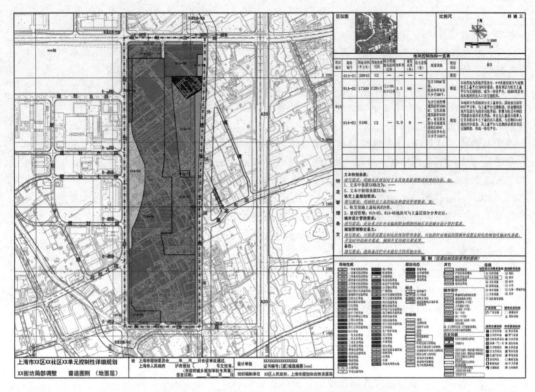

图 11－12　上海市某区控制性详细规划图则一

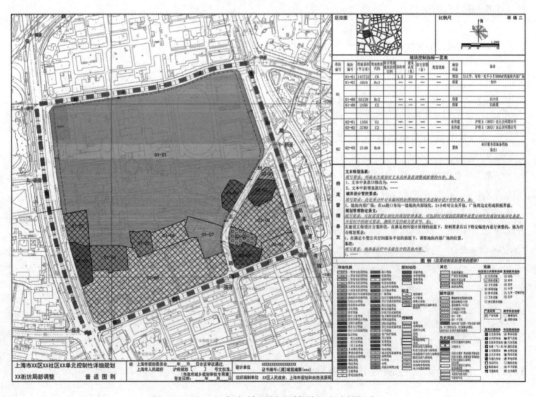

图 11－13　上海市某区控制性详细规划图则二

思　考　题

1. 国土空间控制性详细规划的作用和内容是什么?
2. 在控制性详细规划中,哪些工作内容涉及交通内容?
3. 控制性详细规划的强制性指标有哪些?
4. 城乡规划中的红线、绿线、蓝线、黑线、紫线、黄线分别指什么?
5. 生活圈对城市交通有什么影响?

第 12 章　城市修建性详细规划

12.1　修建性详细规划概述

12.1.1　修建性详细规划的定义

《中华人民共和国城乡规划法》第二十一条规定："城市、县人民政府城乡规划主管部门和镇人民政府可以组织编制重要地块的修建性详细规划。修建性详细规划应当符合控制性详细规划"。根据全国人大常委会法制工作委员会主编的《中华人民共和国城乡规划法释义》(以下简称为《释义》)："修建性详细规划是指以城市的总体规划或控制性详细规划为依据,制定用以指导城市各项建筑和工程设施及其施工的规划设计。修建性详细规划主要是用以指导各项建筑和工程设施及其施工的规划设计,它一般针对的是某一具体地块,能够直接应用于指导建筑和工程施工"。《释义》对这一定义做了以下几点解释。

(1) 修建性详细规划的对象是重要地块,所以无须对城市所有地块进行此类规划。

(2) 城市、县人民政府城乡规划主管部门针对城市总体规划以及县政府所在地镇总体规划范围内的重要地块编制修建性详细规划,镇人民政府针对镇总体规划范围内的重要地块编制修建性详细规划。

(3) 修建性详细规划的依据是控制性详细规划,不得更改或者变相更改控规对用地规模、用地布局等的规定。

(4) 修建性详细规划的目的是指导某一具体(重要)地块的建筑设计或工程的设计和施工,是对控制性详细规划的具体落实。

修建性详细规划的常见类型包括城市、镇、区的中心区修建性详细规划,居住区修建性详细规划,滨水地段、重要街道、广场等开放空间的修建性详细规划,产业园区修建性详细规划等。

12.1.2　修建性详细规划的基本特点

修建性详细规划具有下面几个特点。

(1) 面向建设项目且实施性较强。以具体详细的开发建设项目策划以及可行性研究为依据,按照拟定的各种建筑物的功能和面积要求,将其落实到具体的城市空间中。

(2) 城市空间与环境的形象表达。采用模型、透视图等形象的表达手段将规划范围内的道路、广场、绿地、建筑物、小品等物质空间构成要素综合地表现出来。

(3) 编制主体呈现多元化特征。编制主体不仅限于城市政府,还可以是开发商或者是拥有土地使用权的业主。

12.2　修建性详细规划的基本内容

《释义》指出,修建性详细规划一般包含:"规划地块的建设条件分析和综合技术经济论证,建筑和绿地空间布局、景观规划设计,布置总平面图,道路系统规划设计,绿地系统规划设计,工程管线规划设计,竖向规划设计,估算工程量、拆迁量和总造价,分析投资效益"。

12.2.1　建设条件分析与综合技术经济论证

根据地段功能性质,经过实地调查,收集人口、土地利用、建筑、市政工程现状及建设项目、开发条件等资料,进行综合分析和技术经济论证,确定规划原则及指导思想,选定用地定额指标。

1. 基地自然条件分析

基地自然条件分析主要从地质学、地形学、水文学、小气候、生物学等方面的特征入手,对基地的开发建设适应性和可能性进行评估,使规划与基地的自然条件相适应(见表12-1)。

表 12-1　基地自然条件分析的内容

类　别	主　要　内　容	具　体　内　容
地质条件	地震烈度	规划用地所在城市的地震烈度及相应规范要求
	地基条件	规划用地范围内地基的承载力情况,确定可建设建筑的体量和高度
	滑坡、崩塌、冲沟等不利地质条件	规划范围内及周边是否存在滑坡、崩塌、冲沟等不利地质条件,其范围和未来处理的意向
	矿藏	用地范围内是否存在重要的矿藏分布,其开采与保护要求
水文条件	地表水	用地范围内及周边海、河、江、湖等水体的位置,其蓝线和滨水绿地控制范围,水质和水源保护要求,防洪和排洪要求与设施等
	地下水	地下水对建设的影响及其保护要求
气候条件	日照条件	规划用地所在城市的日照标准、间距、建筑朝向要求等
	风向	规划用地所在城市的主导风向,城市风玫瑰图等
	气温与降水	根据当地气温与降水条件分析适宜的群体布局与建筑单体形式
地形条件	适建性分析	一类用地:地形坡度10%以下,不需要或稍加工程措施即可建设的用地;二类用地:地形坡度10%～25%,需要采取一定工程措施改善条件后才能修建的用地;三类用地:地形坡度大于25%,不适于修建的用地
	地面坡度和交通条件分析,地面排水和防洪条件分析,地形条件对日照、通风等的影响	
植被条件	了解基地内植被的总体质量,确定具有保留价值的树木,确定需保护的古树名木等	

2. 城市发展条件分析

修建性详细规划的城市发展条件分析通常涉及区位条件(见图 12-1)、相关规划、历史文脉、土地使用、空间形态、交通条件、配套设施等方面(见表 12-2),其分析的空间范围主要包括规划基地周边及所在的城市片区,根据需要也可对较大的空间范围甚至整个城市进行分析。

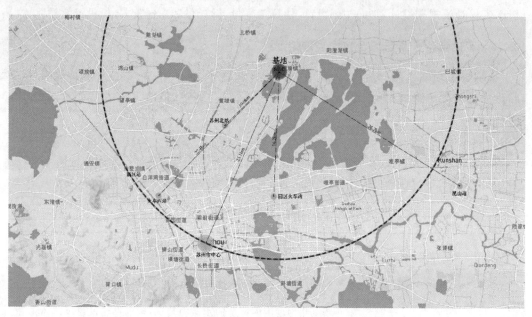

图 12-1 区位条件分析

表 12-2 基地城市发展条件分析的内容

类　　别	主　要　内　容	具　体　内　容
区位条件分析	标明规划片区在城市中的位置,并指出其与重要的城市要素间的位置关系	
相关规划分析	明确上位规划对规划片区的要求	城市总体规划、规划基地所在片区控制性详细规划
	明确相关专业规划对规划基地的要求	绿地系统规划、城市防洪规划、商业网点布局规划等
	了解相关片区规划	周边地块修建性详细规划等
历史文脉分析	物质层面	分析规划片区内物质要素的历史属性
	非物质层面	宏观层面分析规划片区发展的历史背景;微观层面分析曾经存在的重要历史要素以及现存历史要素的历史文化特征
城市功能分析	对规划片区所在地段真实的功能情况、主导城市功能以及不同功能之间关系的分析;对规划片区相关的周边地区的住区条件、配套功能、商业业态、工业类型等进行分析	

（续表）

类　　别	主 要 内 容	具 体 内 容
空间形态分析	对城市空间肌理以及单个或一组城市开放空间的尺度、几何特征、视觉特征的分析	
交通条件分析	道路网络和断面	快速路、主干路、次干路、支路等形成的层次型网络及断面形式
	静态交通	现状停车设施和数量、停车需求、非机动车停车等
	公交	城市轨道交通网络和站点、公共汽车站点；水上交通、班车等其他公共交通条件
	慢行交通	非机动车道、步行道等
现状建筑分析	建筑风格	对不同时代、地区以及文化运动中的建筑或者城市结构进行分类
	建筑质量分析	依据建筑结构的老化程度对其进行评估和分类
	建筑风貌分析	分析建筑视觉特征对城市空间环境质量的影响

3.现状建设条件分析

一般指由人为因素所造成的建设条件,包括如下内容。

（1）城市用地布局：在明确规划用地现状分布情况的基础上,分析其能否适应发展,对生态环境的影响,与城市内外交通的关系等（见图 12-2）。

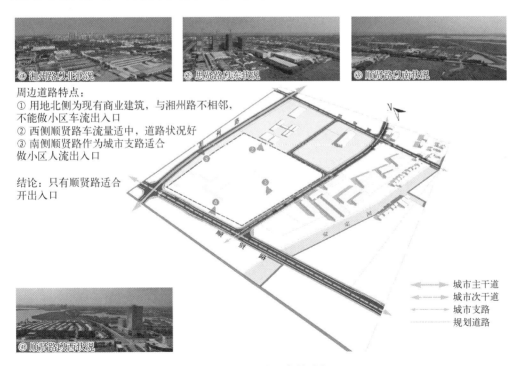

图 12-2　交通建设条件分析图

（2）城市设施：公共服务设施和市政设施现状的质量、数量、容量与利用的潜力等。

（3）社会、经济构成：人口结构、分布密度、产业结构和就业结构对用地建设的影响。

4. 基础设施条件

基础设施条件含用地本身和邻近地区中可利用的基础设施的位置、种类、级别、质量等。

12.2.2　建筑布局与规划设计

1. 修建性详细规划的建筑布局

修建性详细规划中的建筑布局（见图 12-3），至少应当考虑以下 5 方面问题。

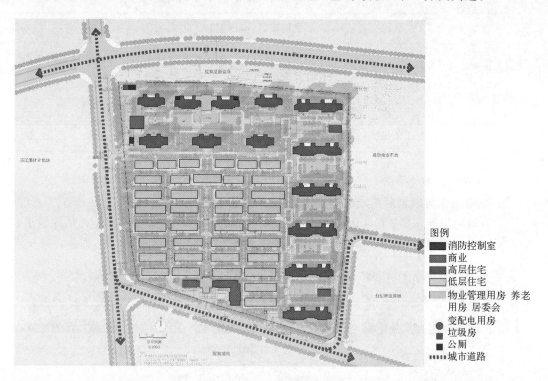

图 12-3　建筑功能布局图

（1）物理环境：建筑布局与气候、日照、风向、地形地貌等之间的关系。

（2）功能：应当支持地块所承担的城市功能。

（3）文脉：应与现有城市空间形成整体，并表达特定的城市环境和历史文脉特征。

（4）生活：应当满足人们的日常生活、社会活动的要求。

（5）美学：应当具有视觉体验上的愉悦感，为创造优美的城市环境服务。

2. 建筑布局与规划的总体原则

建筑布局与规划设计的总体原则有下面 3 点。

（1）不仅应成就建筑群体自身的完整性，还应能对所在地段产生积极的环境影响。

（2）注重与相邻建筑之间的关系，基地的内外空间、交通流线、人流活动和城市景观等，均应与地段环境文脉相协调（见图 12-4）。

（3）建筑设计还应关注与周边的环境或街景一起，共同形成整体的环境特色。

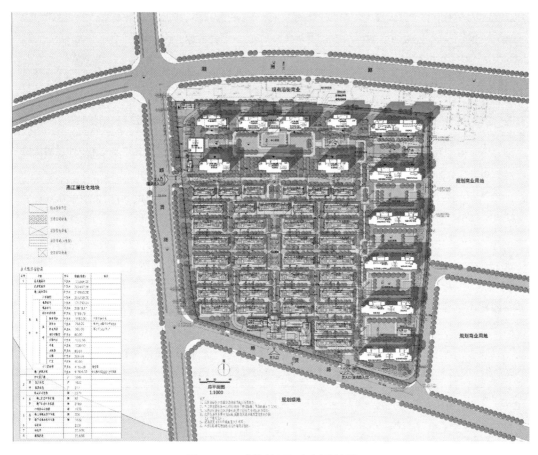

图 12-4　建筑总平面规划设计图

12.2.3　空间景观与环境设计

修建性详细规划的空间景观与环境设计主要包括自然山水、绿地和种植景观、建筑空间景观和道路景观等 4 个方面(见表 12-3 和图 12-5)。

表 12-3　空间景观与环境设计的内容

类　别	主要内容	具　体　内　容
自然山水	山体	建筑适应山体地形,必要时局部改造地形,适当增加道路等设施
	水系	明确水体蓝线和绿化带位置、宽度,对滨水空间的功能进行定位
绿地和种植景观	绿地系统结构	整体安排绿地分布,确定绿地节点、轴线、各级公共绿地等位置和关系
	绿地与建筑布局	划定绿地范围,确定绿地的平面布局和形态
	地形和竖向	根据现状地形条件确定绿地起伏或平坦特征

（续表）

类　别	主要内容	具 体 内 容
绿地和种植景观	步行道	依据总体规划布局和绿地功能设置步行道路，形式包括直线式和曲线式
	种植	对地块内的种植进行配置规划，并提出建议性的树种配置
建筑空间景观	广场景观	确定广场平面形态和周边建筑界面，布置广场绿化、景观和服务设施
	天际线	根据上位规划和城市设计确定建筑形体、高度，绘制整体立面和天际线
道路景观	街道建筑界面	对沿街建筑的高度、沿街建筑形成街道空间的边界和沿街建筑形成连续的街道空间界面进行初步规划设计
	绿化和铺装	划分地块内主要道路的绿带，确定其宽度；对地块内主要道路的人行道、建筑后退道路线内的步行空间、其他步行道路的铺装提出意象性配置
	街道家具和广告标志物	安排街道家具的位置、形式、标准，明确可以设置广告标志物的地段范围以及位置、尺寸、色彩、风格等控制元素

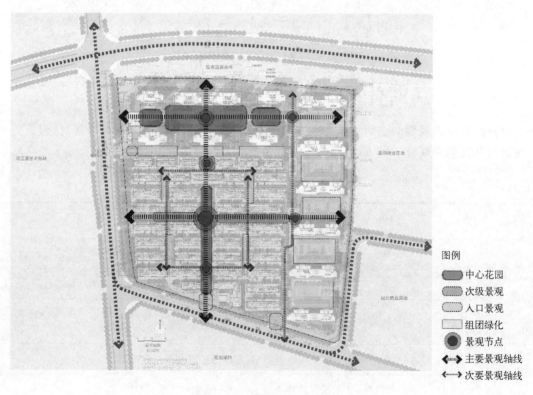

图 12-5　景观绿化设计图

12.2.4　道路交通规划与设计

　　修建性详细规划中道路交通规划设计的内容与深度：在控制性详细规划所确定的道路系统上，对规划地块的人流车流进行分析，确定地块和主要建筑物的出入口，地块内部道路的线形、宽度、断面、竖向设计；确定地块内的停车场（库）位置以及停车数量；确定消防车道布置和消防扑救场地位置；确定道路横断面的形式和尺寸；确定步行和自行车道路、场地的位置以及非机动车停车场地的位置、停车数量等。在具体的项目实践中，有时还需要对原有控制性详细规划的路网规划进行深化和优化，增加城市支路网密度，提高地块的可达性。

　　1. 确定交通路网结构

　　根据现状和上位规划所确定的路网和用地布局，对规划地块的车流、人流的主要来向、流量、速度等进行判断，构建地段路网等级结构（见图 12－6），并布置地块内部道路系统（见图 12－7）。通常可按照快速路—主干道—次干道—支路—内部道路的等级结构进行划分，以保证各级路网密度满足国家和地方相关规范的要求。

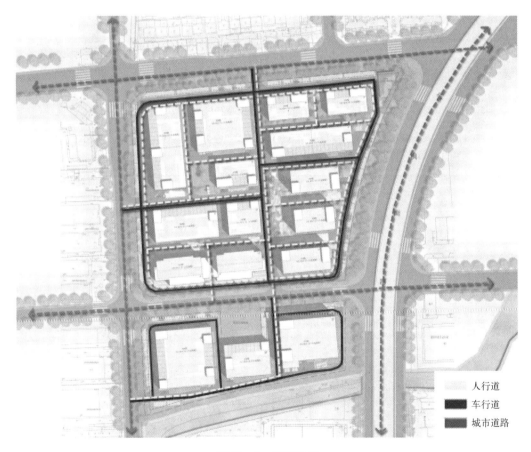

图 12－6　路网结构

　　2. 地块机动车出入口设置

　　规划地块出入口的位置应当依据建筑布局的要求，同时满足控制性详细规划以及其他上位规划和相关规范的规定（见表 12－4 和图 12－8）。

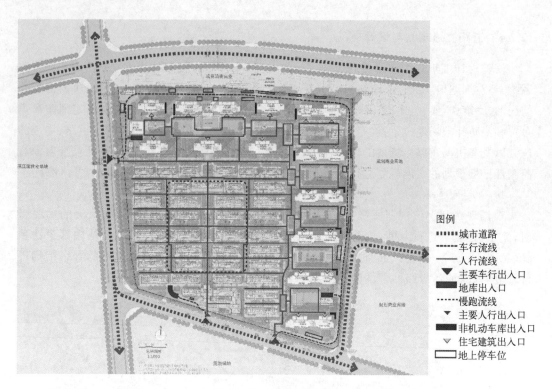

图例
┊┊┊┊ 城市道路
----- 车行流线
——— 人行流线
▼ 主要车行出入口
■ 地库出入口
┊┊┊┊ 慢跑流线
▼ 主要人行出入口
■ 非机动车库出入口
▽ 住宅建筑出入口
▭ 地上停车位

图 12-7 内部交通分析

表 12-4 《上海市建筑工程交通设计及停车库(场)设置标准(DG/TJ 08-7-2021)》的
基地机动车出入口设置标准

类　别	内　容	评　价　标　准
位置关系	总体原则	基地机动车出入口设置应充分考虑所接入道路的等级,优先选择设置在较低等级的道路上
	基地位于主干路与次干路、支路相交位置旁	机动车出入口不应设置在主干路上
	基地位于次干路和支路相交位置旁	机动车主出入口不宜设置在次干路上
	基地位于 T 型交叉口处,对向道路小于双向 4 车道	机动车出入口可正对对向道路设置,避免错位,并纳入交叉口渠化设计及信号控制
	基地位于 T 型交叉口处,对向道路大于等于双向 4 车道	机动车出入口不宜设置在交叉口范围内
距离关系	总体原则	基地机动车出入口应避免影响道路交叉口正常运行,不应在交叉口进出口道展宽段和展宽渐变段内设置
	确须在主干路上设置出入口的	距上游交叉口不应小于 30.0 m,距下游交叉口不应小于 50.0 m;条件不允许的,设置在基地最远端

（续表）

类　别	内　容	评　价　标　准
距离关系	在次干路上设置出入口的	出入口距上游交叉口不应小于 30.0 m，距下游交叉口不应小于 50.0 m；条件不允许的，设置在基地最远端
	在支路上设置出入口的	出入口距与主干路相交的交叉口不应小于 50.0 m，距与次干路相交的交叉口不应小于 30.0 m，距与支路相交的交叉口不应小于 20.0 m；条件不允许的，设置在基地最远端
	在已建成道路上设置机动车出入口的	不宜设置在交叉口最大排队长度范围内
	出入口距地铁出入口、人行横道线、人行过街天桥和人行地道的距离	不宜小于 20.0 m
	与铁路道口的距离	不宜小于 50.0 m
	与桥梁、隧道起坡点等的距离	当桥梁、隧道坡度大于等于 2％时，不宜小于 50.0 m；当坡度大于 1％且小于 2％时，在桥梁、隧道坡度范围内不宜设置出入口
	与公交车站站台边缘的距离	不宜小于 15.0 m，条件不允许时与公交站一体化设计
	出入口有坡度且坡度大于等于 2％时	起坡点距离道路红线不宜小于 8.0 m
	有、无中央隔离带（栏）道路上同侧机动车出入口之间的最小净距	主干路 50 m，次干路 30 m，支路 20 m，公共通道 10 m
	无中央隔离带（栏）道路上异侧机动车出入口之间的最小净距	主干路 60 m，次干路 40 m，支路 20 m，公共通道 10 m
数量关系	机动车停车泊位数≤300 辆	必须在主干路上设置的，出入口总数不应超过 1 个；均设在次干路和支路上的，出入口总数不应超过 2 个
	300 辆＜机动车停车泊位数≤700 辆	必须在主干路上设置的，出入口总数不应超过 2 个；均设在次干路和支路上的，出入口总数不应超过 3 个
	机动车停车泊位数＞700 辆	基地位于主干路与次干路或与支路相交的道路时，主干路上不应设置出入口，且出入口总数不应超过 3 个，并应分别布置在主干路以外的不同道路上。主干路上必须设置出入口的，出入口总数不应超过 2 个
	相邻两块基地在用地分界线两侧分别设置出入口的	2 个出入口宜合并为 1 个

（续表）

类　别	内　容	评　价　标　准
数量关系	中、小学和幼儿园等教育类建筑	机动车出入口与人行出入口宜分开设置，机动车出入口宜开设在支路或公共通道上
	医院建筑	宜为外来就医车辆预留停车预约专用或优先进出通道
几何条件	双向行驶的出入口车行道宽度	宜为 7～11 m；出入口中间设置隔离设施的，宽度可增加至 8.0～12.0 m
	单向行驶的出入口车行道宽度	宜为 5～7 m
	大型物流仓储建筑货车出入口宽度	宜为 12.0～16.0 m
	基地双向出入通道与城市道路	相交角度为 75°～90°，并具有良好的通视条件，并在距入口边线内 2.0 m 处作为视点的 120°角范围内至边线外 7.5 m 不应有遮挡视线的障碍物

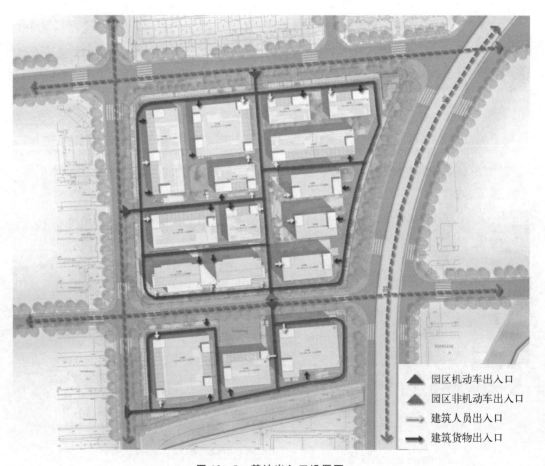

图 12-8　基地出入口设置图

3. 道路线形、断面与竖向

1) 道路线形

地块内的道路线形应当能够方便地通达建筑物的各个安全出口及建筑周边的场地，同时应当满足以下要求：① 连续、平顺，与地形、地物相适应，与周边环境相协调；② 满足行驶方便以及视觉、心理上的要求；③ 均衡连贯，避免急转弯，两条道路之间的间距应当不大于 160 m；④ 私用地块，在两个出入口之间不宜直线连接，避免外部车辆直接穿行。

2) 道路断面

由于地块内部道路路幅窄，车行速度相对较慢，车辆数较少，所以通常采用一块板或两块板道路，如居住区、校园、工业园区等。地块内部道路双向通行时其宽度不得小于 7 m，并应根据地形进行竖向设计。

3) 道路竖向

竖向设计应遵循适应地形和建筑布局以及减小工程土方量的原则，并提供良好的排水条件，充分考虑地下市政工程管线的布置。根据《民用建筑设计统一标准》(GB 50352—2019)的规定，当地块处于平坦地形时，道路的纵坡不应小于 0.2%，即使在坡地上，其纵坡也不应大于 8%，同时坡长不大于 200 m；在特殊情况下，道路纵坡可不大于 11%，但其长度不应大于 80 m；在多雪严寒地区，纵坡应不大于 5%，坡长不大于 600 m。通常道路的横坡为 1%～2%。

4. 停车场库与停车数量

1) 停车场库

机动车停车主要包括地下车库、地面停车场和地上停车楼三类。地上和地下停车可以提高土地利用率，但是出于方便和通勤需要仍应当保留一部分地面停车。《苏州市建筑物配建停车位指标(2020 版)》规定："住宅类访客机动车停车位的原则上在地面靠近小区出入口部分设置。"

机动车停车设施可本着节约用地的原则设置机械式停车位。《苏州市建筑物配建停车位指标(2020 版)》规定："剧院、展览馆、体育场馆等人流、车流集中疏散的大型公共建筑以及新建住宅类建筑物不得设置机械式停车位。其他各类建筑物配建的机械式停车位数量在折减后不应超过配建机动车停车位总数的 60%(停车场项目除外)。"

停车场应当按照相关规范设置车库出入口(见表 12-5)。

表 12-5　《车库建筑设计规范(JGJ 100—2015)》规定的机动车库出入口和车道数量

出入口和车道数量	规模停车当量						
	特大型	大　型		中　型		小　型	
	＞1 000	501～1 000	301～500	101～300	51～100	25～50	＜25
机动车库出入口数量	≥3	≥2		≥2	≥1	≥1	
非居住建筑出入口车道数量	≥5	≥4	≥3	≥2		≥2	≥1
居住建筑出入口车道数量	≥3	≥2	≥2	≥2		≥2	≥1

　　单个车位的布置方式按汽车纵轴线与通道的夹角关系可分为平行式、斜列式、垂直式3种。停车场用地面积每个停车位为 25～30 m²,地下停车库为 30～35 m²(见图 12 - 9)。

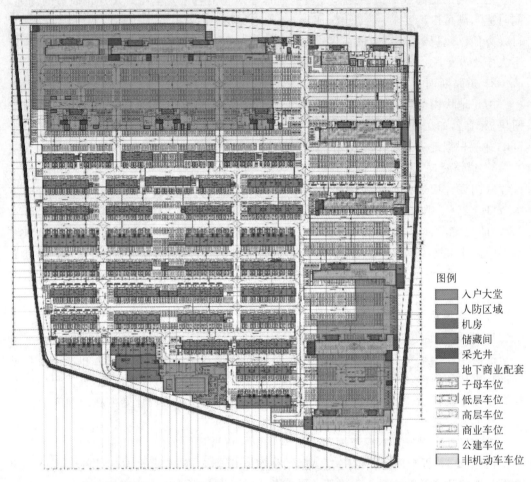

图例

- 入户大堂
- 人防区域
- 机房
- 储藏间
- 采光井
- 地下商业配套
- 子母车位
- 低层车位
- 高层车位
- 商业车位
- 公建车位
- 非机动车车位

图 12 - 9　地下停车布置图

2) 停车数量

　　规划地块内的停车数量应当按照国家或者地方颁布的标准,依据地块内的建筑功能、数量(面积、房间数等)配建(见表 12 - 6)。

表 12 - 6　《苏州市建筑物配建停车位指标(2020 版)》规定的
办公类建筑物配建机动车停车车位指标表

小　类	建筑面积/m²	机动车停车配建指标(车位)			
		一类区		二类区	三类区
		下限	上限	下限	下限
行政办公	100	—	1.2	1.6	1.8
商务办公	100	—	0.8	1.1	1.3

5.慢行系统

城市慢行系统包括道路人行道、人行横道、独立设置的步行道、建筑间的公共连廊、地下空间的公共步行道、空中和地下过街通道、广场和开放空间、道路一侧的自行车道以及独立设置的自行车道、城市绿道等。

修建性详细规划中的慢行系统规划应考虑以下问题。

（1）注意与上位规划中确定的城市慢行系统对接，如城市绿道、步行街、开放空间等，将本地块中的主要人行活动区、建筑步行出入口等与之方便地联系在一起。

（2）地块内的步行道系统宜布置成网状，设置较多的交叉口以提供多种线路选择；慢行车道线形可具有一定的变化，以创造步移景异的景观效果，但不宜过于曲折迂回。

（3）车行道路和设施应尽量远离步行系统布置；在交通繁忙的机动车行道路与慢行道路交叉口，宜采用天桥、地下通道等立体过街方式，当必须采用平面过街方式，且双向机动车道达到或超过 6 条车道时，应设置过街人行安全岛。

（4）在强调慢行交通方式的地块中，可以通过改变机动车道和交叉口的设计达到降低机动车速度、提高慢行安全性的目的，如增加机动车道的曲折程度、减小机动车道宽度、采用宽度缩减的道路交叉口等。

（5）步行道的宽度应是人行带宽度的倍数，人行带宽度是指单个行人通行时所需的宽度，通常单人无携带物品需宽度 0.7～0.8 m，因此人行道最小宽度不得小于 1.5 m。在步行大流密集的场所，如商业区、车站等，人行道的宽度应根据人流量和道路设计通行能力计算。

（6）应为非机动车配建停车场（库），其数量应按照地块的功能、容量（面积、户数等）相关标准计算（见表 12-7）。《苏州市建筑物配建停车位指标（2020 版）》还规定：“非机动车位不得设置为机械式停车位”。

表 12-7　《苏州市建筑物配建停车位指标（2020 版）》规定的
住宅类建筑物配建非机动车停车车位指标表

小　类		单　位	非机动车停车配建指标（车位）
商品房		户	1.0
保障性住房	定销商品房	户	1.2
	经济适用房	户	1.2
	公租房	户	1.5
	廉租房	户	1.5
集体宿舍		间	1.5

6.消防交通

街区内道路应考虑消防车通行，其道路中心线的距离不宜超过 160 m（见图 12-10）。当建筑物沿街部分长度超过 150 m 或总长度超过 220 m 时，应设置穿过建筑物的消防车道。消防车道净宽不应小于 3.5 m，净高不应小于 4 m。规模在 3 000 m² 以上的公共建筑宜设置环状消防车道,并至少有两处与其他车道连通。建筑物采用庭院式布局时,若院落为全封闭形式且最短边的长度超过 24 m,宜设置进入内院的消防车道。

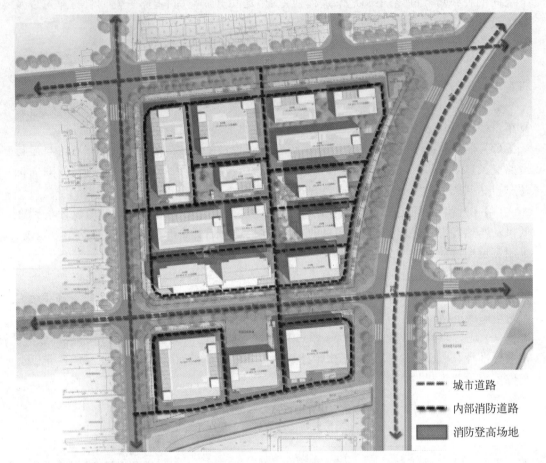

图 12 - 10　消防交通布置

12.2.5　场地竖向设计

场地竖向设计应本着充分结合原有的地形地貌,尽量减少土方工程量的原则道路,并应满足行车、行人、排水及工程管线的设计要求;场地竖向设计应考虑雨水的自然排放,考虑规划场地及周边景观环境的要求(见图 12 - 11)。

12.2.6　建筑日照影响分析

对场地内的住宅、医院、学校和托幼等建筑进行日照分析,满足国家标准和地方标准要求。对周边受本规划建筑物日照影响的住宅、医院、学校和托幼等建筑进行日照分析,设计应满足国家标准和地方标准的要求(见图 12 - 12)。

12.2.7　投资效益分析

投资效益分析是指对建设项目的预期效益和开发成本进行比较,判定项目开发的效

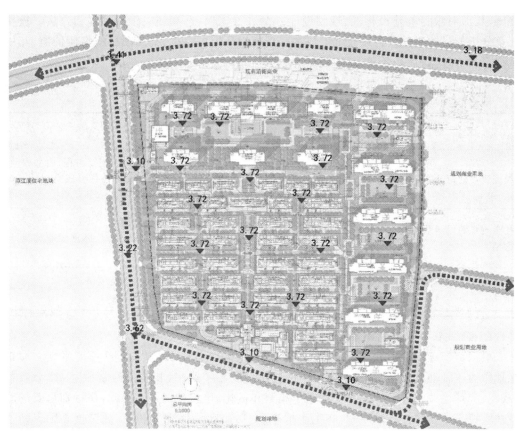

图 12 – 11　场地竖向设计分析图

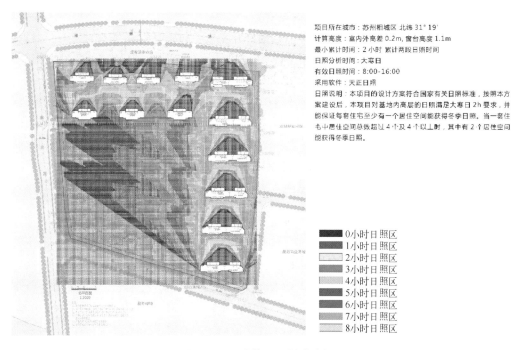

项目所在城市：苏州相城区 北纬 31°19′

计算高度：室内外高差 0.2m，窗台高度 1.1m

最小累计时间：2 小时 累计两段日照时间

日照分析时间：大寒日

有效日照时间：8:00-16:00

采用软件：天正日照

日照说明：本项目的设计方案符合国家有关日照标准，按照本方案建设后，本项目对基地内高层的日照满足大寒日 2h 要求，并能保证每套住宅至少有一个居住空间能获得冬季日照。当一套住宅中居住空间总数超过 4 个及 4 个以上时，其中有 2 个居住空间能获得冬季日照。

- 0小时日照区
- 1小时日照区
- 2小时日照区
- 3小时日照区
- 4小时日照区
- 5小时日照区
- 6小时日照区
- 7小时日照区
- 8小时日照区

图 12 – 12　建筑日照影响分析图

费比,从而对项目的建设标准、规划设计方案进行比较、选择和决策的过程和方法。投资效益分析的目的是使项目以较低的成本实现规划预期的目标,提高项目的整体价值,其中包括了经济效益、社会效益、环境效益等(见表 12-8)。

表 12-8　修建性详细规划的经济效益、社会效益和环境效益

类　　别	具　体　内　容
经济效益的论证方法	通过综合技术经济论证得出。具体需要评估土地开发、前期工程、内部市政配套工程建设、绿化及环境设施工程建设、建筑及安装等各项成本费用,开展项目开发总收入、总利润等财务分析,分析论证项目投入和产出。
社会效益的内涵及实现途径	内涵:对社会发展所起的积极作用或产生的有益效果。 实现途径:提供开放空间增加生活休闲的场所,增加教育、体育锻炼设施可提高市民文化和身体素质。
环境效益的内涵及实现途径	内涵:对城市生态环境带来的积极作用或者产生的有益效果。 实现途径:增加绿化、采用屋顶绿化、采用合理的朝向等。

1. 经济、社会和环境效益的适度平衡

根据可持续发展的原则,开发项目应当实现经济、社会、环境三者的适度平衡。城市规划作为一种公共政策对此负有重要的责任。但在实践中,相较于经济效益,社会效益(成本)和环境效益(成本)往往更加难于预测和量化,也常被忽视。因此,在特别重要的或者性质特殊的修建性详细规划,如生态敏感区、历史文化保护和利用、老城核心区更新等的投资效益分析当中,应当对社会和环境方面的影响给予充分重视,由相关专业人员提供技术支撑,认真研究、反复论证并引入必要的公众参与,以达成三大效益平衡。

2. 利用投资效益分析优化修建性详细规划方案

投资效益分析的宗旨是要科学合理地处理好开发效益与建设投资成本的关系。根据价值判断的基本标准,可以通过投资效益分析对修建性详细规划方案进行优化,途径如下:

(1)通过创新规划设计的理念和方法,既提高效益,又节省投资。

(2)节省土地等资源消耗,采用适宜的建设标准,在保持效益不变或略有降低的同时大幅降低成本。

(3)积极引入新材料、新技术或创新思想,在成本保持不变或少量提高的情况下大幅提高效益。

12.2.8　市政工程管线规划设计和管线综合

其具体工作内容应当符合各有关专业的要求。

12.3　修建性详细规划的编制

12.3.1　编制流程

(1)成立组织机构。

(2)收集必要的规划资料。

① 本地区城市总体规划、分区规划或控制性详细规划资料。

② 现行规划相应的规范和要求。

③ 现有的场地测量和水文地质调查等资料,现有的场地地形图。

④ 人口资料及本区经济发展情况调查。

⑤ 供水、供电、排污等情况调查。

⑥ 各类建设工程造价等资料。

⑦ 居民消费水平调查。

(3) 根据规范计算出本规划区的各项规划指标。

(4) 确定路网和排水排污体系。

(5) 确定需要拆除及改造的项目,并议定赔偿搬迁方案。

(6) 进行建筑、绿化、景观、开放空间等的布局。

(7) 绘制总平面和竖向设计图。

(8) 各基本原则、经济指标分析。

(9) 编制文本说明。

(10) 组织相关专业人员评审。

(11) 报规划主管部门审查。

12.3.2　编制成果

修建性详细规划的成果包括规划设计说明书和规划图纸两部分。

1. 规划说明书

(1) 现状条件分析。

(2) 规划原则和总体构思。

(3) 用地布局。

(4) 空间组织和景观特色要求。

(5) 道路和绿地系统规划。

(6) 各项专业工程规划及管网综合。

(7) 竖向规划。

(8) 主要技术经济指标,一般应包括以下各项:总用地面积、总建筑面积、住宅建筑总面积、平均层数、住宅建筑容积率、建筑密度、绿地率。

(9) 工程量及投资估算。

2. 图纸

(1) 区位图。图应标明规划地段在城市中的位置以及与周围地区的关系。区位图可以分两张表示:一张在相对较大的范围内(如一个行政辖区)表示项目位置及其与周边城市现状的关系;另一张表示与规划项目直接相关的周边地段与本项目的位置关系,应能清楚地反映项目周边地块的性质、道路系统、建筑配套设施等情况,必要时可附现场照片。

(2) 规划地段现状图。图应标明自然地形地貌、道路、绿化、工程管线及各类用地和建筑的范围,性质、层数、风貌、质量等情况。图纸比例为 1∶500～1∶2 000。

(3) 规划总平面图表达以下几方面内容。

① 清晰地表达建筑布局。表明建筑外轮廓、建筑层数、建筑正负零标高、建筑间距

（含与用地边界的半间距及与建筑间的全距离），区分规划建筑与现状建筑等。

② 表达环境场地关系。标明场地铺装与绿化范围、主要的种植设计概念、河湖水系蓝线位置以及水位设计标高。

③ 表达道路与交通组织。划定道路红线、中心线、停车场站用地范围，标明主要车行和步行道路等。

④ 必要的文字标注。标注主要建筑、道路、水系、广场的名称。

⑤ 应在规划图中叠合现状图；图纸比例为 1/500～1/2 000。

（4）道路交通规划图。图应标明规划范围内道路交通系统与外部城市道路网络的联系，划定各类各级道路的红线位置、道路线形、道路中心线，标明道路机动车道开口的数量与位置，道路交叉点坐标、标高、转弯半径、停车场用地界线。进行道路横断面规划设计，区分车行道、非机动车道和人行道。图纸比例为 1/500～1/2 000。

（5）竖向规划图。图应标明室外地坪规划标高，道路交叉点、变坡点控制高程、坡度、坡向和自然排水方向等，标出步行道、台阶、挡土墙、排水明沟等。应在规划图中叠合现状图，图纸比例为 1/500～1/2 000。

（6）单项或综合工程管网规划图。图应标明各类市政公用设施管线的平面位置、管径、主要控制点标高，以及有关设施和构筑物位置。对于旧区改造规划、保留利用的管网与新埋设的管网要区别表示，单项管网应按给水、排水、供电、电信、燃气、供热等分别出图，图纸深度按各专业的规定执行。

（7）反映规划设计意图的透视图或建筑模型。

（8）其他反映设计内容的图纸，如绿地系统规划图、功能分区图等。

此外，还可依据业主要求和规划设计内容增加各类分析图，外部空间重要节点规划设计图，滨水空间、街道空间规划设计图，夜景照明规划图，主要建筑的典型平、立、剖面图等。图纸的比例和表现手法不限。

12.3.3 控制性详细规划成果在修建性详细规划中的落实

《释义》中提到："编制修建性详细规划的依据是控制性详细规划，是对控制性详细规划的具体落实，不得改变或变相改变控制性详细规划对用地规模、用地布局等的规定。"在规划管理实务中，控制性详细规划的成果应通过"建设项目规划条件"具体指导修建性详细规划的编制。

以苏州某项目修建性详细规划为例，该项目的建设项目规划条件包括项目情况、规划管控要求、配套设施要求、城市设计要求和市政交通及管线要求等部分（见图 12-13）。其中，规划管控要求提出：地块用地性质为工业用地（M），用地面积 75 819.8 m^2，容积率＞2.0 且 ≤3.0，建筑密度＞40%，建筑高度＜40 m，绿地率≤10%；市政交通及管线要求提出：根据《苏州市建筑物配建停车位指标》要求配置停车位。

在最终的修建性详细规划成果中，技术经济指标均落实了对应的规划管控要求：地块用地性质为工业用地（M），用地面积 75 819.8 m^2，容积率 2.118（＞2.0 且≤3.0），建筑密度 42.04%（＞40%），建筑高度 39.65 m（＜40 m），绿地率 9.94%（≤10%），如表 12-9 所示。同时，项目配置的 735 个机动车位和 1 494 个非机动车位也符合《苏州市建筑物配建停车位指标》的要求。

苏州市建设项目规划条件

产业项目

文　号：×××（2023）设字第019号

项目名称：×××电子品有限公司年增产30万台
儿童安全座椅、80万套照明件技术改造项目山

单位：苏州市自然资源和规划局
2023 年

苏州市建设项目规划条件

一、项目情况

1．用地单位：×××

2．项目名称：×××

3．用地位置：××××××××

4．规划概要：项目位于 ×××××××××，总用地
（附图规划用地红线范围内）面积758 19.8平方米，其中地
上面积758 19.8平方米，地下面积758 19.8平方米。（可建设
用地面积（见图规划用地红线范围内）面积758 19.8平方米。

二、规划管控要求

1．指标内容

块块用块空原为工业用地(H)，用地总面积758 19.8平方米，
容积率≥2.0且≤3.0，建筑密度≤40%，建筑高度≤40米，
绿地率≥10%；

2．退让要求

地块东南西北退界要求

东沿金枫路退地块用地红线不少于20米；

南沿三号河退地块用地红线不少于8米；

西沿现状用地退地块用地红线不少于6米；

北沿间山路退地块用地红线不少于15米；

附房退界要求：传达室退地红线2米以上，配电房、
垃圾收集站等附属用房退用地红线3米以上，沿相邻地块退6
米以上；

围墙退界要求：沿金枫路、向山路围墙退用地红线不少
于2米，沿其他边线围墙基础不超出红线，沿道路及河道采用
金属透空栅栏围墙。

地下部分退让要求：满足《江苏省城市规划管理技术规
定》；

三、配套设施要求

1．关于其他产业用途和行政办公、生活配套设施比例
设置要求：行政办公及生活服务设施用地面积不得超过总用
地面积的7%，建筑面积不得超过总建筑面积的15%；

2．其他要求：无。

四、城市设计要求

1．建筑风貌：简洁、现代风格，并与周边现有建筑、
环境总体风格相协调。

2．建筑形式形态：建筑造型新颖美观，注意沿街立面
和绿化小品的效果；空调室外机等设备设施位置在设计中应
采用遮蔽措施，预先设计。

3．建筑色彩及材质：建筑色彩与周边现有环境相协调；

建筑材料安采用玻璃、金属板等其它新型高品质材料；

4．其他要求：沿金枫路应设置下不小于10米的绿化景观。

五、市政交通及管线要求

1．地块机动车出入口位置：沿金枫路、向山路可各开
设1个机动车出入口，出入口宽度不大于12米，出入口应远
于道路交叉口不小于80米，出入口应避避于坡路上的路灯杆、
电线杆及右转弯沿首车道，并将地线不得开设出入口。

2．停车位要求：根据《苏州市建筑物配建停车位指标》
要求配置，本项停车库出入口设置应考虑土哺头头等长度
的要求。

3．市政管线要求：雨、污水分流，就近接入市政管道，
管线入地。

3.1总体要求

雨污分流，管线入地。结合建筑总平面图及测边城市市
政管线，对项目配套建设的给水、雨水、污水、供电、燃气、
通讯、有线电视等管线及附属设施进行管线综合设计，最终
方案以有关部门及公共管线运权单位审查意见为准。

3.2衔接要求

本项目各类管线要衔接好新建管线与现状、规划市政管
线、管线接口应可集中布置，减少现状城市道路开挖。

4．区内室外地坪标高：场坪标高不小于3.2米（1985国
家高程），并符合竖向地形变化，又与周连道路有机衔接。

5．其他要求：无；

图 12 - 13　苏州某项目修建性详细规划的建设项目规划条件

表 12 - 9　苏州某项目修建性详细规划的总体技术经济指标

用地性质		工业用地	总用地面积/m²	75 819.80
总建筑面积/m²		177 681.95		
其中	已建建筑	建筑面积/m²	87 793.36	
		计容建筑面积/m²	83 595.25	
		不计容建筑面积/m²	5 203.99	
	本次申报建筑	建筑面积/m²	89 888.59	
		计容建筑面积/m²	77 022.83	
		不计容建筑面积/m²	13 046.18	
总计容建筑面积/m²		160 618.08		
底层占地面积/m²		31 875.17		
绿地面积/m²		7 536.49		
建筑密度/%		42.04%		
容积率		2.118		
绿地率/%		9.94%		
最大建筑高度/m		39.65		
机动车停车位/辆		735 辆,其中地上 254 辆,室内 481 辆		
非机动车停车位/辆		1 494 辆,地上 1 173 辆,地下 321 辆		

思　考　题

1. 修建性详细规划的定义是什么？
2. 修建性详细规划有哪些基本特点？
3. 修建性详细规划包括哪些基本内容？
4. 修建性详细规划的编制成果包括哪些？
5. 请简述控制性详细规划和修建性详细规划的关系。

第 13 章 城市吸引源交通调查

进行城市交通需求预测,往往需要知道单位用地面积或单位建筑面积的客流和车流吸引率与发生率。城市吸引源交通调查,实质上是不同类别用地或建筑功能的客流车流出行生成率调查。交通运输工程设施规模确定、城市交通发展战略研制、城市交通政策制定,必须依据可靠的交通需求预测结果,而预测结论可信的前提之一是研究范围内各个地块的出行生成率必须是准确的。

有学者曾说过,基础性的调查研究,通常被认为是相当重要但又容易被忽略的领域;当所有的研究资源竞相投入既新潮又受瞩目的课题时,所有的人都会抱怨基础资料的不足,但却少有人愿意在基础研究上多花些功夫。

出行生成率架起了交通运输与土地使用的桥梁。因此,开展城市吸引源交通调查不仅非常必要,还具有重大的理论价值和实践意义。

13.1 国内外研究现状

我国城市在编制城市综合交通规划、城市公共交通规划等工作过程中,已进行了多轮居民出行调查,掌握了居民出行的次数、目的、方式、时耗、时辰等特征,但是对于居民出行的目的地、居民弹性出行的起点和终点的特征,尤其是各类建筑物使用、顾客出行行为、员工出行行为等特征,却知之甚少。

我国城市在城市交通规划编制和城市交通研究过程中,也开展了道路与交叉口流量、城市出入口交通等调查,但很少有城市系统开展过交通影响评估预测参数标准研究工作。

世界多国学者开展了这方面的研究工作,我国上海市、北京市、苏州市等也开展过这方面研究工作,积累了一定的经验。

美国交通工程师协会(Institute of Transportation Engineers,ITE)从 1976 年开始编制《出行生成手册》(*Trip Generation Manual*),持续更新至 2021 年第 11 版。该手册是美国交通规划领域的重要工具之一。该手册对出行生成率的预测主要考虑区域位置、用地类型、建筑面积、出行方式等。

我国台湾地区学者针对仓储型量贩店的卖场面积大、市场范围广、顾客购物时间长、私人交通工具使用比例高、对交通影响大的特点,调查了台北、桃园、新竹地区的仓储型量贩店的建筑物使用、客流吸引发生、停车需求等方面内容,并进行了分析和相关研究。建筑物使用特性调查研究了上述地区内所有营业之中的仓储型量贩店,客流吸引发生仅调查了 10 个样本。该研究的主要内容:① 相近业态的分类与整理;② 研拟并说明调查方法、抽样方法以及统计分析方法;③ 建筑物使用特性调查;④ 基地周边地区道路交通调查;⑤ 客流吸引发生以及顾客问询调查;⑥ 确定客流发生吸引率并标定客流发生吸引预测模型;⑦ 确定停车需求率并标定停车需求预测模型。

我国台湾地区学者为满足基地开发诱增交通需求预测和交通影响评估审查的需要,以台北都会区为研究范围,分别对不同都市层次的各种土地利用规划分区中的现有建筑物进行抽样,调查其客流发生与吸引的相关特性,以此为依据,建立了客流发生与吸引模型,确定了基地开发交通需求预测的相关参数属性。台北都会区共有 36 个行政分区,分为 5 个都市群组。在每个都市群组内,按照土地使用规划分类,确定各种类别调查样本。该课题调查内容主要分为建筑物使用特性调查、客流发生与吸引量调查、客流特性与顺道旅次调查。

上海市在全市性综合交通调查中也开展了交通吸引点调查,调查的目的是得到不同地区、不同类型用地上的出行吸引率。通过对选中调查单位的基本情况、从业人员进出单位情况、来访者进入单位情况、人流车流进入单位情况的汇总处理和分析研究,掌握不同地区、不同类型用地的交通吸引资料,用以建立科学的交通吸引模型和交通影响分析模型。1995 年,上海在第二次调查中,交通吸引点调查分两阶段进行,共调查了 1 000 个单位。其中第一阶段调查了 300 个单位,主要是较著名或较大的场所,在全市分布不很均衡;第二阶段调查了 700 个单位,样本大多为较小规模场所,但分布很均衡。该调查历时 16 个月,其中方案准备 4 个月,现场实施调查 2 个月,数据处理和分析报告 10 个月。其后,在上海市的各轮全市性综合交通调查中,均进行了交通吸引点调查,即城市吸引源交通调查。

城市吸引源交通调查可为城市建设项目交通影响分析提供关键参数和决策支持,增强交通影响分析的科学性和可操作性,从而使建设项目的交通设施配置与内外交通组织符合城市交通系统的规划和管理要求,缓解建设项目产生的交通对周边道路交通系统的冲击。

13.2 调查范围和对象

从地理空间上,调查范围一般为市域范围或者城市中心城区范围。在不同的区位,同类建筑具有不同的出行生成特征。因此,调查对象还需进行地理区域划分。例如,上海市将吸引源调查区域分为三类,即一类区域、二类区域、三类区域。一类区域为上海市内环内及市级中心与城市副中心,二类区域为上海市内外环间(除一类地区外)、郊区新城及重点开发地区,三类区域为外环外(除一类和二类地区外)。图 13-1 所示为上海市吸引源调查区域划分示意图。

苏州市吸引源交通调查范围是绕城高速公路内的范围,分为姑苏区和外围区两个空间层次(见图 13-2)。

调查对象一般为每个区域内的代表性建筑设施或典型地块。

城市内的建筑种类和单位类别非常庞杂,鉴于时间和条件限制,要调查所有类别的建筑,不太可行。因此,必须明确研究目标。

以苏州市为例,调查对象主要分为三大类:① 交通影响评价和交通预测经常涉及的建筑;② 尽管交通预测和交通影响评价涉及不多,但目前停车问题严重、严重影响交通的建筑,如幼儿园、小学、医院等;③ 体现城市特色的一些建筑,如苏州园林。

调查第二类建筑的主要目的在于掌握以往交通状况并进行研究,但经常被忽略。了解、掌握城市交通短时影响非常严重的设施的交通特征,诊断交通问题,可为解决现状矛盾提供技术依据,为新建同类设施提供经验教训。

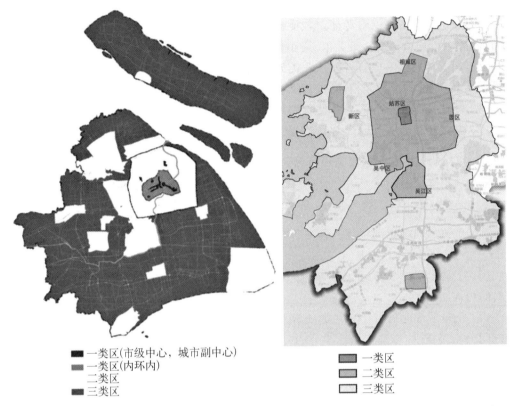

图 13-1　上海市吸引源调查区域划分示意图　　图 13-2　苏州市吸引源调查区域划分示意图

调查第三类建筑的主要目的在于掌握苏州园林的运营和游客发生与吸引特征,诊断现状交通问题,为改善城市窗口地区交通环境提供技术参数。

调查对象的分类,严格按照国标《城市用地分类与规划建设用地标准》的城市用地大类分类要求,主要为了交通预测和交通影响评价,经常涉及居住用地、公共设施用地、工业用地、绿地四大类型用地。对于每种类型用地,尽可能地按照用地分类中的类型先确定研究对象,再进一步确定调查样本。

13.3　调查目标

13.3.1　掌握研究对象的建筑物使用特征

(1)总体特征。研究对象的名称、位置、用地面积、建筑面积、营业面积、调查日实到职工数、职工人数等。

(2)营业特征。各类研究对象的营业时间、顾客较多和较少的时段、典型日期的营业额差异、员工到达和离开的高峰、顾客到达和离开的高峰等。

(3)就业岗位特征。各类研究对象的就业岗位密度,并分析均值、方差、最大值、最小值、变异系数等特征。

(4)顾客吸引特征。各类研究对象的顾客到达时间的分布特征、停留时间等特征,采

347

用概率论方法,标定客流吸引量与相关因素的回归公式。

(5) 单位交通工具保有特征。各类研究对象的单位小汽车、货车等交通工具的保有量特征,并分析均值、方差、最大值、最小值、变异系数等特征。

(6) 职工交通工具保有特征。各类研究对象的职工(或学生)小汽车、货车等交通工具的保有量特征,并分析均值、方差、最大值、最小值、变异系数等特征。

(7) 配建停车设施特征。各类研究对象的配建停车设施数量,停车设施供应情况。

(8) 其他特征。各类研究对象的公交服务情况、学校学生是否接送等特征。

13.3.2 掌握研究对象的员工交通行为特征

(1) 上下班(上学放学)时耗特征。各类研究对象的员工上下班和学生上学放学的出行时耗特征。

(2) 上班(上学)距离特征。各类研究对象的员工上下班和学生上学放学的出行距离特征。

(3) 上班上学时辰特征。各类研究对象的员工上班和学生上学的出发时间分布、到达时间分布特征。

(4) 下班放学时辰特征。各类研究对象的员工下班和学生放学的出发时间分布、到达时间分布特征。

(5) 出行时耗特征。各类研究对象的员工的各种出行目的的出行时耗总体特征。

(6) 出行方式特征。各类研究对象的员工总体出行方式特征,以及出行方式与性别、出行距离、出行时间等因素的关系。

(7) 停车特征。各类研究对象的员工停车特征。

13.3.3 掌握研究对象的顾客交通行为特征

(1) 总体特征。各类研究对象的年龄、性别、出发地、目的地、到达方式、离开方式、行程距离、行程时间、是否顺次、顺次次数、停留时间等特征。

(2) 到达方式与相关因素分析。各类研究对象的到达方式与年龄、性别、出发地、目的地、离开方式、行程距离、行程时间、停留时间等相关因素的交叉分析。

(3) 离开方式与相关因素分析。各类研究对象的离开方式与年龄、性别、出发地、目的地、行程距离、行程时间、停留时间等相关因素的交叉分析。

(4) 是否专程与相关因素分析。

(5) 顺访单位次数与相关因素分析。

(6) 办事时间与相关因素分析。

(7) 目的地与相关因素分析。

(8) 出发地与相关因素分析。

13.3.4 掌握研究对象的诱增交通需求特征

(1) 时间分布特征。各类研究对象诱增的客流、机动车流、非机动车流以分钟和小时为单位的时间分布特征,掌握高峰时段与高峰小时。

(2) 商业设施的工作日与节假日特征。超市、百货等商业设施的工作日与节假日特征比较。

（3）高峰小时诱增客流与车流预测模型。各类研究对象高峰小时诱增车流与相关因素分析，并标定预测模型。

（4）车流上下客特征。各类研究对象的小汽车、中客、大客的上下客特征，包括载客数分布、均值、方差、变异系数等统计特征。

（5）客流到达方式与数量特征。

13.3.5　掌握研究对象的诱增交通吸发率特征

（1）高峰小时吸发率总体特征。各类研究对象的客流、机动车流、非机动车流的高峰小时吸发率总体特征。

（2）吸发率数理统计特征。各类研究对象的客流、机动车流、非机动车流的吸发率数理统计特征，如均值、方差、变异系数、最大值、最小值等。

（3）吸发率预测模型。各类研究对象的客流、机动车流、非机动车流的高峰小时吸发率的预测模型。

13.4　调查内容

13.4.1　单位基本情况普查

单位基本情况普查是开展本项工作的研究基础，是确定后续调查方案的关键。每种类别建筑调查数量的确定主要考虑预测模型标定、相关数理统计特征数据分析的样本量要求。样本量过少，可能导致预测模型不可靠。样本量过大，调查工作量大幅增加，人力物力成本大。一般同类别调查样本不少于 5 个。

每种类别用地需要掌握的基本特征不尽相同，对行政办公、商业零售、宾馆饭店、园林博物馆、教育科研、医院、住宅小区、工厂等大类，需要分别设计调查表。表 13 - 1 所示为苏州市代表性工厂的单位基本情况普查表。

确定具体的调查单位，主要考虑区位和规模两个因素。各类调查对象尽可能地均匀分布在调查区域。以苏州市为例，苏州市区分为古城区、新区、园区、吴中区、相城区等片区。这五大区的特征不同，如古城区工厂少、新建居住小区少，但大型百货店、园林、医院等多；新区和园区公建设施相对偏少，但新建小区、工厂较多；相城区是新开发区，新建的工厂、医院、居住小区较多。因为调查成果主要服务于大型城市建设项目的交通影响评价和交通需求预测，所以调查的单位必须具有代表性，规模应较大。

表 13 - 1　单位基本情况普查表 - 工厂

调查日期：_____　调查员：_____

名　　称		单位地址	区　　　　路　　　　号
联系人姓名		联系电话	
用地面积/万平方米		总建筑面积/m^2	

（续表）

地上建筑面积/m²		地下建筑面积/m²	
工厂建成时间			
车行出入口数量/个		人行出入口数量/个	
是否有监控录像数据		是否有停车卡数据	
平常日来访人数（人）及电梯最忙时间			

一年何时来客最多		一月何时来客最多		一周何时来客最多	

职工人数/人		调查日实到职工人数/人	
班次安排及每班到岗人数			
附近公共交通情况，及与最近的公交车站相距/m			
单位拥有车辆数	小客车：＿＿＿辆　大客车：＿＿＿辆　货车：＿＿＿辆		
职工拥有车辆数	小客车：＿＿＿辆　摩托车：＿＿＿辆 自行车：＿＿＿辆 电动车：＿＿＿辆		

职工上下班方式/%	普通公交	轨道	私家车	出租车	单位车	自行车	电动车	摩托车	其他

上班时间	

职工到达单位高峰时段		职工离开单位高峰时段	
客人来访高峰时段		客人办事平均时间长度/min	

装卸货时间	
货车种类及出入次数/次	
配套停车泊位数/个	小汽车地面：＿＿＿个　地下：＿＿＿个；非机动车地面：＿＿＿个　地下：＿＿＿个　大巴车：＿＿＿个；出租车：＿＿＿个；货车：＿＿＿个
高峰时刻最大停车数	小汽车地面：＿＿＿辆　地下：＿＿＿辆；非机动车地面：＿＿＿辆　地下：＿＿＿辆　货车：＿＿＿辆；大巴：＿＿＿辆
周边可利用路边停车泊位数/个	小汽车地面：＿＿＿个　地下：＿＿＿个；非机动车地面：＿＿＿个　地下：＿＿＿个
其他交通相关信息	

13.4.2　从业人员个人情况调查

工作出行的特点是量大、时间集中、对城市交通影响大。从业人员个人情况调查的目的是掌握员工上下班、学生上学放学的时间、距离、方式、停车等特征,掌握员工在工作时间弹性出行的规律,把握调查点的工作出行和从业人员出行特征。

从业人员个人情况调查的主要内容包括个人基本情况和个人出行情况两大类。其中,个人基本情况包括年龄、性别、家距离单位(学校)距离、平常上班(上学)花费时间、平常下班(放学)花费时间等内容;个人出行情况包括出发地点、到达地点、出行目的、出行方式、停车状况、出发时间、到达时间等内容。表 13-2 所示为调查单位从业人员个人情况调查表。

表 13-2　从业人员个人情况调查表

单位名称:_____　调查日期:_____

一、个人基本情况

1. 年龄:____岁　2. 性别:(1)男　(2)女　3. 您家距离单位(学校)距离:____km　4. 您平常上班(上学)花费时间:____min　5. 您平常下班(放学)花费时间:____min　6. 您的个人平均月收入:____元

二、个人出行情况(请填您上一个工作日的所有出行,出行距离应大于 500 m 或 5 min)

说明:(一)出发地点或到达地点:1. 家　2. 本单位　3. 其他

(二)出行目的:1. 上班　2. 上学　3. 购物　4. 生活　5. 文化娱乐　6. 业务　7. 回程(回家或单位)

(三)出行方式:1. 公交　2. 轨道　3. 私家车　4. 出租车　5. 单位车　6. 自行车　7. 助动车　8. 摩托车　9. 其他

(四)停车状况:1. 单位内或家里停车　2. 公共停车场　3. 无停车场地,车行道上路边停车　4. 无停车场地,人行道上停车

(五)停车时间:_____min,停车费用:_____元

序号	出发地点	出发时间	到达地点	到达时间	出行目的	出行方式	停车方式
1							
2							
3							
4							
5							
6							
7							
8							
9							

注:时间请用 24 小时制。

13.4.3 吸引点人流量、车流量调查

吸引点人车流量调查是本项工作准备工作量、覆盖面广、涉及调查员多的工作。吸引点人流量、车流量调查调查的目的是掌握调查点吸引和发生的客流、车流时间分布特征、高峰小时特征、吸发率特征等,用以标定相关客流发生与吸引预测模型。

调查点诱增的人流、车流分为到达和离开两种情况。其中车流分为小汽车、出租车、摩托车、货车、其他机动车、自行车和助动车等七大类,前五类属于机动车,后两类属于非机动车。表 13-3 所示为吸引点人流量调查表示例。

表 13-3 吸引点人流量调查表

调查地点或单位名称: ＿＿＿＿＿＿＿＿＿＿＿　　　调查员: ＿＿＿＿＿＿

调查日期: ＿＿＿＿＿＿＿＿＿＿＿＿＿　　　调查时段: ＿＿＿＿～＿＿＿＿

时 段①	人 到 达	人 离 开
0～10		
10～20		
20～30		
30～40		
40～50		
50～60		

① 10 min 为一个时段。

13.4.4 客人问询调查

客人问询调查的目的:掌握来访者出行距离、出行时耗、到达方式、离开方式等特征;由问询调查得到的交通方式和总客流,反算调查点高峰小时吸引和发生的机动车与非机动车流量,并与吸引点人流量、车流量调查进行比较。

客人问询调查的主要内容包括:基本特征(年龄、性别)、出行特征(哪里来、去哪里、从出发地到调查点的时间与距离、到达方式、离开方式、停留时间)、顺次出行特征(是否顺次、顺次次数)。

问询调查共涉及 7 个问题:1.“您到达此地方式和预计离开此地方式?”;2.“从出发地到这里花费时间、距离(若有些不知准确的可让他估一下,实在不知道可不填)”;3.“您从哪儿来,到哪儿去?”;4.“您是否专程到这里?”;5.“您已顺路大致去了几个地方?(专程来这里的人不问此问题)”;6.“您预计在此处停留多久?”;7.“您的年龄是多少岁?”。

13.4.5 机动车上下客人数调查

机动车上下客人数调查的目的是掌握小汽车、出租车、中客车、大客车的载客数,由吸

引点人车流量调查结果反算调查点吸引和发生的客流总量,由客流总量、交通方式反算调查点吸引和发生的机动车、非机动车数量。

调查的机动车分别为小汽车、出租车、中客车、大客车 4 种。中客车与大客车需区分上下客。中客车的载客量是指 10 人以上的,车牌照为蓝色;大客车的车牌照为黄色,如超市免费班车、旅游车等。

13.5　调查方法

整个调查分为两个阶段。第一阶段,完成单位基本情况普查和从业人员个人情况调查。第二阶段,完成人流车流吸发量、顾客询问、机动车上下客调查。

13.5.1　第一阶段调查

单位基本情况普查和从业人员个人情况调查是同时进行的。

1. 单位基本情况普查

确定调查对象的依据是工作对象分类。调查单位确定主要经历两个阶段,第一阶段是初拟调查单位;第二阶段是实际走访后,确定后续调查单位。

以苏州市为例,初拟调查单位确定通过 3 种途径:① 从苏州市电话黄页查出部分调查单位的联系地址和联系电话,并在旅游图上标出调查单位的大致位置;② 从苏州市旅游图查出部分大型公建或居住区,并标出位置;③ 苏州当地专家建议的一些调查项目。

考虑到有些单位可能会不配合调查,初拟被调查单位时,可多选一些备选单位。一般将调查范围分为若干组,每个组有 2～3 名调查员,分组走访被调查单位,向每个被调查单位详细解释调查目的和单位普查调查表的填写方式。苏州市共用了两周时间完成此项调查工作,收回有效调查表 121 张,调查了 121 家单位。其中,有些单位因用地面积、建筑面积不详,其后需进一步电话联系或查阅地形图,得出相关数据。

2. 从业人员个人情况调查

调查员在走访调查单位、完成单位基本情况普查时,将从业人员的个人情况调查表留给被调查单位,请被调查单位相关负责人让员工填写调查表,双方约定时间,由调查员取回调查表。苏州市配合调查的单位有 45 个,并收回有效调查表。

居住小区不需调查从业人员情况,居民出行调查已得出相关所需信息。写字楼也不需调查从业人员情况,主要原因是写字楼的租用单位太多,调查难度大。

13.5.2　第二阶段调查

人流车流吸发量、客人询问、机动车上下客调查是同时进行的。

1. 吸引点人流量、车流量调查

以苏州市为例,吸引点人流量、车流量调查的对象是第一阶段单位基本情况普查确定的 121 家单位。

调查员在进行单位基本情况普查时,须绘制调查点的总平面布局示意图、初步拟定完成吸引点人流量和车流量调查需要的调查员数量、调查员站点的位置。其中,调查员必须在高峰时段考察进出调查点的人流、车流情况,合理确定调查人数。若调查员数量偏多,则造成人员浪费,可能导致调查员因没有工作无聊而与其他调查员谈话,影响调查数据的可靠性。若调查员数量偏少,高峰时段将因来不及记录而导致调查数据偏小。一般需要多次踏勘现场,反反复复多次讨论调查方案,以期保障调查方案的可靠性。

在调查表中,10 min 为 1 个时段,原则上以画"正"字的方式记录调查内容。若某种交通方式的数量特别多,可以以"正"字的一画代表 5 或 10,但必须在调查表中标明。在具体调查时,每个调查员站在指定的点位,在规定时间内,完成指定的调查内容。

在调查过程中,调查表中的人有两种情况。若调查点有围墙或栅栏,边界封闭,仅有有限的出入口,表中的人为调查员看到的以步行方式进入或离开调查点的人,这些人可能以步行、公交、出租车等方式到达调查点,人员乘坐的交通工具在调查员视线以外。若调查点边界不封闭,或车流数量没法统计,表中的人为总客流,园林、超市、百货、饭店一般调查的是总客流,调查员可站在检票口、自动扶梯口或大门口记录客流量。

顾客到达或离开调查点可能提前下车,调查员观测到的机动车与非机动车交通量偏小,并且以公共交通方式是没法反映的。

值得注意是,随着社会发展和小汽车普及,基地吸引和发生的客流量变化并不大,但是吸引和发生的车流量却在不断地演变。因此,车流量调查结果仅对近期具有参考意义。

2. 客人问询调查

除居住小区外,其他调查点原则上均对被问询者进行问询调查。调查员在调查时段内以随机的方式对被问询者进行访问调查,以提问题的方式完成调查表,每个被问询者填写一行。

在问询调查中,最重要的是问询到达方式、离开方式、是否顺次、顺次次数等问题。

客人问询调查必须注意寻找问询对象。在调查点内找走动的客人问询,若遇到不配合调查问题者,调查员不能丧失信心,要继续问询;要不断地总结经验教训,寻找问询目标。

问询调查经验如下:对商店,可问询陪伴者和正在休息的顾客;对超市,可问询在收银台等待付钱的顾客,或正在休息的顾客;对医院,问询挂好号等待看病的人;对写字楼,可问等电梯或门口进出的人;对政府部门,可问询进出机关大楼的人;对学校,可问询等待接孩子的家长;对园林,可问询散客,但不能问询乘坐游车来的客人;对工厂,可在大门口问询,或以能问到各种方式问询工厂的员工等;对饭店、宾馆,可在总台、门口或客人点菜时候问询。

问询调查的对象必须是全方位的,不能因为调查点的站位问题,导致样本偏差。问询一位被问询者,可能需要 1~2 min,对于顾客吸引发生量大、车流量难以调查的调查点,至少安排 2 名问询员。若问询到单位员工,则不记录,重新问询。

以苏州市为例,在 76 个调查点收回有效问询表。在有些调查点,因为保安不允许问询、或顾客数量非常少,而导致调查点的样本数偏小,可将同类别的调查点数据整合在一起进行分析,分析结果仍是可靠的。

3. 机动车上下客人数调查

机动车上下客人数可通过两种途径获得:一种途径是在人车流量调查表的相应栏目中,直接填写可看见的上下客数;另一种途径是问询调查员在问询前或问询过程中,顺便记录机动车的上下客人数。

小汽车和出租车的调查样本数一般不小于 15 个。对于旅游景点游车、超市免费班车、单位班车等可问驾驶员,要区分上下客,可调查数辆或问询 5 辆即可,其中超市免费班车要调查高峰、平峰上下客的差异。

13.6　调查时间

13.6.1　时间安排原则

(1) 精心安排前期筹备工作,拟定完善调查方案,宁缓勿急。

(2) 国内对吸引点交通特征研究甚少,调查点交通规律尚未把握,调查时间尽可能长,每种类别调查点宜选取 1～2 个,完成全天调查。

(3) 调查时段应具有代表性,应当包含全日客流、车流最大的时段。调查宜安排在春天或秋天,居民出行正常时段。

(4) 根据国内居民出行调查经验,一般调查点的早高峰客流、车流大于午高峰或晚高峰。政府机关、写字楼、居住小区、园林、医院、科研设计院的早晚高峰差异较大,宜安排在上午调查。

(5) 酒店、饭店、工厂、超市、商业、学校的晚高峰大于早高峰,或早晚高峰差别不大,宜安排在下午调查。

(6) 商业和超市的节假日和工作日客流、车流吸发情况,可能存在差异,需要调查节假日的客流和车流。

13.6.2　调查时间

(1) 单位基本情况普查在工作日进行,由调查员与受访单位联系后决定。

(2) 从业人员个人情况调查由从业人员自行选择一个工作日进行出行情况填写。

(3) 人流车流吸发量、客人询问、机动车上下客调查分全天、上午、下午 3 种情况。全天调查时段是 7:30～18:30,下午调查时段是 15:30～18:30,上午调查时段是 7:30～11:30,节假日调查时段是 10:30～13:20。

13.7　范例:苏州市研发办公交通影响评价预测参数标准

苏州市研发办公类单位于 2004 年和 2013 年进行了两轮调查,两轮调查的调查样本基本一致,调查数据分析结果如表 13-4 和表 13-5。该参数标准的数据适用于苏州市区的研发办公用地控制性详细规划阶段的交通影响分析和修建性详细规划阶段的交通影响评价。表 13-4 和表 13-5 编制的依据是 2013 年 6—7 月份调查的数据。鉴于苏州市私家车保有量不断增加,轨道交通线路不断通车,居民出行方式不断演变,在交通影响评价预测过程中,机动车吸发率预测参数宜按照年均增长率进行适当修正。考虑入住率或使用率纠偏后,近期或远期的就业岗位密度、客流吸发率一般相差不大,表中数据可直接引用。表中的每百建筑面积、每百用地面积,是指每百平方米面积。本参数标准中的外围区尚未涵盖吴江区,吴江区在使用过程中需根据自身特点进行适当修正。本参数标准中的增长率为 2005—2013 年的年均增长率。

表 13 - 4　研发办公(一)

	统计指标	职工数/百平方米用地面积	职工数/百平方米建筑面积
就业岗位密度	均值	5.01	3.46
	标准差	5.16	3.17
	最大值	16.13	10.20
	最小值	0.17	0.09
	变异系数	1.03	0.92
	增长率	−6.1%	4.0%

	类别	小客车	自行车	助动车
员工交通工具拥有率	数量/(辆/100 员工)	23.5	1.2	35.4
	增长率	2.9%	−36.0%	5.4%

时间特征	办公时间多为 8:30～17:30。职工到达高峰多数在 8:00～9:00,离开高峰多数在 17:00～18:00,客人来访高峰多数从上午 9:00～11:00,单位之间时间跨度各不相同。来访者平均办事时间长度约为 30 min。

出行方式	员工/%	步行	公交	助动车	自行车	小汽车	出租车	其他
		18.4	35.7	21.4	0.7	13.4	3.3	71
	访客/%	步行	公交	助动车	自行车	小汽车	出租车	其他
		13.7	66.7	1.2	0.3	11.1	5.6	1.5

	类别	助动车	自行车	小汽车	出租车
平均载客数/(人/辆)	员工	1.1	1	1.3	1
	访客	1.2	1	1.4	1.5

吸发特征(专程比重)	员工	访客
	93.8%	100%

居住或服务半径/km	员工居住半径	访客服务半径
	10.0	7.3

表 13-5　研发办公（二）

客流车流工作日高峰小时 8:00~9:00、17:00~18:00			高峰小时吸引率	高峰小时发生率	增长率	
					吸引率	发生率
姑苏区	早高峰	人流吸发率 每百用地面积	3.81	1.85	—	—
		人流吸发率 每百建筑面积	2.41	0.48	—	—
		非机动车吸发率 每百用地面积	1.48	1	—	—
		非机动车吸发率 每百建筑面积	0.94	0.19	—	—
		机动车吸发率 每百用地面积	1.31	0.21	—	—
		机动车吸发率 每百建筑面积	0.83	0.13	—	—
	晚高峰	人流吸发率 每百用地面积	0.34	1.51	-11.0%	-2.4%
		人流吸发率 每百建筑面积	0.38	1.68	1.4%	8.4%
		非机动车吸发率 每百用地面积	0.07	0.54	-13.3%	-13.3%
		非机动车吸发率 每百建筑面积	0.14	0.76	4.3%	-1.1%
		机动车吸发率 每百用地面积	0.13	0.49	-4.0%	8.8%
		机动车吸发率 每百建筑面积	0.15	0.55	6.6%	17.6%

客流车流工作日高峰小时 8:00~9:00、17:00~18:00			高峰小时吸收率			高峰小时发生率			增长率	
			均值	最小值	最大值	均值	最小值	最大值	吸引率	发生率
外围区	早高峰	人流吸发率 每百用地面积	1.17	0.88	1.61	0.09	0.07	0.12	—	—
		人流吸发率 每百建筑面积	0.92	0.46	1.36	0.09	0.04	0.16	—	—
		非机动车吸发率 每百用地面积	0.43	0.09	0.74	0.15	0.04	0.42	—	—
		非机动车吸发率 每百建筑面积	0.44	0.05	0.99	0.10	0.01	0.33	—	—
		机动车吸发率 每百用地面积	0.26	0.17	0.34	0.05	0.04	0.05	—	—
		机动车吸发率 每百建筑面积	0.22	0.09	0.36	0.04	0.02	0.07	—	—
	晚高峰	人流吸发率 每百用地面积	0.84	0.12	1.56	1.78	0.6	2.96	-0.3%	-0.3%
		人流吸发率 每百建筑面积	0.64	0.16	1.12	1.47	0.81	2.12	8.2%	6.6%
		非机动车吸发率 每百用地面积	0.24	0.04	0.43	0.55	0.17	0.92	1.1%	-13.1%
		非机动车吸发率 每百建筑面积	0.19	0.06	0.31	0.44	0.23	0.65	8.4%	-7.6%
		机动车吸发率 每百用地面积	0.22	0.05	0.66	0.45	0.11	0.78	2.5%	7.6%
		机动车吸发率 每百建筑面积	0.17	0.06	0.47	0.36	0.15	0.56	8.3%	11.6%

思 考 题

1. 城市吸引源交通调查的作用是什么？

2. 简述吸引源调查的主要内容和调查方法。

3. 某办公楼的客流吸发率和客流吸发量的区别是什么？

第 14 章　建设项目交通影响评价

14.1　分析内容

交通影响评价（美国称为 transportation impact analysis，英国称为 traffic impact assessment 或 transport assessment，TIA）的概念源于美国，于 20 世纪 70—80 年代发展起来，至今在美英等发达国家已形成较完善的体系，其目的是从微观上协调局部土地使用与交通供应的相互关系。我国于 20 世纪 90 年代引入交通影响评价。近年来，许多省市如北京、上海、浙江、苏州等已开展了交通影响评价工作，取得了很好的实施效果。交通影响评价现已成为国内城市进行土地开发审批过程中的一项重要工作。为规范城市和镇建设项目交通影响评价，住房和城乡建设部于 2010 年颁布了国家行业标准《建设项目交通影响评价技术标准(CJJ/T 141—2010)》(以下简称为《标准》)。部分省市也相应颁布了地方标准，如上海市城乡建设和管理委员会于 2015 年颁布了《建设项目交通影响评价技术标准》，苏州市规划局于 2014 年颁布了《苏州市交通影响评价技术标准》(以下简称《苏州市标准》)。

建设项目交通影响评价的定义：对建设项目投入使用后，新生成交通需求对周边交通系统运行的影响程度进行评价，并制定相应的对策，消减建设项目交通影响的技术方法。具体来说，交通影响评价是指在建设项目的立项或审批阶段，定量预测项目开发后对周围路网及相关交通设施的影响度，定性评价项目开发后对交通安全、交通环境等的影响效应，并配置相应的交通改善措施，实施补偿政策，以减少建设项目对周边交通负荷的影响，维持城市交通网络服务水平在合理的范围，保障城市交通系统正常运行，避免土地超强度开发。

14.1.1　工作内容

1. 报告内容

根据《标准》，建设项目交通影响评价报告通常包括建设项目概况、评价范围与年限、评价范围现状与规划情况、现状交通分析、交通需求预测、交通影响程度评价、交通系统改善措施与评价，以及结论与建议等八部分内容，如表 14-1 所示。

表 14-1　《标准》建议的交通影响评价报告内容

序号	总 体 内 容	主 要 内 容	具 体 内 容
1	建设项目概况		应包括建设项目主要规划设计条件、主要技术经济指标和业态、建设方案等

（续表）

序号	总 体 内 容	主 要 内 容	具 体 内 容	
2	评价范围与年限	应按照《标准》第 6 章的规定确定		
3	评价范围现状与规划情况	应介绍评价范围内现状、规划的用地和交通发展情况		
4	现状交通分析	交通调查方案说明		
		现状交通运行状况评价	说明评价范围内各种交通方式的交通流特征、交通设施、交通管理政策及措施；分析评价范围内的现状道路、公共交通、自行车、行人和停车等交通系统的管理措施、供需和运行状况，提出现状交通系统存在的主要问题	
5	交通需求预测	应对各评价年限、各评价时段的背景交通和项目新生成交通进行预测，分析评价范围内交通系统的交通量分布和运行特征		
6	交通影响程度评价	评价范围内主要交通问题分析	根据交通系统供需分析和交通影响程度评价，提出评价范围内交通系统存在的主要交通问题	
		评价建设项目新生成交通需求对评价范围内交通系统运行的影响程度，评价对象应包括评价范围内的各种交通系统		
7	交通系统改善措施与评价	改善出入口布局组织，优化建设项目内部交通设施	根据出入口与外部交通衔接的状况，提出出入口数量、大小、位置以及交通组织的改善建议；优化建设项目内部交通与停车设施布局	
		评价范围内的交通系统改善	交通方式的交通组织优化；道路网络改善和道路改造措施；出入口或交叉口的渠化和信号控制改善；公共交通系统改善；自行车、行人和无障碍交通系统改善；停车设施改善	
		改善措施评价		
8	结论及建议	交通影响评价的结论及建议应包括评价结论、必要性措施和建议性措施		
		评价结论应明确项目建成对评价范围内交通系统的影响程度，明确交通改善后建设项目交通影响是否可接受，以及是否需要对建设项目的选址和（或）报审方案进行调整		
		必要性措施是保证建设项目交通影响可接受的前提条件；建议性措施包括对建设项目内部或评价范围内交通系统推荐采取的措施与方法；对评价范围内交通系统影响为显著影响的建设项目，应明确必要性措施		

2. 图表内容

美国的交通影响评价指南由交通工程师协会(Institute of Transportation Engineers, ITE)颁布。美国 ITE 规定，交通影响评价的成果中至少应当包括的内容如表 14 - 2 所示。在此基础上,可根据建设项目的自身情况,增加其他必要的图表。

表 14 - 2　美国 ITE 建议的交通影响评价图表内容

序号	图表名称	图表内容
图 1	基地区位图	基地的具体位置和区位条件
图 2	研究范围图	研究范围的大小、边界
图 3	道路交通系统现状图	1. 研究范围内现状的道路系统 2. 基地周边的主次道路,基地边界 3. 研究范围内的公交、非机动车、步行交通系统 4. 路权分配和信号灯位置
图 4	土地利用现状和规划图	研究范围内现状和规划的土地利用具体情况
图 5	路段交通量现状图	1. 研究范围内的路段高峰小时交通量 2. 包含路段车道划分情况
图 6	交叉口交通量现状图	研究范围内主要交叉口的高峰小时转向交通量
图 7	城市交通系统规划图	1. 研究范围内路网、公交、非机动车、步行交通系统等已有的改善方案 2. 研究范围内的交通流组织情况
表 1/图 8	建设项目新增交通 OD 分布图/表	建设项目吸引和发生的交通量在每个方向上分布的百分比
表 2	建设项目新增交通吸引、发生量预测表	建设项目高峰小时(或全日)产生的交通量
图 9	道路网新增交通量预测图	建设项目新增交通量在研究范围内各条道路上的具体分布
表 3	其他建设项目交通吸引、发生量预测表	研究范围内其他建设项目高峰小时(或全日)产生的交通量
图 10	道路网背景交通量预测图	目标年研究范围内各条道路上的背景交通量的分布情况
图 11	道路网叠加交通量预测图	目标年研究范围内各条道路上的叠加交通量的分布情况
表 4/图 12	交叉口服务水平预测图/表	研究范围内关键交叉口的高峰小时服务水平,图表应分两种情况: 1. 目标年交叉口的背景交通服务水平 2. 目标年交叉口的叠加交通服务水平
表 5/图 13	改善措施建议图/表	1. 图纸:建议的外部、基地出入口、内部的交通组织和交通设施改善 2. 表格:改善措施的位置和类型
表 6/图 14	研究内容汇总图/表	1. 将交通影响评价报告共性的和个性的编制内容进行列表汇总 2. 说明在本报告中,上述内容是否包含,以及所包含的每一部分内容在报告中的具体位置

14.1.2 工作程序

图 14-1 所示为交通影响评价的工作程序。

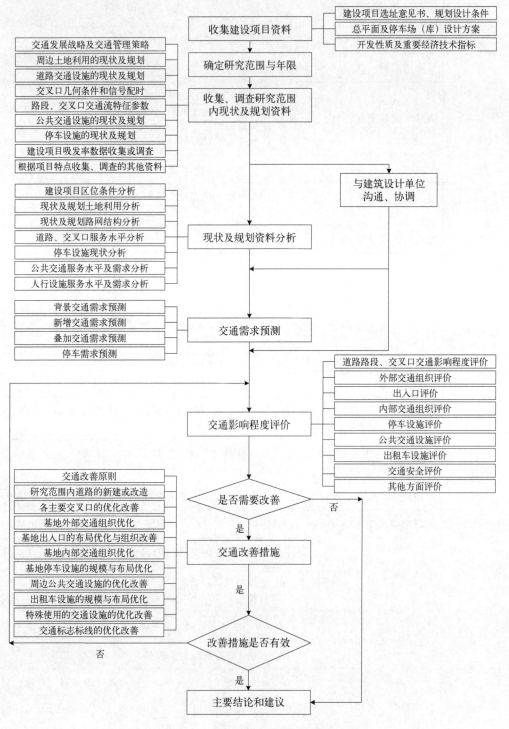

图 14-1 交通影响评价工作程序

14.2　相关概念

14.2.1　交通影响评价阈值

交通影响评价阈值(thresholds)规定了建设项目达到何种情况才需要进行交通影响评价。《标准》规定,建设项目报建阶段交通影响评价启动阈值应符合的规定如下。

（1）开发规模达到表 14-3 规定的建设项目。

表 14-3　住宅、商业、服务、办公类建设项目交通影响评价启动阈值取值范围

城市人口规模/万人	项目位置	建设项目新增建筑面积/万平方米	
		住宅类项目	商业、服务、办公类项目
≥200	城市中心区	3～8	1～3
	中心城区除中心区外的其他地区/卫星城中心区	5～10	2～5
	其他地区	10～20	4～10
100～200	城市中心区	2～5	1～2
	其他地区	3～8	2～5
<100	—	2～8	1～5

注:① 人口规模是指正在执行的城市和镇总体规划所确定的规划期末城镇人口规模;② 建设项目的建筑面积,有建筑设计方案时按总建筑面积计算,无建筑设计方案时按容积率建筑面积计算;③ 同一栏中,人口规模越大、交通问题越复杂的城市和镇,其阈值选取宜越低。

（2）场馆与园林(T05)和医疗(T06)类建设项目的启动阈值为新增配建机动车停车泊位 100 个。

（3）符合下列条件之一的建设项目,应在报建阶段进行交通影响评价。

① 单独报建的学校(T07)类建设项目。

② 交通生成量大的交通(T08)类建设项目。

③ 混合类(T10)的建设项目,其总建筑面积或指标达到项目所含建设项目分类(T01～T09,T11)中任意一类的启动阈值。

④ 主管部门认为应当进行交通影响评价的工业(T09)类、其他(T11)类和其他建设项目。

（4）符合下列条件之一的建设项目,应在建设项目选址阶段进行交通影响评价。

① 特大城市的建设项目规模达到报建阶段启动阈值的 5 倍及以上,其他城市和镇达到 3 倍及以上。

② 重要的交通类项目。

③ 主管部门认为需要在选址阶段也进行交通影响评价的建设项目。

（5）规划人口规模超过 1 000 万人的城市和国家历史文化名城可在本标准基础上确

定更为严格的阈值标准。

（6）当相邻建设项目开发建成时间接近，出入口相近或者共用时，可对多个相邻建设项目合并进行交通影响评价。

14.2.2　研究范围

研究范围（study area），又称为评价范围，是指需要进行交通影响程度评价并提出交通改善措施的范围。研究范围应大小合适，过大将增加报告编制的时间和工作量，过小则不能完全反映项目带来的交通影响。研究范围应当在交通影响评价的初期确定，以便于后续研究的展开。以《苏州市标准》为例，交通影响评价的最小评价范围应符合以下规定。

（1）对于以建筑规模来度量启动阈值的建设项目，交通影响评价的最小评价范围应按照表 14-4 划定。若建设项目地处郊区，邻近的干路可为规划干路。

表 14-4　苏州市建设项目交通影响评价范围

建设项目总建筑面积与启动阈值之比（R）	交通影响评价范围
$R<2$	邻近的干路（若为项目边界则顺移至下一条）、河道及铁路等天然屏障围合的范围，且最小评价范围宜大于等于 1 平方千米
$2\leqslant R<5$	邻近的主干路或快速路（若为项目边界则顺移至下一条）、河道及铁路等天然屏障围合的范围，且最小评价范围宜大于等于 2 平方千米
$R\geqslant5$	邻近的第二条干路或快速路、河道及铁路等天然屏障围合的范围，且最小评价范围宜大于等于 3 平方千米

（2）对启动阈值不以建筑规模来度量的项目，最小评价范围可参照表 14-4 中 $2\leqslant R<5$ 的要求执行。对于交通（T08）类建设项目和其他政府管理部门认为需要进行交通影响评价的建设项目，其最小评价范围应参照表 14-4 中 $R\geqslant5$ 的要求执行。

（3）位于交通复杂地区或交通影响比较大的建设项目，应根据建设项目的具体情况和周边交通状况，适当扩大评价范围。评价范围的形状宜规整，长距与短距之比宜小于 2。

（4）对于项目选址阶段的交通影响分析，最小评价范围可参照表 14-4 中的要求执行。

图 14-2 所示为某住宅建设项目交通影响评价研究范围。我国正处在快速城镇化时期，部分城市的新区尚未形成完善的路网。针对这种情况，当建设项目位于城市的新区，可选择规划道路围和区域作为研究范围。对在立项阶段进行初步交通影响评价的项目或交通影响较大的项目，研究范围应适当扩大。

14.2.3　影响范围

影响范围（influence area）与研究范围两个概念的定义和适用阶段是不同的。美国 ITE 推荐的影响范围须包括建设项目所吸发交通中的大部分，一般不少于 90% 的出行起讫点应在影响范围内。可见影响范围大大超过研究范围。影响范围主要应用于交通需求预测阶

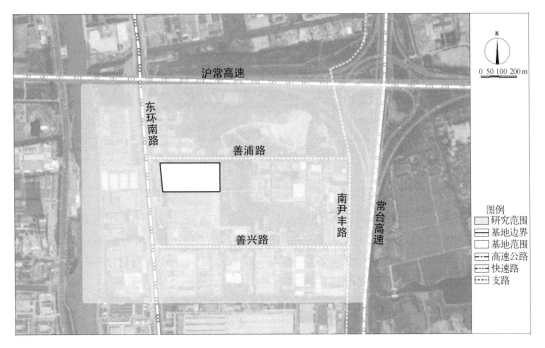

图 14 - 2　某工业建设项目交通影响评价研究范围示意图

段,分析新增交通的 OD 分布比例,便于将新增交通分配在研究范围内的道路网上。

14.2.4　目标年

目标年(horizon year(s))是指交通影响评价的时限。美国 ITE 建议目标年的确定须考虑如下因素:① 建设项目竣工开张日期或完全投入使用日期;② 建设项目分期建设情况;③ 建设项目所在地的城市规划年限;④ 近期建设计划的年限;⑤ 主要交通系统的分阶段建成年限。此外,ITE 还对不同规模的建设项目分别给出了建议的目标年,如表 14 - 5 所示。

表 14 - 5　美国 ITE 建议的交通影响评价目标年

建设项目规模	建 议 目 标 年
小型项目 (高峰小时出行量小于 500 pcu)	完全建成并投入使用的年份
中型项目,一次建成 (高峰小时出行量为 500～1 000 pcu)	1. 完全建成并投入使用的年份 2. 投入使用后的第 5 年
大型项目,一次建成 (高峰小时出行量大于 1 000 pcu)	1. 完全建成并投入使用的年份 2. 完全建成并投入使用后的第 5 年 3. 若开发规模明显大于该地区规划或交通规划预测中 　提出的建设规模,应采用已批准的交通规划年限

（续表）

建 设 项 目 规 模	建 议 目 标 年
中型或大型项目，分期建设	1. 各期完全建成并投入使用的年份 2. 全部建成并投入使用的年份 3. 若开发规模明显大于该地区规划或交通规划预测中提出的建设规模，应采用已批准的交通规划年限 4. 投入使用后的第 5 年，前提是到时全部建成并且根据该地区的规划或交通预测，出行生成量没有显著增加（少于 15%）

我国城市建设项目的交通影响评价目标年一般分为施工期、近期和远期 3 个时段。近期为项目建成并投入使用的年份，远期与城市总体规划或城市交通规划的年限一致。当基地所在城市编制完成城市交通规划并具有道路网流量预测模型时，交通影响评价的近期与远期年限应与流量预测模型的预测年限相一致。

14.3 交通影响评价技术

14.3.1 基础数据收集与交通调查

基础数据收集与交通调查是交通影响评价重要的基础工作，直接影响评价结果的科学性和合理性。这一环节的工作内容主要包括两部分，即建设项目自身资料收集和研究范围内现状及规划资料收集。

1. 项目自身资料收集

资料收集的内容应包括建设项目的开发性质、规模、总平面设计方案、停车场（库）设计方案、建设项目选址意见书等资料以及用地面积、建筑面积、容积率、机动车及非机动车停车泊位数等重要经济技术指标。图 14-3 所示为项目自身资料收集的图纸示例。

2. 研究范围内现状及规划资料收集

在进行交通影响评价时，需要收集和调查研究以下范围内的现状及规划资料。

（1）建设项目所在区域的交通发展战略及交通管理策略。

（2）土地利用：基地周边土地利用现状，规划的土地利用情况，包括土地利用性质、规模、出入口设置等。

（3）道路设施：研究范围内现状及规划道路的等级、红线宽度、车道布置、横断面形式等。

（4）交叉口：研究范围内现状及规划交叉口的形式、进出口道车道数及车道划分、交通组织方式、信号相位设计及配时方案等。

（5）交通流特征参数：确定合适的高峰时段，调查研究范围内路段及交叉口的现状交通量、车速等交通流特征参数，连续调查应不小于 2 小时。

（6）公共交通设施：调查建设项目周边现状及规划的轨道交通、快速公交、常规公交的线路及站点设置的情况。

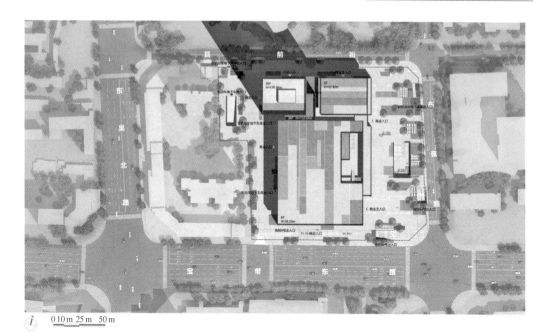

图 14 - 3　某商办项目总平面规划图

（7）停车设施：调查建设项目周边现状及规划停车设施的规模、分布、使用情况等。

（8）吸发率调查：根据项目特点，对相似性质建设项目的吸发率进行调查，供交通需求预测所用。

（9）其他收集和调查的内容：根据项目特点需要，进行货运装卸场地、人行过街设施、出租车临时停靠点、行人流量调查、停车周转率调查等。

14.3.2　背景交通量预测

背景交通量（non-site traffic/background traffic）又称为非项目交通量，是城市交通固有的交通量，不是因建设项目而产生的，主要包含两部分：一部分是过境交通，即出行起讫点均不在研究范围内的交通出行；另一部分是研究范围内由其他建设项目所产生的交通出行，此类出行的起讫点至少有一个在研究范围内。图 14 - 4 所示为某学校项目交通影响评价近期背景交通量预测图。

根据美国 ITE 的研究成果，交通影响评价中背景交通量的预测主要有增长率法、交通规划模型法、类比法和回归公式法。

1. 增长率法

增长率法是预测背景交通量最为简便的方法，适用于以下两种情况：① 未来几年内，研究范围内的背景交通量变化趋势较为稳定；② 未来几年内，研究范围内的背景交通量年均增长率存在变化，但这种变化可以通过预测予以掌握。

2. 交通规划模型法

如果建设项目所在区域已进行交通规划，建立了交通规划流量预测模型，可以使用该模型预测背景交通量。该方法尤其适合开发规模较大、对周边区域有相当交通影响的建设项目。

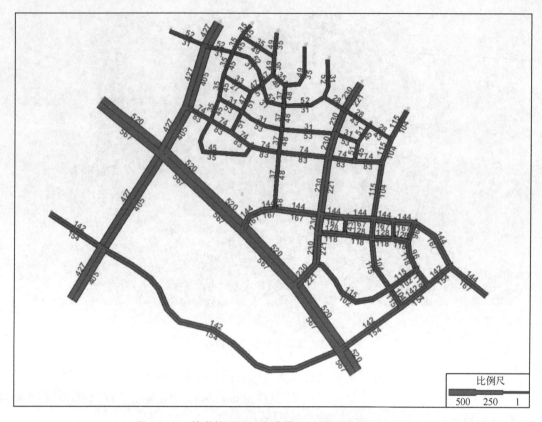

图 14－4　某学校项目近期背景交通量预测图(pcu/h)

3. 类比法

类比法即采用类比手段来预测某一建设项目的背景交通量。如果能够找到类似建设项目的既有项目,且两者在周边土地开发和道路交通特性等方面也相似,就可借用既有项目周边路网的背景交通增长率来预测建设项目背景交通的增长率。新开发区域或开发密度较低的区域,建设项目周边路网的现有交通量较小,并且往往缺乏历史交通资料数据,此时可以使用类比法来预测背景交通量。

4. 回归公式法

回归公式法假设背景交通的增长与某些土地使用特性的增长直接相关,并且随这些土地使用特性指标的变化而变化。回归公式法是利用未来年限土地使用特性的增长预测值,以推算背景交通量的增长。人口、家庭收入、小汽车保有量、研究范围内可租用的建筑面积等土地使用特性,均可作为回归公式的自变量。

14.3.3　新增交通量预测

新增交通量(site traffic)是指由于建设项目开发而产生的交通出行。新增交通量预测对确定交通影响程度、提出交通改善措施等后续环节将起到至关重要的作用,将直接关系到最终结论的公正性和权威性。新增交通量的预测通常采用"四阶段"法,并在"四阶段"的各个阶段根据项目的具体情况,选择不同的方法。下面介绍交通生成预测中的两个关键技术环节。

1. 选择建设项目高峰小时吸发率

新增交通量的交通生成预测方法主要有吸引发生率(简称为吸发率)法和回归分析法。吸发率法是指由建设项目所属开发类型的预测吸发率乘以项目的相关指标(建筑或用地面积等),得到交通生成量。回归分析法是指将建设项目的相关指标代入相应的回归公式得出交通生成量。这两种方法中以吸发率法的使用较为普遍,具体使用时应选择合适的吸发率数据。

国内由于缺乏相应的系统研究,一般采用经验数据或类似建设项目的调查数据。在使用经验数据时,应当对比经验数据对应年份与建设项目各目标年之间的年份差,并据此按照一定比例对经验数据进行修正。在利用调查数据时,对调查样本的选择应遵循一定的原则,主要有① 样本至少为 3 个,以 5 个为宜;② 样本的开发类型与建设项目一致;③ 样本的开发规模与建设项目相近;④ 样本所在区位及周边交通条件与建设项目相近。

表 14-6 所示为《标准》推荐的建设项目高峰小时吸发率。

表 14-6　建设项目高峰小时吸发率推荐值

大　类		中　类		吸发率	单　位
代码	名称	代码	名称		
T1	住宅	T11	宿舍	4～10	人次/百平方米建筑面积
		T12	保障型住宅	0.8～2.5	人次/户
		T13	普通住宅	0.8～2.5	
		T14	高级公寓	0.5～2.0	
		T15	别墅	0.5～2.5	
T2	商业	T21	专营店	5～20	人次/百平方米建筑面积
		T22	综合型商业	5～25	
		T23	市场	3～25	
T3	服务	T31	娱乐	2.5～6.5	人次/百平方米建筑面积
		T32	餐饮	5～15	
		T33	旅馆	3～6	人次/百平方米建筑面积
				1～3	人次/套客房
		T34	服务网点	5～15	人次/百平方米建筑面积
T4	办公	T41	行政办公	1.0～2.5	人次/百平方米建筑面积
		T42	科研与企事业办公	1.5～3.5	
		T43	商业写字楼	2.0～5.5	

（续表）

大　类		中　类		吸发率	单　位
代码	名称	代码	名称		
T5	场馆与园林	T51	影剧院	0.8～1.8	人次/座位
		T52	文化场馆	1.5～3.5	人次/百平方米建筑面积
		T53	会展场馆		
		T54	体育场馆	0.2～0.8	人次/座位
				2～5	人次/百平方米用地面积
		T55	园林与广场	10～100	人次/百平方米用地面积
T6	医疗	T61	社区医院	1.5～4.0	人次/百平方米建筑面积
		T62	综合医院	3～12	
		T63	专科医院	4～8	
		T64	疗养院	1～3	人次/床位
T7	学校	T71	高等院校	0.5～2.0	人次/百平方米建筑面积
		T72	中专及成教学校	2.5～5.0	
		T73	中学	6～12	
		T74	幼、小学	12～25	
T8	交通	T81	客运场站	依据调查数据或相关专项指标	
		T82	货运场站		
		T83	加油站		
		T84	停车设施		
T9	工业	T91	工业		
T10	混合	T101	混合		
T11	其他	T111	市政		
		T112	其他		

2. 确定合适的高峰时段

高峰时段是指项目自身或周边路网交通量最高的时段，通常为一个连续时段。在自身高峰时段中,建设项目的交通生成量对自身交通设施(出入口、内部道路、停车设施等)的影响最大;在周边路网高峰时段中,建设项目的交通生成量可能会对周边路网带来最为显著的影响。

住宅、办公等类型的建设项目,其自身高峰时段通常与周边路网的高峰时段一致;而商业等类型的建设项目,其自身高峰时段则往往与周边路网的高峰时段错开。为了确保周边道路交通设施能够适应基地开发要求,应当对项目自身和周边路网两个高峰时段分别进行分析。此外,除了考虑平常日的情况以外,也应当考虑周末和其他典型的平峰交通特征,以决定是否需要进行更加深入的分析。不同类别建筑的高峰时段特征是不同的(见表 14-7)。

图 14-5 所示为某学校项目交通影响评价的新增交通量预测图实例。

表 14-7　ITE 推荐的各类用地的高峰时段及高峰新增交通特征

开 发 类 别	自身高峰时段	高 峰 方 向
住宅	7:00～9:00(工作日)	离开
	16:00～18:00(工作日)	到达
商业	17:00～18:00(工作日)	离开和到达
	12:30～13:30(周六)	到达
	14:30～15:30(周六)	离开
办公	7:00～9:00(工作日)	到达
	16:00～18:00(工作日)	离开
工业	依具体上下班时间而定	—
娱乐	依具体开发类型而定	—

14.3.4　交通影响程度评价

对建设项目的交通影响程度进行评价,应当在资料分析以及交通量预测的基础上,从供需平衡的角度分析以下两方面:① 有无项目建设的情况下,研究范围内各种交通设施和交通系统的运行情况;② 建设项目新增交通需求对研究范围内交通系统运行带来的影响程度。评价的对象包括对道路路段、交叉口、外部交通组织、基地出入口、项目内部交通组织及总平面方案、静态交通、公共交通、交通安全等方面。评价的目的一方面是明确建设项目对周边交通环境的影响程度,另一方面是从交通的角度找出项目内部和外部不合理、不协调的部分。

1. 道路路段、交叉口交通影响程度评价

道路路段、交叉口交通影响程度评价的重点是确定建设项目建成后,研究范围内道路路段、交叉口的受影响程度如何,是否产生新的交通瓶颈点,是否造成路段局部或交叉口某个流向交通状况的显著下降,是否能维持道路路段或交叉口服务水平在合理的范围内

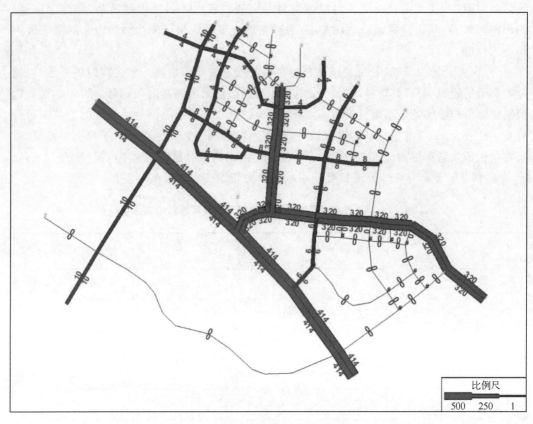

图 14‑5　某学校项目近期新增交通量预测图(pcu/h)

等。评价的主要依据是定量预测结果。根据《苏州市标准》,苏州市建设项目交通影响程度评价应当按照下面要求执行。

(1)新增交通需求对苏州市交通系统的影响程度可以分为"显著"和"不显著"。

(2)当苏州市控制性详细规划交通影响分析范围内的 3 个及以上道路路段叠加交通饱和度大于 0.9,即判定其交通影响程度为"显著"。

(3)当苏州市建设项目新增交通使评价范围内机动车交通量增加,导致项目出入口、道路路段、道路交叉口任一进口道服务水平发生变化,背景交通服务水平和项目新增交通叠加后的服务水平符合下列任一款的规定时,即判定其交通影响程度为"显著"。

① 信号灯交叉口、信号灯控制环形交叉口和道路路段的机动车交通显著影响判定标准应符合表 14‑8 的规定。

表 14‑8　苏州市信号灯交叉口、信号灯控制环形交叉口和路段机动车交通显著影响判定标准

背景交通服务水平	项目新增交通叠加后的服务水平
A	C、D
B	D、E

（续表）

背景交通服务水平	项目新增交通叠加后的服务水平
C	E、F
D	E、F
E	F
F	F(高峰时段交叉口关键流向新增交通达到背景交通的 5% 以上)

② 除无信号灯控制环形交叉口以外的无信号灯交叉口的机动车交通显著影响判定标准应符合表 14-9 的规定。

表 14-9　苏州市无信号灯交叉口机动车交通显著影响判定标准

背景交通服务水平	项目新增交通叠加后的服务水平
一级	二级、三级
二级	三级

③ 背景交通服务水平为三级的无信号灯交叉口,应首先进行信号灯设计,并计算服务水平,按照信号灯交叉口的机动车交通显著影响判定标准重新判定。

（4）当苏州市建设项目机动车交通对评价范围内的高速公路交织区、匝道的交通影响程度符合表 14-10 的规定时,应判定建设项目对评价范围内交通系统有"显著"影响。

表 14-10　苏州市机动车交织区、匝道交通显著影响判定标准

背景交通服务水平	项目新增交通叠加后的服务水平
一级	三级
二级	
三级	四级
四级	

（5）当苏州市建设项目出入口步行范围内的所有公共交通站点,在评价时段,停靠线路背景交通剩余载客容量为负值或建设项目新增公共交通出行量超过背景公共交通线路剩余载客容量时,应判定建设项目对评价范围内交通系统有"显著"影响。

（6）步行范围应根据实际情况取值为 200~500 m,对苏州市古城区等公共交通覆盖

率较高的区域,宜取步行范围的下限;对外围地区,宜取步行范围的上限。

(7) 公共交通线路剩余载客容量 Pr 应按式(14-1)确定:

$$Pr = \sum_i \left[\frac{(S_i - O_i) \times 60}{f_i \times C_i} \right] \tag{14-1}$$

式中,S_i 为线路 i 为可接受服务水平时的载客率(%),宜取 90%;f_i 为线路 i 评价时段平均发车间隔(min);C_i 为线路 i 单车额定载客数(人);O_i 为线路 i 在项目最近公共交通站点的评价时段载客率(%)。

(8) 当苏州市建设项目新增停车需求超过其配建停车设施能力时,应判定建设项目对评价范围内交通系统有"显著"影响。

(9) 当苏州市建设项目新增交通需求导致评价范围内公共交通、自行车或步行等交通设施需要改、扩建或新建时,应判定建设项目对评价范围内交通系统有"显著"影响。

(10) 当苏州市建设项目引起评价范围内路网与交叉口的交通组织、周边交叉口管理控制方式发生变化,以及不同交通流线存在严重冲突时,应判定建设项目对评价范围内交通系统有"显著"影响。

2. 外部交通组织评价

外部交通组织评价包括建设项目周边机动车、非机动车和人行系统的流线是否顺畅合理,各种交通方式间是否存在干扰,外部交通设施是否能够安全高效地集散基地交通,交通需求的分布是否均匀等。

3. 出入口评价

作为连接内、外部交通的节点,基地出入口的设置应当确保交通出入的安全、高效、便捷。因此,需要从以下几个角度评价建设项目的出入口设置。

(1) 尺度合理。出入口的宽度应满足高峰时段基地吸发交通的通行要求,但宽度不宜过大。出入口宽度过大,易造成车辆游荡,增加进出基地交通与城市交通的冲突与干扰,且易引发人为交通堵塞。

(2) 数量合理。根据基地拟开发业态及吸发交通量的大小确定出入口数量。数量过多会对开口道路的主线交通带来不必要的干扰,过少则会增加各出入口的交通负荷。

(3) 位置合理。出入口严禁设在快速路上,不应设在主干路上,宜设在支路及交通量较小的次干路上。出入口不应距离交叉口过近,交叉口车辆排队不能堵塞基地出入口,并且车辆进出基地不能影响交叉口交通。出入口宜尽量靠近诱增交通流的主要来向,避免不必要的外部绕行。

(4) 功能合理。出入口分专用或合用、双行或单行、常用或备用等类型。若进出基地的预测交通量与所开设道路的过境交通量均较大,则宜设计为信号灯交叉口,并施划交通标志、标线,确保车流秩序。若进出基地的预测人流量较大,则宜根据需要,增设行人过街设施。

(5) 交通组织合理。具有中央分隔带的出入口原则上按照右进右出组织交通;位于次要道路上的出入口,在保证道路主线畅通的前提下,可允许左进左出。

4.内部交通组织评价

内部交通组织是指通过基地内部通道联系各功能分区,应尽量贯彻"人车分行"的理念,以实现不同方式交通流的空间分离,提高交通设施可达性,提升内部交通设施运行效率,增加交通安全性。建设项目的内部车行流线和人行流线的设置应当满足相应规范要求,车行道和人行道的技术等级应当符合表 14 - 11 的规定。此外,应当对内部道路的服务水平进行定量预测,若无法满足基地开发需求,则必须适当提高内部道路的技术等级。

表 14 - 11　内部机动车道推荐宽度

通行条件或所处位置	宽　度
双向通行	6～7 m
双向通行(考虑路边停车)	≥8 m
地下车库出入口段	加宽至 10 m (加宽段长度为 10～15 m,保障机动车 3 车道, 其中一条车道为上下客专用车道)

消防交通组织是内部交通组织的重要环节,其目的是设计安全便捷的消防通道和流线。消防出入口和通道应确保 4 m 的净空和净宽,转弯半径不宜小于 12 m。若依靠内部日常道路组织消防交通,应在关键节点处提高技术标准以满足消防车通行需求。

5.停车设施评价

停车设施应当规模适宜、种类齐全、布局合理、标准合适,并符合地区交通发展政策。基地应根据需要配建小客车、非机动车、救护车、卸货车或通勤车等各类停车位。一般根据基地吸发交通量的定量预测结果可以确定停车设施规模。

停车设施内部交通组织流线应当顺畅合理,停车泊位尺寸也应当满足车辆停放的要求。停车设施出入口的设计应当符合一定的标准,并宜尽量靠近基地出入口,以提高使用便利性,避免绕行和不同交通方式间的干扰。根据《车库建筑设计规范(JGJ 100—2015)》,停车设施出入口设计应符合以下规定。

(1) 车辆出入口的最小间距不应小于 15 m,并宜与基地内部道路相接通,当直接通向城市道路时,应符合以下规定。

① 基地出入口的数量和位置应符合现行国家标准《民用建筑设计统一标准》(GB 50352—2019)的规定及城市交通规划和管理的有关规定。

② 基地出入口不应直接与城市快速路相连接,且不宜直接与城市主干路相连接。

③ 基地主要出入口的宽度不应小于 4 m,并应保证出入口与内部通道衔接的顺畅。

④ 当需要在基地出入口办理车辆出入手续时,出入口处应设置候车道,且不应占用城市道路;机动车候车道宽度不应小于 4 m、长度不应小于 10 m,非机动车应留有等候空间。

⑤ 机动车库基地出入口应具有通视条件,与城市道路连接的出入口地面坡度不宜大

于 5%。

⑥ 机动车库基地出入口处的机动车道路转弯半径不宜小于 6 m,且应满足基地通行车辆最小转弯半径的要求。

⑦ 相邻机动车库基地出入口之间的最小距离不应小于 15 m,且不应小于两出入口道路转弯半径之和。

(2) 机动车库出入口应按现行国家标准《民用建筑设计统一标准》(GB 50352—2019)的有关规定设缓冲段与基地道路连通。

(3) 车辆出入口宽度,双向行驶时不应小于 7 m,单向行驶时不应小于 4 m。

(4) 车辆出入口及坡道的最小净高应符合表 14 - 12 的规定。

表 14 - 12　车辆出入口及坡道的最小净高

车　型	最小净高/m
微型车、小型车	2.20
轻型车	2.95
中型、大型客车	3.70
中型、大型货车	4.20

(5) 机动车库出入口和车道数量应符合表 14 - 13 的规定,当车道数量大于等于 5 且停车当量大于 3 000 辆时,机动车出入口数量应经过交通模拟计算确定。

表 14 - 13　机动车库出入口和车道数量

出入口和车道数量	规模停车当量						
	特大型	大　型		中　型		小　型	
	>1 000	501~1 000	301~500	101~300	51~100	25~50	<25
机动车出入口数量	≥3	≥2		≥2	≥1	≥1	
非居住建筑出入口车道数量	≥5	≥4	≥3	≥2		≥2	≥1
居住建筑出入口车道数量	≥3	≥2	≥2	≥2		≥2	≥1

(6) 对于停车当量小于 25 辆的小型车库,出入口可设一个单车道,并应采取进出车辆避让措施。

(7) 机动车库的人员出入口与车辆出入口应分开设置,机动车升降梯不得替代乘客电梯作为人员出入口,并应设置标识。

6.公共交通设施评价

公共交通设施评价主要评价建设项目周边的公共交通设施容量是否满足项目出行需

求,建设项目人行出入口和周边公共交通站点之间的联系是否便捷等。

7. 出租车设施评价

出租车设施评价主要评价建设项目内部或外部的出租车上下客点的数量是否满足项目出行需求,布局是否合理等。

8. 交通安全评价

对于交通安全的考虑通常包括以下方面。

(1)基地周边是否存在事故多发地点。

(2)通道是否满足线形、视距、转弯半径等保障车辆安全通行的要求。

(3)是否具有足够的避让空间,以减少不同交通流的冲突点。

(4)非机动车、行人以及弱势群体等的交通安全是否得到充分考虑。

9. 其他方面评价

其他方面评价可根据项目特点展开。

14.3.5　交通改善措施

1. **针对研究范围内道路交通系统的交通改善措施**

针对研究范围内道路交通系统的交通改善,主要从以下几个方面进行。

(1)完善道路网络,均匀分布交通需求。

(2)拓宽改造受交通影响较大的相关道路,增加道路的通行能力。

(3)对受交通影响较大的道路交叉口进行渠化和信号控制改造,提高交叉口的通行能力。

(4)对相邻交叉口进行信号协调控制。

(5)分离不同特征交通流。

(6)优化交通组织,减少交通冲突。

(7)优化和改善公共交通站点、枢纽与线路布局,实施交叉口公交信号优先,提高公共交通的通行能力,方便乘客。

(8)优化和改善非机动车、人行交通系统,提高设施通行能力与安全性。

(9)优化停车设施布局,降低停车对研究范围内交通的影响。

(10)改善特殊使用交通设施,提高特殊使用设施的安全性和可靠性。

(11)提出交通政策措施及建议,如提倡公交优先、错时上下班、提高停车收费标准等。

2. **针对建设项目的交通改善措施**

针对建设项目的交通改善,主要从以下几个方面进行。

(1)优化建设项目内部道路与停车布局。

(2)根据出入口与外部交通衔接的状况,提出出入口数量、大小、位置、交通组织的改善建议。

(3)优化建设项目内部交通组织。

(4)提出交通标志标线设置的建议。

图 14-6、图 14-7 所示为某公共服务项目交通影响评价的内外部交通组织规划。

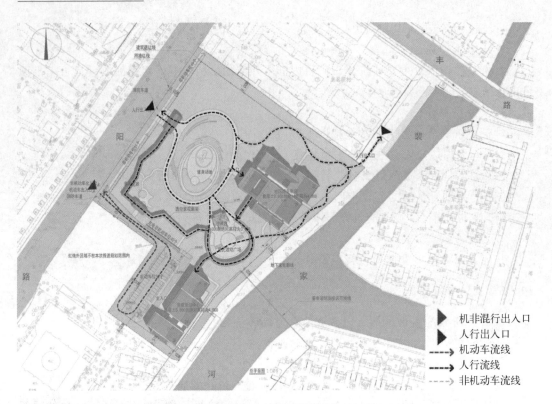

图 14-6　某公共服务项目内部机动车和慢行交通组织规划图

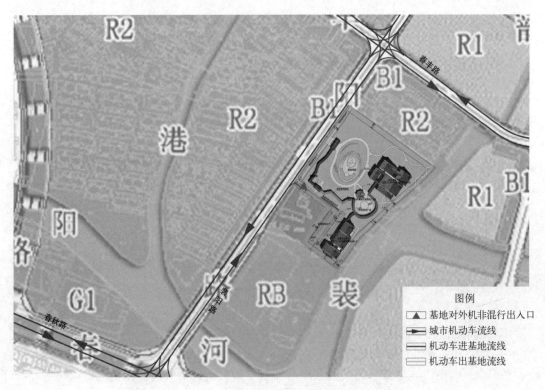

图 14-7　某公共服务项目外部机动车交通组织规划图

思　考　题

1. 建设项目交通影响评价的定义是什么？
2. 研究范围和影响范围有哪些不同之处？
3. 背景交通量预测主要有哪些方法？
4. 交通影响程度评价包含哪几项工作？
5. 针对建设项目的交通改善主要从哪几个方面进行？

参 考 文 献

［ 1 ］ 李朝阳.城市交通与道路规划[M].2 版.武汉：华中科技大学出版社,2020.

［ 2 ］ 李朝阳.城市交通与道路规划[M].武汉：华中科技大学出版社,2009.

［ 3 ］ 吴志强,李德华.城市规划原理[M].4 版.北京：中国建筑工业出版社,2010.

［ 4 ］ 吴志强.国土空间规划原理[M].上海：同济大学出版社,2022.

［ 5 ］ 涂英时.城市规划原理[M].北京：中国计划出版社.2011.

［ 6 ］ 阳建强.详细规划[M].北京：中国建筑工业出版社,2019.

［ 7 ］ 张驭寰.中国古代县城规划图详解[M].北京：科学出版社,2007.

［ 8 ］ 顾保南,赵鸿铎.交通运输工程导论[M].3 版.北京：人民交通出版社,2014.

［ 9 ］ 任福田,刘小明,孙立山,等.交通运输学[M].3 版.北京：人民交通出版社,2017.

［10］ 徐循初.城市道路与交通规划(上册)[M].北京：中国建筑工业出版社,2005.

［11］ 徐循初.城市道路与交通规划(下册)[M].北京：中国建筑工业出版社,2007.

［12］ 吴兵,李晔.交通管理与控制[M].6 版.北京：人民交通出版社,2020.

［13］ 杨晓光,白玉.交通设计[M].2 版.北京：人民交通出版社,2021.

［14］ 王炜,陈学武.交通规划[M].2 版.北京：人民交通出版社,2017.

［15］ 陆化普.交通规划理论与方法[M].2 版.北京：清华大学出版社,2014.

［16］ 李朝阳.现代城市道路交通规划[M].上海：上海交通大学出版社,2006.

［17］ 马超群,王建军.交通调查与分析[M].北京：人民交通出版社,2021.

［18］ 欧阳全裕.地铁轻轨线路设计[M].2 版.北京：中国建筑工业出版社 2016.

［19］ 中国城市规划设计研究院.城市综合交通体系规划标准：GB/T51328－2018[S].北京：中国建筑工业出版社,2019.

［20］ 中国城市规划设计研究院.建设项目交通影响评价技术标准：CJJ/T141－2010[S].北京：中国建筑工业出版社,2010.

［21］ 北京建筑大学,车库建筑设计规范：JGJ100－2015[S].北京：中国建筑工业出版社,2015.

［22］ 北京市规划委员会.地铁设计规范：GB50157－2013[S].北京：中国建筑工业出版社,2014.

［23］ 苏州市自然资源和规划局,苏州市交通影响评价技术标准[EB/OL].(2022－07－01). http://zrzy.jiangsu.gov.cn/gtapp/kindeditor/attached/file/20220812/20220812150253_579.pdf

［24］ 苏州市自然资源和规划局.苏州市建筑物配建停车位指标[EB/OL].(2022－07－01). https://www.suzhou.gov.cn/szsrmzf/bmwj/202204/e7779461eee74edba04ac157fb0a2c45/files/0927d02732d64749bd242392554f48c9.pdf

［25］ Institute of Transportation Engineers. Transportation impact analysis for site development：An ITE proposed recommended practice［M］. Washington，DC：ITE，2021.

［26］ 全国城市规划执业制度管理委员会.城市规划相关知识［M］.北京：中国计划出版社，2011.

［27］ 全国城市规划执业制度管理委员会.城市规划原理［M］.北京：中国计划出版社，2011.

［28］ 中共中央,国务院.交通强国建设纲要［A/OL］.2019－09.

［29］ 中共中央,国务院.国家综合立体交通网规划纲要［A/OL］.2021－2.

［30］ 北京市人民政府.北京市"十四五"时期交通发展建设规划［A/OL］.2022－05.

［31］ 上海市人民政府.上海市交通发展白皮书［M］.上海：上海人民出版社出版,2022.

［32］ 广州市交通运输局.广州市交通运输"十四五"规划［A/OL］.2021－09.

［33］ 沈志云,邓学钧.交通运输工程学［M］.2版.北京：人民交通出版社,2008.

［34］ 自然资源部.市级国土空间总体规划制图规范［S］.北京：2021.

［35］ 自然资源部.市级国土空间总体规划数据库规范［S］.北京：2021.

［36］ 自然资源部.资源环境承载能力和国土空间开发适宜性评价指南［S］.北京：2020.

［37］ 自然资源部.省级国土空间规划编制指南［S］.北京：2020.01.

［38］ 自然资源部.市级国土空间总体规划编制指南(试行)［S］.北京：2020.